Die zivilrechtliche Produkthaftung
nach ägyptischem Recht

Europäische Hochschulschriften

European University Studies

Publications Universitaires Européennes

Reihe II **Rechtswissenschaft**

Series II Law

Série II Droit

Band/Volume **5492**

Christian Schultze

Die zivilrechtliche Produkthaftung nach ägyptischem Recht

Mit Vergleichen zum deutschen Recht

PL ACADEMIC RESEARCH

Bibliografische Information der Deutschen Nationalbibliothek
Die Deutsche Nationalbibliothek verzeichnet diese Publikation in der Deutschen Nationalbibliografie; detaillierte bibliografische Daten sind im Internet über http://dnb.d-nb.de abrufbar.

Zugl.: Kiel, Univ., Diss., 2013

D 8
ISSN 0531-7312
ISBN 978-3-631-64169-9 (Print)
E-ISBN 978-3-653-03307-6 (E-Book)
DOI 10.3726/978-3-653-03307-6

Internationaler Verlag der Wissenschaften
Frankfurt am Main 2013

PL Academic Research ist ein Imprint der Peter Lang GmbH.
Peter Lang – Frankfurt am Main · Bern · Bruxelles · New York · Oxford · Warszawa · Wien

www.peterlang.de

Vorwort

Diese Arbeit lag der Rechtswissenschaftlichen Fakultät der Christian-Albrechts-Universität zu Kiel im Mai 2012 als Dissertation vor.

Mein besonderer Dank gilt meinem Doktorvater Herrn Prof. Dr. Rudolf Meyer-Pritzl, der dieses exotische Thema entschlussfreudig angenommen hat und dessen genaue Korrektur mir eine große Hilfe war. Herrn Prof. Dr. Werner Schubert danke ich für das anregende und sehr zügig erstellte Zweitgutachten.

Für den wertvollen Überblick über die bisweilen unübersichtliche ägyptische Literatur danke ich Herrn Prof. Dr. Omaia Elwan. Weiterhin gilt mein besonderer Dank Herrn Prof. Dr. Hilmar Krüger, der mich bei der Strukturierung der Arbeit beraten und für ein Reisekosten-Stipendium der Ernst-Klingmüller-Stiftung vorgeschlagen hat. Im Rahmen meiner dadurch ermöglichten Reise nach Kairo war mir Dr. Kilian Bälz mit seiner Bibliothek und seinen Erfahrungen eine große Hilfe. Unter meinen ägyptischen Freunden gilt mein besonderer Dank meiner Kollegin Ryham Ragab, die mich stets mit aktuellen Gesetzestexten versorgt hat und bei zahlreichen Besuchen der ägyptischen Verwaltung und Gerichtsbarkeit unersetzbar war.

Bereits die Arbeiten für und Diskussionen mit Prof. Dr. William Ballantyne und Prof. Dr. Lynn Welchman während meines LL.M.-Studiums an der School of Oriental and African Studies der University of London im Jahr 2006 waren eine entscheidende Grundlage für diese Arbeit.

Ich danke meinen Freunden und Kollegen Dr. Fabian Schroth und Dr. Johannes Weichbrodt für das konstruktive Korrekturlesen dieser Arbeit.

Schließlich danke ich meinen Eltern für ihre vorbehaltlose Unterstützung und Förderung und meiner Frau Lisa für Ihre stete Lebensfreude, die mich auch durch die anstrengenden Zeiten bei der Erstellung dieser Arbeit getragen hat. Diesen drei ist diese Arbeit gewidmet.

Berlin, im Mai 2013 Christian Schultze

Inhaltsübersicht

Inhaltsverzeichnis

Abkürzungsverzeichnis

Abs.	Absatz
AcP	Archiv für die civilistische Praxis
AG	Aktiengesellschaft
AGB	Allgemeine Geschäftsbedingungen
ALQ	Arab Law Quarterly
AmCham	United States Chamber of Commerce
AMG	Arzneimittelgesetz
Anm.	Anmerkung
AtomG	Atomgesetz (Gesetz über die friedliche Verwendung der Kernenergie und den Schutz gegen ihre Gefahren)
Aufl.	Auflage
B2B	Business to Business
BayObLG	Bayerisches Oberstes Landesgericht
BB	Betriebsberater
Bd.	Band
BeckOK	Beck'scher Onlinekommentar
BGB	Bürgerliches Gesetzbuch
BGBl.	Bundesgesetzblatt
BGH	Bundesgerichtshof
BGHZ	Entscheidungen des Bundesgerichtshofs in Zivilsachen
BT-Drs.	Bundestagsdrucksache
Bull. civ.	Bulletin des arrêts de la Cour de cassation, chambres civiles
Cass. civ.	Cour de cassation, chambre civile (französisch)
Cass. com.	Cour de cassation, chambre commerciale (französisch)
c.i.c	culpa in contrahendo
CISG	United Nations Convention on Contracts for the International Sale of Goods vom 11.04.1980
DB	Der Betrieb

ders.	derselbe
dies.	dieselbe / dieselben
DIS	Deutsche Institution für Schiedsgerichtsbarkeit e.V.
DSL	Drittschadensliquidation
EG	Europäische Gemeinschaft (bis 31. Oktober 1993)
EGBGB	Einführungsgesetz zum Bürgerlichen Gesetzbuche
EGP	ägyptisches Pfund
EMFZ	Euro-mediterrane Freihandelszone
EU	Europäische Union (ab 1. November 1993)
EUR	Euro (€)
EUROMED	Euro-mediterrane Partnerschaft, seit 13. Juli 2008 Union für das Mittelmeer
EWR	Europäischer Wirtschaftsraum
Fn.	Fußnote
GATT	General Agreement on Tariffs and Trade vom 30. Oktober 1947
GCC	Gulf Cooperation Council
Ghorfa	Ghorfa - Arab-German Chamber of Commerce and Industry
GPSG	Geräte- und Produktsicherheitsgesetz (Gesetz über technische Arbeitsmittel und Verbraucherprodukte)
GRUR Int	Gewerblicher Rechtsschutz und Urheberrecht - International
GTAI	Germany Trade and Invest - Gesellschaft für Außenwirtschaft und Standortmarketing mbH
h.L.	herrschende Lehre
h.M.	herrschende Meinung
HaftPflG	Haftpflichtgesetz
HGB	Handelsgesetzbuch
Hrsg.	Herausgeber
i.d.R.	in der Regel
i.e.S.	im engeren Sinne
i.H.v.	in Höhe von

i.S.v.	im Sinne von
i.V.m.	in Verbindung mit
IPR	Internationales Privatrecht
IPRax	Praxis des Internationalen Privat- und Verfahrensrechts
IStR	Zeitschrift für europäische und internationale Steuer- und Wirtschaftsberatung
J.C.P.	Juris-classeur périodique (La semaine juridique)
JA	Juristische Arbeitsblätter
Jura	Juristische Ausbildung
JZ	Juristen Zeitung
KAS	Konrad-Adenauer-Stiftung e.V.
KassG	Kassationsgericht (ägyptisch)
KassGZ	Ägyptisches Kassationsgericht (Hrsg.), Rechtsprechungssammlung in Zivilsachen
LSR	Law & Society Review
LuftVG	Luftverkehrsgesetz
m.w.N.	mit weiteren Nachweisen
MüKo	Münchener Kommentar
NJW	Neue Juristische Wochenschrift
NJW-RR	Neue Juristische Wochenschrift - Rechtsprechungs-Report Zivilrecht
NRO	Nichtregierungsorganisation
NZV	Neue Zeitschrift für Verkehrsrecht
OLG	Oberlandesgericht
OR	Obligationenrecht (schweizerisch)
ProdHaftG	Produkthaftungsgesetz (Gesetz über die Haftung für fehlerhafte Produkte)
ProdSichG	Produktsicherheitsgesetz
RabelsZ	Rabels Zeitschrift für ausländisches und internationales Privatrecht

RDG	Gesetz über außergerichtliche Rechtsdienstleistungen
RG	Reichsgericht
RGSt	Entscheidungen des Reichsgerichts in Strafsachen
RGZ	Entscheidungen des Reichsgerichts in Zivilsachen
RIW	Recht der Internationalen Wirtschaft
RL	Richtlinie
Rn.	Randnummer
Rom I	Verordnung (EU) Nr. 593/2008 des Europäischen Parlaments und des Rates über das auf vertragliche Schuldverhältnisse anzuwendende Recht
Rom II	Verordnung (EU) Nr. 864/2007 des Europäischen Parlaments und des Rates über das auf außervertragliche Schuldverhältnisse anzuwendende Recht
SchG	Schiedsgesetz = Gesetz Nr. 27/1994 (ägyptisch)
SMG	Schuldrechtsmodernisierungsgesetz (Gesetz zur Modernisierung des Schuldrechts)
StGB	Strafgesetzbuch
StVG	Straßenverkehrsgesetz
US	United States
UfM	Union für das Mittelmeer
UN	United Nations
UNCITRAL	United Nations Commission on International Trade Law
UNÜ	New Yorker UN-Übereinkommen über die Anerkennung und Vollstreckung ausländischer Schiedssprüche vom 10.06.1958
VAE	Vereinigte Arabische Emirate
VersR	Zeitschrift für Versicherungsrecht, Haftungs- und Schadensrecht
VO	Verordnung
VSD	Vertrag mit Schutzwirkung zugunsten Dritter
VSG	Verbraucherschutzgesetz = Gesetz Nr. 67/2006 (ägyptisch)
WGG	Wirtschaftsgerichtsgesetz = Gesetz Nr. 120/2008 (ägyptisch)
WHG	Wasserhaushaltsgesetz

WM	Zeitschrift für Wirtschafts- und Bankrecht
WTO	World Trade Organisation
YaleJL	Yale Journal of Law
YIMEL	Yearbook of Islamic and Middle Eastern Law
ZaöRV	Zeitschrift für ausländisches öffentliches Recht und Völkerrecht
ZEuP	Zeitschrift für Europäisches Privatrecht
ZGB	Zivilgesetzbuch = Gesetz Nr. 131/1948 (ägyptisch)
zit.	zitiert
ZPO	Zivilprozessordnung
ZVerfG	Zivil- und Handelsprozessgesetz = Gesetz 13/1968 (ägyptisch)
ZVerglRWiss	Zeitschrift für vergleichende Rechtswissenschaften

1. Kapitel: Einleitung und Gegenstand des Produkthaftungsrechts

A. Einleitung

Ausgangspunkt für die Entwicklung des heutigen Produkthaftungsrechts waren und sind die Herausforderungen der industriellen Massenproduktion und moderner Vertriebsstrukturen. Damit ist das Produkthaftungsrecht in rechtlicher Hinsicht von besonderem Interesse, da es sich in allen Rechtsordnungen um ein recht junges und dynamisches Rechtsgebiet handelt. Für eine rechtsvergleichende Untersuchung bietet sich das Thema zudem an, weil es sich in besonderem Maße international entwickelt hat.[1] Zugleich ist es praktisch und wirtschaftlich bedeutsam, da jedes Individuum in einer modernen Zivilisation zu eigentlich jeder Zeit Verbraucher ist. Die Frage nach der Haftung für dabei auftretende Schäden durch fehlerhafte Produkte ist weiterhin sowohl für den Verbraucher als auch für den Haftungsadressaten von Bedeutung. Die detaillierte Untersuchung der Behandlung dieser Materie im ägyptischen Recht ist aus drei weiteren Gründen interessant.

Erstens hat die ägyptische Rechtsordnung auch in anderen arabischen Staaten vielfältigen Einfluss.[2] Gerade die Zivilgesetzbücher zahlreicher anderer arabischer Staaten beruhen auf dem ägyptischen Zivilgesetzbuch (ZGB) von 1948. Zudem findet bis heute allgemein bei der Gesetzgebung in den arabischen Staaten, nicht zuletzt wegen der gemeinsamen Sprache, ein reger Austausch untereinander statt. Weiterhin lassen sich einerseits viele arabische Juristen in Ägypten ausbilden und andererseits praktizieren ägyptische Juristen in vielen anderen arabischen Ländern.[3] Beides sorgt für einen starken Einfluss auch der ägyptischen Rechtspraxis. Ein Beleg für die hervorgehobene Stellung Ägyptens bei den Rechtsentwicklungen innerhalb der arabischen Staaten sind die zahlreichen deutschen Veröffentlichungen zum ägyptischen Recht.[4]

---

1 Vgl. Katzenmeier, JuS 2003, S. 943.

2 Vgl. Ebert, Das Erbrecht arabischer Länder, S. 30; Bälz, Das islamische Recht als Grundlage arabischer Rechtseinheit, S. 38; ders., ZEuP 2000, S. 69; Ballantyne, Arab Comparative Commercial Law, S. 26; Zweigert/Kötz, § 8, S. 109.

3 Vgl. Ballantyne, Construction Contracts in Arab Jurisdictions, S. 265.

4 So auch Bälz, Das moderne arabische Recht, S. 184; zu den Veröffentlichungen vgl. z.B.: Sandl, Aktienrecht in Ägypten (1989); Grapentin, Das Markenrecht in Ägypten (1999); Weidlich, Das Recht des unlauteren Wettbewerbs in Ägypten (2003); Hamadeh, Urheberrecht in Ägypten (2003); Fetih, Die zivilrechtliche Haftung bei Vertragsverhandlungen: Eine rechtsvergleichende Studie zum deutschen, französischen, ägypti-

Zweitens ist das Produkthaftungsrecht gerade in Ägypten ein besonders aktuelles Rechtsgebiet. Zwar konnte bisher wie in eigentlich allen Rechtsordnungen zur Begründung einer Produkthaftung auch in Ägypten auf das allgemeine Vertrags- und Deliktsrecht zurückgegriffen werden. Eine ausdrückliche Produkthaftungsanspruchsgrundlage steht dort allerdings erst seit der Neukodifizierung des Handelsgesetzbuches (HGB) im Jahr 1999 zur Verfügung. Seit 2006 gibt es zudem ein Verbraucherschutzgesetz (VSG), welches ebenfalls Einfluss auf die Produkthaftung in Ägypten hat. Dabei wird es auch interessant sein, diese Entwicklungen rechtspolitisch, gerade mit Blick auf die Revolution zu Beginn des Jahres 2011, einzuordnen. Ägypten richtet sich in wirtschaflicher Hinsicht zwar seit längerem zunehmend liberal aus, jedoch hat es bis heute weder den zwischenzeitlich vorherrschenden ägyptischen Sozialismus noch den immer wieder aufkeimenden nationalistischen Protektionismus gänzlich überwunden. Die jüngsten Entwicklungen nach der Revolution zeigen zudem die weiterhin starken islamistischen Strömungen in Ägypten, nach welchen der Islam als ganzheitliche Religion im Grundsatz einzige Quelle für ein politisches System sein soll. Neben den aktuellen Gesetzgebungen ist das Thema der Produkthaftung in Ägypten deswegen interessant, weil es bisher wenig akademische Beachtung gefunden hat. Das Produkthaftungsrecht als eigenständiges Rechtsgebiet wurde für das ägyptische Recht bislang kaum besprochen.[5] Im Vergleich zum französischen und europäischen Recht wurden beide Rechtsgebiete allerdings mehrfach von algerischen Autoren behandelt.[6] Das neu kodifizierte HGB wurde zwar wiederholt untersucht,[7] zur hiesigen Themenstellung existieren aus

schen und islamischen Recht (2000); Ellaboudi, Schiedsgerichtsbarkeit in Ägypten (2006); El-Akrat, Möglichkeiten und Grenzen der familienrechtlichen Gestaltung nach ägyptischem Recht mit einem Ausblick auf das deutsche Recht (2009); Ehadi, Der Urheberrechtsschutz von Computerprogrammen in Deutschland und Ägypten mit Berücksichtigung der Rechtslage von anderen arabischen Ländern (2006); Stark, Grundzüge des ägyptischen Urheberrechts, GRUR Int 1995, S. 552 ff.

5 Vgl. aber die prägnante Darstellung von Stovall, ALQ 19 (2004), S. 277-285, allerdings noch ohne Berücksichtigung des VSG; sowie Nadoury, Products Liability in Egyptian Law, World Jurists Association, Working Paper, 1997, allerdings mit einer rein gewährleistungsrechtlichen Betrachtung; vgl. schließlich Hajj, Die Haftung des Produzenten und Lieferanten (2004), welcher das jeminitische Recht ausführlich mit dem entsprechenden ägyptischen und französischen Recht vergleicht.

6 Vgl. Budali, Die Haftung des Herstellers für defekte Produkte: Vergleichende Studie zum französischen und algerische Recht (2005); Shahida, Die zivilrechtliche Haftung des Herstellers für Produkte: Vergleichende Studie (2007).

7 Krüger, Neues Handelsgesetzbuch in Ägypten, S. 29 ff.; Wilson, A new Commercial Code for Egypt, YIMEL, Bd. 6, 1999-2000, S. 88 ff.

Ägypten aber lediglich einige Kommentierungen[8] und im Übrigen nur der kurze Überblick[9] von *Stovall* aus dem Jahr 2004. Zu dem neuen Verbraucherschutzgesetz gibt es bisher, soweit ersichtlich, nur einige Erwähnungen in Leitfäden für die Praxis und in allgemeinen ägyptischen Zeitschriften.[10] Außerdem wurde das übergreifende Thema des Verbraucherschutzrechtes in Ägypten bisher nur mit gesondertem Augenmerk auf das internationale Privatrecht (IPR)[11] und das islamische Recht[12], nicht jedoch mit Blick auf die Produkthaftung besprochen.

Drittens hat das ägyptische Produkthaftungsrecht erhebliche wirtschaftliche Bedeutung. Ägypten ist mit mehr als 80 Millionen Einwohnern das bevölkerungsreichste arabische Land und vergrößert sich in dieser Hinsicht jährlich um knapp 2 %.[13] Die Wirtschaft dieses somit bereits beachtlichen Marktplatzes wächst sogar in noch stärkerem Maße. Gerade der jährlich um etwa 4,5 % zunehmende private Verbrauch ist eine der wesentlichen Stützen dieses Wachstums. Maßgeblichen Anteil daran hat wiederum eine zwar noch kleine, aber stetig größer werdende Mittelschicht, deren Ansprüche und qualitativen Anforderungen, insbesondere nach der zunehmenden Remigration aus fortschrittlicheren Golfländern,[14] westlichen Vergleichsmaßstäben nahe kommen.[15] Die junge Bevölkerung steht zudem modernen Verkaufskonzepten, die sich gerade durch die auch in Ägypten angekommene Globalisierung ergeben, aufgeschlossen gegenüber.[16] Weiterhin gehört die Entwicklung eines funktionierenden und wettbewerblich organisierten Binnenmarktes zu den erklärten Zielen der ägyptischen Regierung.[17] Daher scheinen die Wachstumsperspektiven für den organisierten Einzel-, aber auch den Großhandel erheblich. Der ägyptische Markt wird insbe-

---

8 Manshawi, Kommentar zum neuen Handelsgesetz (2005); etwas ausführlicher aber Ismail, Kommentar: Das neue Handelsgesetz (1999).

9 Stovall, ALQ 19, S. 277-285.

10 Al-Bakry, Consumer Law more bark than bite, Business Monthly, Juni 2006; Klaiber, Kairo erlässt Verbraucherschutzgesetz, GTAI, 29.06.2006.

11 Khalil, Verbraucherschutz im internationalen Privatrecht, Alexandria 2009.

12 Ash-Sharnabasi, Verbraucherschutz in der islamischen Rechtswissenschaft, Vergleichende Studie, Alexandria 2004.

13 http://www.auswaertiges-amt.de/diplo/de/Laenderinformationen/01-Laender/Aegypten.html; http://www.destatis.de/jetspeed/portal/cms/Sites/destatis/Internet/DE/Content/Statistiken/Internationales/InternationaleStatistik/Land/Afrika/Aegypten.psml (81,5 Mio.); Ghorfa, Wirtschaftsdaten Ägypten, Stand 10/2009 (83,1 Mio. und 1,64%); Marks, S. 1 ff. (77,7 Mio. und 2,1%).

14 Vgl. Abaza, S. 288 f.

15 Marks, S. 9.

16 Vgl. Abaza, S. 22 ff.

17 Marks, S. 9.

sondere von Deutschland aus, für das Ägypten bisher der drittgrößte arabische Absatzmarkt ist,[18] zunehmend erschlossen.[19] Nach Angaben des Statistischen Bundesamtes betrugen im Jahr 2009 die deutschen Einfuhren aus Ägypten 832,2 Mio. EUR, während die Ausfuhren dorthin 2.662,2 Mio. EUR ausmachten.[20] Im Revolutionsjahr 2011 sind die Importe nach Deutschland zwar leicht auf 774,2 Mio. EUR gesunken, die deutschen Exporte nach Ägypten sind zugleich aber auf 3.775,7 Mio. EUR gestiegen.[21] Neben dem Export nach Ägypten lassen zahlreiche deutsche Unternehmen ihre Güter in Ägypten produzieren, das insoweit wegen seiner geostrategisch einzigartigen Lage oft als Brückenkopf in die arabischen, afrikanischen und asiatischen Länder dient.[22] Somit ergibt sich auch wirtschaftlich und gerade aus deutscher Sicht eine steigende Bedeutung und Wahrscheinlichkeit von Produkthaftungsfällen, welche ägyptischem Recht unterliegen.

Zwar hat die Weltwirtschaftskrise zum Jahreswechsel 2008/09 auch Ägypten erreicht, jedoch ist das Wachstum lediglich von etwa 7 % in den Jahren 2005 bis 2007 auf etwa 5 % in den Jahren 2008 und 2009 gefallen, Beobachter prognostizieren zudem einen weiteren Anstieg.[23] Diese Prognose wird durch die erheblichen Umwälzungen in den arabischen Ländern und insbesondere in Ägypten zu Beginn des Jahres 2011 allerdings unsicherer.[24] Zudem hat diese sog. „Arabellion"[25] vorerst zu einer Stagnation des ägyptischen Wirtschaftswachstums geführt. Jedoch ist durch die Revolution in Ägypten zugleich das Potential für wirtschaftliche Entwicklung erheblich größer geworden.[26] Hier bleibt vor allem die Akzeptanz der zwischen November 2011 und Februar 2012 erfolgten ägyptischen Parlamentswahlen abzuwarten, welche aus den Wahlen zur Volks-

---

18 Ghorfa, Wirtschaftshandbuch Ägypten 2009, S. 38.

19 Vgl. dazu schon Hök, RIW 1986, S. 614.

20 https://www.destatis.de/DE/ZahlenFakten/LaenderRegionen/Internationales/Land/Afrika/Aegypten.html.

21 https://www.destatis.de/DE/ZahlenFakten/LaenderRegionen/Internationales/Land/Afrika/Aegypten.html.

22 So lassen z.B. die Daimler AG in Lizenz zahlreiche LKW-Modelle durch ihre ägyptische Tochter MCV und die Siemens AG, welche seit 1901 eine Vertretung in Kairo unterhält, eigene Produkte im Bereich Energie-, Automaten- und Gesundheitstechnik in Ägypten produzieren; vgl. auch Schoeller-Schletter, RIW 1999, 431.

23 Marks, S. 2 f. (2008: 4,7%, 2009: 5 %); Ghorfa, Länderprofil Ägypten, Stand 10/2009 (83,1 Mio. und 1,64%); dies., Wirtschaftshandbuch Ägypten 2009, S. 2 (2005: 6,8%, 2006: 7%).

24 Vgl. Fink, ZaöRV 2012, 492.

25 Vgl. zu dem Begriff die FAZ v. 14. März 2011, Golfstaaten schicken offenbar Soldaten nach Bahrain.

26 Vgl. Fink, ZaöRV 2012, 519.

versammlung (madjlis asch-schā'b) und zum beratenden Oberhaus (majlis asch-schūrā) bestand. Von wahrscheinlich noch größerer Bedeutung dürfte die Akzeptanz des Mitte 2012 gewählten Präsidenten Mohammed Mursi sein, welcher für die Nachfolgepartei der Muslimbruderschaft angetreten war.

Diese Arbeit will einen Beitrag zur Erschließung des ägyptischen Rechts im Allgemeinen und des bisher noch kaum beleuchteten ägyptischen Produkthaftungsrechts im Besonderen leisten, der zugleich deutschen Unternehmen helfen kann, Investitionen in Ägypten kalkulierbarer zu machen. Im Mittelpunkt der Untersuchung steht daher die ausführliche Darstellung des ägyptischen Produkthaftungsrechts. Die Arbeit enthält dementsprechend keine gleichwertige Gegenüberstellung deutschen und ägyptischen Rechts. Vielmehr wird das bereits an anderen Stellen[27] umfassend dargestellte deutsche Produkthaftungsrecht nur kurz resümiert, um eine Grundlage für das weitere Verständnis der Untersuchung zu schaffen.

B. Gang der Untersuchung

Weder auf internationaler noch auf nationaler Ebene ist eine einheitliche Definition des Produkthaftungsrechtes üblich. Vielmehr lassen sich fast so viele Definitionen wie Rechtsordnungen finden und auch die zahlreichen relevanten Gesetze setzen unterschiedliche Definitionen voraus. Somit ist die erste Hürde, die diese Arbeit noch in dem einleitenden Kapitel nehmen muss, das Festlegen einer Definition und des Umfangs der Betrachtung. Zum besseren Verständnis soll zuvor auf die internationale Entwicklung des Produkthaftungsrechts eingegangen werden.

Im zweiten Kapitel wird das deutsche Recht als Grundlage des Verständnisses für die Untsuchung des ägyptischen Rechts erläutert. Der Schwerpunkt wird dabei entsprechend der heutigen Praxis auf dem Deliktsrecht des Bürgerlichen Gesetzbuches (BGB) und dem Produkthaftungsgesetz (ProdHaftG) liegen. Gerade im Bereich des auf dem Deliktsrecht beruhenden und somit vor allem höchstrichterlich entwickelten Produkthaftungsrechts ist im Grunde jedes Tatbestandsmerkmal umstritten. Da dieser Teil aber lediglich Vergleichsgrundlage sein soll, werden die Streitfragen nur kurz angedeutet. Weil zudem sämtliche dieser Fragen mittlerweile durch gefestigte Rechtsprechung entschieden sind, soll diese bis auf wenige Ausnahmen zugunsten einer höheren Praxistauglichkeit ausschlaggebend sein.

27 Vgl. insbesondere die umfassenden Darstellungen von Foerste/Westphalen (2012) und Schmidt-Salzer (1990); vgl. zudem Kullmann/Pfister/Buchwaldt (2010); Rolland (1990); Taschner/Frietsch (1990) sowie Diederichsen (1967).

Im dritten Teil wird das ägyptische Produkthaftungsrecht ausführlich erläutert. Für diesen Schwerpunkt sprechen neben der bereits umfassenden Erschließung des deutschen Produkthaftungsrechts und dem vermutlichen Interessenschwerpunkt der Leser einer in deutscher Sprache geschriebenen Arbeit auch die verschiedenen Marktstrukturen. Während die ägyptischen Exporte nach Deutschland hauptsächlich aus Rohstoffen (Öl, chemische Grundstoffe), Textilprodukten und Nahrungsmitteln bestehen, exportieren deutsche Unternehmen überwiegend Maschinen, Kraftfahrzeuge, Elektrotechnik und chemische Endprodukte nach Ägypten.[28] Demnach ergibt sich eine gegensätzlich Produktkomplexität. Die für die Verursachung von Produkthaftungsfällen typischerweise komplexeren Produkte werden von Deutschland nach Ägypten exportiert. Folglich sind Produkthaftungsfälle mit ägyptischen Geschädigten und deutschen Haftungsgegnern, und demzufolge typischerweise unter Regelungshoheit ägyptischen Rechts, ungleich wahrscheinlicher als umgekehrt. Allerdings ist zu beachten, dass die ägyptische Regierung in jüngster Zeit ein starkes Bemühen zeigt, die Herstellung von Kraftfahrzeug-Zulieferteilen, Medizinprodukten und Arzneimitteln im eigenen Land zu etablieren, so dass mittelfristig mit einer Angleichung der Produktkomplexität zu rechnen ist.

In Ägypten besteht rechtsgeschichtlich und auch in der heutigen Praxis, insbesondere hinsichtlich der Produkthaftung, ein starker Bezug zum französischen Recht sowie zu relevanten europäischen und internationalen Richtlinien. Daher werden die Entwicklungen in diesen Rechtsordnungen dort berücksichtigt, wo es angezeigt ist. Dies gilt umso mehr, als eine solche rechtsvergleichende Arbeitsweise ohnehin der ägyptischer Juristen entspricht.[29] Zum einfacheren Verständnis werden die Vergleiche zum deutschen Recht bereits größtenteils integriert im dritten Teil dargestellt.

Entsprechend der historischen Entwicklung wird auch im ägyptischen Teil zunächst das allgemeine Vertrags- und Deliktsrecht, welches im ägyptischen ZGB von 1948 geregelt ist, auf mögliche Anspruchsgrundlagen für Produkthaftungsfälle untersucht. Anschließend wird das ägyptische HGB untersucht, welches seit einer vollständigen Neukodifizierung im Jahr 1999 eine Vorschrift enthält, die eine ausdrückliche Produkthaftung kodifiziert. Im Jahr 2006 hat Ägypten zudem ein exklusives Verbraucherschutzgesetz (VSG) verabschiedet, welches ebenfalls auf spezielle Produkthaftungsregeln untersucht wird. Zudem sieht das VSG die Einrichtung einer Verbraucherschutzbehörde (VSB) und die Stärkung der in diesem Bereich tätigen Nichtregierungsorganisationen (NROs) vor. Beides hat erhebliche praktische Auswirkungen. Schließlich gehört Ägypten

28 Marks, S. 14 f.

29 Vgl. Weidlich zum ägyptischen Lauterkeitsrecht, S. 4.

nicht nur de facto zum französischen, sondern traditionell auch zum islamischen Rechtskreis,[30] so dass außerdem das islamische Recht kurz auf seine Relevanz in Bezug auf das hiesige Thema untersucht wird.

Im vierten Kapitel werden Besonderheiten bei der Durchsetzung von Produkthaftungsansprüchen dargestellt. Dabei liegt der Schwerpunkt aus bereits genannten Gründen auf dem ägyptischen Recht. Neben einem kurzen Überblick über die für das hier gewählte Thema relevante ägyptische Gerichtsbarkeit geht es um die Voraussetzungen der Durchsetzbarkeit ausländischer Titel in beiden Ländern. Schließlich wird ein Überblick über das jeweilige internationale Produkthaftungsrecht gegeben.

Nach einer vor allem an die Praxis gerichteten vergleichenden Zusammenfassung der soweit gefundenen Ergebnisse im fünften Kapitel folgen im sechsten Kapitel Schlussbemerkungen zu den Ergebnissen.

C. Hintergrund und Entwicklung des Produkthaftungsrechts im Allgemeinen

Das Produkthaftungsrecht steht in einem engen Zusammenhang mit dem zivilrechtlichen Verbraucherschutz, da dieser auch den Schutz vor Schäden durch fehlerhafte Produkte umfasst. Das Produkthaftungsrecht ist aber nicht nur einer der praktisch bedeutsamsten Teile des Verbraucherschutzrechtes,[31] sondern gleichzeitig als spezifisches Recht zeitlich früher entwickelt worden. Somit war das Produkthaftungsrecht zugleich auch ein historischer Ausgangspunkt für die Entstehung von Verbraucherschutzrechten.[32] Die Entwicklung beider Rechtsbereiche ist jedenfalls eng mit dem Aufkommen moderner und durch Industrialisierung geprägter Gesellschaften verbunden.

In allen Rechtsordnungen stand Verbrauchern für Produkthaftungsansprüche zunächst nur das allgemeine Vertrags- oder Deliktsrecht zur Verfügung.[33] Folglich wurden die ersten eigenständigen Anspruchsgrundlagen für Produkthaftung entweder im Vertrags- oder Deliktsrecht entwickelt. Während z.B. das französische Recht mit der sog. *action directe* seinen Entwicklungsschwerpunkt hierbei auf das Vertragsrecht legte,[34] war der Schwerpunkt im Common Law[35] und spä-

30 Zweigert/Kötz, § 8 V, S. 108 f.
31 Borchert, S. 25.
32 Schmidt-Salzer, 4.003; Borchert, S. 4.
33 Kötz/Wagner, Deliktsrecht, S. 240, Rn. 609.
34 Kötz/Wagner, Deliktsrecht, S. 240, Rn. 609.
35 MacPherson v. Buick Motor Co., 111 N.E., S. 1053 (Court of Appeals of the State of New York 1916).

ter mit dem Hühnerpesturteil[36] im deutschen Recht das Deliktsrecht. Heutzutage haben die meisten Rechtsordnungen zusätzlich eigenständige Gesetze bzw. Anspruchsgrundlagen für Produkthaftung entwickelt. Trotz dieser Spezialgesetze ist immer wieder ein Rückgriff auf die allgemeinen Normen des Vertrags- oder Deliktsrechtes notwendig. *Kötz* beschreibt das Produkthaftungsrecht daher als „Rechtsgebiet zwischen allen Stühlen".[37]

Zwar lassen sich Ansätze für ein Produkthaftungsrecht im weitesten Sinne bereits auf die §§ 229 ff. des Codex Hammurabi und somit auf ein mehr als 3700 Jahre altes Gesetz zurückführen,[38] welches bemerkenswerter Weise aus einem heute arabischen Staat stammt. Allerdings ist das Produkthaftungsrecht insgesamt durch den bereits erwähnten Zusammenhang mit der Industrialisierung vielmehr eine sehr junge Rechtsentwicklung.

Im englischen Recht lässt sich die besondere Stellung des Käufers von ungesunden Lebensmitteln bereits auf das Jahr 1266 zurückführen.[39] Die ersten ernsthaften Schritte zu eigenständigen Produkthaftungsgrundlagen wurden aber erst im 17. Jahrhundert unternommen. Seitdem wurde der Grundsatz *caveat emptor* (der Käufer hat acht zu geben) das vorherrschende Prinzip im Common Law.[40] Diese Doktrin belässt zwar grundsätzlich die Folgen eines Produktmangels beim Käufer, entscheidend ist aber, dass sie Letzterem vor Vertragsschluss das Recht gibt, die zu kaufende Ware auf mögliche Mängel zu untersuchen.[41] Daher wird dieses Prinzip vielfach als Ausgangspunkt für den Schutz von Rechten und Interessen der Gesellschaft gegen mangelhafte Waren und Produkte gesehen.[42] Jedoch verpflichtet das Prinzip *caveat emptor* den Verkäufer nicht, bereits bekannte oder mögliche Fehler zu offenbaren.[43] Das Recht, welches die Haftung für defekte Produkte regelte, war also ursprünglich erheblich zum Vorteil der Verkäufer bzw. Hersteller gewichtet.[44] Besonders zu Beginn des 19. Jahrhunderts war die dahinter stehende Ratio der Schutz der sich noch Frühphase der Entwicklung befindlichen Industrie.[45]

Während der einzelne Verbraucher in früheren Zeiten mit örtlichen Landwirten oder Händlern verhandelte, standen ihm durch die einsetzende Industria-

36 BGHZ 51, 91.
37 Kötz/Wagner, Deliktsrecht, S. 239, Rn. 606.
38 Schmidt-Salzer, 4.001.
39 Tebbens, S. 2.
40 Vgl. W.H. Hamilton, The ancient maxim caveat emptor, 40 YaleLJ (1931), S. 1140.
41 Kellam, S. 108.
42 Billah, ALQ 13 (1998), S. 282.
43 Billah, ALQ 13 (1998), S. 278.
44 Kellam, S. 107.
45 Tebbens, S. 2.

lisierung immer größer werdende Firmen gegenüber, die zudem zunehmend überregional operierten. Somit entstand ein wachsendes wirtschaftliches Ungleichgewicht. Daneben wurde durch die Bildung einer industriellen Arbeiterschaft ein zunehmender Teil der Bevölkerung in existenzieller und sozialer Hinsicht von Unternehmen abhängig. Die anschließende Formierung von Gewerkschaften war damit Grundlage für ein Bewusstsein in Bezug auf Verbraucherschutz.

In England folgte in der zweiten Hälfte des 19. Jahrhunderts ein Wechsel vom Prinzip *caveat emptor* zu *caveat venditor* (Der Verkäufer hat acht zu geben).[46] Der englische Sale of Goods Act von 1893 war das erste ausdrückliche Gesetz, welches die Prinzipien des Verbraucherschutzes berücksichtigte. So hatte beispielsweise ein Kläger nicht länger zu beweisen, dass der Verkäufer ausdrücklich die Qualität eines Produktes garantiert hatte.[47]

Zur gleichen Zeit entwickelte sich, auch in Deutschland, ein Bewusstsein für die besonderen Industrialisierungsrisiken, welche bereits 1838 im preußischen Gesetz über die Eisenbahnunternehmungen und später Reichshaftpflichtgesetz von 1871 berücksichtigt wurden. Das Oberlandesgericht Stuttgart war 1907 das erste deutsche Gericht, welches wegen eines Produktfehlers einen Hersteller auf deliktsrechtlicher Grundlage verurteilte.[48] Acht Jahre später folgte die berühmte Brunnensalz-Entscheidung des Reichsgerichtes.[49] Zwar können beide Entscheidungen heute als Ausgangspunkt des deutschen Produkthaftungsrechts bezeichnet werden, aber eine spezifische Rechtsdiskussion über das Produkthaftungsrecht fand zu jener Zeit noch nicht statt.

Im 20. Jahrhundert kam ein weiteres, entscheidendes Phänomen hinzu. Denn mit dem Wachstum einer modernen auf Unternehmen basierten Wirtschaft entstanden auch lange Versorgungsketten. Dadurch stand der Verbraucher nicht nur einem ungleich größeren, sondern auch einem oftmals nicht mehr überschaubaren Verhandlungspartner gegenüber. Diese Entwicklung verschlechterte die Verhandlungsposition der Verbraucher dramatisch. In der Folge entstanden Gesetze, welche sich ausschließlich mit dem Thema des Verbraucherschutzes befassten.

In der ersten Hälfte des 20. Jahrhunderts waren die USA das Land mit dem stärksten wirtschaftlichen Wachstum. Daher ist es nicht verwunderlich, dass die ersten Meilensteine der Verbraucherschutzgesetzgebung von dort kamen.[50] Bereits 1938 verabschiedete der US-Kongress den Food, Drug and Cosmetic Act,

---

46 Kellam, S. 108.

47 Kellam, S. 108.

48 OLG Stuttgart OLGE 18, S. 69, 71.

49 RGZ 87, 1.

50 Zweigert/Kötz, § 42 V, S. 678.

welcher die Hersteller von Lebensmitteln, Pharmazeutika und Kosmetika verpflichtete, die Sicherheit der Produkte darzulegen, bevor diese auf den Markt gelangten. Weitere entscheidende Schritte in Richtung einer umfassenden Verbraucherschutzgesetzgebung kamen in den 60er Jahren des 20. Jahrhunderts. Im Jahr 1962 postulierte US-Präsident *John F. Kennedy* in seiner berühmten Ansprache vor dem Kongress, dass der Begriff „Verbraucher, schon der Definition nach, uns alle einschließt".[51] Im Folgenden forderte er die Verwirklichung von vier „Grundrechten der Verbraucher":

1. Das Recht auf sichere Produkte
2. Das Recht auf umfassende Information über Produkte und Dienstleistungen
3. Das Recht der freien Produktwahl
4. Das Recht auf politische Interessenvertretung der Verbraucher.

Ein weiterer bedeutender Wegbereiter für das Verbraucherschutzrecht war und ist der US-amerikanische Anwalt *Ralph Nader*, dessen Aufsehen erregendes Buch[52] *Unsafe at Any Speed* 1965 die problematische Herstellungs- und Designpraxis der US-amerikanischen Autoindustrie aufdeckte. Als Folge dieses Buches entstand 1966 der National Traffic and Motor Vehicle Safety Act.

In den 60er und 70er Jahren des letzten Jahrhunderts folgten weitere Gesetze, welche sich speziell mit der Produkthaftung beschäftigten. In den USA begann diese Welle mit dem Flammable Fabrics Act von 1953 und dem Hazardous Substances Act von 1960. In Deutschland entstand 1968 das Gerätesicherheitsgesetz und 1974 wurde das Lebensmittelgesetz komplett überarbeitet. 1976 folgte die Reform des Arzneimittelgesetzes und 1977 wurde das Gesetz über die Allgemeinen Geschäftsbedingungen verabschiedet. All diese Gesetze reagierten auf erhebliche Missstände. Das Arzneimittelgesetz ist zum Beispiel ohne den ab 1957 entstandenen Contergan-Skandal nicht zu verstehen.

Auf supranationaler Ebene veröffentlichte die UN 1985 eine Richtlinie für Verbraucherschutz, welche 1999 erweitert wurde und umfassende Maßnahmen auch zur Förderung von Produkthaftungsrecht enthält. Zur gleichen Zeit wurden in den EG-Staaten parallel zur nationalen Gesetzgebung zunehmend EG-Richtlinien verabschiedet. Im Bereich des Verbraucherschutzrechtes war die EG sehr aktiv und erließ eine beträchtliche Anzahl von Richtlinien, welche in nationales Recht umgesetzt werden mussten. Die wichtigste Richtlinie (in dieser Beziehung) war die Produkthaftungsrichtlinie (85/374/EG), welche inzwischen

51 "Consumers, by definition, includes us all", Special message to the congress on protecting the consumer interest; in Public Papers of the Presidents of the United States, January 1 to December 31, 1962, S. 235-243.

52 Nader, Unsafe at any speed.

alle 27 EU-Mitgliedsstaaten in nationales Recht umgesetzt haben. Das Vereinigte Königreich setzte die Richtlinie bereits im Mai 1987 durch den Consumer Protection Act um, und in Deutschland wurde am 15. Dezember 1989 das „Gesetz über die Haftung für fehlerhafte Produkte“ (ProdHaftG)[53] erlassen. In Frankreich hat das Produkthaftungsrecht weniger akademische Aufmerksamkeit auf sich gelenkt als im Common Law und im deutschen Recht. Der erste Aufsatz[54] hierzu wurde 1975 von Professor *Revel* veröffentlicht. Das mangelnde bzw. verspätete Interesse auf französischer Seite wird in der fast 10-jährigen Verspätung der Umsetzung der EG-Richtlinie durch Gesetz Nr. 98-389 vom 19. Mai 1998 deutlich.

Hintergrund der Entwicklung des Produkthaftungsrechts auf europäischer Ebene war die vereinbarte und bereits fortgeschrittene Vereinheitlichung bzw. Angleichung des europäischen Binnenmarktes. In der Präambel zur Richtlinie 85/374/EWG werden für die Angleichung des Produkthaftungsrechts in der EU dementsprechend drei Gründe angeführt: 1. Wettbewerbsverfälschungen sollen durch ungleiche haftungsbedingte Kostenbelastungen der Produzenten verhindert werden, 2. Störungen für den freien Warenverkehr innerhalb der Gemeinschaft durch unterschiedliche Haftungsregeln sollen abgebaut werden und 3. soll das Niveau des Verbraucherschutzes bei Schädigungen durch fehlerhafte Produkte angeglichen werden.

In Ägypten war das 1999 komplett erneuerte Handelsgesetzbuch (HGB) das erste Gesetz, welches einen ausdrücklichen Produkthaftungsanspruch enthielt. Das 2006 folgende Verbraucherschutzgesetz (VSG) war wiederum das erste Gesetz, welches sich in seiner Gesamtheit ausschließlich mit Verbraucherschutz befasste.

D. Definition des Produkthaftungsrechts

Auch strafrechtlich kann sich eine Produkthaftung ergeben, z.B. aus den Tatbeständen der fahrlässigen Körperverletzung, fahrlässigen Tötung oder fahrlässigen Brandstiftung.[55] In Deutschland hat sich diese strafrechtliche Diskussion im Contergan-Verfahren und insbesondere seit den 90er Jahren des vorigen Jahrhunderts neben der zivilrechtlichen entwickelt.[56] Schon mit dem Titel „zivilrechtliche“ Produkthaftung wird die Untersuchung von der straf- und der ebenfalls möglichen öffentlich-rechtlichen Produkthaftung abgegrenzt, welche nicht Gegenstand dieser Arbeit sind.

53 BGBl I, S. 2198.

54 Revel, La responsabilité civile du fabricant (1975).

55 Produkhaftungshandbuch/Winkelnbauer, § 80 Rn. 21.

56 Produkhaftungshandbuch /Winkelnbauer, § 80 Rn. 1 m.w.N.

Darüber hinaus kann der Begriff „Produkthaftung“ vom Wortlaut her sehr weit ausgelegt werden. Er stellt zunächst den Zusammenhang zu einem bestimmten Produkt her.[57] Unter Produkt sollen hier Waren bzw. Artikel verstanden werden, die zur Abnahme durch einen nicht vor Herstellung bestimmten Endabnehmer, also auch ohne dessen vorherigen Auftrag, hergestellt werden. Danach ist also die Haftung für Sachen die aufgrund von Einzelaufträgen gefertigt werden, und damit dem Werkvertragsrecht zuzuordnen sind, nicht Gegenstand dieser Untersuchung. Gleichzeitig soll die Untersuchung auf Waren, also körperliche Gegenstände, beschränkt sein, so dass die Haftung für Dienstleistungen hier ebenfalls nicht untersucht werden soll. Letztere wird aber dort, wo es angezeigt scheint, insbesondere im Rahmen einiger Spezialgesetze, kurz beschrieben. Die beiden letztgenannten Einschränkungen hätten begrifflich schon durch die ebenfalls oft verwandte Definition „Haftung des Warenherstellers“ erreicht werden können. Letztere wurde, ebenso wie die oftmals synonym gebrauchte „Produzentenhaftung“, jedoch bewusst nicht verwandt. Beide implizieren begrifflich nur eine Haftung des Herstellers und nicht der sonstigen mit dem Produkt befassten Personen wie Lieferanten oder Importeure.[58] Diese Untersuchung soll aber nicht von vornherein auf einen bestimmten Personenkreis beschränkt sein.[59]

„Haftung“ bedeutet weiterhin, dass eine Person einer anderen gegenüber für die Folgen einer bestimmten Gegebenheit verantwortlich ist.[60] Da es diesbezüglich keine allgemein gültige Definition gibt, könnten also auch Garantiehaftung oder vertragliche Gewährleistung beinhaltet sein, da beide Ansprüche im Zusammenhang mit Produkten begründen können. Gemeinhin spricht man von Produkthaftung allerdings nur, wenn Ersatz der Folgeschäden an anderen Rechtsgütern als dem gelieferten Produkt verlangt wird.[61] Nicht unter die Produkthaftung, sondern unter die Gewährleistung, fallen Ansprüche wegen der Vermögensminderung, die der Mangel des gelieferten Produktes selbst verkörpert.[62] Hier soll es also um die Haftung für „durch einen Produktfehler verursachte Schäden“ und nicht für den Schaden in Form des Produktfehlers selbst gehen. Daher ist es sinnvoll die Produkthaftung von Garantie und vertraglicher Gewährleistung abzugrenzen.[63]

---

57 Schmidt-Salzer, 4.050; Whittaker, S. 3; Bruder, S. 1200.

58 Vgl. Peifer, § 6 Rn. 14; Bruder, S. 1200.

59 So auch Kötz/Wagner, Deliktsrecht, S. 239, Rn 606.

60 Bauer/Hinsch, S. 3.

61 Bauer/Hinsch, S. 9.

62 Bauer/Hinsch, S. 9.

63 So auch Kellam, S. 2.

Bei einer Garantie verpflichtet sich der Garant selbst bei Vorliegen bestimmter Faktoren, zu einem festgelegten Handeln. Im Rahmen eines Kaufvertrages kann die Garantie dazu entweder eine bestimmte Beschaffenheit oder Haltbarkeit betreffen.[64] Die Erklärung einer solchen Garantie ist also freiwillig und die Ratio dahinter ist die Vertiefung des Kundenvertrauens in das Produkt oder den Hersteller.[65]

Im Gegensatz dazu entsteht die vertragliche Gewährleistung nicht durch eine gesonderte Erklärung, sondern wird durch das Gesetz angeordnet,[66] selbst wenn der Vertrag sie nicht erwähnt.[67] Bei der Gewährleistung geht es um das Gleichgewichtsverhältnis zwischen Kaufsache und Kaufpreis, sie ist demnach die Verantwortung des Verkäufers für einen Minderwert des verkauften Produktes.[68] Schließlich unterscheidet sie sich in zeitlicher Hinsicht von der einer etwaigen Haltbarkeitsgarantie. Denn sie ist nicht das Einstehenmüssen für einen bestimmten Zustand während eines bestimmten Zeitraumes, sondern für die Mangelfreiheit der Kaufsache bei Übergabe.

Tatbestandsbegründende Bedingung der Produkthaftung ist in der Regel, dass durch einen Produktfehler ein Schaden verursacht wird,[69] wobei im Rahmen der Gefährdungshaftung unter Umständen nicht einmal das Vorliegen eines Fehlers Voraussetzung ist. Produkthaftungsansprüche sind demnach unabhängig von einem Vertrag bzw. einer Garantie. Die Rechte können also auch direkt gegenüber einem Verkäufer oder Hersteller entstehen, mit denen kein Vertrag besteht. Diese Abgrenzung soll hier als Ausgangspunkt für das Verständnis des Produkthaftungsrechts dienen. Allerdings wird auch das Vertragsrecht in einigem Umfang zu untersuchen sein. Denn zum einen wurden in Deutschland anfänglich durch Rechtsprechung und Literatur eigenständige Tatbestandsmerkmale der Produkthaftung entwickelt, ohne dass jedoch eindeutig entschieden war, ob diese auf dem Vertrags- oder Deliktsrecht basieren sollten. Zum anderen lag der Schwerpunkt in anderen Rechtsordnungen, insbesondere in Frankreich, bis zur europäischen Harmonisierung nicht auf dem Delikts-, sondern auf dem Vertragsrecht. Das ägyptische Recht wiederum beruht in den hier untersuchten Bereichen zu großen Teilen auf dem französischen Recht bzw. orientiert sich bis heute stark an demselben.

---

64 Vgl. für das deutsche Recht die Regelung in § 443 Abs. 1 BGB.

65 Vgl. Palandt/Weidenkaff, § 443, Rn. 1 ff.

66 Vgl. für das deutsche Recht die Regelung in § 437 BGB.

67 Palandt/Weidenkaff, § 437, Rn. 3.

68 Schmidt-Salzer, 4.053.

69 Tebbens, S. 3.

An dieser Stelle lässt sich für die hier untersuchte Produkthaftung festhalten, dass unter Produkthaftung „die Haftung für durch fehlerhafte Ware verursachte Schäden“ zu verstehen ist.

E. Ausgestaltung der Produkthaftung

Die eigentliche Ausgestaltung des Produkthaftungsrechts variiert schließlich erheblich zwischen den Rechtsordnungen. Dabei lassen sich auf internationaler Ebene drei verschiedene Haftungsstandards finden. Diese verzichten teilweise auf ein Verschulden oder sogar auf das Vorhandensein eines Fehlers. Im Englischen werden diese Standards als *absolute, strict, or fault-based liability* bezeichnet.[70] Ebenso ist der Umfang des zu ersetzenden Schadens sehr unterschiedlich. Zur Ermöglichung einer umfassenden Untersuchung sollen hier weder der Haftungsstandard noch der Schadensumfang weiter eingegrenzt werden. Die verschiedenen Haftungsstandards sollen aber zum besseren Verständnis kurz skizziert werden.

I. Gefährdungshaftung - *absolute liability*

Die sog. *absolute liability* beruht auf bestimmten tatsächlichen Erscheinungen, insbesondere der Verwirklichung bestimmter Risiken.[71] Dieser absolute Standard ist eher ungewöhnlich, findet sich aber typischerweise dort, wo eine Person die Aufsicht über ein besonders gefährliches Produkt oder eine derartige Tätigkeit hat, so z.B. im französischen Recht mit der sog. *gardien* Haftung nach Art. 1384 Abs. 1 Code civil. Im deutschen BGB ist er ausdrücklich nur für den Tierhalter in § 833 zu finden. In der Regel ist die Gefährdungshaftung aber außerhalb des BGB geregelt und zwar dort, wo sich besondere Unfallrisiken der modernen technischen Entwicklung verwirklichen können.[72] Solche Spezialgesetze finden sich z.B. in Bezug auf den Betreiber von Eisenbahnen nach §§ 1, 4 ff. HaftPflG,[73] den Kraftfahrzeughalter nach § 7 StVG, den Betreiber von Luftfahrzeugen nach § 33 LuftVG, den Verunreiniger von Gewässern nach § 22 WHG und den Betreiber von Kernenergieanlagen nach §§ 25 ff. AtomG.

Dadurch, dass der Haftende abstrakt eine Gefahr gesetzt hat, kann auf ein gesondertes Verschulden und eine Rechtswidrigkeit verzichtet werden. Übertragen auf das Produkthaftungsrecht wäre eine solche Haftung also unabhängig von Verschulden und Rechtswidrigkeit und lediglich von dem Auftreten eines durch

70 Kellam, S. 138; Whittaker, S. 33 f.

71 Kellam, S. 139.

72 Kötz/Wagner, Deliktsrecht, S. 196, Rn. 493 f.

73 Ähnlich schon 1838 in § 25 preußisches Gesetz über die Eisenbahnunternehmungen.

das Produkt verursachten Schadens abhängig, aber eben nur dort anzunehmen, wo ein besonders gefährdendes Produkt in Verkehr gebracht wird. Damit kommt es für Gefährdungshaftung im Bereich des Produkthaftungsrechts auch nicht auf das Vorliegen eines Produktfehlers an, vielmehr muss sich nur die erhöhte Schädigungsgefahr verwirklicht haben.

Als risikoreiche Produkte hat der deutsche Gesetzgeber Arzneimittel klassifiziert und deshalb das Arzneimittelgesetz (AMG) geschaffen. Damit findet sich in den §§ 84 ff. AMG in Bezug auf die Haftung für bestimmte Produkte eine Gefährdungshaftung. Ob die Haftung des ProdHaftG ebenfalls eine Gefährdungshaftung darstellt, war insbesondere in der rechtspolitischen Diskussion sehr umstritten.[74] Auch heutzutage wird noch vertreten, dass sie eine verschuldensunabhängige, eine Gefährdungshaftung oder eine Kausalhaftung darstellt. Eine genaue Einordnung der Haftung des ProdHaftG wird im Rahmen der detaillierten Untersuchung des ProdHaftG vorzunehmen sein.

II. Verschuldensunabhängige Haftung - *strict liability*

Die sog. *strict liability* ist im deutschen Recht als verschuldensunabhängige Haftung bekannt. Demnach wird die Haftung unabhängig von dem Verschulden des Anspruchsgegners begründet und hängt von dem Vorliegen bestimmter Voraussetzungen ab. Diese Voraussetzungen führen dazu, dass eine für diese Haftung notwendige Rechtswidrigkeit vorliegt. Im Produkthaftungsrecht wird eine solche Rechtswidrigkeit z.B. regelmäßig bei Bestehen eines Produktfehlers angenommen. Dies ist wohl der Standard, welcher von der europäischen Produkthaftungsrichtlinie (85/374/EG) vorgeschrieben wird. Im deutschen Recht findet sich dieser Standard folglich in der verschuldensunabhängigen Produkthaftung nach dem ProdHaftG. Allerdings ist, wie gerade schon angedeutet, selbst dieses Ergebnis umstritten.[75]

III. Verschuldenshaftung - *fault based liability*

Die sog. Verschuldenshaftung oder *fault-based liability* schließlich hat mindestens zwei Voraussetzungen: Der Anspruchsgegner muss den schädigenden Akt verursacht haben und dieser Akt muss verschuldet sein.[76] Im Common Law und im kontinental-europäischen Recht beinhaltet dieses Verschulden Vorsatz und Fahrlässigkeit.[77] In Bezug auf die Fahrlässigkeit stellt das deutsche Recht meist

---

74 Vgl. Schmidt-Salzer, 4.075; Rolland, § 1 Rn. 7 und § 3 Rn. 2 ProdHaftG.

75 Vgl. hierzu ausführlich Produkhaftungshandbuch/Westphalen, § 45, Rn. 2 ff.

76 Kellam, S. 144.

77 Kellam, S. 144.

auf den objektiven Dritten ab,[78] das englische Recht vergleicht zum durchschnittlichen Mann im „Clapham Omnibus",[79] und französische sowie ägyptische Juristen vergleichen mit dem "bon père de famille".[80] Dieser Standard findet sich im deutschen Recht in der grundsätzlich verschuldensabhängigen Produzentenhaftung nach § 823 Abs. 1 BGB. Im Bereich der Produkthaftung wurden allerdings in fast allen Rechtsordnungen zahlreiche Ausnahmen entwickelt, bei deren Vorliegen das Verschulden vermutet wird. Die sich somit ergebende Haftung für vermutetes Verschulden lässt sich weder eindeutig diesem Haftungsstandard noch dem Vorgenannten zuordnen, wird aber in der Regel nicht als gesonderter Maßstab behandelt.

F. Umfang der Betrachtung

Wie bereits erwähnt, wurde das Produkthaftungsrecht auf Grundlage des Vertrags- bzw. Deliktsrechts entwickelt. Ersteres soll nur untersucht werden, insoweit es sich nicht mit dem Garantie- oder Gewährleistungsrecht deckt. Allerdings lässt sich hier im Voraus keine klare Abgrenzung treffen, so dass weder das allgemeine Vertragsrecht noch das speziellere Gewährleistungsrecht von der Untersuchung ausgeklammert werden können. Denn in der französischen und ägyptischen Rechtsordnung ergeben sich für den deutschen Juristen paradox klingende Rechtsfiguren wie eine „vertragliche Produkthaftung" und eine „außervertragliche Gewährleistung".[81] Wegen erstgenannter Rechtsfigur ist das Vertragsrecht also insoweit zu untersuchen, als es um Schadensersatz an anderen Rechtsgütern als der Kaufsache geht. Aus diesem Grund sind auch die Regelungen zu untersuchen, nach denen sich eine außervertragliche Gewährleistung ergeben kann. Daneben finden sich im deutschen und im ägyptischen Recht Spezialgesetze, die teils eigenständig, teils integriert eine gesonderte Produkthaftung regeln. Sämtliche dieser Spezialgesetze werden detailliert untersucht und gegenübergestellt. Schließlich sind die Definitionen bestimmter relevanter Begriffe, wie z.B. Hersteller, Lieferant, Produkt, Fehler, von erheblicher Bedeutung, weil sie den Anwendungsbereich des jeweiligen Gesetzes maßgeblich bestimmen. Diese Begriffe werden allerdings von den verschiedenen Rechtsnormen unterschiedlich bestimmt, so dass sie im Rahmen der entsprechenden Vorschriften festgelegt werden müssen und nicht übergreifend bestimmt werden können.

---

78 BGHZ 39, 283; 106, 323.

79 Kellam, S. 144.

80 Sanhuri, Wasit, Bd. 1, S. 781.

81 Vgl. in Bezug auf das französische Recht Witz/Wolter, RIW 1998, S. 833.

2. Kapitel: Das Produkthaftungsrecht in Deutschland

Nach der eingangs genannten Definition sind Fälle denkbar, in denen sich eine Haftung für durch Produkte verursachte Schäden aus dem Vertragsrecht ergibt. Daher wird zunächst kurz das vertragliche Produkthaftungsrecht untersucht. Im Wesentlichen beruht das deutsche Produkthaftungsrecht auf dem allgemeinen Deliktsrecht des BGB und dem ProdHaftG, welche ausführlich und entsprechend der historischen Entwicklung in dieser Reihenfolge dargestellt werden. Anschließend wird kurz das AMG als spezielles Produkthaftungsgesetz skizziert. Schließlich wird in einem abschließenden Vergleich das deutsche Produkthaftungsrecht zusammengefasst.

A. Vertragliche Produkthaftung nach dem BGB

Diese Arbeit will die Untersuchung nicht hinsichtlich des Kreises der Haftungsadressaten beschränken, sondern neben den Herstellern und sämtlichen Lieferanten auch die Haftung des Endverkäufers betrachten.

I. Gegenüber dem unmittelbaren Vertragspartner

Typischerweise hat der Verbraucher als Endabnehmer nur einen Vertrag mit dem Endverkäufer. Zwischen diesen beiden gelten demnach auch die vertraglichen Gewährleistungsregeln des BGB. Nur in den heutzutage seltenen Fällen, in denen der Verbraucher direkt beim Hersteller kauft, kann diesem gegenüber eine direkte vertragliche Haftung entstehen. Daneben könnte sich zwar auch eine Haftung zwischen Hersteller und Endverbraucher aus einem Garantievertrag ergeben,[82] dieser soll aber, wie in der Einleitung dargelegt, nicht Gegenstand der Untersuchung sein. Mit dem Zwischenhändler bestehen schon der Natur der Sache nach keine direkten Beziehungen. Schließlich umfasst die Produkthaftung hauptsächlich Schäden, die außerhalb des Produktes selbst bzw. Dritten entstanden sind. Folglich hat der Geschädigte in den meisten Fällen keine direkten vertraglichen Ansprüche gegenüber dem Schädiger.

1. Schadensersatz gem. §§ 437 Nr. 3 i.V.m. 280 Abs. 1 S. 1 BGB

Eine kaufvertragliche Haftung für fehlerhafte Produkte kann sich nur aus § 437 BGB ergeben. Danach kann der Käufer bei Vorliegen eines in

82 Vgl. Palandt/Weidenkaff, § 443, Rn. 8.

§§ 434, 435 BGB definierten Mangels gem. Nr.1 Nacherfüllung verlangen, gem. Nr. 2 vom Vertrag zurücktreten oder den Kaufpreis mindern und gem. Nr. 3 Schadensersatz oder Ersatz der vergeblichen Aufwendungen verlangen, wenn die Voraussetzungen der Vorschriften vorliegen, auf die jeweils verwiesen wird. Für den typischerweise in Produkthaftungsfällen verlangten Ersatz von Integritäts- bzw. Drittschäden bleibt also einzig § 437 Nr. 3 BGB, welcher auf § 280 Abs. 1 BGB als Anspruchsgrundlage verweist.[83] Erste Voraussetzung der Gewährleistungsansprüche ist nach § 437 BGB das Vorliegen eines wirksamen Kaufvertrages i.S.d. § 433 BGB.

a) Pflichtverletzung

Weiterhin muss der Schädiger gem. § 280 Abs. 1 S. 1 BGB eine Pflichtverletzung begangen haben und diese gem. Satz 2 der Norm auch zu vertreten haben.

aa) Sachmangel

Die Pflichtverletzung liegt in Gewährleistungsfällen in der Verletzung der aus § 433 Abs. 1 S. 2 BGB folgenden Pflicht, dem Käufer die Sache frei von Sach- und Rechtsmängeln zu verschaffen.[84] Für das hiesige Thema sind allein Sachmängel relevant, welche in § 434 BGB definiert werden. Nach dessen Absatz 1 S. 1 ist die Sache „frei von Sachmängeln, wenn sie bei Gefahrübergang die vereinbarte Beschaffenheit hat“. Durch den Begriff „vereinbarte Beschaffenheit“ stellt die Vorschrift in allererster Linie auf die subjektiven Umstände des Vertragsschlusses ab.[85] Soweit die Beschaffenheit nicht vereinbart ist, ist die Sache nach Satz 2 „frei von Sachmängeln, 1. wenn sie sich für die nach dem Vertrag vorausgesetzte Verwendung eignet, sonst 2. wenn sie sich für die gewöhnliche Verwendung eignet und eine Beschaffenheit aufweist, die bei Sachen der gleichen Art üblich ist und die der Käufer nach der Art der Sache erwarten kann“. Nach Satz 2 Nr. 1 wird mit der „vorausgesetzten Verwendung“ ebenso auf subjektive Umstände abgestellt, nur sind diese im Vergleich zu Satz 1 nicht vereinbart, sondern werden vorausgesetzt. Der genaue Unterschied zwischen den beiden Mangeltatbeständen ist schwer zu fassen, teilweise wird deswegen auch nicht wirklich differenziert.[86] Eine Abweichung besteht allenfalls darin, dass über den Zustand der Sache nach Satz 1 gesprochen wurde und dieser nach Satz 2 Nr. 1 nur vorausgesetzt wurde, ohne dass unbedingt darüber gesprochen

83 MüKo/Westermann, § 437, Rn. 1.

84 Medicus/Petersen, Rn. 296; Palandt/Grüneberg, § 280, Rn. 19.

85 Palandt/Weidenkaff, § 434, Rn. 1.

86 Vgl. Palandt/Weidenkaff, § 434, Rn. 21 ff.

wurde.[87] *Schmidt* bezeichnet die nach Satz 2 Nr. 1 zugrunde liegenden Umstände daher als „halbsubjektive".[88]

In Satz 2 Nr. 2 wird auf die Eignung zur „gewöhnlichen Verwendung" bzw. die „übliche Beschaffenheit" und damit subsidiär auf objektive Umstände abgestellt.[89] Nach § 434 Abs. 1 S. 3 BGB gehören zu der Beschaffenheit nach Satz 2 Nr. 2 „auch Eigenschaften, die der Käufer nach den öffentlichen Äußerungen des Verkäufers, des Herstellers (§ 4 Abs. 1 und 2 ProdHaftG) oder seines Gehilfen insbesondere in der Werbung oder bei der Kennzeichnung über bestimmte Eigenschaften der Sache erwarten kann, es sei denn, dass der Verkäufer die Äußerung nicht kannte und auch nicht kennen musste, dass sie im Zeitpunkt des Vertragsschlusses in gleichwertiger Weise berichtigt war oder dass sie die Kaufentscheidung nicht beeinflussen konnte". Zweck dieser Erweiterung der objektiven Beschaffenheitsumstände i.S.d. Satz 2 Nr. 2 ist es, das Vertrauen des Verkäufers in öffentliche Äußerungen des Verkäufers und des diesem zugerechneten Herstellers zu schützen.[90]

Nach § 434 Abs. 2 BGB ist ein Sachmangel „auch dann gegeben, wenn die vereinbarte Montage durch den Verkäufer oder dessen Erfüllungsgehilfen unsachgemäß durchgeführt worden ist. Ein Sachmangel liegt bei einer zur Montage bestimmten Sache ferner vor, wenn die Montageanleitung mangelhaft ist, es sei denn, die Sache ist fehlerfrei montiert worden". Diese Norm ist auch als Zugeständnis an die heutige Produktkomplexität zu werten und kodifiziert einen Unterfall des Instruktionsfehlers i.S.d. eigentlichen Produkthaftungsrechts. Schließlich steht es nach Absatz 3 „einem Sachmangel gleich, wenn der Verkäufer eine andere Sache oder eine zu geringe Menge liefert".

Für Produkthaftungsfälle, in denen es nicht um die Gleichwertigkeit der Kaufsache mit dem Kaufpreis, sondern um Schäden an anderen Rechtsgütern geht, werden vor allem die objektiven Mangeltatbestände bedeutsam, also die Fälle der Nichtübereinstimmung mit der gewöhnlichen Verwendung bzw. üblichen Beschaffenheit i.S.d. Absatz 1 S. 2 Nr. 2 und der fehlerhaften Montageanleitung i.S.d. Absatz 2 S. 3.

bb) Nebenpflichten

Neben der Pflicht zur Übereignung einer mangelfreien Sache können den Verkäufer gewisse Aufklärungs- und Untersuchungspflichten treffen. Soweit sich diese auf bei Vertragsschluss bekannte Mängel beziehen, ist umstritten, welche

---

87 So wohl PWW/Schmidt, § 434, Rn. 40.

88 PWW/Schmidt, § 434, Rn. 7.

89 Palandt/Weidenkaff, § 434, Rn. 1; PWW/Schmidt, § 434, Rn. 7.

90 PWW/Schmidt, § 434, Rn. 51.

Anspruchsgrundlage systematisch einschlägig ist.[91] Neben dem Mängelrecht des § 437 BGB kommt die Haftung für Verschulden bei Vertragsschluss bzw. bei Vertragsanbahnung in Betracht, die sog. *culpa in contrahendo* (c.i.c.), wie sie mittlerweile in § 311 Abs. 2 BGB normiert ist.[92] Danach kann „ein Schuldverhältnis mit Pflichten nach § 241 Abs. 2 auch durch 1. die Aufnahme von Vertragsverhandlungen, 2. die Anbahnung eines Vertrags, bei welcher der eine Teil im Hinblick auf eine etwaige rechtsgeschäftliche Beziehung dem anderen Teil die Möglichkeit zur Einwirkung auf seine Rechte, Rechtsgüter und Interessen gewährt oder ihm diese anvertraut, oder 3. ähnliche geschäftliche Kontakte", entstehen. Nach § 241 Abs. 2 BGB kann das „Schuldverhältnis nach seinem Inhalt jeden Teil zur Rücksicht auf die Rechte, Rechtsgüter und Interessen des anderen Teils verpflichten". Die überwiegenden Meinungen betrachten das Mängelrecht der §§ 434 ff. BGB als die nach Gefahrübergang abschließende Anspruchsgrundlage.[93] Die Frage ist allerdings bisher nicht höchstrichterlich entschieden und hat zudem im Ergebnis keine Auswirkungen. Denn über den Umfang der Pflichten besteht unabhängig von der Anspruchsgrundlage Einigkeit und die Rechtsfolge des Schadensersatzes richtet sich in jedem Fall nach § 280 Abs. 1 BGB.

Zu den vertraglichen Nebenpflichten gehören jedenfalls auch bestimmte Aufklärungspflichten des Verkäufers.[94] Vor allem wenn der Verkäufer Fachhändler ist, muss er den Käufer unübersichtlicher Produkte anleiten und beraten.[95] Bei Waren, von denen typische Gefahren ausgehen können, hat der Verkäufer über die sachgerechte Benutzung aufzuklären und vor Gefahren zu warnen.[96] Diese Aufklärungspflicht umfasst auch mögliche schädliche Nebenwirkungen.[97] Bei zur Weiterverarbeitung bestimmten Industrieerzeugnissen muss der Verkäufer auch über Risiken der Verarbeitung aufklären.[98] Sobald der Käufer Fragen stellt, muss der Verkäufer außerdem wahrheitsgemäß antworten oder die Antwort verweigern.[99] Allerdings trifft den Verkäufer keine grundsätzliche

---

91 Zu dem Streitstand vgl. PWW/Schmidt, § 437, Rn. 54 ff. u. 72 ff. und MüKo/Emmerich, § 311, Rn. 92 f. jeweils m.w.N.

92 MüKo/Emmerich, § 311, Rn. 143 f.

93 BGH NJW 2009, 2120; ders. NJW-RR 2011, 462; Palandt/Grüneberg, § 311, Rn. 14 ff.; Erman/Kindl, § 311, Rn. 45 f.

94 PWW/Schmidt, § 437, Rn. 55; Erman/Grunewald, § 437, Rn. 24.

95 BGHZ 47, 312, 315; BGH NJW 2007, S. 3057; ders., NJW 1992, S. 2018.

96 BGH JZ 1960, S. 124; OLG München MDR 1985, S. 934; OLG Celle NJW-RR 1986, S. 25.

97 BGHZ 116, 65 ff.; BGH MDR 1978, S. 133; NJW 1994, S. 932.

98 BGHZ 88, 135.

99 MüKo/Emmerich, § 311, Rn. 91; Erman/Grunewald, § 433, Rn. 27.

Pflicht zur Aufklärung über ihm bekannte Mängel der Kaufsache.[100] Die Rechtsprechung hat jedoch in Ausnahme dazu bestimmte Fallgruppen entwickelt, in denen der Verkäufer auch zur Aufklärung über ihm bekannte Mängel verpflichtet ist. Beispielsweise trifft den sachkundigen Verkäufer beim Gebrauchtwagenverkauf eine gesteigerte Aufklärungspflicht über „nicht ganz unerhebliche" Unfälle des Kfz.[101] Ebenso wenig wie eine allgemeine Aufklärungspflicht trifft den Verkäufer aber eine allgemeine Untersuchungspflicht.[102] Insbesondere hat der lediglich weiterverkaufende Verkäufer keine Pflicht, fabrikneue Ware auf nicht offensichtliche Fehler zu untersuchen.[103]

b) Vertretenmüssen

Das Vertretenmüssen der Pflichtverletzung umfasst nach § 276 Abs. 1 S. 1 BGB Vorsatz und Fahrlässigkeit und wird gem. § 280 Abs. 1 S. 2 BGB vermutet. Da den typischerweise zwischengeschalteten Verkäufer keine Pflicht trifft, fabrikneue Ware auf nicht offensichtliche Fehler zu untersuchen, kann er sich oftmals entlasten.[104] Und weil der Hersteller nicht Erfüllungsgehilfe des Verkäufers ist, muss sich Letzterer auch nicht ein Verschulden des Herstellers über § 278 BGB zurechnen lassen.[105] Für den direkt verkaufenden Hersteller bleibt es aber bei der Verschuldensvermutung, von der er sich nur schwer entlasten kann.

c) Schaden

Weiterhin muss gem. § 280 Abs. 1 S. 1 BGB ein Schaden vorliegen. Von dieser Anspruchsgrundlage ist nach gefestigter Rechtsprechung auch der Schadensersatz für durch den Mangel entstandene Folgeschäden umfasst.[106]

d) Mangelkenntnis gem. § 442 Abs. 1 BGB

Die Rechte des Käufers wegen eines Mangels sind gem. § 442 Abs. 1 S. 2 BGB ausgeschlossen, „wenn er bei Vertragsschluss den Mangel kennt". Satz 2 der Norm stellt dem die Unkenntnis infolge grober Fahrlässigkeit gleich, soweit

---

100 MüKo/Westermann, § 433, Rn. 67.

101 Medicus/Petersen, Rn. 296; BGHZ 74, 391 f; BGH NJW 1982, S. 1386; BayObLG NJW 1994, S. 1079.

102 Erman/Grunewald, § 433, Rn. 31; Medicus/Petersen, Rn. 296; BGH NJW 1981, S. 1269 f; NJW 1968, S. 2238.

103 BGH NJW-RR 1989, S. 560; NJW 1969, S. 1710; VersR 1956, S. 259.

104 Palandt/Grüneberg, § 280, Rn. 19 f.; Erman/Grunewald, § 433, Rn. 31; PWW/Schmidt, § 442, Rn. 8.

105 BGH NJW 1981, S. 1269 f.

106 Zum bisherigen Recht RGZ 66, 289; BGHZ 77, 215; 92, 308 ff; zum neuen Recht BGH NJW 2008, S. 911; NJW 2002, S. 141 f; Medicus/Petersen, Rn. 238.

nicht „der Verkäufer den Mangel arglistig verschwiegen oder eine Garantie für die Beschaffenheit der Sache übernommen hat“. An das Vorliegen grob fahrlässiger Unkenntnis werden hohe Anforderungen gestellt.[107] Hierbei findet aber z.B. auch die Professionalität des Käufers Berücksichtigung.[108] Jedoch besteht ohne besondere Anlässe keine allgemeine Untersuchungspflicht des Käufers.[109]

e) Verjährung

Abweichend von den allgemeinen Vorschriften ist die Verjährung der in § 437 Nr. 3 BGB geregelten Mängelansprüche in § 438 BGB geregelt. Nach dessen Absatz 1 verjähren solche Schadensersatzansprüche aufgrund eines dinglichen Rechtes in 30, bei Bauwerken in fünf und im Übrigen in zwei Jahren. Nach Absatz 2 beginnt die Verjährung „bei Grundstücken mit der Übergabe, im Übrigen mit der Ablieferung der Sache“. Schließlich sieht Absatz 3 vor, dass „die Ansprüche in der regelmäßigen Verjährungsfrist verjähren, wenn der Verkäufer den Mangel arglistig verschwiegen hat“.

2. Zusammenfassung

Eine Haftung für durch mangelhafte Waren verursachte Schäden kann sich auch aus § 437 Nr. 3 i.V.m. § 280 Abs. 1 S. 1 BGB ergeben. Soweit der Hersteller zugleich Verkäufer ist, trifft auch ihn die Pflicht zur Lieferung einer mangelfreien Sache. Da bei Mangelhaftigkeit der Kaufsache das Verschulden vermutet wird, wird sich der Hersteller nur schwer entlasten können. In modernen Massen- und Streckengeschäften steht dem Verbraucher aber meist ein lediglich weiterveräußernder Endverkäufer gegenüber, welcher sich in der Regel ohne Schwierigkeiten vom Verschuldensvorwurf entlasten kann. Denn diesen treffen bei Neuwaren keine gesonderten Untersuchungspflichten. Zudem ist er grundsätzlich nicht zur Aufklärung über ihm bekannte Mängel verpflichtet. Zwar wird dies kaum in seinem Interesse sein, da er sich dann die besonderen Verjährungsfristen des § 438 BGB abschneidet und sich nicht auf etwaige Haftungsbeschränkungen berufen kann. Jedoch ist diese Konstellation in Produkthaftungsfällen ohnehin wenig relevant, da bei der heutigen Produktkomplexität der Verkäufer selbst selten den Mangel kennen wird. Aus diesen Gründen spielt die Sachmängelhaftung nach § 437 Nr. 3 i.V.m. § 280 Abs. 1 S. 1 BGB keine besondere Rolle in Produkthaftungsfällen, auch wenn sie in der allgemeinen Zivilrechtspraxis eine der meistfrequentierten Anspruchsgrundlagen ist.

107 Erman/Grunewald, § 442, Rn. 10 f.

108 MüKoWestermann, § 442, Rn. 9; RGZ 131, 354.

109 Erman/Grunewald, § 442, Rn. 11; MüKo/Westermann, § 442, Rn. 9; PWW/Schmidt, § 442, Rn. 8.

II. Gegenüber Dritten

1. Haftung aufgrund eines allgemeinen Vertrauenstatbestandes

Es gab Versuche, eine Produkthaftung zwischen Hersteller und Verbraucher auf einen Vertrauenstatbestand zu stützen, welchen der Hersteller aufgrund der Darbietung seiner Produkte schaffe.[110] Teilweise wurde dieser Vertrauenstatbestand aus § 122 BGB abgeleitet,[111] andere begründeten ihn mit der Rechtsfigur der c.i.c bzw. einer besonderen Schutzpflicht.[112] Für das Produkthaftungsrecht ist diese Konstruktion allerdings nicht einleuchtend, da der Hersteller seine Produkte insbesondere nicht dritten Geschädigten gegenüber dargeboten hat[113] und eine Darbietung zwischen Hersteller und Verbraucher nicht zwingend ist.

2. Verschuldensunabhängige Produkthaftung

Des Weiteren wurde erwägt, eine verschuldensunabhängige Produkthaftung durch richterliche Rechtsfortbildung aus dem Vertragsrecht abzuleiten.[114] Teilweise sollte dazu das vertragliche Gewährleistungsrecht entsprechend angewandt und das Verschulden vermutet werden.[115] Diese Versuche haben sich nicht durchgesetzt, da die Rechtsprechung dem entgegenhielt, dass die verschuldensunabhängige Haftung gesetzlich enumerativ geregelt sei.[116] Zudem wurde eine richterrechtliche Ausdehnung dieser Tatbestände überwiegend als unzulässige Rechtsfortbildung bewertet.[117]

3. Vertrag zwischen Hersteller und Verkäufer mit Schutzwirkung für den Verbraucher

Ein Vertrag mit Schutzwirkung für Dritte (VSD) setzt voraus, dass dem Dritten gegenüber eine besondere Schutzpflicht besteht.[118] Um eine Produkthafung zu begründen, müsste also zwischen Verkäufer und Produktbenutzer eine besondere Schutzpflicht bestehen.[119] Da die vertragliche Haftung kalkulier- und versi-

110 Lorenz, Karlsruher Forum 1963, S. 37; Markert, BB 1964, S. 321 f.; Canaris, JZ 1968, S. 502; Baumgärtel, JA 1984, S. 662.
111 Lorenz, Karlsruher Forum 1963, S. 37; Markert, BB 1964, S. 321 f.
112 Canaris, JZ 1968, S. 502; Baumgärtel, JA 1984, S. 662.
113 Rolland, S. 325; vgl. auch Taschner/Frietsch, Einf., Rn. 25.
114 Diederichsen, Die Haftung des Warenherstellers, S. 5.
115 Evans-von Krbek, AcP 179, 1979, S. 134.
116 BGHZ 51, 91, 98.
117 Lukes, JuS 1968, 345, 348; Weitnauer, AcP 168, 1968, 207, 210.
118 MüKo/Gottwald, § 328, Rn. 174.
119 BGH VersR 1974, 977; ders. NJW 1989, 1029; Rolland, S. 322.

cherbar bleiben muss, kann eine entsprechende Schutzpflicht nur bestehen, wenn der Personenkreis der Benutzer für den Hersteller überschaubar ist.[120] Diese Voraussetzung ist in Produkthaftungsfällen regelmäßig nicht gegeben.[121] Weiterhin ist Voraussetzung für einen VSD, dass ein bestimmter personenrechtlicher Einschlag vorliegt (hier zwischen Verkäufer und Verbraucher). Bei einem Kauf- oder Werkvertrag fehlt ein solcher Einschlag jedoch grundsätzlich.[122] Die Annahme eines VSD zur Begründung einer Produkthaftung ist daher zwar denkbar,[123] dagegen tritt er in der Praxis so gut wie nicht auf.[124]

4. Drittschadensliquidation

Eine DSL im Rahmen der Produkthaftung wäre nur möglich, wenn der Händler dem Benutzer entstandene Schäden gegenüber dem Hersteller geltend machen könnte und diesen Anspruch an den Benutzer abzutreten hätte.[125] Die DSL ist auf Produkthaftungsfälle insbesondere deshalb nicht anwendbar, da es an der ebenfalls erforderlichen zufälligen Schadensverlagerung im Dreiecksverhältnis Produzent, Händler, Produktbenutzer fehlt.[126] Der Fehler zeigt seine Wirkung nämlich regelmäßig erst bei der Benutzung des Produkts, somit tritt der Schaden nicht zufällig, sondern typischerweise beim Endabnehmer auf.

5. Unternehmerregress gem. § 478 BGB

Schließlich sei kurz der Rückgriff des Unternehmers gem. § 478 BGB erwähnt. Nach Absatz 1 der Norm kann der Unternehmer, wenn er „die verkaufte neu hergestellte Sache als Folge ihrer Mangelhaftigkeit zurücknehmen musste oder der Verbraucher den Kaufpreis gemindert hat“, ohne Fristsetzung die in § 437 BGB bezeichneten Mängelrechte gegenüber seinem Lieferanten geltend machen. Nach Absatz 5 findet dieser Anspruch „auf die Ansprüche des Lieferanten und der übrigen Käufer in der Lieferkette gegen die jeweiligen Verkäufer entsprechende Anwendung, wenn die Schuldner Unternehmer sind“. Auch wenn dies erst bei näherem Hinsehen deutlich wird, so gewährt die Norm keinen Di-

---

120 BGHZ 26, 365, 371; 33, 247, 249; 49, 350, 351; 51, 91, 96; MüKo/Gottwald, § 328, Rn. 176.

121 BGH VersR 1974, 977; ders. NJW 1989, 1029.

122 Rolland, S. 322; BGHZ 51, 91, 96; ders. VersR 1974, 977; ders. NJW 1989, 1029.

123 BGH VersR 1959, S. 645; Taschner/Frietsch, Einf., Rn. 20; so vor allem Sack, VersR 2006, 582 in Bezug auf reine Vermögensschäden von Endabnehmern.

124 Rolland, S. 322.

125 Rolland, S. 322; Baumgärtel, JuS 1984, S. 660, 662; Taschner/Frietsch, Einf., Rn. 19.

126 Canaris, JZ 1968, S. 494, 499; Teichmann, JuS 1968, S. 315, 316.

rektanspruch des Endkäufers durch die Lieferkette.[127] Denn der nach Absatz 1 gewährte Anspruch besteht ausdrücklich nicht direkt, sondern nur „entsprechend“ und auch nur gegenüber dem „jeweiligen“ Verkäufer. Im Übrigen handelt es sich hier um eine rein handelsrechtliche Norm, die ohnehin nicht gegenüber Verbrauchern gilt, auch wenn diese im Mittelpunkt des Schutzzwecks stehen.

III. Zwischenergebnis

Wie dargestellt, sind im Bereich der Produkthaftung nur wenige Fälle denkbar, in denen der Hersteller oder der Verkäufer dem Verbraucher aus dem Vertragsrecht des BGB haftet. Dies kann zum einen der Fall sein, wenn der Verbraucher direkt beim Hersteller kauft, und zum anderen, wenn den Endverkäufer eigenes Verschulden trifft, von dem er sich nicht entlasten kann. Abgesehen von den oben angeführten Gründen gegen die Versuche, eine Produkthaftung über das Vertragsrecht zu konstruieren, spricht auch die Entwicklung für eine Produkthaftung über das Deliktsrecht.[128] Denn die Rechtsprechung hat die intensive Diskussion in der Entwicklungsphase des Produkthaftungsrechts 1968 im sog. Hühnerpestfall mit einer klaren Lösung zugunsten des Deliktsrechts entschieden.[129]

B. Deliktische Produkthaftung

I. Allgemeines

Als anfängliche Meilensteine der Rechtsprechung zum Produkthaftungsrecht auf der Basis des Deliktsrechts wurden in der Einleitung bereits die Entscheidung des Oberlandesgerichtes Stuttgart von 1907[130] und die Brunnensalz-Entscheidung des Reichsgerichtes von 1915[131] genannt. Mit Letzterer legte das Reichsgericht den Grundstein für die heute im Produkthaftungsrecht geltende Beweislastumkehr. Denn danach musste der Geschädigte nur noch beweisen, dass die Verletzung aus dem Verantwortungsbereich des Herstellers stammte. Gelang dieser Beweis, wurde das Verschulden vermutet. Zwar hat das Reichsgericht diese verbraucherfreundliche Rechtsprechung in den vierziger Jahren wie-

127 MüKo/Lorenz, § 478, Rn. 49; Palandt/Weidenkaff, § 478, Rn. 18.
128 MüKo/Wagner, § 823, Rn. 271.
129 BGHZ 51, 91, 96 f.
130 OLG Stuttgart OLGE 18, 69, 71.
131 RGZ 87, 1.

der etwas eingeschränkt, indem es in seiner Bremsen-Entscheidung[132] nicht mehr die o.g. Beweislastumkehr, aber immerhin noch die Möglichkeit zum Anscheinsbeweis gewährte. Der Bundesgerichtshof behielt diese Rechtsprechung vorerst bei, insbesondere knüpfte er zur Begründung der Rechtsgutsverletzung auch an Verkehrssicherungspflichten an.[133] Mit seinem Hühnerpest-Urteil[134] von 1968 hat der Bundesgerichtshof sich dann nicht nur endgültig für das Deliktsrecht, sondern auch abschließend für die Beweislastumkehr entschieden. Bis heute beruft sich die Mehrzahl der Geschädigten in Produkthaftungsfällen trotz des seit dem 1. Januar 1990 in Kraft getretenen ProdHaftG auf das allgemeine Deliktsrecht.

II. Haftung nach § 823 Abs. 1 BGB

Der Gesetzgeber hatte die Wahl zwischen einem allgemeinen Deliktstatbestand[135] (Wer rechtswidrig und schuldhaft einem anderen Schaden zufügt, haftet auf Schadensersatz) und der Aufstellung fest umrissener Einzeltatbestände (Enumerationsprinzip).[136] Im BGB wurde im Gegensatz zum französischen Code civil mit Einschränkungen der zweite Weg umgesetzt, der den Vorteil größerer Rechtssicherheit und den Nachteil mangelnder Flexibilität und häufiger Überschneidungen hat. Nach dem Grundtatbestand des Rechts der unerlaubten Handlungen (§ 823 Abs. 1 BGB) begründet eine schuldhafte und rechtswidrige Verletzung von Leben, Körper, Gesundheit, Freiheit, Eigentum oder einem sonstigen Recht eines anderen eine Schadensersatzpflicht.

1. Anwendbarkeit

Deliktsrechtliche Ansprüche können sowohl neben solchen aus Vertrag als auch neben Ansprüchen auf Grundlage des ProdHaftG bestehen. Für das Vertragsrecht folgt dies aus dem Kumulationsprinzip des BGB[137] und in Bezug auf das ProdHaftG ergibt sich dies aus dessen § 15 Abs. 2. Danach bleibt die Haftung aufgrund anderer Vorschriften unberührt. Schließlich können deliktsrechtliche

---

132 RGZ 163, 21 ff.

133 BGH VersR 1956, S. 410, 411; BGH VersR 1960, S. 342, 343; vgl. zudem Kullmann, Rspr., S. 65, Rn. 225 ff.

134 BGHZ 51, 91 ff.

135 So z.B. Art. 41 schweiz. OR; Artt. 1382, 1383 franz. Code civil; Art. 2043 ital. Codice civile.

136 Vgl. zu den entsprechenden Beratungen des BGB MüKo/Wagner, Vorb. § 823, Rn. 7 ff., m.w.N.

137 MüKo/Wagner, § 823, Rn. 594; Soergel/Krause, Anh. III § 823, Rn. 8.

Ansprüche neben solchen aus dem AMG bestehen, was sich aus dessen § 91 ergibt.

2. Voraussetzungen

Die durch den Bundesgerichtshof unter § 823 Abs. 1 BGB herausgearbeitete Produzentenhaftung[138] setzt einen Schaden an einem geschützten Rechtsgut voraus, welcher schuldhaft durch ein fehlerhaftes Produkt verursacht wird.

a) Produkt

Aus dem allgemeinen Deliktsrecht lassen sich im Gegensatz zum ProdHaftG keine Beschränkungen in Bezug auf die Art des Produktes ableiten. Die Produkthaftung nach § 823 Abs. 1 BGB umfasst daher sämtliche körperlichen Erzeugnisse gleich welcher Art.[139] Inwiefern auch Dienstleistungen in dieser Hinsicht einbegriffen sind, kann nach eingangs genannter Definition offen bleiben.

b) Geschützte Rechtsgüter und Rechte

§ 823 Abs. 1 BGB nennt als geschützte Rechtsgüter und Rechte ausdrücklich Leben, Körper, Gesundheit, Freiheit, Eigentum oder sonstige Rechte. Grundsätzlich sind danach sämtliche Verletzungen des Eigentums umfasst. Davon ausgenommen ist jedoch der Minderwert durch die Fehlerhaftigkeit des Produktes selbst, da durch § 823 BGB nur das Integritätsinteresse geschützt wird.[140] Problematisch sind hier die sog. „Weiterfresser“-Schäden, bei denen der Produktfehler weitere Schäden an dem Produkt selbst verursacht. Nach mittlerweile gefestigter Rechtsprechung ist ein solcher Schaden dann ersatzfähig, wenn er nicht mit dem ursprünglichen Fehler stoffgleich ist.[141] Zusätzlich darf der Fehler aber auch nicht so erheblich sein, dass das Produkt von Anfang an in seiner Gesamtheit unbrauchbar ist.[142]

Als weitere besondere Rechtsverletzung ist der Eingriff in den eingerichteten und ausgeübten Gewerbebetrieb zu nennen. Diesen hat die Rechtsprechung als Sonderfall eines geschützten sonstigen Rechts entwickelt.[143] Ein solcher Eingriff ist jedoch nur dann haftungsbegründend, wenn er betriebsbezogen ist.[144] Dies ist der Eingriff, wenn die Störung des Betriebsablaufes vorsätzlich erfolgt,

138 Zur Terminologie vgl. Peifer, § 6, Rn. 14.
139 MüKo/Mertens, § 823, Rn. 277; Soergel/Krause, Anh. III § 823, Rn. 9.
140 Produkthaftungshandbuch/Foerste, § 21, Rn. 26.
141 BGHZ 86, 256, 259 (Gaszugfall).
142 BGH NJW 1985, S. 2420, 2421.
143 BGHZ 45, 296, 307.
144 BGHZ 45, 296, 307.

den Bestand des Betriebes bedroht oder dessen Funktionstüchtigkeit für längere Zeit aufhebt.[145]

Schließlich gehört das Vermögen nicht zu den durch § 823 Abs. 1 BGB geschützten Rechtsgütern und ist vor allem kein „sonstiges Recht" i.S.d. Norm.[146]

c) Verletzung eines Rechtsguts / Rechts

Die Verletzung eines Rechtsguts bzw. Rechts i.S.d. § 823 Abs. 1 BGB muss auf ein menschliches Verhalten zurückzuführen sein.[147] Dieses Verhalten kann sowohl ein Tun als auch ein Unterlassen sein. Letzteres kommt allerdings nur in Betracht, wenn eine Rechtspflicht zu einem positiven Tun bestand. Die Abgrenzung zwischen Tun und Unterlassen wird dabei nach dem Schwerpunkt der Vorwerfbarkeit vorgenommen. Dieser Schwerpunkt ist in Produkthaftungsfällen häufig nicht einfach festzulegen.[148] Einerseits könnte man an die Handlung anknüpfen, mit welcher das schädigende Produkt in den Verkehr gebracht wurde.[149] Allerdings hat der Hersteller mit Absatz und Verteilung seiner Waren meist nichts zu tun. Zwar hat er diese Handlungen veranlasst, dieses Veranlassen wird man jedoch nicht als rechtswidrig bewerten können.[150] Insofern erscheint ein Anknüpfen an das Inverkehrbringen wenig Erfolg versprechend.[151] Wenn trotz optimaler Organisation des Herstellungsverfahrens ein gut ausgewählter Mitarbeiter versagt, kann auch nicht von einem Handlungsunrecht gesprochen werden. Ähnlich, wenn ein technisch gutes Produkt durch eher abwegige Ereignisse Schäden verursacht hat, vor denen der Hersteller aber hätte warnen müssen.[152] Der Schwerpunkt der Vorwerfbarkeit liegt in solchen Fällen vielmehr auf einem Unterlassen.[153] Auf eine klare Zuordnung in Bezug auf Tun oder Unterlassen darf es bei der rechtlichen Bewertung ohnehin nicht ankommen, wenn ein Pflichtverstoß feststeht.[154] Denn damit bestand im Falle des Unterlassens jedenfalls eine Pflicht zum Handeln. Zu dem gleichen Ergebnis kommt man, wenn man für den Sorgfaltspflichtverstoß des Warenherstellers

145 BGH VersR 1983, S. 346, 347.

146 BGHZ 41, 127; ders. 116, 104, 115; Palandt/Sprau, § 823, Rn. 11; Produkthaftungshandbuch/Foerste, § 21, Rn. 138.

147 BGHZ 39, 103; OLG Hamm NJW-RR 2010, 450; Palandt/Sprau, § 823, Rn. 2.

148 Produkthaftungshandbuch/Foerste, § 22, Rn. 2 f.

149 BGH VersR 1956, S. 419, 420.

150 Produkthaftungshandbuch/Foerste, § 22, Rn. 2

151 Köhler, BB 1985 Beil. 4, S. 10; Lieb, JZ 1976, S. 526 ff.

152 BGH NJW 1972, S. 2217.

153 Produkthaftungshandbuch/Foerste, § 22, Rn. 3.

154 Produkthaftungshandbuch/Foerste, § 22, Rn. 4; Deutsch/Ahrens, Deliktsrecht, S. 17, Rn. 40.

nicht an ein Verhalten, sondern an einen Erfolg anknüpft, nämlich das Vorliegen eines Produktfehlers.[155]

d) Verkehrssicherungspflicht

Damit kommt es in Produkthaftungsfällen regelmäßig auf das Bestehen einer gesonderten rechtlichen Handlungspflicht an.[156] Schon vor Inkrafttreten des BGB hat die Rechtsprechung anerkannt, dass die Eröffnung eines Verkehrs bestimmte Pflichten begründen kann.[157] Solche sog. Verkehrssicherungspflichten hat die Rechtsprechung nach 1900 aus dem Grundtatbestand des § 823 Abs. 1 BGB abgeleitet.[158] Diese Verkehrssicherungspflichten bezogen sich anfangs tatsächlich auf den Verkehr, der z.B. vor umgefallenen morschen Bäumen[159] oder unbeleuchteten, schneeglatten Treppen[160] gesichert werden musste.

Die Funktion und die Einordnung dieser Verkehrssicherungspflichten sind umstritten.[161] Historisch sind die genannten Reichsgerichtsentscheidungen Ausgangspunkt für die Entwicklung der Verkehrssicherungspflichten gewesen.[162] Das Reichsgericht war bei diesen Entscheidungen zunächst mit der auf römisches Recht gestützten Auffassung konfrontiert, dass ein Unterlassen schon begrifflich niemals ursächlich für einen entstandenen Schaden sein könne.[163] Gegen diese Auffassung zog das Reichsgericht die Wertung des § 836 BGB heran. Nach dessen Absatz 1 S. 1 wird die Schadensersatzpflicht eines Grundstücksbesitzers an die Folge der fehlerhaften Errichtung oder mangelhafter Unterhaltung angeknüpft. Damit ist dies eine Kodifizierung der Haftung für die Verletzung einer besonderen Verkehrssicherungspflicht.[164] Weitere gesetzlich geregelte Fälle einer Haftung für Verkehrspflichtverletzungen finden sich z.B. in den §§ 831, 833 S. 2 BGB.[165] Das Reichsgericht hat die Bedeutung des § 836 BGB in der Zeit nach Inkrafttreten des BGB zum allgemeingültigen Grundsatz ausgedehnt, wenn „ein Verkehr für andere eröffnet ist".[166] In der Folge hat die Rechtsprechung die Verkehrssicherungspflichten suksessive auch auf Bereiche über

155 So MüKo/Wagner, § 823, Rn. 617.
156 Produkthaftungshandbuch/Foerste, § 22, Rn. 4.
157 RGSt 14, 362, 363.
158 RGZ 52, 373.
159 RGZ 53, 373 ff.
160 RGZ 54, 53 ff.
161 Vgl. dazu Medicus/Petersen, Rn. 642 ff.
162 Fuchs, S. 89.
163 RGZ 52, 373, 376; Fuchs, S. 89.
164 BGH NJW 1985, S. 1076; Palandt/Sprau, § 836, Rn. 1.
165 Palandt/Sprau, § 823, Rn. 45 f.
166 RGZ 54, 53, 58.

den Verkehr im engeren Sinne hinaus erweitert.[167] Diese Pflichten werden heute meist Verkehrspflichten genannt[168] und die Verkehrssicherungspflichten bilden einen Unterfall der Ersteren.[169] Sie besagen, dass jeder, der einen gefährlichen Zustand herbeiführt oder andauern lässt, die im Einzelfall erforderlichen Sicherheitsmaßnahmen zum Schutz anderer Personen zu treffen hat. Die zentrale Funktion der Haftung wegen einer Verkehrspflichtverletzung besteht in der Vermeidung und Abwendung von Gefahren für Dritte[170] und in der Abgrenzung von potentiell gefährlichem, aber sozial erwünschtem Verhalten, zu den gem. § 823 Abs. 1 BGB unerlaubten Handlungen.[171]

Die Verkehrspflichten werden heutzutage in ständiger Rechtsprechung des Bundesgerichtshofes zugrundegelegt[172] und auch als Gewohnheitsrecht bezeichnet.[173] Aufgrund der Entwicklung zu einer Art richterrechtlich ausgebildeten, ungeschriebenen Rechtsordnung bewerten manche die Verkehrspflichten auch als Schutzgesetze i.S.d. § 823 Abs. 2 BGB. Dagegen spricht jedoch zum einen, dass ein etwaiger Gewohnheitsrechtsverstoß im Zusammenhang mit der Rechtswidrigkeit auch dem § 823 Abs. 1 BGB zuzuordnen wäre.[174] Zum anderen würde die Produkthaftung so zu weit ausgedehnt, da die Haftung nach § 823 Abs. 2 BGB auch reine Vermögensschäden erfasst.[175] Die heute h.M.[176] und die Rechtsprechung[177] verorten die Verkehrspflichten daher im Tatbestand[178] und teilweise in der Rechtswidrigkeit[179] des § 823 Abs. 1 BGB.

Der Inhalt der Verkehrspflichten lässt sich nicht allgemein bestimmen, sondern richtet sich nach den drohenden Folgen einer Schädigung, deren Wahrscheinlichkeit und der Zumutbarkeit der Vorsichtsmaßnahmen.[180] Die Verkehrspflichten gelten auch für die Produzentenhaftung.[181] Um keine Verkehrspflichtverletzung zu begehen, muss also derjenige, der ein potentiell gefährliches Pro-

---

167 Fuchs, S. 89 f.; Kullmann, Rspr., S. 17, Rn. 55 ff.
168 Vgl. Medicus/Petersen, Rn. 641.
169 Fuchs, S. 89 f.
170 Larenz/Canaris, SchuldR BT 2, § 76 III 1 d.
171 Dietborn, S. 20 f.
172 BGH NJW 1953, S. 1297 f.; NJW 1976, S. 291, 292.
173 Produkthaftungshandbuch/Foerste, § 23, Rn. 7 m.w.N.
174 Produkthaftungshandbuch/Foerste, § 23, Rn. 8.
175 Produkthaftungshandbuch/Foerste, § 23, Rn. 8.
176 Larenz/Canaris, SchuldR BT 2, § 76 III 2 b; Produkthaftungshandbuch/Foerste, § 23, Rn. 9; Fuchs, S. 90; Raab, JuS 2002, S. 1041 ff.
177 BGH NJW 1987, S. 2671, 2672.
178 Fuchs, S. 90; Raab, JuS 2002, S. 1041 ff.
179 Esser/Weyers, § 55 II 3 e.
180 Kötz/Wagner, Deliktsrecht, S. 59, Rn. 126; Fuchs, S. 91.
181 RGZ 163, 21, 26; BGH VersR 1956, S. 419, 420.

dukt in Umlauf bringt, alles objektiv Erforderliche und Zumutbare tun, um die Ursachen für eine Schädigung Dritter auszuschließen.[182] Begrenzt werden die Verkehrspflichten im Bereich der Produkthaftung durch den Erwartungshorizont des Verkehrsteilnehmers. Dabei ist auf die durchschnittlichen Erwartungen des Verbrauchers abzustellen, für den das Produkt bestimmt ist.[183] Darüber hinaus hängen Art und Umfang der Herstellerpflichten auch vom erkenn- und ermittelbaren Stand von Wissenschaft und Technik ab.[184] An diesem Stand haben sich die Herstellerpflichten generell zu orientieren. Maßgeblicher Zeitpunkt ist dabei die Inverkehrgabe des Produktes,[185] wobei den Hersteller auch bestimmte Produktbeobachtungspflichten nach Inverkehrgabe treffen. Um zu konkretisieren, was erforderliche und zumutbare Verkehrspflichten sind, hat die Rechtsprechung im Bereich der Produkthaftung wiederum besondere Verkehrspflichten bzw. Fehlerkategorien entwickelt.[186]

aa) Konstruktionspflichten

Der Produzent hat das Produktes innerhalb des o.g. Maßstabes bereits so zu gestalten, dass keine Schäden für den Verbraucher oder Dritte entstehen.[187] So dürfen zum Beispiel die Griffe eines Expanders nicht aus solch minderwertigem Kunststoff hergestellt sein, dass sie bei bestimmungsgemäßem Gebrauch zerbrechen und der Expander dem Benutzer ein Auge ausschlägt.[188] Weiterhin müssen beispielsweise Pferdeboxen so gestaltet sein, dass sich ein Pferd nicht an scharfkantigen Eisenteilen verletzt, wenn es sich seiner Natur entsprechend verhält.[189] Ein wegen Unterlassens der Konstruktionspflicht auftretender Fehler betrifft also alle Produkte einer bestimmten Kategorie. Dabei muss der Hersteller auch die Fehlerfreiheit beim zwar nicht bestimmungsgemäßen, aber vorhersehbaren Fehlgebrauch sicherstellen.[190]

bb) Fabrikationspflichten

Weiterhin hat der Produzent die Herstellung so zu gestalten, dass ein, zwar einwandfrei konstruiertes, Produkt auch tatsächlich fehlerfrei produziert wird. Die

182 BGH NJW 1981, S. 1603 ff.
183 Produkthaftungshandbuch/Foerste, § 24, Rn. 3 f.
184 Produkthaftungshandbuch/Foerste, § 24, Rn. 16 ff.
185 BGH NJW 1989, S. 1542, 1545.
186 BGH NJW 1975, S. 1827 f. (Spannkupplung); NJW 1995, S. 2162 ff. (Mineralwasserflasche II); Fuchs, S. 103.
187 BGHZ 67, 359, 362.
188 BGH VersR 1990, 532, 533.
189 BGH NJW 1990, 906, 908.
190 BGH VersR 1975, S. 812.

Herstellung muss also durch Kontrollmechanismen so organisiert sein, dass Produktfehler bemerkt werden, die insbesondere durch menschliches oder technisches Unvermögen entstehen.[191] Zu dieser Pflicht gehört auch die regelmäßige Überprüfung der Herstellungsplanung in Bezug auf die Fehlervermeidung.[192] In der Rechtsprechung wurde ein Fabrikationsfehler z.B. angenommen, wenn die Pleuel-Halbschalen im Motor eines PKW falsch montiert werden, so dass der Motor blockiert[193] oder in einem Baustromverteiler die Leitungstrenner nicht richtig montiert sind und es dadurch zur Flutung der gesamten Baustelle wegen fehlerhafter Schleusenschaltung kommt.[194] Allerdings können trotz aller zumutbarer Sicherheitsvorkehrungen Fehler entstehen, sog. Ausreißer. Mangels Verschulden haftet der Hersteller für solche Ausreißer nicht.[195]

cc) Instruktionspflichten

Auch wenn das Produkt fehlerfrei konstruiert und produziert wurde, muss der Produzent durch geeignete Warnhinweise oder Anleitungen sicherstellen, dass der Verbraucher auf nahe liegende Gefahren aufmerksam wird und das Produkt richtig gebraucht. Der Umfang der Instruktionspflichten richtet sich nach dem allgemeinen Wissensstand um die entsprechende Gefahr einerseits und nach der Gefährlichkeit des konkreten Produktes andererseits.[196] Beispielhaft ist hier der sog. Milupa-Fall[197], in dem ein Hersteller von gesüßtem Kindertee haftbar war, weil er die Benutzter nicht davor gewarnt hatte, dass übermäßiger Konsum (Dauernuckeln) zu irreparabelen Kariesschäden an Kindergebissen führen kann.

dd) Produktbeobachtungspflichten

Auch nach der Inverkehrgabe des Produktes treffen den Hersteller Verkehrspflichten, namentlich die Pflicht, das Produkt weiterhin auf Fehlerentwicklung zu beobachten.[198] Die Produktbeobachtungspflicht besteht aus einem aktiven und einem passiven Teil. Aktiv ist der Hersteller verpflichtet, die Produktentwicklung anhand von Testberichten, einschlägigen Fachzeitschriften sowie Unfallauswertungen zu verfolgen, und passiv hat der Hersteller auf Verbraucherbe-

---

191 BGHZ 104, 323, 330.
192 BGH VersR 1972, S. 559, 560.
193 OLG Düsseldorf WM 1985, 1079.
194 BGH NJW 1992, 41, 42.
195 MüKo/Wagner, § 3 ProdHaftG, Rn. 3; Produkthaftungshandbuch/Foerste, § 24, Rn. 178.
196 Katzenmeier, JuS 2003, S. 943, 946.
197 BGHZ 116, 60.
198 BGHZ 80, 199, 202.

schwerden zu reagieren.[199] Die Pflicht bezieht sich auch auf die Überwachung der Wechselwirkung mit anderen Produkten, insbesondere mit Zubehörteilen.[200] In dem Hondalenker-Fall[201], hatte ein Motarradhersteller es versäumt die Wechselwirkung eines von ihm hergestellten Motrarrads mit Lenkerverkleidungen aus dem Zubehörhandel zu überwachen, obwohl er selbst bereits die entsprechendemn Montagevorrichtungen vorgesehen hatte. Durch die Verkleidung kam es bei höheren Geschwindigkeiten zu einem instabilen Aufschaukeln, was im konkreten Fall zu einem tödlichen Sturz geführt hatte. Sobald der Hersteller einen späteren Produktfehler feststellt, hat er einerseits die laufende Produktion diesbezüglich umzustellen und andererseits den Verbraucher in geeigneter Weise vor den Gefahren der bereits in Verkehr gebrachten Produkte zu warnen.[202] Sollte eine Gefahr für Leib oder Leben des Verbrauchers bestehen und diese nicht anders abwendbar sein, hat der Hersteller die Ware sogar auf seine Kosten zurückzurufen.[203] So kam es bei verschiedenen Modellen der Marke Toyota im Jahr 2010 in den USA zu mehreren schweren Unfällen durch klemmende Gaspedale, die während der Fahrt nicht mehr in ihre Ausgangsposition zurückkehrten. Daraufhin sah sich der Hersteller in der bisher weltweit größten Rückrufaktion gezwungen, über acht Millionen Autos zurückzurufen.[204] Der Rückruf betraf auch Ägypten und Deutschland.

ee) Entwicklungsfehler

Für Entwicklungsfehler muss der Hersteller schließlich nicht einstehen.[205] Diese begrifflich recht unklare Fehlerkategorie meint Fehler, die allein im Vergleich zu späteren Produktverbesserungen bestehen könnten, nach dem Stand der Wissenschaft und Technik zum Zeitpunkt der Inverkehrgabe aber nicht hätten erkannt werden können und somit unvermeidbar waren.[206] In der Airbag-Entscheidung des BGH[207], war das ungewollte Auslösen eines PKW-Airbags durch Schlaglöcher nach dem Stand der Wissenschaft und Technik zum Zeitpunkt der Inverkehrgabe unvermeidbar. Allerdings war der Hersteller dann gehalten, den Benutzer vor der Gefahr des ungewollten Auslösens des Airbags

199 BGH NJW 1990, S. 906, 907; ders., NJW 1994, S. 517, 519.
200 BGHZ 80, 186, 197; ders., 99, 167.
201 BGHZ 99, 167.
202 Palandt/Sprau, § 823, Rn. 172.
203 Produkthaftungshandbuch/Foerste, § 24, Rn. 326 ff; Palandt/Sprau, § 823, Rn. 173.
204 „Süddeutsche Zeitung“ v. 9.2.2011.
205 BGHZ 51, 91, 105; Palandt/Sprau, § 823, Rn. 170.
206 BGH NJW 2009, 2952; Palandt/Sprau, § 823, Rn. 170; ders. § 1 ProdHaftG, Rn. 21.
207 BGH NJW 2009, 2952.

zu warnen. Da bezüglich Entwicklungsfehlern demnach kein Verschulden vorliegen kann, ist auch keine Haftung nach § 823 Abs. 1 BGB denkbar.

e) Rechtswidrigkeit

Zwar setzt § 823 BGB ausdrücklich ein rechtswidriges Verhalten voraus, dies wird aber nach ganz h.M. bereits bei Vorliegen einer tatbestandlichen Rechtsgutsverletzung indiziert, hier also bei der Verletzung einer Verkehrspflicht.[208] In Produkthaftungsfällen sind kaum allgemeine Rechtfertigungsgründe denkbar, so dass sich in der Praxis keine Schwierigkeiten ergeben sollten.

f) Verschulden

Die Haftung gem. § 823 Abs. 1 BGB setzt ausdrücklich Vorsatz oder Fahrlässigkeit, also ein Verschulden voraus. Maßstab ist dabei die allgemeine Vorschrift des § 276 BGB. Eine Haftung für Vorsatz ist im Bereich der Produzentenhaftung kaum denkbar, denn dann müsste der Hersteller die Rechtsgutsverletzung bewusst durch ein fehlerhaftes Produkt herbeigeführt haben. Von gewisser Bedeutung ist hier der bedingte Vorsatz, wenn der Hersteller es also vorhersieht, dass es zu Schäden durch Produktfehler kommen kann, es aber billigt bzw. es ihm gleichgültig ist.[209] Regelmäßig wird aber die Fahrlässigkeit i.S.d. § 276 Abs. 2 BGB bedeutsam.[210] Danach muss der Schädiger für ein Außerachtlassen der im Verkehr erforderlichen Sorgfalt einstehen. Da auch die Verkehrspflicht weitestgehend auf der Verkehrsanschauung beruht,[211] ist diese auch im Zusammenhang mit dem Verschulden von Belang. Denn sobald eine Verkehrspflichtverletzung festgestellt wurde, ist auch bereits ein Sorgfaltspflichtverstoß indiziert. Das Verschulden seiner Organe wird dem Hersteller entsprechend § 31 BGB zugerechnet.[212] Schließlich sei nochmals erwähnt, dass weder bei Ausreißern noch bei Entwicklungsfehlern ein Verschulden vorliegt.

g) Schaden

In Folge des Pflichtverstoßes muss es weiterhin zu einem Schaden an einem geschützten Rechtsgut gekommen sein. Es wurde bereits festgestellt, dass weder der Minderwert durch die Fehlerhaftigkeit des Produktes, mit dem fehlerhaften Teil stoffgleiche Schäden an dem Produkt noch reine Vermögensschäden ersatzfähig sind. Eintritt und Höhe des Schadens werden ermittelt, indem die Rechts-

208 Palandt/Sprau, § 823, Rn. 24 f.
209 BGH NJW 1986, S. 180, 182; NJW 1984, S. 800, 801.
210 Produkthaftungshandbuch/Foerste, § 28, Rn. 1.
211 Produkthaftungshandbuch/Foerste, § 28, Rn. 1.
212 Produkthaftungshandbuch/Foerste, § 25, Rn. 225.

güter vor und nach der Rechtsgutsverletzung verglichen werden.[213] Für den Anspruch aus § 823 Abs. 1 BGB ist es gleichgültig, ob der Schaden an privat oder gewerblich genutzten Sachen des Geschädigten entstanden ist.

3. Beweislast

Auch im Deliktsrecht gilt zunächst der allgemeine Grundsatz des Zivilprozesses, dass jeder die ihm günstigen Tatsachen darzulegen und zu beweisen hat.[214] Der den Anspruch stellende Verbraucher hätte demnach insbesondere zu beweisen, dass durch einen schuldhaft verursachten Produktfehler zum Zeitpunkt der Inverkehrgabe ein geschütztes Rechtsgut verletzt wurde und wiederum dadurch ein Schaden entstanden ist. Durch die Rechtsprechung wurde allerdings für Produkthaftungsfälle eine teilweise Beweislastumkehr entwickelt.[215] Es bleibt zunächst dabei, dass der Geschädigte einen Fehler bei Inverkehrgabe sowie eine dadurch entstandene Rechtsgutsverletztung nebst Schaden zu beweisen hat. Ist dem Geschädigten dies gelungen, werden eine Verkehrspflichtverletzung und das Verschulden auf Seiten des Herstellers vermutet.[216] In den beiden letztgenannten Punkten ist es also an dem Hersteller, den entsprechenden Entlastungsbeweis zu führen. Hintergrund ist, dass es dem Geschädigten regelmäßig nicht oder nur schwer möglich sein wird, die innerbetrieblichen Abläufe zu kennen, welche zu dem Fehler geführt haben.[217] Im Umkehrschluss bedeutet dies allerdings, dass die Beweislastumkehr mangels Innerbetrieblichkeit nicht für das Vorliegen einer Instruktionspflichtverletzung gilt, jedenfalls soweit der Geschädigte eine Gebrauchsanleitung mit dem Produkt erhalten hat. Ebenso gilt die Beweislastumkehr wegen fehlender Beweisnotlage nicht für nach Inverkehrgabe auftretende Produktbeobachtungsfehler, denn hier geht es um den allgemein zugänglichen Stand von Wissenschaft und Technik.[218] Die Rechtsprechung tendiert ohnehin dazu, für die Beweislast danach zu differenzieren, wann der Fehler entstanden ist. Vor Inverkehrgabe soll demnach stets der Hersteller, danach stets der Geschädigte beweispflichtig sein.[219] Letzteres gilt jedoch nur, soweit die relevanten Informationen allgemein zugänglich sind.[220] In der Literatur wird demgegenüber mehrheitlich darauf abgestellt, in wessen Bereich die Haftungsvor-

---

213 Vgl. BGHZ 75, 371; 99, 196; BGH NJW 1994, S. 2357.
214 BGH NJW 1999, S. 352, 353; Musielak/Foerste, § 286 ZPO, Rn. 35.
215 Vgl. Kullmann, Rspr., S. 65, Rn. 225 ff.
216 BGHZ 51, 91, 107; ders., 67, 359, 362; 116, 104, 108.
217 MüKo/Wagner, § 823, Rn. 658.
218 BGHZ 116, 60, 73; Produkthaftungshandbuch/Foerste § 30, Rn. 107 f.
219 BGHZ 80, 196 ff.; 116, 60, 73.
220 BGHZ 116, 60, 73.

aussetzungen fallen.[221] Sind diese außerbetrieblich, soll die Beweislast stets beim Geschädigten bleiben. Da eine nach Inverkehrgabe entstehende Pflichtverletzung regelmäßig zumindest ihren Schwerpunkt in außerbetrieblichen Vorgängen haben wird, ist diese Unterscheidung aber in der Praxis wenig bedeutsam.

4. Kausalität

Im Rahmen des § 823 Abs. 1 BGB sind zwei Kausalitätserfordernisse zur Begründung einer Haftung notwendig.[222] Zum einen muss ein Ursachenzusammenhang zwischen dem Verhalten des Schädigers und der Rechtsgutsverletzung bestehen, sog. haftungsbegründende Kausalität, und zum anderen muss ein solcher Zusammenhang zwischen der Rechtsgutsverletzung und dem Schaden bestehen, sog. haftungsausfüllende Kausalität.[223] Zur Ermittlung der haftungsbegründenden Kausalität ist die conditio-sine-qua-non Formel, also die Gleichwertigkeit der Bedingungen, heranzuziehen. Da man zur Haftungsbegründung bereits auf die Pflichtwidrigkeit und damit auf die Vorhersehbarkeit und Vermeidbarkeit abstellt, braucht diese Kausalitätsermittlung nicht durch Adäquanzerwägungen eingeschränkt zu werden.[224] Weil die Pflichtwidrigkeit aber zur Ermittlung des Ursachenzusammenhangs zwischen Rechtsgutsverletzung und Schaden keine Rolle spielt, muss die nahezu „uferlose“ Äquivalenztheorie im Rahmen der haftungsausfüllenden Kausalität eingeschränkt werden.[225] Dazu wird im Deliktsrecht auf unterschiedliche Hilfsmittel zurückgegriffen. Zum einen kann eine Einschränkung nach der Adäquanztheorie vorgenommen werden, wonach ein Ereignis nur adäquat kausal ist, wenn es generell dazu geeignet ist, den verwirklichten Erfolg herbeizuführen.[226] Allerdings führt eine Einschränkung nach solchen „Wahrscheinlichkeitskalkülen“ nicht immer zu billigen Ergebnissen.[227] Daher ist nach h.M.[228] daneben auf den Schutzzweck der Norm abzustellen. Für das Nebeneinander von Adäquanz- und Schutzzweckerwägungen spricht auch die gesetzgeberische Ausnahmeregelung in § 848 BGB. Nach dieser Norm haftet z.B. der Dieb auch für den zufälligen und damit völlig inadäquaten Untergang der Diebesbeute. Damit wird der Schutzzweck in § 848 BGB ausdrücklich so weit gefasst, dass sämtliche Adäquanzerwägungen zurück treten.[229] Durch das

221 Produkthaftungshandbuch/Foerste, § 30, Rn. 109; MüKo/Wagner, § 823, Rn. 662.
222 MüKo/Wagner, § 823, Rn. 308; Deutsch/Ahrens, Rn. 46.
223 Deutsch/Ahrens, Rn. 46 f.
224 MüKo/Wagner, § 823, Rn. 310; Kötz/Wagner, Deliktsrecht, S. 85, Rn. 191 ff.
225 MüKo/Wagner, § 823, Rn. 310.
226 BGH NJW 1986, S. 1331.
227 MüKo/Wagner, § 823, Rn. 302; Kötz/Wagner, Deliktsrecht, S. 85, Rn. 191 ff.
228 Deutsch/Ahrens, Rn. 56; MüKo/Wagner, § 823, Rn. 302.
229 Deutsch/Ahrens, Rn. 56.

zusätzliche Heranziehen der Schutzzwecktheorie wird eine Haftung nur dann begründet, wenn die Verletzung eines Interesses in den sachlichen Schutzbereich der jeweiligen deliktischen Sorgfaltspflicht fällt und der Träger dieses Interesses dem Kreis der durch diese Pflicht zu schützenden Personen angehört.[230]

5. Haftungsumfang

Liegen die Tatbestandsvoraussetzungen des § 823 Abs. 1 BGB vor, bestimmt sich der Umfang der Haftung nach den allgemeinen Regeln der §§ 249 bis 254 BGB und den speziellen Deliktsregeln der §§ 842 bis 846 BGB. Danach gilt das Prinzip der Totalreparation, so dass grundsätzlich sämtliche Nachteile durch das schädigende Ereignis aufzuheben sind.[231] Der Schädiger muss also nach Wahl des Geschädigten selbst den Zustand vor Schädigung wiederherstellen (§ 249 Abs. 1 BGB) oder die dazu erforderlichen Kosten erstatten (§ 249 Abs. 2 BGB). Ist dies nur mit unverhältnismäßigem Aufwand möglich, ist gem. § 251 Abs. 2 BGB Entschädigung in Geld zu zahlen. Nach § 253 Abs. 2 BGB sind auch immaterielle Schäden ersatzfähig. Danach geht der Anspruch bei Verletzung des Lebens, der Gesundheit oder der Freiheit auch auf Schmerzensgeld. Das Verhalten des Geschädigten findet unter dem Gesichtspunkt des Mitverschuldens gem. § 254 BGB Berücksichtigung.

Nach § 842 BGB umfasst die Verpflichtung zum Schadensersatz wegen einer gegen die Person gerichteten unerlaubten Handlung „auch die Nachteile, welche die Handlung für den Erwerb oder das Fortkommen des Verletzten herbeiführt“. Die Norm hat allerdings nur klarstellende Funktion, denn solche Schäden wären ohnehin über § 252 BGB erfasst.[232]

Anspruchsberechtigt ist nur der Geschädigte selbst.[233] Ausnahmen hierzu finden sich in §§ 844, 845 BGB. Danach haben bei Todesfolgen in bestimmten Fällen auch Dritte Ansprüche gegen den Schädiger, z.B. wenn sie die Beerdigungskosten zu tragen haben, durch den Tod Unterhaltsansprüche oder Ansprüche für Haushaltsdienste wegfielen. Auch über § 846 BGB findet das Mitverschulden des Anspruchstellers demnach Berücksichtigung.

6. Kreis der Haftungsadressaten

Der wohl gebräuchlichste Begriff für die hier untersuchte Haftung, nämlich Produzentenhaftung, ist etwas irreführend, da der Kreis der Haftungsadressaten we-

230 BGH NJW 1987, S. 2671, 2672.

231 MüKo/Wagner, § 823, Rn. 321.

232 BGHZ 26, 77.

233 Produkthaftungshandbuch/Foerste, § 29, Rn. 3.

sentlich weiter ist, als der Begriff suggeriert.[234] Der Haftende muss weder Unternehmer sein noch muss er tatsächlich etwas produzieren. Die Haftung nach § 823 Abs. 1 BGB trifft vielmehr jeden, der eine produktbezogene Verkehrssicherungspflicht verletzt.[235] Umfasst sind demnach sowohl natürliche, als auch juristische Personen. Die Größe des Produzenten spielt ebenfalls keine Rolle, so haften auch Kleinbetriebe und landwirtschaftliche Betriebe.[236] Schließlich haftet auch derjenige, der für den privaten Gebrauch bzw. ohne wirtschaftliche Absichten produziert.

a) Hersteller

Wer ein Produkt tatsächlich herstellt, haftet in jedem Fall, soweit die Voraussetzungen des Tatbestandes des § 823 Abs. 1 BGB vorliegen. Soweit er dazu zugelieferte Produkte verarbeitet, muss er sowohl den Zulieferer ordentlich auswählen als auch die zugelieferte Ware überprüfen.[237]

b) Montagebetrieb

Montagebetriebe sind solche, die zugelieferte Teile lediglich laut Anweisung des Herstellers zusammensetzen. Sie sind grundsätzlich nur für eine fachgerechte und weisungsgemäße Montage verantwortlich.[238]

c) Dienstleister

Auch ein Dienstleister kann Haftungsadressat nach § 823 Abs. 1 BGB sein, nämlich dann, wenn er durch Veränderung und erneute Inverkehrgabe im Rahmen einer Dienstleistung ein neues fehlerhaftes Produkt schafft.[239] Als Beispiele seien hier mangelhafte Reparaturen oder unfachmännische Generalüberholungen genannt.[240]

d) Zulieferer

Soweit der Produktfehler auf dem zugelieferten Produkt beruht, haftet der Zulieferer vollumfänglich und neben dem Endhersteller.[241] Stellt er die zugelieferten Teile gemäß einer Konstruktion des Endherstellers her, ist der Zulieferer für

---

234 Vgl. dazu Peifer, § 6, Rn 14.
235 Produkthaftungshandbuch/Foerste, § 25, Rn. 2.
236 BGHZ 116, 104, 113 ff.; MüKo/Wagner, § 823, Rn. 598.
237 MüKo/Wagner, § 823, Rn. 603.
238 Produkthaftungshandbuch/Foerste, § 25, Rn. 83.
239 Produkthaftungshandbuch/Foerste, § 25, Rn. 3.
240 BGH VersR 1985, S. 268, 269; NJW 1992, S. 1678.
241 MüKo/Wagner, § 823, Rn. 605.

diesbezügliche Fehler nur verantwortlich, als sie ihm ohne weiteres erkennbar waren.[242]

e) Händler

Ein Vertriebsunternehmen, welches also fremde Produkte lediglich weiterleitet, haftet grundsätzlich nur für solche Produktfehler, die ihm ohne Überprüfung erkennbar gewesen wären.[243] Davon ausgenommen bleiben jedoch bestimmte Überprüfungs- oder Instruktionspflichten, die den Händler selbst je nach Einzelfall treffen können.[244]

f) Importeure

Grundsätzlich haften Importeure ebenso wenig für Produktfehler wie Händler. Allerdings müssen die Importeure die Vereinbarkeit des importierten Produktes mit den in der Regel in Deutschland höheren Sicherheitsstandards überprüfen und dafür sorgen, dass dem Benutzer eine etwaig erforderliche Anleitung auch auf Deutsch zur Verfügung steht.[245] Schließlich ist der Importeur regelmäßig für die Einhaltung der Produktbeobachtungspflicht im Importland zuständig.[246]

g) Quasi-Hersteller

Unter einem Quasihersteller wird derjenige verstanden, der nur den Anschein erweckt, Hersteller zu sein.[247] Insbesondere sind dies Unternehmen, die ein fremdes Produkt unter eigenem Namen vertreiben. Die Bezeichnung ist jedoch irreleitend, denn der Quasihersteller wird nicht mit dem Hersteller gleichgestellt. Vielmehr wird er wie ein Händler behandelt und haftet ebenso wie dieser grundsätzlich nicht für Produktfehler.[248]

h) Leitende Angestellte

Auch für leitende Angestellte und Organe des Herstellungsbetriebes kann sich aus § 823 Abs. 1 BGB eine Produkthaftung ergeben. Satzungsgemäß berufene Vertreter und leitende Angestellte können dann persönlich haftbar sein, wenn sie gerade damit beauftragt sind, die aufgetretenen Fehler zu vermeiden.[249] Ihr Haf-

---

242 BGH VersR 1970, S. 469, 470.
243 MüKo/Wagner, § 823, Rn. 606.
244 Vgl. MüKo/Wagner, § 823, Rn. 606.
245 OLG Celle VersR 2006, S. 1647, 1649.
246 BGHZ 99, 167, 170 (Lenkerverkleidung).
247 MüKo/Wagner, § 823, Rn. 608.
248 BGH VersR 1977, 839; MüKo/Wagner, § 823, Rn. 608.
249 BGH NJW 1975, S. 1827, 1828.

tungsumfang richtet sich also nach der jeweiligen Zuständigkeit und Funktion.[250] Da das Verschulden satzungsgemäß berufener Organe dem Hersteller entsprechend § 31 BGB zugerechnet wird, ergibt sich regelmäßig eine Haftung beider Seiten, des Herstellungsbetriebes und der leitenden Angestellten. Im Übrigen können auch die sonstigen Angestellten dem Geschädigten gegenüber haftbar sein. Zwar trifft diese keine gesonderte produkthaftungsrechtliche Verkehrspflicht im Außenverhältnis, jedoch haben sie die allgemeine deliktische Sorgfaltspflicht einzuhalten.[251] Zumindest bei einfacher Fahrlässigkeit wird der Arbeitnehmer aber regelmäßig durch den arbeitsrechtlichen Freizeichnungsanspruch geschützt.[252]

i) Mehrere Ersatzpflichtige

Jeder der o.g. Haftungsadressaten kann in Anspruch genommen werden. Allerdings haften diese jeweils nur im Rahmen ihrer persönlichen Verhaltenspflicht und ihres Verschuldens. Ergibt sich danach eine Haftung mehrerer, so haften diese gegenüber dem Geschädigten gem. § 840 Abs. 1 BGB als Gesamtschuldner i.S.d. §§ 421 ff. BGB.

7. Verjährung

Ansprüche aus § 823 Abs. 1 BGB verjähren nach den allgemeinen Regeln. Nach § 195 BGB beträgt die regelmäßige Verjährungsfrist drei Jahre und beginnt gem. § 199 Abs. 1 BGB mit dem Schluss des Jahres, in welchem der Anspruch entstanden ist und der Geschädigte von den anspruchbegründenden Umständen Kenntnis erlangt hat oder hätte erlangen können. Nach § 199 Absätze 2 und 3 BGB verjähren Ansprüche in jedem Fall und unabhängig von ihrer Entstehung 30 Jahre nach Begehung der unerlaubten Handlung. Ansprüche wegen Verletzungen, die nicht das Leben, die Gesundheit oder die Freiheit betreffen, verjähren zehn Jahre nach Entstehung. Maßgeblich ist hier gem. § 199 Abs. 3 S. 2 BGB die früher endende Frist.

III. Haftung nach § 823 Abs. 2 BGB

Nach § 823 Abs. 2 BGB haftet in gleichem Maße wie nach Absatz 1, wer „gegen ein den Schutz eines anderen bezweckendes Gesetz verstößt". Satz 2 der Norm stellt zudem ausdrücklich klar, dass auch hier Verschulden erforderlich ist, selbst wenn dies nach dem Inhalt des Gesetzes nicht so ist. Im Übrigen bleibt

250 Produkthaftungshandbuch/Foerste, § 25, Rn. 263.
251 Möllers, DB 1996, S. 1455, 1460.
252 Vgl. Produkthaftungshandbuch/Foerste, § 25, Rn. 268.

es bei den o.g. allgemeinen Voraussetzungen des Deliktsrechts, statt der Rechtsgutsverletzung muss es jedoch zu einem Verstoß gegen ein Schutzgesetz gekommen sein. Ein einschlägiges Schutzgesetz muss jedenfalls auch den Schutz des Einzelnen bezwecken; technische Normen, Unfallverhütungsgesetze und die bereits dargestellten Verkehrspflichten gehören nicht dazu.[253] Die im Zusammenhang mit der Produkthaftung wichtigsten Schutzgesetze i.S.d. § 823 Abs. 2 BGB sind vor allem das Gerätesicherheitsgesetz, das Produktsicherheitsgesetz und das Lebensmittel- und Bedarfsgegenständegesetz.[254] Durch diese wird das eigentliche Haftungsrisiko gegenüber § 823 Abs. 1 BGB jedoch nicht verschärft.[255] Eigenständige Bedeutung erlangt die Haftung wegen Schutzgesetzverletzung vor allem, wenn es um den Ersatz reiner Vermögensschäden geht. Diese werden von Absatz 2 umfasst, da sich der enumerative Katalog des Absatz 1 nur auf diesen bezieht. Auch im Zusammenhang mit Absatz 2 hat die Rechtsprechung in bestimmten Fällen eine Beweislastumkehr festgelegt, nämlich immer dann, wenn das Schutzgesetz konkrete Verhaltensvorgaben macht.[256] Formuliert es dagegen allgemeine Ge- oder Verbote, bleibt der Geschädigte beweispflichtig.[257]

IV. Haftung nach § 831 Abs. 1 BGB

Nach § 831 Abs. 1 S. 1 BGB ist derjenige, der sich eines Verrichtungsgehilfen bedient, für Schäden verantwortlich, welche der Gehilfe in Ausübung seiner Dienste verursacht. Verletzt demnach ein weisungsgebundener Angestellter im Zusammenhang mit ihm zugewiesenen Aufgaben eine produktbezogene Verkehrspflicht, wird das Verschulden des Herstellers vermutet, ein eigenes Verschulden des Angestellten ist dagegen nicht erforderlich.[258] Allerdings kann der Hersteller sich nach § 831 Abs. 1 S. 2 BGB exkulpieren, wenn er nachweist, dass er bei der Auswahl der bestellten Person die im Verkehr erforderliche Sorgfalt beachtet hat oder wenn der Schaden auch bei Anwendung dieser Sorgfalt entstanden sein würde. Grundsätzlich wird dem Hersteller hier wegen der Schwierigkeiten einer umfassenden Überwachung schon seit Bestehen des BGB durch die Rechtsprechung ein sog. dezentralisierter Entlastungsbeweis zuge-

---

253 BGHZ 139, 16; VersR 1969, S. 827; Palandt/Sprau, § 823, Rn. 56; Produkthaftungshandbuch/Foerste, § 32, Rn. 3.

254 Vgl. MüKo/Wagner, § 823, Rn. 668 und 674 f. mit zahlreichen weiteren Schutzgesetzen.

255 Vgl. Produkthaftungshandbuch/Foerste, § 32, Rn. 8 ff.

256 BGH NJW 1992, S. 1039, 1042.

257 BGHZ 116, 104, 115.

258 Produkthaftungshandbuch/Foerste, § 37, Rn. 10.

standen.[259] Danach genügt es, wenn der Hersteller nachweisen kann, dass er gerade für diese Überwachung bestimmte Mitarbeiter, z.B. in der Personalabteilung, abgestellt und diese wiederum ordentlich ausgewählt hat.[260] Im Rahmen der Produkthaftung wurde der dezentralisierte Entlastungsbeweis jedoch erheblich kritisiert,[261] da der Hersteller sich so praktisch immer der Haftung entziehen kann, insbesondere sobald das Unternehmen eine gewisse Größe erreicht hat. Dementsprechend hat der BGH 1973 in seiner letzten Entscheidung[262] zur auf § 831 BGB basierenden Produkthaftung die Möglichkeit eines dezentralisierten Entlastungsbeweises abgelehnt. Danach muss der Hersteller jeden mit der Herstellung des fehlerhaften Produktes befassten Mitarbeiter benennen und sich bezüglich der Auswahl und Überwachung jedes Einzelnen entlasten.[263] Sämtliche folgenden Gerichtsfälle wurden auf § 823 Abs. 1 BGB und die dazu entwickelten Grundsätze gestützt, so dass § 831 BGB seitdem in der Praxis der Produkthaftung keine Rolle mehr spielt.[264]

C. Das Gesetz über die Haftung für fehlerhafte Produkte (Produkthaftungsgesetz – ProdHaftG) vom 15.12.1989

Das ProdHaftG von 1989 geht auf die EG-Richtlinie 85/374 zurück, trat am 1. Januar 1990 in Kraft und hat das im Common Law und deutschen Recht begründete Prinzip der außervertraglichen Produkthaftung weiterentwickelt und kodifiziert.[265]

I. Voraussetzungen

Voraussetzung einer Haftung nach dem ProdHaftG sind nach dessen § 1 Abs. 1 eine Rechtsgutsverletzung durch den Fehler eines Produktes und ein daraus entstandener Schaden.

259 RGZ 78, 107 ff.; BGHZ 4, 1 ff.
260 RGZ 78, 107, 108; BGHZ 4, 1, 2.
261 BGH NJW 1968, S. 247, 248; Produkthaftungshandbuch/Foerste, § 38, Rn. 15; MüKo/Wagner, § 823, Rn. 548.
262 BGH NJW 1973, S. 1602 ff.
263 BGH NJW 1973, S. 1602, 1603.
264 MüKo/Wagner, § 823, Rn. 593.
265 Kötz/Wagner, Deliktsrecht, S. 242, Rn. 612; Kullmann, § 1 ProdHaftG, Rn. 1 ff.

1. Rechtsgutsverletzung

Nach § 1 Abs. 1 S. 1 ProdHaftG sind das Leben eines Menschen, dessen Körper und Gesundheit und Sachen geschützt. Der Personenschaden, als erste Variante der von § 1 ProdHaftG erfassten Schäden, umfasst demnach den Tod eines Menschen oder dessen Körper- oder Gesundheitsverletzung. Das ProdHaftG schützt also wie § 823 Abs. 1 BGB das menschliche Leben.[266] Der Sachschaden ist gem. § 1 Abs. 1 S. 2 ProdHaftG nur ersetzbar, „wenn eine andere Sache als das fehlerhafte Produkt selbst beschädigt worden ist". Weiterhin muss diese Sache „ihrer Art nach gewöhnlich für den privaten Ge- oder Verbrauch bestimmt und hierzu von dem Geschädigten hauptsächlich verwendet worden" sein. Durch die letztgenannte Bestimmung wird klargestellt, dass es sich bei dem ProdHaftG um ein Verbraucherschutzgesetz handelt. Hier zeigen sich zudem zwei Unterschiede zur Haftung nach § 823 Abs. 1 BGB. Zum einem sind die geschützten Rechtsgüter enger gefasst, denn weder die Freiheit der Person und sonstige Rechte noch sog. Weiterfresserschäden sind geschützt. Zum anderen sind Schäden an gewerblich genutzten Produkten nicht umfasst. Ebenso wie nach § 823 Abs. 1 BGB können jedoch auch keine reinen Vermögensschäden geltend gemacht werden.[267]

2. Produkt

Nach § 2 ProdHaftG ist ein Produkt „jede bewegliche Sache, auch wenn sie einen Teil einer anderen beweglichen Sache oder einer unbeweglichen Sache bildet, sowie Elektrizität". Bis zur Aufhebung des Satzes 2 durch Gesetz vom 2. November 2000[268] waren bestimmte Naturerzeugnisse von dieser Definition ausgenommen, seither stehen diese jedoch den hergestellten Produkten unabhängig von einer ersten Verarbeitung gleich.[269] Auch in diesem Punkt ist der Rahmen des ProdHaftG gegenüber dem allgemeinen Deliktsrecht wesentlich enger. Es werden ausdrücklich nur „bewegliche" Produkte erfasst, so dass ein Bauunternehmer z.B. nicht nach dem ProdHaftG für ein fertig gestelltes Gebäude haftet. Zudem werden Hersteller nichtkörperlicher Sachen, z.B. von Software, nicht umfasst.[270] In beiden Fällen kann der Hersteller aber nach § 823 Abs.

266 Produkthaftungshandbuch/Westphalen, § 45, Rn. 13.

267 Taschner/Friertsch, § 9 ProdHaftG, Rn. 12.

268 BGBl. I, S. 1478.

269 Palandt/Sprau, § 2 ProdHaftG, Rn. 2.

270 MüKo/Wagner, § 2 ProdHaftG, Rn. 1.

1 BGB haftbar sein.[271] Schließlich sind gem. § 15 Abs. 1 ProdHaftG Arzneimittel nicht Produkte i.S.d. Gesetzes.

3. Produktfehler

Nach § 3 Abs. 1 ProdHaftG hat ein Produkt einen Fehler, „wenn es nicht die Sicherheit bietet, die unter Berücksichtigung aller Umstände, insbesondere a) seiner Darbietung, b) des Gebrauchs, mit dem billigerweise gerechnet werden kann", und „c) des Zeitpunkts, in dem es in den Verkehr gebracht wurde, berechtigterweise erwartet werden kann". Bei den Umständen, die berechtigterweise erwartet werden können, wird auf den Horizont des durchschnittlichen Produktbenutzers und der Allgemeinheit, insbesondere sog. *bystander*, abgezielt.[272] Somit wird unabhängig von den Erwartungen des individuellen Benutzers ein objektiver Maßstab angelegt.[273] Das in § 3 Abs. 1 ProdHaftG genannte, konkretisierende Merkmal der Darbietung meint die Art und Weise, wie Informationen über das Produkt z.B. durch Werbung nach außen gegeben werden.[274] Der Gebrauch mit dem billigerweise gerechnet werden darf, soll vermeiden, dass der Hersteller das Produkt auch gegen Folgen sichern muss, die bei völlig unvernünftigem Gebrauch eintreten können.[275] Der Zeitpunkt des Inverkehrbringens dient schließlich dazu, dass nicht Erwartungen als Maßstab dienen, die erst danach entwickelt werden.[276] Letzteres wird durch § 3 Abs. 2 ProdHaftG präzisiert, nach dem eine spätere Produktverbesserung nicht zur Fehlerhaftigkeit eines früher in Verkehr gebrachten Produkts führt.

Nach der Definition des § 3 Abs. 1 ProdHaftG betrifft der Fehlerbegriff des ProdHaftG, anders als im Gewährleistungsrecht, wo die Gebrauchs- und Funktionsfähigkeit einer Sache oder deren Wert beeinträchtigt sein müssen, die Sicherheit des Produktes, wie sie die Allgemeinheit erwarten darf.[277] Demnach wird, im Gegensatz zur vertraglich geschützten Gleichwertigkeit der Sache zur Gegenleistung (Äquivalenzinteresse), wie vom Deliktsrecht, auch vom ProdHaftG allein das Integriätsinteresse geschützt.[278]

Der Ausschlusstatbestand des § 1 Abs. 2 Nr. 5 ProdHaftG bestimmt, dass die Haftung ausgeschlossen ist, wenn „der Fehler nach dem Stand der Wissen-

271 MüKo/Wagner, § 2 ProdHaftG, Rn. 1.

272 Produkthaftungshandbuch/Westphalen, § 48, Rn. 12 f.

273 Produkthaftungshandbuch/Westphalen, § 48, Rn. 11.

274 Begr. RegE, BT-Drucks. 11/2447 S. 18; Wagner/MüKo, § 3 ProdHaftG, Rn. 12; Soergel/Krause, § 3 ProdHaftG, Rn. 5.

275 Wagner/MüKo, § 3 ProdHaftG, Rn. 12; PWW/Schaub, § 3 ProdHaftG, Rn. 5.

276 Kötz/Wagner, Deliktsrecht, S. 247, Rn. 623a.

277 Palandt/Sprau, § 3 ProdHaftG, Rn. 1; MüKo/Wagner, § 3 ProdHaftG, Rn. 2.

278 BGH NJW 1985, S. 242.

schaft und Technik“ bei Inverkehrgabe nicht erkannt werden konnte. Im Umkehrschluss dazu wird also deutlich, dass die Sicherheitserwartungen des Produktbenutzers i.S.d. § 3 Abs. 1 ProdHaftG ebenso wie die Verkehrspflichten i.S.d. § 823 Abs. 1 BGB auf den neuesten Stand von Technik und Wissenschaft zum Zeitpunkt des Inverkehrbringens abzielen.[279] Damit knüpfen beide Tatbestände an einen vergleichbaren Erwartungshorizont an, so dass auch im Rahmen des ProdHaftG zur Konkretisierung des Fehlerbegriffs nach bestimmten Fehlerkategorien unterschieden wird.[280] Im Allgemeinen werden drei der in Bezug auf das Deliktsrecht entwickelten Fehlerkategorien, nämlich Konstruktions-, Fabrikations- und Instruktionsfehler, auf das ProdHaftG übertragen.[281] Der lediglich dogmatische Unterschied in der Bedeutung dieser Fehlerkategorien liegt darin, dass im Rahmen des ProdHaftG die Haftung direkt an das Vorliegen solcher Fehler geknüpft wird, während die deliktsrechtliche Produzentenhaftung daraus zunächst noch die Verletzung der Herstellerpflichten ableitet.[282] Ein daraus resultierender Unterschied wäre allenfalls dort denkbar, wo die Erfüllung einer Verkehrspflicht im Rahmen des § 823 Abs. 1 BGB nicht zumutbar wäre, denn ein solches Entlastungsmoment fehlt dem ProdHaftG.[283] Mit der Festlegung auf das Vorliegen eines Produktfehlers im Zeitpunkt des Inverkehrbringens schließt das ProdHaftG allerdings im Unterscheid zu § 823 Abs. 1 BGB Produktbeobachtungsfehler von seinem Anwendungsbereich aus.[284]

4. Kausalität

Im Rahmen des § 1 ProdHaftG wird mit der Formulierung „durch den Fehler“ ein Ursachenzusammenhang zwischen Produktfehler und Rechtsgutsverletzung und, da ferner eine Pflicht, dem Geschädigten „den daraus entstandenen“ Schaden zu ersetzen besteht, auch eine Verknüpfung zwischen Rechtsgutsverletzung und Schaden gefordert.[285] Zunächst ist festzuhalten, dass eine Unmittelbarkeit der Verletzung oder des Schadens nicht erforderlich ist, denn der Wortlaut der Norm ist offen, umfasst also alle Geschädigten, auch den sog. *bystander*. Fraglich bleibt aber, ob und wie diese Kausalitäten im Übrigen einzuschränken sind.

---

279 Produkthaftungshandbuch/Westphalen, § 48, Rn. 4.

280 Vgl. PWW/Schaub, § 3 ProdHaftG, Rn. 1, 7; Soergel/Krause, § 3 ProdHaftG, Rn. 9; MüKo/Wagner, § 3 ProdHaftG, Rn. 29 ff.

281 BGH NJW 2009, 1669; Palandt/Sprau, § 3 ProdHaftG, Rn. 2.

282 Produkthaftungshandbuch/Westphalen, § 48, Rn 4.

283 Produkthaftungshandbuch/Westphalen, § 48, Rn 5.

284 BT-Drs. 11/2447, S. 17 f.; PWW/Schaub, § 3 ProdHaftG, Rn. 7; Produkthaftungshandbuch/Westphalen, § 48, Rn. 8.

285 Produkthaftungshandbuch/Westphalen, § 45, Rn. 31.

In Bezug auf Körperschäden finden sich bestimmte, ausdrückliche Beschränkungen in den §§ 7 bis 9 ProdHaftG. Da diese Zusammenhänge darüber hinaus aber weder im ProdHaftG noch in der EG-Richtlinie weiter festgelegt werden, ist im Übrigen das generelle nationale Verständnis der Kausalität maßgeblich.[286] Dieses Verständnis geht in Deutschland wie gezeigt grundsätzlich von der Äquivalenz der Ursachen aus. Zur Einschränkung dieses Zusammenhangs auf ein gerechtes Maß wird die Anwendung der üblichen Adäquanztheorie im Zusammenhang mit der Gefährdungshaftung ganz überwiegend abgelehnt.[287] Ob das ProdHaftG eine Gefährdungshaftung darstellt, kann hier zunächst offen bleiben, da die Adäquanztheorie auch im Rahmen der Verschuldenshaftung nicht allein herangezogen wird.[288] Wie gezeigt, scheint hier die Lehre vom Schutzzweck der Norm ein besser geeignetes Einschränkungsmerkmal zu sein.[289] Demnach kommt es darauf an, ob die Haftung des § 1 Abs. 1 S. 1 ProdHaftG dazu bestimmt ist, gerade vor der konkreten Verletzung zu schützen und die diesbezügliche Haftung dem Hersteller i.S.d. § 4 ProdHaftG aufzuerlegen. Selbst wenn man allein auf die Adäquanztheorie abstellte, wären allerdings praktische Unterschiede kaum zu erwarten.

II. Haftungsadressaten

In § 1 ProdHaftG wird der Hersteller eines Produktes als Haftungsadressat genannt. Dort wird auch festgelegt, dass nur für Produkte gehaftet wird, die üblicherweise privat gebraucht werden. In § 1 Abs. 2 Nr. 3 ProdHaftG ist weiterhin festgelegt, dass der Hersteller nicht haftet, wenn er das Produkt nicht zu wirtschaftlichen Zwecken oder ohne Berufsbezogenheit herstellt. Hier werden zwei Unterschiede zum BGB deutlich. Einerseits bedeutet dies für einen reinen B2B-Hersteller, dass er nicht nach dem ProdHaftG haftet. Andererseits werden Produkte aus dem ausschließlich privaten Lebensbereich ebenfalls von der Haftung des ProdHaftG ausgenommen. Da das ProdHaftG zur Begründung der Haftung auf das Vorliegen eines Produktfehlers und nicht auf ein Fehlverhalten abzielt, kann sich zudem, anders als nach dem BGB, keine Haftung von Angestellten oder Organen ergeben.[290]

---

286 MüKo/Wagner, § 1 ProdHaftG, Rn. 21.

287 BGHZ 37, 311, 317; 79, 259, 261; Deutsch/Ahrens, Rn. 58; MüKo/Wagner, § 1 ProdHaftG, Rn. 22.

288 MüKo/Wagner, § 1 ProdHaftG, Rn. 22.

289 MüKo/Wagner, § 1 ProdHaftG, Rn. 23.

290 Staudinger/Oechsler, § 4 ProdHaftG, Rn. 7; Produkthaftungshandbuch/Westphalen, § 49, Rn. 7.

1. Hersteller

Der Herstellerbegriff des § 1 ProdHaftG wird in § 4 Abs. 1 bis 3 konkretisiert. Nach § 4 Abs. 1 ist Hersteller, „wer das Endprodukt, einen Grundstoff oder ein Teilprodukt hergestellt hat" und „jeder, der sich durch das Anbringen seines Namens, seiner Marke oder eines anderen unterscheidungskräftigen Kennzeichens als Hersteller ausgibt". Letzteres ist der insoweit entscheidende Unterschied zum Deliktsrecht, da ausdrücklich auch sog. Quasihersteller umfasst werden.

2. Importeur

Nach § 4 Abs. 2 ProdHaftG gilt als Hersteller ferner, „wer ein Produkt zum Zweck des Verkaufs, der Vermietung, des Mietkaufs oder einer anderen Form des Vertriebs mit wirtschaftlichem Zweck im Rahmen seiner geschäftlichen Tätigkeit in den Geltungsbereich des Abkommens über den Europäischen Wirtschaftsraum (EWR) einführt oder verbringt". Mit der Begrenzung auf geschäftliche Tätigkeiten wird zunächst nochmals deutlich, dass der Import zum Eigenbedarf nicht vom ProdHaftG umfasst ist. Weiterhin wird der Zeitpunkt der Inverkehrgabe hier durch den der Einfuhr in den EWR ersetzt. Wer also beispielsweise aus Ägypten nach Deutschland importiert, gilt als Hersteller i.S.d. ProdHaftG. Mit der ausdrücklichen Aufnahme des Importeurs in den Herstellerkreis wollte der Gesetzgeber vor den besonderen Schwierigkeiten bei der prozessualen Durchsetzung außerhalb des EWR schützen.[291]

3. Lieferanten

Nach § 4 Abs. 3 ProdHaftG schließlich kann sich auch für den Lieferant eine Haftung ergeben, diese ist allerdings subsidiär. Denn er haftet nur, „wenn der Hersteller des Produkts nicht festgestellt werden kann". Zusätzlich eröffnet die Norm dem Lieferanten die Möglichkeit eines Entlastungsbeweises, wenn er dem Geschädigten „innerhalb eines Monats, nachdem ihm dessen diesbezügliche Aufforderung zugegangen ist, den Hersteller oder diejenige Person benennt, die ihm das Produkt geliefert hat". Anders als nach dem Deliktsrecht trifft den Lieferanten also grundsätzlich keine eigene Haftung. Hauptzweck der Vorschrift ist es, dem Geschädigten in jedem Fall einen Haftungsgegner zur Verfügung zu stellen.[292]

291 BT-Drs. 7/5812, S. 7; MüKo/Wagner, § 4 ProdHaftG, Rn. 27 f.

292 BT-Drs. 11/2447.

III. Ausschluss der Haftung

Neben den bereits genannten Ausschlusstatbeständen wegen Nichterkennbarkeit des Fehlers bei Inverkehrgabe, bei Produktion zu nicht gewerblichen Zwecken und bei Produkten, die nicht privat verwandt werden sollen, finden sich weitere ausdrückliche Ausschlusstatbestände im ProdHaftG. So ist nach § 1 Abs. 2 Nr. 1 ProdHaftG die Ersatzpflicht ausgeschlossen, wenn der Hersteller „das Produkt nicht in den Verkehr gebracht hat". Dabei kommt es entscheidend auf ein willentliches Verlassen des Produktes aus dem Organisationsbereich des Herstellers an.[293]

Weiterhin ist die Haftung nach § 1 Abs. 2 Nr. 4 ProdHaftG ausgeschlossen, wenn „der Fehler darauf beruht, dass das Produkt in dem Zeitpunkt, in dem der Hersteller es in den Verkehr brachte, dazu zwingenden Rechtsvorschriften entsprochen hat". Solche zwingenden Rechtsvorschriften sind formelle Gesetze und Verordnungen, wenn sie bindend die Art und Weise der Produktion festlegen und somit keine Abweichung zulassen.[294] Technische Normen, wie z.B. DIN-Normen, lassen dagegen nur eine Vermutung zu, dass das ihnen entsprechende Produkt den jeweiligen Anforderungen genügt,[295] und sind somit nicht zwingend i.S.d. ProdHaftG.

In Absatz 3 der Norm wird darüber hinaus „die Ersatzpflicht für den Herstellers eines Teilprodukts oder eines Grundstoffs ausgeschlossen, wenn der Fehler durch die Konstruktion des Produkts, in welches das Teilprodukt eingearbeitet wurde, oder durch die Anleitungen des Herstellers des Produkts verursacht worden ist". Dies entspricht der zum Deliktsrecht entwickelten Rechtsprechung, wonach die grundsätzliche Verantwortlichkeit eines jeden Herstellers durch besseres Wissen bzw. Weisungsgebundenheit überlagert werden kann.

Nach § 14 ProdHaftG schließlich darf die Ersatzpflicht des Herstellers „im Voraus weder ausgeschlossen noch beschränkt werden" und „entgegenstehende Vereinbarungen sind nichtig". Auf Details hierzu wird noch im Rahmen des übergreifenden Kapitels zu Freizeichnungsmöglichkeiten eingegangen.

IV. Beweislast

Nach § 1 Abs. 4 ProdHaftG trägt der Geschädigte die Beweislast „für den Fehler, den Schaden und den ursächlichen Zusammenhang zwischen Fehler und Schaden". Soweit weiterhin streitig ist, „ob einer der Ausschlusstatbestände des

---

293 MüKo/Wagner, § 1 ProdHaftG, Rn. 24; Produkthaftungshandbuch/Westphalen, § 46, Rn. 20.

294 BT-Drs. 11/2447; MüKo/Wagner, § 1 ProdHaftG, Rn. 43.

295 Vgl. § 4 Abs. 1 S. 2 GPSG; MüKo/Wagner, § 1 ProdHaftG, Rn. 46 f.

Absatzes 2 oder 3 eingreifen, so trägt hierfür der Hersteller die Beweislast“. Diese ausdrücklichen Regeln wiederholen im Prinzip die bereits genannten allgemeinen Regeln des Zivilprozesses, wonach jeder die Beweislast für ihm günstige Umstände trägt.[296] Die richterrechtliche Entwicklung einer Beweislastumkehr ist somit für das ProdHaftG nur noch schwer denkbar, was wohl auch der Wille des Gesetzgebers war.[297] Der Wortlaut der Ausschlusstatbestände der Absätze 2 und 3 geht also davon aus, dass diese in der Regel nicht vorliegen, so dass der Hersteller insoweit voll beweispflichtig ist. Einzig der bereits genannte § 1 Abs. 2 Nr. 2 ProdHaftG macht hierzu eine erleichternde Ausnahme, indem er bereits die überwiegende Wahrscheinlichkeit ausreichen lässt, dass das Produkt den Organisationsbereich des Herstellers fehlerfrei verlassen hat.[298] Im Übrigen bleibt es selbstverständlich bei den allgemeinen Beweislasterleichterungen des Zivilprozessrechts, z.B. dem Anscheinsbeweis.[299]

V. Umfang der Haftung

In Bezug auf den Umfang der Haftung finden sich in den §§ 7 bis 11 ProdHaftG zahlreiche Sonderregelungen. Zunächst werden in den §§ 7 bis 9 ProdHaftG ausführlich und in Anlehnung an die §§ 842 bis 843 BGB Sonderregelungen für Personenschäden getroffen.[300] Die Ersatzpflicht bei Tötung richtet sich nach § 7 ProdHaftG und bei Körper- und Gesundheitsverletzung nach § 8 ProdHaftG. Seit dem Zweiten Schadensersatzrechtsänderungsgesetz vom 1. August 2002 gilt, was für das ProdHaftG ausdrücklich in § 8 S. 2 klargestellt wird, im deutschen Schadensersatzrecht einheitlich die Ersatzfähigkeit immaterieller Schäden i.S.d. § 253 BGB.[301] Nach § 9 ProdHaftG ist Schadensersatz wegen Aufhebung oder Minderung der Erwerbsfähigkeit durch eine Geldrente, vergleichbar § 843 Abs. 1 BGB, zu leisten. In Absatz 2 der Norm wird im Übrigen auf § 843 Absätze 2 bis 4 BGB verwiesen.

Die entscheidenden Unterschiede zum BGB liegen in dem Höchstumfang der Haftung von 85 Mio. EUR für Personenschäden nach § 10 ProdHaftG und in der Selbstbeteiligungspflicht des Geschädigten bei Sachbeschädigungen bis zu einer Höhe von 500 EUR nach § 11 ProdHaftG. Ersteres dürfte wohl mit der Verschuldensunabhängigkeit der Haftung zu rechtfertigen sein,[302] Letzteres lässt

296 Produkthaftungshandbuch/Westphalen, § 55, Rn. 1 f.
297 BT-Drs. 11/2447, S. 30.
298 MüKo/Wagner, § 1 ProdHaftG, Rn. 75.
299 Rolland, § 1 ProdHaftG, Rn. 173.
300 MüKo/Wagner, §§ 7-9 ProdHaftG, Rn. 1.
301 MüKo/Wagner, §§ 7-9 ProdHaftG, Rn. 1 ff.
302 MüKo/Wagner, § 10 ProdHaftG, Rn. 1.

sich mit der Vermeidung von Bagatellklagen rechtfertigen,[303] dürfte aber auch ein entscheidender Grund für die in der Praxis weiterhin meist auf das BGB gestützten Klagen sein.[304]

VI. Haftungsminderung

Nach § 6 Abs. 1 ProdHaftG tritt eine Haftungsminderung entsprechend § 254 BGB ein, wenn „bei der Entstehung des Schadens ein Verschulden des Geschädigten mitgewirkt hat". Weiterhin steht „im Falle der Sachbeschädigung das Verschulden desjenigen, der die tatsächliche Gewalt über die Sache ausübt, dem Verschulden des Geschädigten gleich". Das mitursächliche Handeln des Verletzten unterbricht also nicht den Ursachenzusammenhang, sondern ist nur beim Haftungsumfang zu berücksichtigen. Und gemäß Absatz 2 der Norm beeinflusst die kumulative Handlung eines Dritten die Haftung des Herstellers nicht.

VII. Verjährung

Nach § 12 Abs. 1 ProdHaftG beträgt die regelmäßige Verjährungsfrist für Ansprüche nach § 1 des Gesetzes drei Jahre und beginnt mit „dem Zeitpunkt, in dem der Ersatzberechtigte von dem Schaden, dem Fehler und von der Person des Ersatzpflichtigen Kenntnis erlangt hat oder hätte erlangen müssen". Der entscheidende Unterschied zu den für das Deliktsrecht maßgeblichen Regelungen der §§ 195, 199 Abs. 1 BGB liegt darin, dass das ProdHaftG auch leicht fahrlässige Unkenntnis der haftungsbegründenden Umstände ausreichen lässt.[305] Außerdem beginnt die dreijährige Verjährungsfrist nach § 12 Abs. 1 ProdHaftG am Tag des Schadensereignisses und die des § 199 Abs. 1 BGB erst mit Ablauf des Jahres, in dem der Gläubiger die für den Verjährungsbeginn entscheidende Kenntnis erlangt. Ebenso endet die Verjährungshemmung durch Verhandlungen gem. § 12 Abs. 2 ProdHaftG an dem Tag, an dem eine Seite weitere Verhandlungen verweigert. Unterdessen sieht § 203 S. 2 BGB noch eine zusätzliche Ablaufhemmung von drei Monaten vor. § 12 Abs. 2 ProdHaftG kommt nach Inkrafttreten der allgemeinen Hemmungsregelung in § 203 durch das Schuldrechtsmodernisierungsgesetz allerdings keine eigenständige Bedeutung mehr zu. Im Übrigen verweist § 12 Abs. 3 ProdHaftG auf die Vorschriften des BGB über die Verjährung.

303 MüKo/Wagner, § 11 ProdHaftG, Rn. 1.
304 MüKo/Wagner, § 11 ProdHaftG, Rn. 2.
305 MüKo/Wagner, § 12 ProdHaftG, Rn. 1.

In § 13 Abs. 1 ProdHaftG wird weiterhin angeordnet, dass Ansprüche nach § 1 spätestens zehn Jahre nach Inverkehrgabe des Produktes erlöschen, sofern kein Rechtsstreit oder ein Mahnverfahren über den Anspruch anhängig ist. Im Unterschied zu § 199 Abs. 3 BGB sind Ansprüche ab dieser Zeit nicht mehr nur gehemmt, also nicht durchsetzbar, sondern sogar erloschen, d.h. vernichtet.

Im Zusammenhang mit der Verjährung sei schließlich darauf hingewiesen, dass die Übergangsvorschrift des § 16 ProdHaftG heute keine Wirkung mehr entfaltet. Denn danach ist das ProdHaftG auf Produkte nicht anwendbar, welche vor dessen Inkrafttreten in Verkehr gegeben wurden. Da dies heute mindestens 20 Jahre zurückliegt, wären entsprechende Ansprüche ohnehin nach § 13 Abs. 1 ProdHaftG erloschen.

VIII. Das Verhältnis zu anderen Vorschriften

Das Verhältnis zu anderen Vorschriften wird in § 15 ProdHaftG geregelt. Nach Absatz 1 sind die Vorschriften des ProdHaftG nicht anzuwenden auf Personenschäden, welche durch dem AMG unterliegende Arzneimittel entstehen. In Absatz 2 ist festgelegt, dass die Haftung aufgrund anderer Vorschriften unberührt bleibt. Demnach ist einzig das AMG lex specialis zum ProdHaftG, alle anderen Vorschriften, bedeutsam ist hier insbesondere das BGB, sind neben dem ProdHaftG anwendbar.

IX. Gefährdungshaftung oder verschuldensunabhängige Haftung?

Die Frage nach dem Haftungstypus des ProdHaftG ist in der Literatur höchst umstritten.[306] Es wird sowohl vertreten, dass es sich um eine reine Gefährdungshaftung,[307] eine verschuldensunabhängige[308] als auch um eine Verschuldenshaftung[309] handelt. Andere unterscheiden gar nicht unbedingt zwischen den letztgenannten Haftungstypen bzw. vertreten hier eine vermittelnde Ansicht.[310]

Sowohl der deutsche Gesetzgeber als auch die Verfasser der zugrunde liegenden EG-Richtlinie hatten wohl vor, eine Gefährdungshaftung zu normieren,

306 Zu der entsprechenden Diskussion auf europäischer Ebene vgl. Oertel, S. 240 ff.

307 Taschner, NJW 1986, S. 611, 615; nunmehr auch Palandt/Sprau, Einf. ProdHaftG, Rn. 5.

308 Schmidt-Salzer/Hollmann, Art. 1, Rn. 5 ff; Kullmann, § 1 ProdHaftG, Rn. 26 f.; Taschner/Frietsch, § 1 ProdHaftG, Rn. 2.

309 Kötz, Ist die Produkthaftung eine vom Verschulden unabhängige Haftung?, S. 203.

310 MüKo/Wagner, Einl. ProdHaftG, Rn. 15, 19; Kötz/Wagner, Deliktsrecht, S. 243, Rn. 615; Produkthaftungshandbuch/Westphalen, § 45, Rn. 5 ff.; Fuchs, S. 274.

waren aber insoweit nicht eindeutig, als sie an anderer Stelle nur von einer in jedem Fall verschuldensunabhängigen Haftung sprechen.[311] Die historische Auslegung ist also wenig zielführend. Aus dem Wortlaut des § 1 Abs. 1 ProdHaftG ergibt sich, dass zunächst ein „Fehler“ am Produkt Haftungsvoraussetzung ist. Der Begriff Fehler beinhaltet bereits ein Pflichtwidrigkeitselement, was bereits an der Annahme einer reinen Gefährdungshaftung zweifeln lässt. Aus dem Umkehrschluss zu dem Ausschlusstatbestand des § 1 Abs. 2 Nr. 1 ProdHaftG folgt zudem, dass es zusätzlich auf ein „Inverkehrbringen“ ankommt. Anders als beispielsweise bei der Tierhalterhaftung nach § 833 BGB, wo eindeutig nur für einen gefahrerhöhenden Zustand gehaftet wird, knüpft das ProdHaftG mit dem Inverkehrbringen zusätzlich an ein Verhalten an, was schließlich eindeutig gegen eine reine Gefährdungshaftung spricht. Eine Gefährdungshaftung wäre nur zu bejahen, wenn für Schädigungen durch „ein besonders gefährliches Produkt“ gehaftet würde. So lässt sich dies in Deutschland aber nur in Bezug auf Arzneimittel in § 84 AMG finden, wo eindeutig eine Gefährdungshaftung normiert ist.

Da es nach dem ProdHaftG nicht darauf ankommt, ob bzw. was für ein Bewusstsein der Handelnde hinsichtlich der haftungsbegründenden Umstände hat, ist die Haftung nach dem ProdHaftG jedenfalls vom Verschulden unabhängig. Man könnte allerdings auch hier noch anderer Meinung sein, denn gem. § 1 Abs. 2 Nr. 5 ProdHaftG ist die Haftung ausgeschlossen, wenn der Fehler nach dem Stand der Wissenschaft und Technik nicht „erkannt“ werden konnte. Das Merkmal der Erkennbarkeit beinhaltet ein gewisses, wenn auch objektives, Verschuldenselement. Neben der Fehlerhaftigkeit als Element der Rechtswidrigkeit enthält das ProdHaftG demnach auch Elemente einer Verschuldenshaftung. Dass dem Geschädigten nach der bereits beschriebenen Systematik des § 4 ProdHaftG in jedem Fall ein Anspruchsgegner zur Verfügung gestellt werden soll, spricht wiederum gegen eine Verschuldenshaftung.

Der dogmatische Unterschied zwischen der reinen Verschuldenshaftung des Deliktsrechts und der, wie auch immer typisierten, Haftung nach dem ProdHaftG wird ohnehin in der Praxis durch die zahlreichen Beweiserleichterungen im Rahmen der erstgenannten Haftung annähernd aufgehoben.[312] Daher und wegen der bereits genannten Elemente von Rechtswidrigkeit und Verschulden kann es nur bei einer vermittelnden Ansicht bleiben. Die Haftung nach dem ProdHaftG ist jedenfalls keine reine Gefährdungshaftung noch i.S.d. Deliktsrechts vom Verschulden abhängig. Vielmehr ist sie grundsätzlich vom Verschulden unabhängig, wird jedoch durch ein objektives Wissenselement eingeschränkt.

---

311 BT-Drucks. 7/5812, S. 5 f.; Präambel zur RL 85/374/EWG.
312 Kraas, S. 78.

D. Gefährdungshaftung

In Deutschland finden sich mehrere Gesetze, welche eine Gefährdungshaftung regeln. Eine solche Haftung ist immer dann notwendig, wenn sich eine „von dem Verantwortlichen beherrschte Gefahr verwirklicht" hat.[313] Sie bildet demnach einen Ausgleich für das Risiko eines gesetzlich zulässigen Betriebs. Das BGB kennt die Gefährdungshaftung nur für den Tierhalter gem. §§ 833 f. BGB. Weitere besondere Gefährdungshaftungstatbestände wurden bereits in der Einleitung genannt; betreffend die Haftung eines Warenherstellers für durch seine Produkte verursachte Schäden gibt es in Deutschland nur das AMG als spezielle Gefährdungshaftung. Das 1976 in Kraft getretene AMG war die Reaktion auf die Unzulänglichkeiten, welche sich im auf den Contergan-Skandal folgenden Prozess zeigten. Über das AMG soll im Folgenden nur ein ganz knapper Überblick gegeben werden. Denn wegen der hohen Spezialität wäre das AMG ohnehin nicht mit dem ägyptischen Produkthaftungsrecht vergleichbar.

Nach § 84 AMG ist der pharmazeutische Unternehmer verpflichtet, wenn „infolge der Anwendung" eines von ihm in Verkehr gebrachten Arzneimittels „ein Mensch getötet oder der Körper oder die Gesundheit eines Menschen nicht unerheblich verletzt" werden, „dem Verletzten den daraus entstandenen Schaden zu ersetzen". Wenngleich die Norm mit Gefährdungshaftung überschrieben ist, wird auch hier vertreten, dass § 84 AMG keine „reine" Gefährdungshaftung darstellt.[314] Denn auch in S. 2 Nr. 1 und 2 der Norm sind bestimmte Ausschlusstatbestände formuliert, welche an die „Erkenntnisse der medizinischen Wissenschaft" anknüpfen. Der entscheidende Unterschied zum ProdHaftG ist allerdings, dass das AMG nicht einen Fehler, also eine Pflichtwidrigkeit im eigentlichen Sinne, voraussetzt. Mithin handelt es sich zwar um eine Gefährdungshaftung, welche aber ebenfalls durch ein objektives Wissenselement eingeschränkt wird. In den §§ 84a bis 94a AMG sind zahlreiche Sonderregelungen in Bezug auf den Haftungsumfang enthalten. Viele davon sind denen des ProdHaftG vergleichbar. Erwähnt sei nur, dass § 84a AMG dem Geschädigten einen eigenständigen Auskunftsanspruch gibt und der Pharmahersteller nach § 94 AMG zur Vorsorge für die Deckung der eventuellen Haftungssummen verpflichtet ist.

E. Beschränkungs- und Freizeichnungsklauseln

Eine Freizeichnung bzw. einen teilweisen Haftungsausschluss kann der Hersteller entweder durch gesonderte vertragliche Abrede oder durch AGB erreichen. Ersteres setzt voraus, dass der Geschädigte gleichzeitig unmittelbarer Vertrags-

313 Kötz/Wagner, Deliktsrecht, S. 195, Rn. 492 ff.

314 Fuchs, S. 284 f.

partner des Herstellers ist, was im modernen Lieferverkehr regelmäßig nicht der Fall sein wird. Letzteres wirft die Fragen auf, ob ein deliktischer Haftungsausschluss über AGB überhaupt zulässig ist und inwieweit die AGB dem Geschädigten zugegangen sein müssen.

In Bezug auf die Haftung nach dem ProdHaftG ist zunächst § 14 als allgemeine Grenze zu beachten. Nach dessen Satz 1 darf die Ersatzpflicht des Herstellers nach dem ProdHaftG im Voraus weder ausgeschlossen noch beschränkt werden. Und nach Satz 2 sind entgegenstehende Vereinbarungen nichtig. Nach Satz 1 ist es also unerheblich, ob ein Haftungsausschluss individualvertraglich oder mittels AGB formuliert werden soll, er verbietet beides. Aus dem Sinn und Zweck der Vorschrift ergibt sich aber, dass das Verbot nur im Außenverhältnis gelten soll. Mehreren regresspflichtigen Herstellern steht es demnach frei, einen Haftungsausschluss in ihrem Innenverhältnis zu vereinbaren.[315] Kritisiert wurde, dass § 14 sowohl Individualabreden[316] als auch den kaufmännischen Verkehr[317] erfasst. Ersteres geht in der Tat sehr weit und über den Schutz der §§ 305 ff. BGB hinaus. Letzteres allerdings dürfte sich praktisch nur bei Personenschäden auswirken, da die beschädigte Sache, wie bereits beschrieben, für den privaten Gebrauch bestimmt sein und hierzu von dem Geschädigten hauptsächlich verwendet worden sein muss. Zudem ist es auch im unternehmerischen Geschäftsverkehr nur schwer möglich, die Haftung wegen Personenschäden auszuschließen. Wie der Wortlaut der Norm ausdrücklich klarstellt, betrifft sie nicht nachträgliche Vereinbarungen. Umstritten ist aber, ob maßgeblicher Anknüpfungszeitpunkt hierfür der Schadenseintritt[318] oder die Rechtsgutsverletzung[319] ist. Für Letzteres spricht, dass es in tatsächlicher Hinsicht keinen einheitlichen Schaden und damit keinen einheitlichen Anknüpfungspunkt gibt.[320] Unbestritten ist jedoch, dass es sich bei § 14 um eine Verbraucherschutznorm handelt, die den Geschädigten vor einseitigem Haftungsentzug schützen soll.[321] Zu den schutzwürdigen Umständen gehören dabei alle Tatbestandsmerkmale, insbesondere auch der Schaden selbst.[322] Daher muss der Geschädigte erst den genauen Schadensumfang erkennen können, bevor ihm der Schutz des § 14 nicht

315 BT-Drs. 11/2447, S. 25; MüKo/Wagner, § 14 ProdHaftG, Rn. 4.
316 MüKo/Wagner, § 14 ProdHaftG, Rn. 2.
317 MüKo/Wagner, § 14 ProdHaftG, Rn. 1.
318 Produkthaftungshandbuch/Westphalen, § 54, Rn. 4; Staudinger/Oechsler, § 14 ProdHaftG, Rn. 12.
319 MüKo/Wagner, § 14 ProdHaftG, Rn. 3.
320 MüKo/Wagner, § 14 ProdHaftG, Rn. 3.
321 BT-Drs. 11/2447, S. 25.
322 So auch MüKo/Wagner, § 14 ProdHaftG, Rn. 4.

mehr zusteht.[323] Schließlich ist zu beachten, dass § 14 ProdHaftG auch eingreift, wenn der Hersteller versucht, die Haftung nach dem ProdHaftG auf anderen Wegen zu untergraben. So darf sich der Hersteller z.B. nicht damit zufrieden geben, durch Warn- oder Gebrauchshinweise auf Produktgefahren aufmerksam zu machen, welche ihm auf zumutbare Weise behebbar wären.[324]

Was die Haftung nach dem Deliktsrecht angeht, stellt sich zunächst die Frage, ob und wie die Haftung ausgeschlossen werden kann, wenn der Geschädigte zugleich auch Vertragspartner des Herstellers ist. Da in Deutschland, im Gegensatz zu Frankreich, die Haftung auf vertraglicher und deliktischer Basis grundsätzlich nebeneinander stehen können, stellt sich genau genommen die Frage, ob vertragliche Haftungsausschlüsse auch das Deliktsrecht umfassen können.

Zunächst bleibt festzuhalten, dass die Haftung nach den §§ 823 ff. BGB wegen § 276 Abs. 3 BGB jedenfalls nicht wegen vorsätzlicher Schädigung ausgeschlossen werden kann. Dies hat allerdings, wie bereits dargestellt, in Produkthaftungsfällen kaum praktische Relevanz. Im Übrigen muss zuerst geklärt werden, ob das Deliktsrecht des BGB allgemein dispositives Recht ist. Diese Frage ist höchst umstritten. Dafür spricht, dass die allgemeine Regel des § 276 Abs. 3 BGB lediglich die Vorsatzhaftung unabdingbar gestaltet, und das Bestehen des differenzierten Systems des AGB-Rechts.[325] Andererseits scheint es fraglich, ob davon auch die absoluten Rechtsgüter Leib und Leben umfasst sein sollten.[326] Allerdings hat der Gesetzgeber kein ausdrückliches Verbot des Haftungsausschlusses, vergleichbar § 14 ProdHaftG, für das Deliktsrecht aufgenommen, so dass die besseren Gründe für ein grundsätzlich dispositives Deliktsrecht sprechen. Die verbleibenden praktischen Möglichkeiten dazu sind ohnehin gering.

Soweit es um einen Haftungsausschluss mittels AGB geht, muss sich dieser ganz allgemein an den §§ 305 ff. BGB messen. Für Verträge zwischen Unternehmern und Verbrauchern ist gem. § 310 Abs. 1 BGB insbesondere § 309 BGB der Maßstab. Gemäß § 309 Nr. 7 a BGB ist bei Personenschäden jedwede Verkürzung unwirksam. Die Normierung als spezielle AGB-Regel spricht übrigens ebenfalls gegen die Meinung, welche ein allgemeines Verbot der Haftungsbeschränkung bei Personenschäden fordert. Weiterhin ist es nach § 309 Nr. 7 b BGB nicht zulässig, die Haftung im Übrigen wegen Vorsatz und grober Fahrlässigkeit auszuschließen. Soweit es um Vorsatz geht, kommt der Regelung wegen § 276 Abs. 3 BGB lediglich klarstellende Funktion zu. Pau-

323 Staudinger/Oechsler, § 14 ProdHaftG, Rn. 12.

324 Produkthaftungshandbuch/Westphalen, § 80, Rn. 6 f.

325 BGHZ 9, 301, 306; Staudinger/Hager, vor § 823, Rn. 41; MüKo/Wagner, vor § 823, Rn. 74; Rolland, S. 383.

326 Ablehnend: Deutsch/Ahrens, Rn. 221.

schale und formularmäßige Haftungsausschlüsse sind wegen des Verbots geltungserhaltender Reduktion gänzlich unwirksam.[327] Auch im unternehmerischen Geschäftsverkehr sind AGB-Haftungsausschlüsse wegen Personenschäden oder groben Verschuldens unzulässig.[328] Zwar ergibt sich dies nicht aus § 309 BGB, wegen § 310 Abs. 1 S. 2 BGB wohl aber aus § 307 BGB.[329]

Sofern der Geschädigte nicht unmittelbarer Vertragspartner des Herstellers ist, kommt die Frage auf, ob diesem gegenüber trotzdem mittels AGB die Haftung beschränkt werden kann. Dies wäre der Fall, wenn der Hersteller dem Verbraucher gegenüber wirksam AGB auf Verpackungen, Prospekten oder Gebrauchsanleitungen verwenden kann. Zunächst ist klarzustellen, dass eine solche Freizeichnung nur gegenüber demjenigen denkbar ist, der zwar nicht Vertragspartner, aber willentlicher Empfänger des Produktes ist.[330] Denn jedenfalls gegenüber dem sog. *innocent bystander* werden die Grenzen der Freizeichnung offensichtlich. Wer z.B. als Unfallgegner mit dem fehlerhaften Produkt erstmals durch die Schädigung in Berührung kommt, kann AGB weder akzeptiert noch überhaupt wahrgenommen haben. Für die verbleibenden Fälle des Produktempfängers ist zu beachten, dass AGB i.S.d. §§ 145 ff. BGB angeboten und angenommen werden müssen. Denn sie sind Vertragsbedingungen, was aus dem Wortlaut des § 305 Abs. 1 S. 1 BGB deutlich wird. Gegen die Freizeichnungsmöglichkeit durch o.g. Hinweise spricht, dass der Empfänger des Produktes durch die Entgegennahme nicht zugleich die Annahme des Freizeichnungsangebotes erklärt.[331] Nach anderer Meinung und der Rechtsprechung soll die Annahme allerdings dann gem. § 151 BGB möglich sein, wenn der Erwerber des Produktes seinen Annahmewillen eindeutig nach außen zeigt.[332]

F. Zusammenfassender Vergleich der Haftung nach dem BGB und dem ProdHaftG

Das ProdHaftG ist im Gegensatz zur Produkthaftung nach dem BGB ein reines Verbraucherschutzgesetz. Daraus ergibt sich zunächst, dass die Ansprüche nach dem ProdHaftG nur von Verbrauchern geltend gemacht werden können, während das BGB in dem hier untersuchten Bereich nicht zwischen Verbrauchern und Unternehmern differenziert. Rechtstechnisch ist nach dem ProdHaftG allerdings nicht die Eigenschaft der Person, sondern die Art des Verbrauchs aus-

327 Ständige Rechtsprechung: BGH NJW 2006, S. 996; MüKo/Wagner, vor § 823, Rn. 74a.
328 BGH NJW 1999, S. 1031.
329 MüKo/Wurmnest, § 309 Nr. 7, Rn. 33; BGH NJW 1986, S. 2757, 2758.
330 Palandt/Sprau, § 823, Rn. 182.
331 Palandt/Sprau, § 823, Rn. 182.
332 BGHZ 74, 352, 356.

schlaggebend. Aus der Eigenschaft des ProdHaftG als Verbraucherschutzgesetz ergibt sich auch, dass nur Unternehmer haften und somit weder der rein unternehmerische noch der rein private Warenverkehr erfasst sind. Soweit allerdings Unternehmer aufgrund des ProdHaftG haftbar sind, ist der Anwendungsbereich desselben weiter. Denn danach sind auch Quasihersteller, Importeure und subsidiär dazu Lieferanten haftbar, wohingegen nach dem BGB die Verletzung einer, nur höchst selten anzunehmenden, gesonderten Überprüfungs- oder Instruktionspflicht erforderlich wäre. Weiterhin werden nach dem ProdHaftG nur bewegliche Sachen als Produkte erfasst, so dass z.B. für die Haftung aufgrund von Gebäude- oder Softwarefehlern auf das BGB zurückgegriffen werden muss. Bei Produktbeobachtungsfehlern kann nur das Deliktsrecht des BGB herangezogen werden.

Zwar hat die Rechtsprechung unter Geltung des Deliktsrechts dem Geschädigten in Bezug auf das Verschulden eine umfangreiche Beweislastumkehr zugestanden. Da nach dem ProdHaftG aber gar kein Verschulden erforderlich ist, ergeben sich im Ergebnis mit Blick auf die Beweislast keine Unterschiede. Insoweit das Verschulden aber dennoch Tatbestandsvoraussetzung der Haftung nach dem BGB bleibt, hat das ProdHaftG einen weiteren Anwendungsbereich. Daraus folgt für die Praxis aber nur ein prägnanter Unterschied. Denn für Ausreißerschäden ist kein Verschulden denkbar, so dass es auch nicht vermutet werden kann. Der Hersteller haftet für solche Schäden folglich nur nach dem ProdHaftG.

In Bezug auf die geschützten Rechtsgüter und den Haftungsumfang ist das ProdHaftG wiederum deutlich enger als das Deliktsrecht. Denn weder die Freiheit der Person und sonstige Rechte noch sog. Weiterfresserschäden, also die Integrität abgrenzbarer Produktteile, sind nach dem ProdHaftG geschützt. In Bezug auf Personenschäden begrenzt § 10 ProdHaftG zudem den Haftungshöchstbetrag auf 85 Millionen EUR und bei Sachschäden greift das Gesetz gem. § 11 erst ab Schäden von mehr als 500 EUR.

Schließlich ergeben sich auch in Bezug auf die Verjährung leichte Unterschiede. Zwar gilt in beiden Fällen eine einheitliche Verjährungsfrist von drei Jahren, der entscheidende Unterschied liegt darin, dass das ProdHaftG für den Verjährungsbeginn auch leicht fahrlässige Unkenntnis der haftungsbegründenden Umstände ausreichen lässt, während nach dem BGB hierfür erst grob fahrlässige Unkenntnis vorliegen muss. Darüber hinaus beginnt die dreijährige Verjährungsfrist nach dem ProdHaftG am Tag der Schädigung, während die des BGB erst mit Ablauf des Jahres in Gang gesetzt wird, in dem der Gläubiger die für den Verjährungsbeginn maßgebliche Kenntnis bzw. grob fahrlässige Unkenntnis erlangt. Ebenso endet die Verjährungshemmung durch Verhandlungen nach dem ProdHaftG mit der Verweigerung weiterer Verhandlungen durch eine

Seite, während das BGB noch eine Hemmung des Verjährungsablaufs von drei Monaten vorsieht. Soweit vertragliche Mängelansprüche gegeben sind, verjähren diese allerdings in aller Regel in zwei Jahren.

Der dogmatisch bedeutsamste Unterschied zwischen beiden Gesetzen ist nach alldem das Verschuldenserfordernis nach dem BGB. In der Praxis wirkt sich dieses allerdings wegen der umfassend gewährten Beweislastumkehr im Rahmen des allgemeinen Deliktsrechts kaum aus. Wegen des dann verbleibenden insgesamt engeren Anwendungsbereiches und geringeren Haftungsumfanges des ProdHaftG ist es für den Anspruchsteller bzw. für den vertretenden Anwalt in der Regel interessanter, auf die deliktische Produkthaftung auszuweichen, was auch der allgemeinen Praxis entspricht.

3. Kapitel: Das Produkthaftungsrecht in Ägypten

Zum Verständnis des heutigen ägyptischen Rechts ist ein Überblick über die Geschichte des ägyptischen Rechts sehr hilfreich. Die folgende Darstellung wird sich allerdings auf die für das Zivil- und Handelsrecht relevanten Rechtsentwicklungen beschränken.

A. Überblick zur Geschichte des ägyptischen Rechts

Ägypten ist einer der ältesten Kulturstaaten der Welt. Entsprechend weit reicht auch die Geschichte des ägyptischen Rechts zurück, so gab es bereits 1500 v. Chr. ein funktionierendes Gerichtssystem[333] und ab 1300 v. Chr. ein unabhängiges Vertragsrecht[334] in Ägypten. Teilweise wird vertreten, dass Ägypten bereits seit 718 v. Chr. ein bürgerliches Gesetzbuch hatte, nämlich die Gesetzessammlung des Pharaos Bakenrenef (griechisch Bokchoris).[335] Gesichert kann man erst nach der griechischen Eroberung durch Alexander den Großen im Jahr 332 v. Chr. und der darauf folgenden Ptolemäerdynastie von der Existenz von geschriebenen Gesetzen ausgehen.[336] Weiterhin brachte die Eroberung durch die Römer 31 v. Chr. einen prägnanten Wechsel im Rechtssystem mit sich.

I. Islamisierung

Einen vielfach bis heute bestehenden Wandel erfuhr Ägypten durch die Invasion der Araber 641 n. Chr. Unmittelbar nach der Eroberung begannen die Araber, in Ägypten das islamische Recht anzuwenden. Daneben kamen allerdings, jedenfalls soweit mit dem islamischen Recht vereinbar, weiterhin ägyptisches Gewohnheitsrecht, koptisches Recht und durch die Regierenden erlassene Dekrete zur Anwendung.[337]

Das islamische Recht wird in einem gesonderten Kapitel noch mit Blick auf das sich daraus ergebende Produkthaftungsrecht betrachtet werden. Bedeutsam für die Rechtsgeschichte sind die unterschiedlichen Rechtsschulen (madhāhib). Die Scharia, als Teil des islamischen Rechts, besteht aus Erkenntnissen, wie sie aus den unterschiedlichen Quellen des islamischen Rechts gewonnen werden.

---

333 Wesel, Rn. 80; unter Umständen bereits ab 2635 v. Chr., vgl. VerSteeg, S. 118.

334 Wesel, Rn. 87; VerSteeg, S. 104 f.

335 Fetih, S. 5.

336 Boochs, S. 9.

337 Fetih, S. 6.

Dieser Erkenntnisprozess (fiqh) hängt maßgeblich von der vorherrschenden Rechtsschule ab. Die Rechtsschulen wurden bereits kurze Zeit nach dem Tod des Propheten Mohammed 632 n. Chr. entwickelt und im Laufe der Zeit haben sich für den sunnitischen Islam, welcher bis auf wenige Ausnahmen bis heute in Ägypten vorherrscht, vier verschiedene Schulen herausgebildet.[338] In Ägypten kamen bzw. kommen insbesondere zwei dieser Schulen, die schafitische und die hanafitische Schule, zur Anwendung. Erstere geht zurück auf den Rechtsgelehrten Asch-Schafii (767 bis 820 n. Chr.), welcher den Großteil seines Lebens in Ägypten verbracht hat. Die schafitische Schule war seit ihrer Entstehung in Ägypten vorherrschend und ist auch heute noch die offizielle Praxis der Kairoer Al-Azhar Universität.[339] Die hanafitische Rechtsschule wurde durch den Rechtsgelehrten Abu Hanifa (699 bis 767 n. Chr.) begründet und ist die heute außerhalb der Al-Azhar Universität und vor allem in der staatlichen Rechtsanwendung dominierende Schule in Ägypten.[340] In Oberägypten ist schließlich noch, zumindest im nicht staatlichen Bereich, die malikitische Schule zu beachten.[341]

Nach der Eroberung durch die Araber gab es zwei weitere bedeutende Machtwechsel, nämlich die Eroberung Ägyptens im Jahr 1171 durch Saladin und die Machtübernahme durch die Mamelucken im Jahr 1250, welche jedoch beide die rechtliche Situation im Wesentlichen unverändert ließen. Erst die Eroberung Ägyptens durch die Osmanen im Jahr 1516 brachte auch in rechtlicher Hinsicht gewisse Veränderungen mit sich. Wenngleich die Osmanen den Ägyptern, namentlich den Mamelucken-Paschas, weitestgehend die Verwaltungshoheit überließen, kam in der Folge die gerade genannte Hanafi Schule zu stärkerer Bedeutung. Sie war die offizielle Schule des Osmanischen Reiches und wurde nach dessen Auflösung teilweise durch positive Gesetzgebung in Ägypten eingeführt.[342]

II. Napoleons Expedition

Einen weiteren entscheidenden Einschnitt, vor allem für die rechtliche Prägung Ägyptens, brachte die Expedition Napoleons nach Ägypten. Napoleon war Anfang Juli 1798 mit einem Expeditionsheer in Alexandria gelandet, um einerseits die zunehmende Vormachtstellung der Engländer im Mittelmeerraum zu be-

338 Vgl. Scholz, Jura 2001, S. 527.

339 Liebesny, S. 22; Hill, Mahkama, S. 173.

340 Kemke, S, 39; Hill, Mahkama, S. 173; Elwan; S. 230; Pattar, S. 58; Liebesny, S. 22, beschreibt sie als nur mittelbar anwendbar.

341 Kemke, S. 39; Elwan, S. 230.

342 Liebesny, S. 22; Hill, Mahkama, S. 79.

kämpfen und andererseits eine bessere Erforschung Ägyptens zu ermöglichen.[343] Obwohl es Napoleon wegen andauernder Auseinandersetzungen mit den Engländern nicht gelang, in Ägypten Fuß zu fassen - die sog. Ägyptische Expedition dauerte nur drei Jahre -, konnte er in dieser kurzen Zeit einige Verwaltungsreformen durchführen, welche entscheidenden Einfluss auf die weitere Rechtsentwicklung in Ägypten hatten. Da dieser Einfluss vielfach bis heute besteht, stellt Napoleons Expedition zudem den Beginn der modernen ägyptischen Geschichte dar.[344] Zwar hatten die Engländer das französische Expeditionskorps bereits 1801 wieder vollständig aus Ägypten vertrieben,[345] doch konnten auch sie sich nicht wirklich in Ägypten behaupten. Die Engländer hatten anfangs osmanische Interessen mit der Vertreibung der Franzosen wahrnehmen wollen, die Osmanen entsandten jedoch ihrerseits 1805 Muhammad Ali Pascha mit seinem albanischen Korps zur Machtbehauptung gegen die nach wie vor aufstrebenden Mamelucken,[346] Ali schloss sich aber 1807 mit den Mamelucken zusammen und besiegte so die Engländer. Vier Jahre später ließ er dann fast die gesamte Führerschaft der Mamelucken umbringen und löste sich zudem weitestgehend von seinen osmanischen Auftraggebern. Ali war somit der Begründer der bis 1953 in Ägypten herrschenden Dynastie. Zwar ging Muhammad Ali Pascha bei seiner Machtübernahme äußerst brutal vor, jedoch modernisierte er ebenso radikal die Verwaltungs- und Armeestruktur Ägyptens nach französischem Vorbild.[347] Zudem beschränkte er die Schariagerichte mit einem säkularen Gerichtsaufbau nach französischem Vorbild.[348] Dank der Armeemodernisierung war Muhammad Ali Pascha in weiteren Feldzügen, insbesondere gegen das Osmanische Reich, äußerst erfolgreich. Erst durch die Einmischung Großbritanniens, Russlands, Preußens und Österreichs im Rahmen der sog. Orientkrise wurde Ali 1841 gezwungen, Syrien und Palästina wieder freizugeben.[349] Außerdem musste er Ägypten der europäischen Wirtschaft öffnen.

III. Die gemischten Gerichte

Der Bau des Suezkanals (1859–1869) machte das Land zwar geostrategisch erheblich bedeutsamer, gleichzeitig aber dermaßen von ausländischen Anleihen abhängig, dass die von Großbritannien und Frankreich eingerichtete Staats-

343 Hourani, S. 325 f.
344 Büttner/Hamazawy, S. 11.
345 Hourani, S. 325.
346 Hourani, S. 336.
347 Hourani, S. 336 f.
348 Bälz, ZEuP 2000, S. 53.
349 Hourani, S. 336 f.

schuldenverwaltung zur faktischen Regierung des Landes wurde.[350] Kurz erwähnt sei, dass in dieser Zeit, nämlich von 1869 bis 1876, das islamische Recht im Osmanischen Reich in einem Gesetzbuch, der sog. Majalla, kodifiziert wurde. Wegen der weitgehenden Unabhängigkeit vom Osmanischen Reich kam diese jedoch nicht im Protektorat Ägypten zur Anwendung.[351] Ohnehin enthielt die Majalla kein Regelungen zum allgemeinen Vertragsrecht und nur ganz wenige zum Deliktsrecht.[352]

Bedeutsam war aber, dass die zahlreichen ausländischen Unternehmer, welche nach der Orientkrise nach Ägypten gekommen waren, kein Vertrauen mehr in die ägyptische Gerichtsbarkeit hatten.[353] Daher kam es 1875 aufgrund von modifizierten Handelsabkommen zwischen Ägypten und einigen europäischen Staaten, sog. Kapitulationen, zur Einsetzung sog. gemischter Gerichte.[354] Diese Gerichte waren überwiegend mit ausländischen Richtern besetzt und für alle vermögensrechtlichen Streitigkeiten mit Berührung ausländischer Interessen zuständig.[355] Entscheidungsgrundlage der entsprechenden Urteile waren die ebenfalls 1875 eingeführten Code civil mixte und Code de commerce mixte, welche weitestgehende „Adaptionen" der entsprechenden französischen Gesetzbücher von 1804 bzw. 1805 waren.[356] Die ausländischen Richter waren Engländer, Franzosen, Italiener und Schweizer, deren Entscheidungen zudem in französischer, englischer und italienischer Sprache ergingen, so dass sich Ägypten zu dieser Zeit zu einer „Hochburg der Rechtsvergleichung" entwickelte.[357]

Nachdem Großbritannien die ägyptischen Suezkanal-Aktien erworben hatte, besetzte es zur Sicherung seiner Anteile 1882 das Land.[358] Ein Jahr danach wurden die Rechtsreformen auch auf die nationalen Gerichte und Gesetze ausgedehnt, soweit es dabei um vermögensrechtliche Streitigkeiten ging. Sowohl der Gerichtsaufbau als auch die Gesetze (sog. Code civil indigène und Code de commerce indigène) orientierten sich wiederum an den gemischten Gerichten und Gesetzen. Folglich erhielt das Recht in Ägypten bereits damals seine bis heute andauernde französische Prägung.[359] Somit gehört Ägypten jedenfalls in

350 Büttner/Hamazawy, S. 10; Hourani, S. 347 f.
351 Elwan, S. 228.
352 Sfeir, S. 91.
353 Grapentin, S. 28.
354 Bälz, ZEuP 2000, S. 53.
355 Hill, Mahkama, S. 47; Grapentin, S. 26.
356 Bälz, ZEuP 2000, S. 54.
357 Bälz, ZEuP 2000, S. 54; ders., Das moderne arabische Recht, S. 176.
358 Hourani, S. 348 f.
359 Bälz, ZEuP 2000, S. 54.

Bezug auf das Vermögensrecht auch zum französischen Rechtskreis.[360] Das Phänomen, dass trotz des viel stärkeren politischen Einflusses bzw. sogar der Besatzung von britischer Seite, französisches Recht in Ägypten rezipiert wurde,[361] hat vor allem zwei Gründe. Zum einen war Großbritannien als damalige Besatzungsmacht schlichtweg nicht sonderlich beliebt bei den Ägyptern. Zum anderen war der kodifizierte Code civil wesentlich leichter „importierbar" als das ungeschriebene Common Law.[362] Dazu kommt noch, dass der „Import" französischen Rechts bereits unter Muhammad Ali, also autonom, begonnen hatte.[363]

IV. Sanhuri und „sein" ZGB

Einer der bereits genannten rechtsvergleichenden Juristen in Ägypten war Edouard Lambert (1866-1947), welcher damit begann, auch das islamische Recht in den Vergleich einzubeziehen. Lambert lehrte zunächst in Kairo und dann in Lyon und Lille. Einer seiner Schüler war der spätere ägyptische Rechtsgelehrte Abdel-Razzak As-Sanhuri (1895 bis 1971), welcher mit Unterstützung Lamberts der maßgebliche Autor des modernen ägyptischen ZGB von 1948 wurde.[364] Sanhuri hatte seine Doktorarbeit mit dem Thema *Le Califat; Son evolution vers une société des nations orientale* von 1921 bis 1926 in Frankreich bei Lambert geschrieben.[365] Seitdem war er entschlossen, nach dem französischen Vorbild das islamische Recht zu modernisieren und mit dem Festhalten am islamischen Recht die Rechtsvereinheitlichung voranzutreiben.[366]

Großbritannien hatte es nach 1882 zunächst bei der offiziellen Protektoratsstellung Ägyptens gegenüber dem Osmanischen Reich belassen, nach Ausbruch des Ersten Weltkrieges 1914 wurde Ägypten aber auch formell zu einem britischen Protektorat.[367] Allerdings wurde Ägypten bereits 1922 unter König Fuad ein wieder weitgehend unabhängiges Königreich und erhielt 1936 die fast volle Souveränität. Im Jahr 1937 berieten sich die an den Kapitulationen berechtigten Staaten auf einer Konferenz in Montreux. Diese Staaten beschlossen die Wiederherstellung voller ägyptischer Hoheitsgewalt auch über Gesetzgebung und

---

360 Zweigert/Kötz, § 8, S. 109; Bälz, ZEuP 2000, S. 51.

361 Vgl. zu der Fragestellung: Bälz, ZEuP 2000, S. 53 f.

362 Davies, Business law, S. 27.

363 Bälz, ZEuP 2000, S. 53.

364 Khattab S. 2; Hill, ALQ 3, S. 33 ff.

365 Shalakany, S. 159; Bechor, S. 38 f.

366 Bälz, ZEuP 2000, S. 51 f.; Sfeir, S. 94 f.

367 Hourani, S. 349.

Rechtsprechung binnen zwölf Jahren.[368] In der Folge wurden verschiedene Kommissionen zur Erstellung eines ZGB eingesetzt, welche größtenteils von Sanhuri geleitet wurden.[369] Das durch die Kommission ausgearbeitete ZGB wurde am 16. Juli 1948 verkündet und trat als Gesetz Nr. 131/1948 am 15. Oktober 1948 in Kraft. Das neue ZGB ersetzte demnach zugleich das ZGB von 1875, welches von den gemischten Gerichten angewandt wurde, und das ZGB von 1883, welches von den nationalen Gerichten benutzt wurde.[370]

Sanhuris Lebenslauf hat in rechtsgeschichtlicher Hinsicht noch weitere Bedeutung. Sanhuri war neben seinen Ämtern als Richter, Universitätsprofessor und in Gesetzgebungskommissionen auch als liberaler Politiker aktiv, was immer wieder zu Auseinandersetzungen mit den Regierenden und Amtsenthebungen führte.[371] Mehrfach sah sich Sanhuri dadurch gezwungen, das Land zu verlassen. So hielt er sich von 1942 bis 1944 im Irak auf, wo er an den Entwürfen für das spätere irakische ZGB von 1951 mitwirkte.[372]

Im Jahr 1954 setzte sich Oberst Gamal Abdel Nasser an die Spitze der ägyptischen Staatsführung, nachdem die von ihm aufgebaute Bewegung der „Freien Offiziere" bereits am 23. Juli 1952 König Faruk gestürzt und am 18. Juni 1953 die Republik Ägypten gegründet hatte. Dieser Machtwechsel war durch einen starken ägyptischen Nationalismus motiviert, welcher die Folge der jahrhundertelangen Krise der Ägypter zwischen ägyptischer, afrikanischer, arabischer und mediterraner Identität war.[373] Sanhuri war seit 1949 Vorsitzender des Obersten Verwaltungsgerichts (Majlis id-Dauwla)[374] und, nachdem Gerüchte kursierten, er wolle in dieser Funktion ein Dekret verabschieden, welches die Vereinbarkeit der Revolution mit der Verfassung verneinen solle, wurde Sanhuri am 29. März 1954 lebensbedrohlich von revolutionsnahen Nationalisten zusammengeschlagen.[375] Wenngleich Nasser das Attentat verurteilte, wird er mehrheitlich als eigentlicher Drahtzieher desselben vermutet.[376] Jedenfalls verlor Sanhuri als Beamter auf ein Dekret Nassers hin im April 1954 seine Rechte auf politische Teilhabe.[377] Sanhuri verließ in der Folge erneut und mehrfach Ägypten und

368 Bälz, ZEuP 2000, S. 59.

369 Khattab S. 2; sowie ausf. zur Gesetzgebungsgeschichte Kemke, S. 176 ff.

370 Wilson, YIMEL Bd. 6, S. 87.

371 Vgl. Bechor, S. 40 f.

372 Bechor, S. 40; Bälz, ZEuP 2000, 69.

373 Vgl. Hourani, S. 483 ff.

374 Wörtlich Staatsrat, angelehnt an den französischen Conseil d'État; vgl. Hill, Mahkama, S. 207.

375 Bechor, S. 41; Brown, S. 74 f.

376 Hill, Mahkama, S. 105; Bechor, S. 41.

377 Bechor, S. 41.

begab sich in eine Art „Diaspora“ durch die arabischen Länder. Dadurch wirkte er in zahlreichen dieser Länder an der Entstehung der jeweiligen ZGBs mit. Bereits die ZGBs von Syrien (1949) und Libyen (1954) sowie später von Somalia (1973) und Algerien (1975) beruhen größtenteils auf dem ägyptischen ZGB;[378] mit Einschränkungen gilt dies auch für den Irak (1951), Jordanien (1976), Kuwait (1980) und die VAE (1985).[379]

Nicht nur durch seine Mitwirkung an der eigentlichen Gesetzgebung o.g. Staaten, sondern vor allem durch seine Kommentierung hat Sanhuri maßgeblich zu einer weitgehenden Rechtsvereinheitlichung des arabischen Vermögensrechts beigetragen. Denn Sanhuri hat ab 1952 bis zu seinem Tod 1971 einen umfassenden zwölfbändigen Kommentar (Al-Wasit) herausgegeben. Zwar basiert dieser Kommentar auf dem ägyptischen ZGB, er behandelt jedoch auch andere arabische Länder und sieht diese sozusagen „als lokale Variationen eines einheitlichen arabischen Rechts“.[380] Verstärkend kommt hinzu, dass nicht nur das ZGB und Sanhuris Kommentar „Exportschlager“ in der arabischen Welt sind, sondern auch viele ägyptische Juristen als Richter, Rechtsanwälte, Rechtslehrer und Verwaltungsbeamte vor allem in den arabischen Golfstaaten arbeiten.[381] Damit ist heutzutage, was das allgemeine Privatrecht angeht, schon Realität, was in Europa noch erreicht werden soll;[382] dies ist allerdings auch nicht sehr verwunderlich, da den Arabern im Gegensatz zu den Europäern eine Sprache gemein ist.[383]

Ausgenommen von den Regelungen des ZGB sind in sämtlichen arabischen Staaten die Regelungen des Familien- und Erbrechts, welche dem islamischen Recht unterliegen.[384] Was das Vermögensrecht angeht, gilt Ägypten aber mit kleinen Ausnahmen als Teil des französischen Rechtskreises.[385] Wegen der allerdings gerade beschriebenen weitgehenden vermögensrechtlichen Rechtseinheit in der arabischen Welt ist es freilich auch gerechtfertigt, von einem neuen, ägyptischen Rechtskreis zu sprechen.[386]

---

378 Sfeir, S. 93; Dilger, S. 200 f.

379 Bälz, ZEuP 2000, S. 52; Krüger, Gründzüge des Privatrechts der VAE, S. 104.

380 Bälz, ZEuP 2000, S. 52; Bechor, S. 42; Krüger, Gründzüge des Privatrechts der VAE, S. 104.

381 Vgl. Bälz, Das moderne arabische Recht, S. 175; zu dem Phänomen der ägyptischen Migration in die Golfstaaten im Allgemeinen auch, Abaza, S. 287.

382 Dilger, S. 201; Bälz, ZEuP 2000, S. 52.

383 Börner, S. 29.

384 Sfeir, S. 93.

385 Zweigert/Kötz, § 8, S. 109; Bälz, ZEuP 2000, S. 51.

386 So Krüger, Recht van de Islam 1997, S. 67 ff.; Scholz, Jura 2001, S. 532; vgl. zudem Dilger, S. 201.

V. Republik Ägypten

Zwar wollte sich die Revolutionsführung nach 1952 zunächst mehrheitlich weiter in Richtung Demokratie entwickeln, aber bereits Mitte der fünfziger Jahre tendierte das Land unter Nasser wieder stark in Richtung arabistischem Sozialismus.[387] Wenngleich der ägyptische Sozialismus nie so stark ausgeprägt war wie z.B. in Ostdeutschland kam es auch dort zur Bildung eines Einparteiensystems und zu weitestgehender Verstaatlichung. Durch diese bis heute weit reichende Verstaatlichung der Industrie bestand in Ägypten insbesondere in der zweiten Hälfte des 20. Jahrhunderts kein Interesse an der Entwicklung eines modernen Verbraucher- und Produkthaftungsrechts.[388] Denn, wo der Staat im Regelfall Beklagter sein wird, hat er wenig Interesse, die Klägerrechte zu stärken. Die berühmte Verbraucherschutzrede Kennedys im Jahr 1962 erfolgte ein Jahr nach Beginn der umfassenden Verstaatlichung der ägyptischen Industrie durch das Nassersche Nationalisierungsprogramm. Damit wurde in Ägypten die in den USA und Europa prägende Phase dieses Rechtsgebietes verschlafen bzw. ignoriert. Somit ist wohl zugleich erklärlich, dass der Beginn der ägyptischen Verbraucherschutzgesetzgebung im Verwaltungsrecht liegt,[389] also dem staatslenkenden Recht, und bis heute mit selbigem korreliert.

Eine erneute politische Wende brachte erst Anwar As-Sadat, welcher nach dem Tod Nassers 1970 ägyptischer Präsident wurde. Unter Sadat kam es zu einer politischen und wirtschaftlichen Öffnung in Richtung Westen[390] und zu einer neuen, bis heute geltenden Verfassung im Jahr 1971. Sadats relativ tolerante Politik hatte jedoch auch zur Folge, dass die islamistischen Muslimbruderschaften wieder erstarkten.[391] An dieser Stelle sei erwähnt, dass Art. 2 bei Einführung der neuen Verfassung 1971 besagte, dass die Scharia „eine Quelle“ der Gesetzgebung sei. Der Wortlaut wurde 1980, hauptsächlich als Entgegenkommen an die Islamisten, in „die Haupt-Quelle“ der Gesetzgebung geändert. Nach dem gerade seitens radikaler Islamisten stark kritisierten Friedensschluss mit Israel wurde Sadat am 6. Oktober 1981 von ebensolchen erschossen.

Dem neuen Präsidenten Hosni Mubarak gelangen eine relativ schnelle Stabilisierung des Landes und eine Fortsetzung der vorsichtigen Reformen Sadats.

387 Büttner/Hamazawy, S. 12.

388 Vgl. dazu mit Bezug auf das Recht des unlauteren Wettbewerbs in Ägypten Weidlich, S. 1 und S. 143 ff.

389 Weidlich, S. 143 f.

390 Hill, Investment, S. 115, verweist in diesem Zusammenhang insbesondere auf Gesetz Nr. 43/1974 welches ausländische Direktinvestitionen und die Einrichtung bestimmter Freihandelszonen zuließ; vgl. auch Fink, ZaöRV 2012, 492.

391 Vgl. dazu Flores, S. 476.

Der Reformwille war jedoch begrenzt, denn Mubarak hielt sich unverbesserlich durch nahtlos verlängerte Notstandsgesetzgebung bis zu seinem Sturz im Rahmen des arabischen Frühlings Anfang Februar 2011 an der Macht. Dabei nutzte er ein starkes und patrimoniales Netzwerk und einen übergroßen Sicherheitsapparat, welcher echte Opposition immer wieder unterdrückte.[392] Die zunehmenden Auseinandersetzungen mit verschiedenen, vor allem islamistischen, Oppositionsgruppen entschieden das Schwanken zwischen teilweiser Liberalisierung und gezielter Unterdrückung schließlich stark zugunsten der Repression und brachten Ägypten eine Phase weitreichenden Stillstands.[393] In die Zeit Mubaraks fällt jedoch auch die Bewusstseinswende, zumindest in der Rechtswissenschaft,[394] hinsichtlich der ägyptischen Verbraucherrechte. Diese wurde insbesondere durch die UN-Richtlinien für Verbraucherschutz[395] im Jahr 1985, welche die Interessen der Entwicklungsländer bedachten, hervorgerufen. Es dauerte allerdings weitere 14 Jahre, bis den Geschädigten in Produkthaftungsfällen erstmals eine ausdrückliche Anspruchsgrundlage zur Verfügung stand.

Zu Beginn der 1990er Jahre wurden in Ägypten einige staatliche Unternehmen wieder privatisiert und 1997 wurde ein Investitionsgesetz erlassen, welches besondere Anreize für ausländische Direktinvestitionen und die Einrichtung zahlreicher Freizonen regelt.[396] Ab der Jahrtausendwende kam es infolge gesamtregionaler Veränderungen nochmals zu einer stärkeren Liberalisierung und weiteren Öffnung in Richtung Westen.[397] Insbesondere seit dem Regierungsantritt von Ahmad Muhammad Nazif als Ministerpräsident Mitte des Jahres 2004 wurden dann tatsächlich zahlreiche Staatsbetriebe reprivatisiert, ein Freihandelsabkommen mit der EU abgeschlossen, ein Wettbewerbsrecht und nicht zuletzt das Verbraucherschutzrecht des Jahres 2006 erlassen. Die Umsetzung der UN-Richtlinien dauerte in Ägypten also über 20 Jahre.

Nachdem die immer wieder mutig um Unabhängigkeit kämpfende und in einem seit 1923 bestehenden Richterklub (nadi al-quda) organisierte ägyptischen Richterschaft sich mit ihrem Recht zur vollen Wahlprüfung durchsetzte,[398] waren 2005 sogar erstmals wirkliche Oppositionskandidaten zu den Parlamentswahlen zugelassen. Allerdings bestanden auch in der Folgezeit zahlreiche ge-

---

392 Büttner/Hamazawy, S. 17.

393 Büttner/Hamazawy, S. 17; vgl. auch Flores, S. 480 f.

394 Vgl. Gamiai, S. 39 f.

395 UN-Guidelines for Consumer Protection, UN-Resolution A/39/248 vom 16. April 1985 durch, abrufbar unter: http://www.un.org/documents/ga/res/39/a39r248.htm.

396 Schoeller-Schletter, RIW 1999, 430 ff.; Bälz, Das moderne arabische Recht, S. 181.

397 Vgl. Fink, ZaöRV 2012, 492.

398 Dazu Bentlage, Protest im Anzug - Der Ägyptische Richterclub und der Konflikt mit dem Justizministerium (2008).

setzliche Hürden für eine wirkliche Opposition in Ägypten.[399] Immer wieder gab es zudem Anhaltspunkte, dass Präsident Mubarak versuchen könnte, seine Macht an seinen Sohn Gamal zu übertragen.[400] Die während der Herrschaft Mubaraks angestaute Unzufriedenheit der ägyptischen Bevölkerung wurde eindrucksvoll durch dessen Sturz im Rahmen der Revolution zu Beginn des Jahres 2011 belegt. Die weitere politische Entwicklung Ägyptens wird maßgeblich von der Akzeptanz der Parlaments- und Präsidentschaftswahlen abhängen, welche bis Juni 2012 abgehalten wurden.

B. Quellen des ägyptischen Produkthaftungsrechts

Die verschiedenen Quellen, aus welchen sich in Ägypten Produkthaftungsansprüche ergeben können, sollen zum besseren Überblick zunächst nur kurz genannt werden. Eine tiefere Einführung in die jeweiligen Gesetze wird im Zusammenhang mit der anschließenden detaillierten Untersuchung der relevanten Normen in den verschiedenen Gesetzen gegeben.

Ein Gesetz, welches vergleichbar dem deutschen ProdHaftG ausschließlich Produkthaftung behandelt, ist in Ägypten nicht zu finden. Allerdings hat Ägypten 2006 ein exklusives Verbraucherschutzgesetz (VSG) verabschiedet, welches in seinen Artikeln 7 und 8 spezielle Produkthaftungsregeln bereithält. Zudem sieht das VSG die Einrichtung einer speziellen Verbraucherschutzbehörde (VSB) und die Stärkung der in diesem Bereich tätigen NROs vor, was beides erhebliche praktische Auswirkungen hat. Das VSG wurde am 20. Mai 2006 als Gesetz Nr. 67/2006 verkündet und trat am 20. August 2006 in Kraft.

Einige andere Produkthaftungsregeln lassen sich dem ägyptischen HGB entnehmen. Das HGB wurde 1999 komplett überholt und ersetzt seitdem das HGB von 1883, welches zwischenzeitlich eher ein „Torso“ mit vielen Lücken geworden war.[401] Das neue HGB wurde am 17. Mai 1999 als Gesetz Nr. 17/1999 verkündet und trat am 1. Oktober desselben Jahres in Kraft. Insbesondere Art. 67 HGB kann Grundlage für Produkthaftungsansprüche sein.

Neben diesen beiden neuen Gesetzen mit ausdrücklichen Rechtsgrundlagen für Produkthaftungsansprüche lassen sich solche Ansprüche auch in Ägypten auf das allgemeine Vertrags- bzw. Deliktsrecht stützen. Sämtliche diesbezüglich bedeutsamen Normen finden sich im bereits genannten ägyptischen ZGB. Folglich konnten Verbraucher ihre Produkthaftungsklagen bis 1999 lediglich auf die generellen Vorschriften des ZGB von 1948 stützen.[402] Die dort relevanten Vor-

399 Rutherford, S. 231 ff.

400 Arafat, S. 185 ff.

401 Krüger, Neues Handelsgesetzbuch in Ägypten, S. 29.

402 Shahida, S. 31.

schriften sind insbesondere Artt. 203 ff. und 447 für die vertragliche und Artt. 163 bis 165 sowie 178 für die deliktische Haftung. Aufgrund zahlreicher Anwendbarkeitslücken des VSG und des HGB bleiben die Vorschriften des ZGB jedenfalls in der Theorie wichtige Anspruchsgrundlagen für die Produkthaftung.

Schließlich wird untersucht, ob das islamische Recht anwendbar sein könnte bzw. relevante Anspruchsgrundlagen bereithält.

C. Praktische Bemerkungen zu den ägyptischen Rechtsquellen

Im Vergleich zur Lage in Deutschland gibt es in Ägypten vor allem in Bezug auf die tatsächliche Verfügbarkeit und Zugänglichkeit der Rechtsquellen deutliche Unterschiede.

I. Gesetzestexte

Bereits die ägyptischen Gesetzestexte selbst sind schwieriger zugänglich als auf deutscher Seite. Zwar ist schon seit 2003 die Veröffentlichung von Gesetzgebung und Rechtsprechung auf einer elektronischen Datenplattform mit Unterstützung des United Nations Development Programme (UNDP) geplant. Bisher ist allerdings nicht abzusehen, wann diese tatsächlich umgesetzt wird. Bis dahin muss also auf herkömmliche Druckerzeugnisse zurückgegriffen werden. Allerdings sind die Gesetzestexte oft erst Monate nach Inkrafttreten öffentlich erhältlich. Meist muss abgewartet werden, bis kommerzielle und spezialisierte Druckbetriebe die Gesetzestexte publizieren.[403] Inzwischen sind allerdings einige Gesetzestexte auch über eine Onlineplattform der Regierung zugänglich;[404] von den hier relevanten Gesetzen trifft dies allerdings nur auf das VSG zu.[405]

II. Rechtsprechung

Gerichtsurteile sind, wenn überhaupt, nur von den obersten Instanzen öffentlich erhältlich. Nach dem VSG sollen zwar auch die Entscheidungen der Verbraucherschutzbehörde in einem Journal erfasst werden, allerdings schreibt das Gesetz keine Bekanntgabe desselben vor.[406] Das Kassationsgericht veröffentlicht

403 Z.B. http://www.egyptlaws.com.

404 http://www.egypt.gov.eg/arabic/laws.

405 http://www.cpa.gov.eg/english/legislations_rules.htm.

406 Mit diesem Argument wurde es dem Verfasser auch verwehrt die entsprechenden Sammlungen der ansonsten allerdings sehr kooperativen Verbraucherschutzbehörde einzusehen.

zwar in einem eigenen Journal, jedoch nur sehr unregelmäßig und lückenhaft.[407] Vielfach kann hier aber auf kommerzielle Rechtsprechungssammlungen einzelner Richter zurückgegriffen werden. Die so erhältlichen Urteile sind allerdings oft erst mit über zehnjähriger Verzögerung verfügbar und erschöpfen sich zudem meist in einer Tatbestandsschilderung und einem Urteilstenor. Soweit dennoch Begründungen vorhanden sind, lassen diese selten erkennen, auf welchen Rechtsvorschriften sie beruhen.[408] Die Anwaltskanzleien ihrerseits haben wenig Interesse an einer Veröffentlichung ihrer Fälle, da sie darin wohl einen Wettbewerbsvorteil sehen.[409]

Zwar ist es dem Verfasser gelungen, einige relevante erstinstanzliche Urteile zu erhalten, jedoch haben diese wenig Aussagekraft, da sie keine Urteilsbegründung enthalten und zum anderen nicht absehbar ist, ob diese einer Berufung oder Revision standhalten würden. Ein höchstrichterlich entschiedener, originär ägyptischer Produkthaftungsfall, vergleichbar dem deutschen „Hühnerpesturteil“, ist dem Verfasser nicht bekannt geworden. Dies ist allerdings nicht nur wegen der bereits benannten Veröffentlichungspraxis, sondern auch aus einigen produkthaftungsspezifischen Gründen nicht verwunderlich.[410]

Soweit es um außervertragliche Produkthaftungsfälle geht, besteht wegen des Eingreifens von Haftpflichtversicherungen oftmals kein wirtschaftliches Interesse an Produkthaftungsprozessen. Für den Fall Ägyptens wäre dies allerdings eher ein Argument in die Gegenrichtung, da vielfach weder eine Kraftfahrzeug- noch eine allgemeine Haftpflichtversicherung bestehen. Wenn es um Produkthaftungsfälle zwischen Unternehmern geht, insbesondere wenn diese grenzüberschreitend sind, dürften die meisten im Rahmen von Schiedsverfahren entschieden werden, für die gerade die Vertraulichkeit eines der Hauptmotive ist.[411] Daher sind auch in Deutschland Produkthaftungsfälle eher selten, wenn sie jedoch auftreten, sind sie meist Aufsehen erregend und bringen oft eine neue Entwicklung der Rechtsprechung mit sich.

Für den Fall Ägyptens kommt hinzu, dass wegen des hohen Verstaatlichungsgrades erst seit Ende des letzten Jahrhunderts ein staatliches Interesse an der Entwicklung eines modernen Verbraucher- und Produkthaftungsrechts be-

---

407 Vgl. Bentley, S. 19 f.

408 Vgl. hierzu auch Jung, S. 121.

409 Vgl. Grapetin, S. 3; zu einem vergleichbaren Ergebnis für Syrien kommt Börner, S. 30.

410 Vgl. hierzu in Bezug auf den deutsch-französischen Rechtsverkehr, Schley, S. 199 f.

411 Zu dem gleichen Ergebnis für den deutsch-französischen Rechtsverkehr kommt Schley, S. 200.

steht.[412] Ein positiv formuliertes Produkthaftungsrecht gibt es erst seit 1999 und erst seit der 2007 durch das VSG eingeführten Stärkung des Verbraucherschutzes findet in Ägypten eine wirklich wirksame Verbraucheraufklärung statt. Soweit es um Verbraucherfälle geht, ist zusätzlich zu berücksichtigen, dass es in Ägypten eine hohe Analphabetenrate[413] und einen faktischen Anwaltszwang gibt, welcher vielfach abschreckend wirken dürfte.

III. Literatur

Das Thema der Produkthaftung ist in der ägyptischen Rechtswissenschaft zwar bekannt, jedoch wurde es dort lange nicht so intensiv behandelt wie in Deutschland oder im Common Law. Zudem scheint das Thema auch nicht unter einem einheitlichen Begriff behandelt zu werden, was allerdings auch in Deutschland nicht wirklich der Fall ist. In Ägypten wird das Thema unter den Begriffen „die Haftung des Produzenten",414 „die Haftung der Produzenten und Lieferanten",415 „die zivilrechtliche Haftung des Produzenten",416 „die Haftung des Produzenten für fehlerhafte Produkte"417 oder „die rechtliche Verantwortung für Produkte"418 besprochen.

Zum ägyptischen ZGB sind, angefangen mit dem umfassenden Werk Sanhuris, recht viele Kommentare verfügbar. Allerdings sind diese von sehr unterschiedlicher Qualität und erschöpfen sich in Bezug auf das Produkthaftungsrecht vielfach in der Wiedergabe entsprechender französischer Diskussionen, ohne darauf einzugehen, ob und wie diese in Ägypten Anwendung finden sollen. Die ausführlichste Darstellung der sich aus dem ägyptischen ZGB ergebenden „Haftung der Produzenten und Lieferanten" findet sich in dem 2004 erschienenen Werk von *Hajj*, welcher zwar die Haftung nach jemenitischem Recht darstellt, diese aber ausführlicher mit dem ägyptischen und französischen Recht vergleicht.[419] Zum 1999 neukodifizierten Handelsgesetzbuch sind ebenfalls einige Kommentare erhältlich, die hier relevante Produkthaftungsvorschrift wurde da-

412 So auch Sherine Nasr, The consumer is always right, Al-Ahram Weekly, 26.03.2009; sowie KAS, Verbraucherschutz, 22.04.2008, www.kas.de/proj/home/events/18/1/year-2008/month-4/veranstaltung_id-30492/index.html.

413 Etwa 34% laut UNDP, Human Development Report 2009, http://hdrstats.undp.org/en/indicators/89.html.

414 Manshawi, S. 62.

415 Hajj, S. 7.

416 Shahida, S. 3 f.

417 Budali, S. 6.

418 Nadoury, S. 1.

419 Hajj, die Haftung des Produzenten und Lieferanten, Kairo 2004.

bei aber allenfalls sehr kurz besprochen.[420] Das Verbraucherschutzgesetz des Jahres 2007 schließlich wurde, soweit ersichtlich, noch nicht (aus ägyptischer Sicht) kommentiert.[421] Das Produkthaftungsrecht als eigenständiges Rechtsgebiet wurde für das ägyptische Recht bisher ebenfalls wenig erörtert.[422] Das übergreifende Thema Verbraucherschutzrechtes wurde in Ägypten bisher nur mit gesondertem Blick auf das IPR[423] und das islamische Recht[424], jedoch nicht mit solchem auf die Produkthaftung behandelt.[425] Im Vergleich zum französischen und europäischen Recht wurden beide Rechtsgebiete allerdings mehrfach von algerischen Autoren besprochen.[426]

Sowohl rechtsgeschichtlich als auch in der heutigen Praxis besteht ein starker Bezug zum französischen Recht.[427] Damit erklärt sich teilweise auch die verhaltene Auseinandersetzung mit dem Thema in Ägypten. Denn auch in Frankreich ist die Produkthaftung in geringerem Umfang, später und vor allem uneinheitlicher behandelt worden als in Deutschland und im Common Law.[428]

IV. Übersetzungen

Die im Folgenden zitierten Übersetzungen arabischer Gesetzestexte, welche größtenteils nochmals zusammenhängend im Anhang verfügbar sind, sind die des Verfassers. Zugunsten höherer Praxistauglichkeit wurde eine eher eng am arabischen Wortlaut orientierte deutsche Version erstellt. Die sich so ergebenden Texte lesen sich teilweise wenig elegant, jedoch ermöglichen sie eine bessere

420 Manshawi, Kommentar zum neuen Handelsgesetz, Alexandria, 2005; etwas ausführlicher aber Ismail, Kommentar: Das neue Handelsgesetz, Kairo 1999.

421 Vgl. dazu aber die Zusammenfassungen von Al-Bakry, Consumer Law more bark than bite, Business Monthly, Juni 2006 und Klaiber, Kairo erlässt Verbraucherschutzgesetz, GTAI, 29.06.2006.

422 Vgl. aber die prägnante Darstellung von Stovall, ALQ 19 (2004), S. 277-285, allerdings noch ohne Berücksichtigung des VSG; sowie Nadoury, Products Liability in Egyptian Law, World Jurists Association, Working Paper, 1997, allerdings mit einer rein gewährleistungsrechtlichen Betrachtung.

423 Khalil, Verbraucherschutz im internationalen Privatrecht, Alexandria 2009

424 Ash-Sharnabasi, Verbraucherschutz in der islamischen Rechtswissenschaft, Vergleichende Studie, Alexandria 2004

425 Vgl. aber z.B. die allgemeine Besprechung aus algerischer Sicht bei Budali, Verbraucherschutz.

426 Budali, Die Haftung des Herstellers für defekte Produkte: Vergleichende Studie zum französischen und algerische Recht, Algier 2005; Shahida (Algerien), Die zivilrechtliche Haftung des Herstellers für Produkte: Vergleichende Studie, Alexandria 2007.

427 Vgl. Bälz, ZEuP 2000, S. 61 ff.

428 Vgl. Schley, S. 21 ff.

Vorstellung von etwaigen Auslegungsergebnissen der arabischen Originaltexte in der ägyptischen Praxis.[429] Arabische Termini sind in einfacher phonetischer Transkription und ohne diakritische Zeichen dargestellt.

D. Das Zivilgesetzbuch (Gesetz Nr. 131 / 1948)

Im Überblick über die Geschichte des ägyptischen Rechts wurde bereits der maßgebliche Einfluss Sanhuris auf das ZGB selbst und später auf andere arabische Zivilrechtskodifikationen dargestellt. In diesem Zusammenhang wurde zudem festgestellt, dass Sanhuri plante, das islamische Recht in einer abstrakten Gesetzesstruktur und -systematik festzuhalten und damit nach dem Vorbild des französischen Code civil zu modernisieren und zugleich mit dem Festhalten am islamischen Recht die zu der Zeit bereits beachtliche Rechtsvereinheitlichung zwischen den arabischen Staaten weiter voranzutreiben.[430] *Bechor* weist an dieser Stelle nicht nur auf die interessanten Parallelen zu der 1814 von Friedrich Carl von Savigny begründeten Historischen Rechtsschule, sondern auch auf den Einfluss derselben auf Sanhuri selbst hin.[431]

Anfänglich ging es Sanhuri vor allem darum, die französisch beeinflussten Gesetzbücher des 19. Jahrhunderts durch islamisches Recht zu ersetzen. Im Gegensatz zu der starken Betonung des islamischen Rechts in Art. 1 ZGB haben sich letztendlich nur wenige Regeln des islamischen Rechts im ZGB durchgesetzt, so z.B. das Schenkungs- und Vorkaufsrecht.[432] Auch *Sanhuri* selbst gab später zu, dass das ZGB in den meisten Fragen von praktischer Bedeutung dem französischen Beispiel gefolgt sei.[433] Das Ergebnis ist demnach sehr stark an den französischen Code civil angelehnt,[434] wobei in diesem Zusammenhang wichtig ist, dass dieser nicht oktroyiert, sondern importiert wurde.[435] Dies wurde jedoch deswegen kritisiert, weil so ein, gerade im Handelsrecht, schon über Jahrhunderte sehr entwickeltes Rechtssystem größtenteils aufgegeben wurde, welches zudem bereits als eine Art „ius commune islamicus" weitgehende Rechtseinheit in den arabischen Staaten erreicht hatte.[436]

Das ZGB ist in einen allgemeinen und zwei besondere Teile unterteilt. Die beiden besonderen Teile bestehen wiederum aus jeweils zwei Büchern, so dass

429 Vgl. Jung, S. 4, Fn.1, mit ähnlichen Überlegungen.
430 Bälz, ZEuP 2000, S. 51 f.; Sfeir, S. 94 f.
431 Bechor, S. 35 f.
432 Dilger, S. 197 ff.; Zweigert/Kötz, § 8 V, S. 109.
433 Sanhuri, Wasit, Bd. 1, S. 34.
434 Sfeir, S. 92.
435 Brown, LSR 29 (1995), S. 103 ff.
436 Zweigert/Kötz, § 8 V, S. 109.

sich das ZGB im Prinzip vergleichbar dem BGB aus insgesamt fünf Büchern zusammensetzt. Im ersten besonderen Teil des ZGB werden persönliche Verpflichtungen und Rechte und im zweiten Sachenrechte behandelt. In Bezug auf das Voranstellen eines allgemeinen Teils ist das ZGB dem BGB sogar ähnlicher als dem Code civil.[437] Im Unterschied zu den beiden europäischen Gesetzbüchern sind jedoch das Familien- und Erbrecht nicht im ZGB geregelt.

Das ägyptische ZGB enthält ebenso wie das deutsche BGB oder der französische Code civil bis zur Umsetzung der EG-Richtlinie im Jahr 1998 keine Vorschriften, welche sich speziell mit der Frage der Haftung des Produktherstellers befassen. Die beiden letztgenannten Gesetzbücher stammen von 1804 bzw. 1896 und demnach aus einer Zeit, in der Produkthaftungsfälle noch nicht Gegenstand wissenschaftlicher Auseinandersetzung waren. Zwar waren 1948, bei Verkündung des ZGB, schon einige der in der Einleitung genannten Produkthaftungsfälle durch europäische Gerichte entschieden, die wissenschaftliche Auseinandersetzung mit dem Thema setzte aber erst in der zweiten Hälfte des 19. Jahrhunderts ein. Daher verwundert es nicht, dass sich potentielle Produkthaftungsregeln auch im ZGB nur im Vertrags- oder Deliktsrecht finden lassen.[438] Es wurde bereits gesagt, dass keine ausdrückliche Rechtsprechung zum hier untersuchten Produkthaftungsrecht auf Grundlage des ZGB ersichtlich ist. Im Folgenden sollen daher die potentiell relevanten Vorschriften untersucht werden und wegen der starken Berücksichtigung des französischen Rechts soll dieses an den einschlägigen Stellen ebenfalls kurz untersucht werden.

I. Das Verhältnis von Vertrags- und Deliktsrecht in Ägypten

Der Entwicklungsschwerpunkt des Produkthaftungsrechtes lag in Frankreich auf dem Vertragsrecht[439] und nicht wie im deutschen oder englischen Recht auf dem Deliktsrecht. Dazu sind in Frankreich zwei richterrechtlich entwickelte Grundsätze von Bedeutung, das Prinzip des *non-cumul* und die *action directe*.[440] Um den Schwerpunkt der folgenden Untersuchung ägyptischen Vertrags- bzw. Deliktsrechts festzulegen, sollen daher zunächst der Inhalt der beiden Rechtsfiguren und deren Anwendbarkeit in Ägypten geklärt werden.

---

437 Sfeir, S. 100.

438 Mahmoud, Compensation, S. 48; Shahida, S. 31.

439 Produkthaftungshandbuch/Weber, 2. Aufl., § 134, Rn. 1; Lem, S. 81; Kellam, S. 189.

440 Vgl. Leonhard, ZvglRWiss 98 (1999), S. 104 ff.; Witz/Wolter, RIW 1998, S. 833 f.

1. Non-cumul

Sowohl das vertragliche Haftungs- als auch das Deliktsrecht sind Beispiele, in denen sich in Ägypten nicht nur der Wortlaut, sondern auch die Auslegung an der französischen Praxis orientiert.[441] Daher stellt sich in Fällen, in denen zwischen Schädiger und Geschädigtem ein Vertrag besteht, die Frage, ob neben dem Vertragsrecht auch das Deliktsrecht als Anspruchsgrundlage dienen kann. Denn die französische Rechtsprechung hat für diese Fälle das Prinzip des *non-cumul* entwickelt, wonach zwischen Vertragsparteien nur vertragliche Anspruchsgrundlagen angewandt werden können, sofern der Schaden auf einem Vertragsbruch beruht.[442] Sämtliche Fragestellungen im Zusammenhang mit dem *non-cumul* Prinzip sind allerdings auch in Frankreich umstritten. Ob die Ansprüche nebeneinander stehen können, wurde allerdings nie wirklich diskutiert, sondern ganz überwiegend ablehnend beantwortet. Diskutiert wurde in Frankreich vor allem die Frage, ob der Anspruchsgläubiger wenigstens ein Wahlrecht (option) zwischen den beiden Grundlagen haben sollte.[443] Der Begriff *non-cumul* ist insofern irreleitend und richtigerweise hätte das Prinzip *non-option* heißen müssen.[444] Seit den 1980er Jahren bestand aber auch darüber Klarheit in der französischen Rechtsprechung und der ganz h.M.[445] Danach kann sich der Geschädigte, sofern er Erwerber des Produktes ist, nur auf die vertraglichen Rechte berufen. Allerdings hat die französische Rechtsprechung bestimmte Ausnahmen vom Prinzip des *non-cumul* zugelassen. So kann das Deliktsrecht bei Vorsatz, bei gleichzeitigem Vorliegen einer Straftat und Verträgen zugunsten Dritter herangezogen werden,[446] was jedoch im Bereich der Produkthaftung wenig relevant ist. Weiterhin ist zu beachten, dass in Frankreich nach o.g. Ausdehnung der vertraglichen Haftung in den 1980er Jahren teilweise durch die Rechtsprechung und insbesondere durch die Literatur seit Beginn der 1990er Jahre begonnen wurde, die deliktische Haftung wieder auszudehnen.[447] Schließlich wird das Prinzip des *non-cumul* ohnehin im Bereich der mittlerweile auch in Frankreich umgesetzten EG-Produkthaftungsrichtlinie 374/1985 vom 25. Juli 1985 durchbrochen. Die Richtlinie wurde in Frankreich anders als in Deutschland nicht als

441 Bälz, ZEuP 2000, S. 61.

442 Tebbens, S. 93, Schley, S. 83 m.w.N. in Fn. 303; Kaschefi, S. 185 ff.

443 Martine, S. 20, 48 ff.; Mazeaud/Chabas, S. 402; Schley, S. 84.

444 Mazeaud/Chabas, S. 402.

445 Cass. civ. 1re v. 11.01.1989, J.C.P. 1989, II, 21326; Martine, S. 57, 199 f.; Mazeaud/Chabas, S. 402 ff.; Viney, conditions, S. 259 ff.; vgl. auch Schley, S. 83 m.w.N. in Fn. 303.

446 Mazeaud/Chabas, S. 917; Schley, S. 85 m.w.N.

447 Schley, S. 85 f.

eigenständiges Gesetz, sondern durch Erweiterung des Code civil um die Artt. 1386-1 bis 1386-18 eingeführt. Zwar wurde die Richtlinie in Frankreich erst mit fast zehnjähriger Verspätung, am 19. Mai 1998, umgesetzt, jedoch dürfte die seit 1985 bestehende Verpflichtung zur Umsetzung gleichzeitig Anschub für die gerade beschriebene Diskussion um die Wiederausweitung der deliktischen Produkthaftung geleistet haben.[448] Die verbleibende praktische Relevanz des Prinzips des *non-cumul* hat daher deutlich abgenommen,[449] wenngleich ebenso wie in Deutschland neben dem Recht der Richtlinie weiterhin bisheriges nationales Recht zur Anwendung kommt.[450] Nunmehr wird in Frankreich hauptsächlich diskutiert, ob der Geschädigte die Wahl zwischen Vertragsrecht und der umgesetzten Produkthaftungsrichtlinie haben soll oder ob Letzterer gänzlich der Vorrang einzuräumen ist.[451] Letztlich bleibt also entweder die Aufgabe oder sogar die Umkehrung des Prinzips des *non-cumul* in Frankreich zu erwarten.

2. Action directe

Neben dem Prinzip des *non-cumul* haben französische Juristen das Prinzip der *action directe* entwickelt.[452] Grundsätzlich akzeptieren auch französische Juristen, dass ein Vertrag nur die Vertragsparteien bindet. Allerdings werden einige Rechte, so wie der Schadensersatz für versteckte Defekte, als so eng mit dem Produkt verwoben angesehen (*théorie de l'accessoire*), dass nur der jeweilige Eigentümer sie beanspruchen können soll.[453] Konzeptionell ist dies also eine an das gewerbsmäßige Inverkehrbringen von fehlerhaften Waren anknüpfende, verschuldensunabhängige Vertragshaftung.[454]

Auch der Begriff der *action directe* ist indes irreführend, da *action* nach heutigem Verständnis impliziert, dass es um eine Klage, also ein prozessrechtliches Institut geht.[455] Tatsächlich handelt es sich aber um einen materiellrechtlichen Durchgriffsanspruch. Die Ursache liegt wohl in der historisch nicht eindeutigen Differenzierung zwischen Klage und Anspruch unter dem Begriff *actio*, richtigerweise müsste man demnach heute von *droit direct* sprechen.[456]

---

448 Vgl. Nordemann-Schiffel, S. 40; Leonhard, ZVglRWiss 98 (1999), S. 101 ff.

449 Tebbens, S. 93; Nordemann-Schiffel, S. 40.

450 Schley, S. 184.

451 Vgl. dazu Viney, J.C.P. 1992, I, 3625, Nr. 16 f.; Nordemann-Schiffel, S. 32 f. m.w.N.

452 Mazeaud/Chabas, S. 917, Le Tourneau, S. 571; Jamin, S. 18 ff.; Leonhard, ZVglRWiss 98 (1999), S. 104 ; Kellam, S. 200.

453 Lem, S. 99 ff. m.w.N.; Kellam, S. 200; Nordemann-Schiffel, S. 35.

454 Schmidt-Salzer, 4.066.

455 Vgl. Cozian, Nr. 22, S. 15; Schley, S. 90.

456 Schley, S. 90 m.w.N.

Im Rahmen von Vertragsketten, also im Anwendungsbereich der *action directe*, ließ die französische Rechtsprechung jedenfalls lange Zeit ein Wahlrecht des Gläubigers zwischen vertraglicher und deliktischer Haftung zu, bevor sie sich im berühmten Lamborghini-Urteil vom 09. Oktober 1979 auch in diesem Bereich für die ausschließliche Anwendbarkeit der vertraglichen Rechte entschied.[457] Damit hat das materiellrechtliche Institut der *action directe* erhebliche prozessuale Auswirkungen.

Inhaltlich entwickelte sich die *action directe* als *action directe en garantie* zunächst nur in Bezug auf Rechts- und dann auf Sachmängelgewährleistung.[458] Erst in den 1980er Jahren ging die französische Rechtsprechung dazu über, die *action directe* auch auf die allgemeine vertragliche Verschuldenshaftung wegen Nicht-Erfüllung (*non-conformité*) zu erweitern.[459] Allerdings führt die „diffuse" Abgrenzung in der französischen Judikatur zwischen dem Recht der Mangelgewährleistung und dem der Nichterfüllung zu erheblicher Rechtsunsicherheit.[460] Zudem ist die *action directe* insofern problematisch, als stets bestimmt werden muss, welcher Vertrag in der Lieferkette für die Anspruchsdurchsetzung maßgeblich ist. Nach der Rechtsprechung ist dies grundsätzlich der Vertrag, an dem der Inanspruchgenommene beteiligt war, da seine Erwartungen zu Recht respektiert werden sollen.[461] Dies führt oftmals zu wenig verbraucherfreundlichen Ergebnissen, da zwischen Hersteller und Lieferanten häufig umfangreiche Haftungsausschlüsse üblich sind und deren Gültigkeit nach der französischen Rechtsprechung auch nicht durch die EG-Verbraucherschutzgesetzgebung verhindert werden soll.[462] Schließlich hat auch dieses Prinzip seit Umsetzung der EG-Richtlinie 85/374 an Bedeutung verloren. Denn nunmehr kann der Gläubiger neben der *action directe* auch auf die umgesetzte Richtlinie und somit auf eine jedenfalls außervertragliche, wenn nicht sogar deliktische Haftung zurückgreifen.[463]

---

457 Cass. civ. 1re v. 09.10.1979, Bull. civ. 1979, I, Nr. 241, S. 192 f.; Lem, S. 99 ff.; dazu ausf. Schley, S. 86 f. und S. 158.

458 Lem, S. 100 f.; Schley, S. 94 ff.

459 Cass. civ. 1re v. 09.03.1983, Bull. civ. 1983, S. 753 ff.; Schley, S. 122 f.

460 Produkthaftungshandbuch/Weber, 2. Aufl., § 134, Rn. 1.

461 Cass. civ. 3ème v. 26.05.1992, J.C.P. 1992, Ed. E, Nr. 964, S. 310; Cass. civ. 3ème v. 30.10.1991, J.C.P. 1992, I, 3570, S. 149 f.; Jamin, S. 337, Nr. 384; Schley, S. 140; Nordemann-Schiffel, S. 37 f. m.w.N.

462 Jamin, S. 265, Nr. 295; Schley, S. 120; vgl. zudem Nordemann-Schiffel, S. 38, m.w.N. in Fn. 101.

463 Die Natur der Richtlinien-Haftung ist in Frankreich insbesondere wegen der Einordnung in das Prinzip des non-cumul umstritten, in Deutschland wird sie selbstverständlich als deliktische Haftung bezeichnet.

3. Anwendbarkeit in Ägypten

Unter Anwendung des *non-cumul*-Prinzips würden sich Produkthaftungsfälle auch in Ägypten entweder nur auf das Vertragsrecht oder nur auf das Deliktsrecht stützen lassen, nicht jedoch kumulativ auf beide Rechte, so wie dies in Deutschland möglich ist. Die entsprechende Rechtslage ist jedoch in Ägypten höchst unklar. Originär ägyptische Lösungen wurden nicht entwickelt und auch in Frankreich gehört die rechtliche „Haftung des Warenherstellers seit langem zu einem der unübersichtlichsten Bereiche des Rechts“ bzw. wird als „Labyrinth, in dem man sich zu verlieren glaubt“, beschrieben.[464]

In Ägypten scheinen sich vor allem *Sanhuri* und *Abd Al-Aziz* intensiver mit der Problematik befasst zu haben, allerdings stellen beide eigentlich nur die französische Rechtslage dar. Beide Autoren, wie auch die Mehrheit der nichtägyptischen Literatur,[465] vertreten dabei die Auffassung, dass deliktische und vertragliche Ansprüche nicht nebeneinander stehen können.[466] *Sanhuri* differenziert dann auch entsprechend der französischen Diskussion zwischen *cumul* und *option* und entscheidet sich dafür, dass dem Gläubiger auch kein Wahlrecht zustehen soll, sondern er bei Vorliegen vertraglicher Beziehungen an die dortigen Rechte gebunden ist.[467] Eine Ausnahme will *Sanhuri* aber in Anlehnung an die französische Rechtsprechung für strafbare Handlungen, Vorsatz oder grobe Fahrlässigkeit gelten lassen.[468] Im Übrigen ist er der Meinung, dass die Schadensersatzverpflichtung durch die Nichterfüllung vertraglicher Pflichten zustande kommt und der Gläubiger daher nur auf Grundlage des Vertrages vorgehen könne.[469] Dieses Argument überzeugt jedoch nicht, denn das Problem des *non-cumul* stellt sich gerade, wenn durch dieselbe Handlung auch eine gesetzliche Pflicht verletzt wurde, welche dann zu einer deliktischen Schadensersatzpflicht führt. *Abd Al-Aziz* ist daher, wie auch die überwiegende Literaturmeinung und die ägyptische Praxis, der Auffassung, dass der Gläubiger zumindest ein Wahlrecht zwischen den Anspruchsgrundlagen haben soll.[470] Insgesamt tun sich die ägyptischen Autoren aber scheinbar schwer, das im deutschen Recht geltende

464 Dazu ausf. Schley, S. 21.
465 So wohl auch Stovall, ALQ 19, S. 278; Fetih S. 111, Fn. 401; Sfeir, S. 111, m.w.N. in Fn. 401.
466 Sanhuri, Wajiz, S. 315 f.; Abd Al-Aziz, S. 1184.
467 Sanhuri, Wajiz, S. 316 ff.
468 Sanhuri, Wajiz, S. 316 ff.
469 Sanhuri, Wajiz, S. 316 ff.
470 KassGZ, Urt. v. 01.01.1948, Mag. Amr 5, Nr. 251, S. 513; Urt. v. 04.03.1948, Mag. Amr 5, Nr. 280, S. 553; Berufungsgericht Alexandria, Urt. v. 05.02.1950, Mag. Mahama 30, Nr. 276, S. 501; Abd Al-Aziz, S. 1185 f.; so wohl auch Attia, ALQ 1 (1985), S. 505; Zimmermann, S. 96; Sfeir, S. 111, m.w.N. in Fn. 401.

Prinzip der Anspruchseinheit bei Mehrheit der Anspruchsgrundlagen nachzuvollziehen.

Auch die französische Diskussion zur *action directe* wurde in Ägypten beachtet.[471] *Sanhuri* betont in diesem Zusammenhang zunächst, dass der Vertrag nach ägyptischem Recht grundsätzlich nur die direkten Vertragsparteien binden soll. Entgegen der französischen Rechtsprechung und der allgemeinen Kodifizierung dieser im libanesischen ZGB, hält *Sanhuri* vertragliche Direktansprüche nur in Ausnahmefällen für zulässig.[472] Insbesondere soll dies der Fall sein, wenn Folgeverträge die Rechte der Vorverträge verkürzen würden. Als abschließende Ausnahmen nennt er Untermiet- und Subunternehmerverträge,[473] unterbevollmächtigte Arbeitnehmer im Allgemeinen[474] und Geschädigte gegenüber Haftpflichtversicherungen.[475] Nach *Hajj* soll auch nach ägyptischem Recht und ohne Unterschied zum französischen Recht ein Direktanspruch gegen den schädigenden Hersteller bestehen.[476] Klarstellende Rechtsprechung hierzu ist nicht ersichtlich. Jedoch wurde im VSG eine Art *action directe* normiert. Die *action directe* kommt damit jedenfalls im Bereich des VSG zur Anwendung, wenngleich die entsprechende Frist zur Geltendmachung äußerst knapp bemessen ist. Diese Frist spricht auch dafür, dass der ägyptische Gesetzgeber zumindest zum Zeitpunkt des Inkrafttretens des VSG davon ausging, dass die *action directe* nicht in Bezug auf die allgemeine vertragliche Haftung nach dem ZGB zur Anwendung kommt, denn ansonsten wäre die Frist weitestgehend wirkungslos.

Die Frage nach der Anwendbarkeit beider Prinzipien in Ägypten lässt sich nicht eindeutig und abschließend beantworten, was zu einer verbleibenden Rechtsunsicherheit führt.[477] Allerdings ist die praktische Auswirkung beider Prinzipien nicht nur wegen der gerade genannten teilweisen Kodifizierung der *action directe*, sondern auch aus zwei weiteren Gründen gering. Zum einen besteht durch das HGB mittlerweile eine hohe Regelungsdichte an spezifischen Produkthaftungsgrundlagen, auf welche unabhängig vom Bestehen eines Vertrages zurückgegriffen werden kann. Zum anderen sind die übrigen Fälle zwar nach dem ZGB zu lösen, allerdings sind hier die Unterschiede auf der Rechts-

---

471 Dazu grundlegend Sanhuri, Wasit, Bd. 2, S. 943 und S. 978 ff.; vgl. auch Hajj, S. 75 f.

472 Sanhuri, Wasit, Bd. 2, S. 979.

473 Sanhuri, Wasit, Bd. 2, S. 980 ff.

474 Sanhuri, Wasit, Bd. 2, S. 983.

475 Sanhuri, Wasit, Bd. 2, S. 985.

476 Hajj, S. 75 f.

477 Dieses Ergebnis deckt sich mit den vom Autor durchgeführten Befragungen ägyptischer Richter und Rechtsanwälte.

folgenseite zwischen vertraglicher und deliktischer Haftung äußert gering.[478] Da sich nach alldem allerdings kein Schwerpunkt der Produkthaftungsentwicklung in Ägypten ausmachen lässt[479] und o.g. Rechtsunsicherheiten verbleiben, sollen im Folgenden sowohl das Vertrags- als auch das Deliktsrecht dargestellt und miteinander verglichen werden.

II. Vertragsrecht

Soweit der Käufer eines Produktes selbst Schaden durch das Produkt erlitten hat, z.B. durch Undichtigkeit einer gekauften Waschmaschine entstandene Wasserschäden an seinen Einrichtungsgegenständen, wird sich die Haftung des Verkäufers zunächst aus dem entsprechenden Vertragsrecht ergeben. Sowohl das Vertrags- als auch das Deliktsrecht finden sich im ersten, besonderen Teil des ZGB. Dessen erstes Buch behandelt das „Schuldrecht im Allgemeinen“ und ist in sechs Kapitel aufgeteilt. Der dort wiederum erste Teil befasst sich mit den „Quellen der Obligationen“. Das Vertragsrecht resultiert zum einen aus diesen Quellen, namentlich aus dem ersten Kapitel „Der Vertrag“. Zum anderen ergibt es sich aus dem zweiten Buch des ersten besonderen Teils des ZGB, welches mit „benannte Verträge“ überschrieben ist und das besondere Vertragsrecht regelt. Wiederum im ersten Teil dieses Buches sind „Verträge welche Eigentum begründen“ geregelt und dessen erstes Kapitel behandelt in den Artt. 418 bis 481 speziell den „Verkauf“.

Wie im französischen Recht[480] müssen also zur Bestimmung der vertraglichen Hersteller- bzw. Verkäuferhaftung das Sachmängelgewährleistungsrecht und die allgemeine vertragliche Verschuldenshaftung untersucht werden.[481] Obwohl sich die Rechtfolgen teilweise unterscheiden, ist eine Abgrenzung der beiden Anspruchsgrundlagen in Bezug auf die Produkthaftung nur schwer möglich. Dies verwundert allerdings wenig, da dies selbst in der französischen „Mutterrechtsordnung“ bis heute nicht gelungen ist.[482]

---

478 Vgl. dazu Stovall, ALQ 19, S. 279 ff., welcher die Rechtsfolgen für beide Rechtsbereiche zusammen darstellt, allerdings dann auf die verbleibenden Unterschiede eingeht.

479 So wohl auch Stovall, ALQ 19, S. 277 und Hajj, S. 69 ff. bzw. 108 ff.; Nadoury, S. 1 ff., sieht den Schwerpunkt wohl eher im Bereich des Vertragsrechts bzw. differenziert gar nicht zwischen Vertrags- und Deliktsrecht; Weidlich, S. 4, deutet eine Schwerpunkt im Bereich des Deliktsrechts an.

480 Vgl. dazu Schley, S. 24 ff.

481 Vgl. Shahida, S. 31 sowie Hajj, S. 72.

482 Schley, S. 24 ff.; Produkthaftungshandbuch/Weber, 2. Aufl., § 134, Rn. 1, bezeichnet die Abgrenzung als „diffus“.

1. Die kaufrechtliche Sachmängelgewährleistung

Innerhalb der kaufvertraglichen Regelungen des ZGB beschäftigen sich die Artt. 427 bis 455 mit den „Verpflichtungen des Verkäufers". In diesem Zusammenhang sind zunächst die Artt. 431 und 432 ZGB interessant, da sie den Sorgfaltsmaßstab des Verkäufers präzisieren. Denn danach ist der Verkäufer verpflichtet, die Sache in dem Zustand zu liefern, in dem sie sich zum Zeitpunkt des Kaufes befand (Art. 431 ZGB), sowie mit dem zu ihrem normalen Gebrauch erforderlichen Zubehör entsprechend der Natur der Sache, den örtlichen Gepflogenheiten und den Absichten der Vertragsparteien (Art. 432 ZGB).

a) Voraussetzungen

Ansprüche auf Schadensersatz wegen eines Produktfehlers könnten sich insbesondere aus Art. 447 ZGB ergeben.[483] Nach dessen Absatz 1 S. 1 ist der „Verkäufer gegenüber dem Käufer haftbar, wenn die Kaufsache zum Zeitpunkt der Übergabe nicht die zugesicherten Eigenschaften besitzt oder der Sache ein Mangel anhaftet, welcher ihren Wert mindert oder sie sich nicht für die im Vertrag vorausgesetzte, die gewöhnliche oder bezweckte Verwendung eignet". Folglich erfordert die vertragliche Mängelhaftung drei Elemente: Das Fehlen einer zugesicherten Eigenschaft oder einen Mangel ('aib; vgl. franz. vice), einen Schaden und einen Ursachenzusammenhang zwischen den beiden.[484] Die nach deutschem Rechts stets ausdrücklich genannte Voraussetzung eines wirksamen Vertrages wird nach ägyptischem Rechtsverständnis als selbstverständlich vorausgesetzt.

Art. 447 ZGB ist demnach die zentrale Mängelgewährleistungsvorschrift des ZGB.[485] Sie soll allerdings nur im Hinblick auf mögliche Produkthaftungsansprüche untersucht werden, so dass das erstgenannte „Fehlen einer zugesicherten Eigenschaft" hier nicht Untersuchungsgegenstand sein soll. Die Formulierung betreffend die Mangelhaftigkeit erinnert stark an Art. 1641 Code civil. Im Gegensatz dazu spricht das ZGB nicht ausdrücklich von „versteckten" Mängeln (vices cachés),[486] scheint jedoch ebenso offensichtliche Mängel von der Haftung auszunehmen.[487] Denn nach Absatz 2 S. 1 der Norm hat „der Verkäufer Defekte, von denen der Käufer zum Zeitpunkt des Vertragsschlusses wusste oder welche er (der Käufer) nach Kontrolle mit der Sorgfalt eines besonnenen Dritten hätte erkennen müssen, nicht zu verantworten". Allerdings gilt diese Regelung nach S. 2 der Norm nicht, „wenn der Verkäufer versichert hat, dass die

483 Vgl. Hajj, S. 69 f.

484 Bernard-Maugiron/Dupret, S. 9.

485 Vgl. Hök, RIW 1986, S. 618.

486 Vgl. Produkthaftungshandbuch/Weber, 2. Aufl., § 134, Rn. 5 ff.

487 So wohl auch Nadoury, S. 7; Shahida, S. 31; Hajj, S. 69.

Sache frei von Mängeln ist oder er versucht hat, einen solchen Mangel zu verdecken".

Ein weiterer Unterschied zum französischen Recht besteht darin, dass Art. 447 Abs. 1 S. 1 ZGB ausdrücklich auf den „Zeitpunkt der Übergabe" der Kaufsache abstellt und damit die entsprechende französische Diskussion[488] über den Zeitpunkt der Mangelhaftigkeit überflüssig macht.

b) Verschulden

Inwieweit neben den drei o.g. Elementen auch ein Verschuldensmoment in Art. 447 ZGB enthalten ist, lässt sich nur mit Blick auf Satz 2 des Absatzes 1 und auf Absatz 2 beantworten. Soweit man für ein Verschulden wie im deutschen Recht hauptsächlich ein Wissenselement voraussetzt, ist dies nach Art. 447 ZGB nicht erforderlich ist. Denn nach Absatz 1 S. 2 „ist der Verkäufer für den Mangel auch verantwortlich, wenn er nicht von dessen Existenz wusste". Damit tritt eine Haftung des Verkäufers zunächst unabhängig von seinem Wissen um den Mangel ein.[489] *Nadoury* scheint dieses trotzdem vorauszusetzen, verweist aber darauf, dass die ägyptische Rechtsprechung der französischen folgend bei gewerblichen Verkäufern ohnehin ein Wissen um den Mangel vermutet.[490] Zudem etabliert Absatz 2 S. 1 der Norm, wonach der Verkäufer Defekte nicht zu verantworten hat, von denen der Käufer zum Zeitpunkt des Vertragsschlusses wusste oder hätte wissen müssen, ein Verschuldenselement, indem er an das Wissen des Käufers anknüpft.[491] Schließlich könnte man aber auch sagen, dass bereits der Mangelbegriff, wie für das französische Recht allgemein angenommen,[492] subjektive Elemente des Verschuldens und objektive der Rechtswidrigkeit beinhaltet.[493]

c) Rügepflicht

Daneben wird in dieser Vorschrift, im Gegensatz zu § 442 Abs. 1 BGB, welcher alleine auf die Kenntnis bei Vertragsschluss abstellt, eine auch noch nach Vertragsschluss bestehende Rügeobliegenheit angedeutet, welche in Art. 449 ZGB präzisiert wird. Nach dessen Absatz 1 hat der „Käufer den Kaufgegenstand nach Erhalt auf seine Beschaffenheit hin zu untersuchen, sobald ihm dies möglich ist, und nur soweit dies gebräuchlich ist. Sofern er einen Mangel entdeckt, hat er den Verkäufer darüber in einer angemessenen Frist zu informieren, tut er dies

---

488 Le Tourneau, S. 563; sowie Schley, S. 33 m.w.N.

489 Davies, Business law, S. 202 f.; Hök, RIW 1986, S. 618; Hajj, S. 71.

490 Nadoury, S. 9 f.

491 Im Ergebnis so wohl auch Ismail, S. 226; Shahida, S. 200; Hajj, S. 73.

492 Rainer, S. 388.

493 So wohl auch Nadoury, S. 8.

nicht, wird angenommen, dass er den Kaufgegenstand akzeptiert." Die Geltendmachung nur binnen einer „angemessenen Frist" erinnert zunächst an die ursprüngliche Fassung des Art. 1648 Code civil. Nach diesem war die Gewährleistung binnen einer kurzen Frist (*bref délai*) durch Klage zu erheben und konnte ansonsten abgewiesen werden. Die Bestimmung der *bref délai* hat in Frankreich für erhebliche Rechtsunsicherheit gesorgt.[494] Im Rahmen der Umsetzung der EU-Verbrauchergüterkaufrichtlinie (1999/44/EG) wurde die Frist in Frankreich allerdings ausdrücklich auf zwei Jahre nach Entdeckung des Mangels festgelegt. In Ägypten verbleibt es jedoch bei der aus Frankreich importierten Unsicherheit.

In Art. 449 Abs. 2 ZGB wird dann bestimmt, dass, sofern „der Mangel nicht durch normale Untersuchung zu entdecken ist, der Käufer den Verkäufer sobald er den Mängel entdeckt, binnen einer angemessenen Frist von dem Mangel zu unterrichten hat." Dies entspricht im Ergebnis der entsprechenden französischen Rechtsprechung[495] und ist im deutschen Recht mit der Regelung des § 377 HGB vergleichbar, welcher allerdings nur für Handelsgeschäfte gilt. Der Fristenbegriff des Art. 449 ZGB ist aber nicht mit dem „unverzüglich" des § 377 HGB gleichzusetzen.

d) Gewährleistungsrechtsfolgen

Die eigentliche Frage, ob sich Produkthaftungsansprüche auch auf Art. 447 Abs. 1 ZGB stützen lassen, lässt sich zunächst nicht aus dem Wortlaut der Norm entnehmen. Denn dort heißt es lediglich, der Verkäufer ist „zur Gewährleistung verpflichtet", ohne dass spezifiziert wird, was dies bedeutet.[496] Allerdings wird am Ende des Satzes der Mangel auf die Minderung des Wertes oder der Nutzbarkeit der Sache bezogen. Der Wortlaut des Art. 447 Abs. 1 ZGB spricht somit nur für das Äquivalenzinteresse und gegen die Ersatzfähigkeit von Schäden außerhalb der Kaufsache selbst.[497]

Allerdings sind die Gewährleistungsrechtsfolgen an anderer Stelle teilweise geregelt.[498] Denn nach Art. 450 ZGB kann der Käufer „Gewährleistung wie in Art. 444 vorgesehen verlangen, wenn er den Verkäufer in einer angemessenen

494 Schley, S. 35; Produkthaftungshandbuch/Weber, 2. Aufl., § 134, Rn. 23; im Schnitt betrug sie 9 Monate: Nordemann-Schiffel, S. 29 f.

495 Cass. com. v. 25.01.1966, Bull. civ. 1966, III, Nr. 51, S. 43 f.; Cass. civ. 3ème v. 02.05.1978, Bull. civ. 1978, III, Nr. 174, S. 137; vgl. auch Produkthaftungshandbuch/Weber, 2. Aufl. § 134, Rn. 7 m.w.N.

496 So wohl auch Nadoury, S. 6.

497 So nach Nadoury, S. 6, wohl auch die h.L.; anders wohl Stovall, ALQ 19, S. 278, welcher die Norm allerdings auch nicht in dieser Differenzierung untersucht.

498 Vgl. Hök, RIW 1986, S. 618; Zimmermann, S. 111.

Frist über den Mangel informiert". Hier wird zunächst nochmals das Erfordernis eines *bref délai* wiederholt. Der in Bezug genommene Art. 444 ZGB regelt die Rechtsfolgen bei Belastung der Kaufsache mit Rechten Dritter oder Dienstbarkeiten. Nach dessen Absatz 1 kann der Käufer in diesen Fällen „von dem Verkäufer die in dem vorstehenden Artikel vorgesehenen Rechte verlangen", wenn der durch die Rechtsverletzung entstandene „Verlust des Käufers so groß ist, dass er den Vertrag nicht geschlossen hätte, wenn er darum gewusst hätte" und er dem Verkäufer „die Kaufsache und den daraus gezogenen Nutzen zurückgibt".

In diesem Absatz ist als Rechtsfolge also Schadensersatz statt der Leistung vergleichbar der Regelung des § 281 BGB geregelt. Nach dem ZGB ist es dafür Bedingung, dass der Verlust des Käufers so groß ist, dass er den Vertrag nicht geschlossen hätte, wenn er darum gewusst hätte. In Art. 444 Abs. 1 ZGB ist weiterhin vorgesehen, dass der Gläubiger das Geleistete zurückgeben muss.

Hinsichtlich der eigentlichen Rechtsfolgen der Artt. 450 und 444 Abs. 1 ZGB kommt es auf Art. 443 ZGB an, auf welchen in Art. 444 Abs. 1 ZGB Bezug genommen wird, indem er auf „die in dem vorstehenden Artikel vorgesehenen Rechte" verweist. Nach Art. 443 ZGB kann der Käufer die in den Nummern 1 bis 5 vorgesehenen Rechtsfolgen geltend machen, wenn die ganze Kaufsache fällig bzw. beanspruchbar ist (astuhaqa).

Nach Nr. 1 kann der Käufer „den Wert der Kaufsache zur Zeit der (Schadens-) Ersatzforderung zuzüglich gesetzlicher Zinsen zu dieser Zeit",

nach Nr. 2 „den Preis, welchen der Käufer an den an der Kaufsache Berechtigten zahlen muss",

nach Nr. 3 „nützliche Aufwendungen, die der Käufer nicht von dem Berechtigten ersetzt verlangen kann, sowie Luxusausgaben, wenn der Verkäufer arglistig gehandelt hat",

nach Nr. 4 „sämtliche Kosten der Gewährleistungsdurchsetzung und des Rechtsstreites, mit Ausnahme der Kosten, die der Käufer durch rechtzeitige Benachrichtigung i.S.d. Art. 440 hätte vermeiden können",

und nach Nr. 5 „grundsätzlich, den Verlust und den entgangenen Gewinn, den der Käufer durch die Rechte anderer hat" geltend machen.

Und schließlich ist vorgesehen, dass „all dieses nicht gilt, wenn der Käufer seinen Anspruch auf Anfechtung oder Aufhebung des Kaufes stützt".

Keine dieser Varianten ist direkt auf die hier untersuchte Ersatzfähigkeit von Schäden an anderen Rechtsgütern als der Kaufsache selbst anwendbar.[499] Offensichtlich hat der ägyptische Gesetzgeber nicht beachtet, dass eine mangelhafte Sache Folgeschäden verursachen kann, und auch in der ägyptischen Rechtswis-

499 Vgl. hierzu auch Hajj, S. 72.

senschaft ist keine Auseinandersetzung mit der Problematik ersichtlich.[500] Vielmehr sind die Vorschriften tatbestandlich auf Rechtsentzug und rechtsfolgenseitig auf den Rücktritt ausgelegt. Art. 450 ZGB will daher betreffend die Gewährleistung für mangelhafte Kaufsachen nur auf die Rechtsfolgen der Artt. 444 und 443 ZGB verweisen und dies auch nur entsprechend.[501] Liest man die Vorschriften also in Zusammenhang mit dem Verweis des Art. 450 ZGB, kann der Käufer nach Art. 444 Abs. 1 i.V.m. Art. 443 Abs. 1 Nr. 5 ZGB entsprechend bei Mangelanzeige binnen angemessener Frist und gegen Rückgabe der Kaufsache den Verlust und den entgangenen Gewinn, den er durch den Mangel hat, ersetzt verlangen.[502]

Art. 444 Abs. 2 ZGB enthält darüber hinaus eine Regelung zum Schadensersatz neben der Leistung. Danach kann der Käufer, wenn er die „Kaufsache behalten will oder der Verlust nicht so groß ist, wie in der vorstehenden Vorschrift beschrieben, nur den Ersatz für den Schaden verlangen, den er durch die Rechtsbelastung erlitten hat“. Diese Regelung ist ebenso wenig direkt anwendbar,[503] in entsprechender Anwendung kann der Käufer aber neben der Leistung nur den Schaden, den er durch den Mangel erlitten hat, ersetzt verlangen.[504] In Bezug auf den Umfang des Schadens ist auf das allgemeine Schadensersatzrecht der Artt. 215 bis 233 ZGB zurückzugreifen.[505]

e) Exkurs: Entwicklungsrisiken

Im französischen Recht sind im Zusammenhang mit der kaufrechtlichen Sachmängelgewährleistung schließlich noch die Entwicklungsrisiken bedeutsam. Denn die Kenntnis des Mangels i.S.d. Art. 1645 Code civil wird nach der französischen Rechtsprechung für gewerbliche Verkäufer (vendeur professionel) und Hersteller (fabricant) unwiderleglich vermutet.[506] Nach französischem Recht konnten sich diese demnach nicht auf den Stand von Wissenschaft und Technik berufen, so dass auch Entwicklungsfehler erfasst waren.[507] Im Bereich der umgesetzten Produkthaftungsrichtlinie hat sich dies allerdings grundlegend geän-

500 Hajj, S. 70 bzw. 72.

501 Hajj, S. 70.

502 Zimmermann, S. 111; Davies, Business law, S. 203 f.

503 Hajj, S. 72.

504 Vgl. Zimmermann, S. 111; Hajj, S. 71 f.

505 Stovall, ALQ 19, S. 279; Zimmermann, S. 91 ff.

506 Cass. civ. 1re v. 24.11.1954, J.C.P. 1955, II, Nr. 8565; Cass. com. v. 12.03.1979, Bull. civ. 1979, IV, Nr. 98, S. 77; Cass. civ. 1re v. 16.04.1996, J.C.P. 1996, IV, Nr. 1389; vgl. auch Produkthaftungshandbuch/Weber, 2. Aufl., § 134, Rn. 11 f. m.w.N.

507 Cass. com. v. 12.03.1979, Bull. civ. 1979, IV, Nr. 98, S. 77; Cass. civ. 1re v. 11.03.1980, Bull. civ. 1980, I, Nr. 84, S. 69 f.; Schley, S. 184.

dert und in diesem Zusammenhang wird in Frankreich zunehmend die Haftung für Entwicklungsfehler abgelehnt.[508]

In Ägypten wird, wie bereits gezeigt, die Kenntnis für versteckte Mängel wohl schon nach dem Gesetz, jedenfalls aber nach der dem französischen Recht folgenden Rechtsprechung vermutet. Dies spricht entsprechend der bisherigen französischen Rechtsprechung für eine Haftung auch für Entwicklungsrisiken. Die Frage lässt sich allerdings nicht eindeutig beantworten, da sie nicht diskutiert und auch nicht in den Spezialgesetzen berücksichtigt wurde.

2. Die allgemeine vertragsrechtliche Nichterfüllung

Neben dem Gewährleistungsrecht können auch nach dem allgemeinen Vertragsrecht Schadensersatzansprüche wegen fehlerhafter Waren entstehen. Denn das ZGB kennt der französischen Rechtstradition folgend einen einheitlichen Tatbestand der „Nichterfüllung" (Artt. 203 ff.).[509] Und dieser Tatbestand umfasst neben der Unmöglichkeit, dem Verzug und der Nebenpflichtverletzung auch die Schlechterfüllung.[510]

Nach französischem Recht werden daher Fabrikations- und Konstruktionsfehler sowohl von der Sachmängelgewährleistung als auch von der allgemeinen Schlechterfüllung erfasst.[511] Für Instruktionsfehler kann sogar nur die allgemeine Schlechterfüllung herangezogen werden.[512] Dabei ist jedoch zu beachten, dass diese nach deutschem Recht üblichen Fehlerkategorien weder in Frankreich[513] noch in Ägypten gebräuchlich sind.

Die allgemeinen Regelungen betreffend die vertraglichen Schuldverhältnisse finden sich in den Artt. 89 bis 161 ZGB. Dort sind zunächst die allgemeinen Bestandteile eines Vertrages (Artt. 89 bis 137 ZGB), der französischen Rechtslehre folgend, mit einer Willensübereinkunft, dem Vertragsgegenstand und dem Grund (causa) benannt.[514] Die weiteren Vorschriften (Artt. 138 bis 161 ZGB) behandeln die Folgen der Nichtigkeit, die Rechtsfolgen von Verträgen und schließlich deren Beendigung.

In Zusammenhang mit der Produkthaftung ist insoweit von Interesse, dass der Verkäufer gem. Art. 133 Abs. 2 ZGB mangels gesonderter Vereinbarung zur Lieferung einer Sache mittlerer Qualität verpflichtet ist. Eine weitere allgemeine

---

508 Vgl. Schley, S. 186 m.w.N.
509 Hajj, S. 72; Zimmermann, S. 90.
510 Zimmermann, S. 90, 96.
511 Vgl. Schley, S. 25.
512 Vgl. Schley, S. 25.
513 Dazu Schley, S. 54.
514 Zimmermann, S. 78; Hök, RIW 1986, S. 617.

Regel, die bei der Auslegung von Produkthaftungsfällen eine Rolle spielen könnte, ist Art. 148 ZGB. Danach müssen Verträge gemäß ihrem Inhalt und in Übereinstimmung mit Treu und Glauben erfüllt werden. Weiterhin verpflichtet der Vertrag die Partei nicht nur zur Einhaltung des ausdrücklich Vereinbarten, sondern auch zu dem, was „das Gesetz, der Brauch und die Billigkeit nach der Art des Geschäfts für notwendig erachten".

a) Voraussetzungen

Im zweiten Teil des ersten Buches werden als „Rechtsfolgen der Obligationen" zunächst die Naturalrestitution (Artt. 203 bis 214 ZGB) und dann die Abwicklung durch Schadensersatz (Artt. 215 bis 233 ZGB) geregelt. Aus Art. 215 ZGB folgt, dass die Naturalrestitution Vorrang hat.[515] Denn danach soll gegen den Schuldner „eine Gerichtsentscheidung ergehen, nach der er Schadensersatz wegen Nichterfüllung zu leisten hat, wenn es ihm unmöglich ist, seine Verpflichtung zur Naturalrestitution zu erfüllen".

Der dort verwandte Begriff für Naturalrestitution (il-iltizām 'ainan) lässt sich wörtlich am bestem mit der „spezifischen Verpflichtung" übersetzen, was wiederum an den im englischen Recht verwandten Begriff *specific performance* i.S.d. Naturalrestitution erinnert. Aus der Systematik und dem weiteren Wortlaut der Norm, namentlich „naffadh il-iltizām 'ainan", was mit „Erfüllen der spezifischen Verpflichtung" zu übersetzen ist, wird allerdings deutlich, dass nicht klar zwischen Naturalrestitution und Nacherfüllung unterschieden wird. Im deutschen Recht erinnert die Vorschrift damit sowohl an § 249 Abs. 1 BGB als auch an § 437 BGB aus denen ebenfalls der Vorrang der Naturalrestitution bzw. der Nacherfüllung abgelesen wird.[516]

b) Fabrikations- und Konstruktionsfehler

In Frankreich wurden im Bereich der Produkthaftung zum einen keine Fehlerkategorien wie im deutschen Recht entwickelt.[517] Zum anderen lassen sich die dennoch entwickelten Fallgruppen nicht eindeutig im Vertrags- oder Deliktsrecht verorten bzw. wurden übergreifend und parallel für beide Rechtsbereiche entwickelt.[518] Dennoch soll hier versucht werden, die Fallgruppen des deutschen Rechts im französischen und im ägyptischen Recht einzuordnen.

Es wurde bereits gezeigt, dass das französische Sachmängelgewährleistungsrecht vom Wortlaut her sehr umfassend ist, so dass es in der Darstellung

515 Vgl. auch KassG, Urt. v. 16.1.2.1948.
516 MüKo/Oetker, § 249, Rn. 320; MüKo/Westermann, § 439, Rn. 1.
517 Vgl. Schley, S. 54 ff.
518 Vgl. Schley, S. 55, 60.

des französischen Produkthaftungsrechts nicht fehlen darf. Das nach deutschem Verständnis eigentliche Produkthaftungsrecht wurde in Frankreich aber im Bereich der allgemeinen vertraglichen Verschuldenshaftung entwickelt.[519] Dabei ist sowohl an die allgemeine *non-conformité* Haftung als auch an die spezielle und gesondert entwickelte *obligation de sécurité* zu denken.

Der erstgenannten Haftung entspricht im ägyptischen Recht die o.g. Haftung nach Artt. 203 ff. ZGB wegen Schlechterfüllung. Im französischen Recht ist die Anspruchsgrundlage nicht eindeutig, wenn überhaupt eine solche zitiert wird, sind es regelmäßig die Artt. 1147 und 1184 Code civil.[520] Das Vorliegen von Konstruktions- bzw. Fabrikationsfehlern wird im französischen Recht überwiegend als Verletzung der Pflicht zur Lieferung einer vertragskonformen Sache (*obligation de délivrer un produit conforme*) bewertet.[521] Nach überwiegender Ansicht und der Rechtsprechung in Frankreich führt die Lieferung einer nicht konformen Sache ihrerseits zu einer *obligation de résultat*.[522] Diese besteht im Gegensatz zur *obligation de moyens* unabhängig von einem Nachweis des Verschuldens (*faute*), da Letzteres schon durch die nicht konforme Lieferung vermutet wird. Somit bleibt dem Anspruchsteller der, gerade im Bereich der Produkthaftung, oft unmögliche Nachweis des Verschuldens erspart und der Hersteller kann sich nur durch den Nachweis einer sog. äußeren Einwirkung (*cause étrangère*) entlasten. Die verbleibenden Nachweise des Vertragsabschlusses, der Schlechterfüllung und des Schadens obliegen nach der h.M. weiterhin dem Gläubiger.[523]

Zu Beginn der 1990er Jahre begann die französische Rechtsprechung allerdings, wohl schon als Vorgriff auf die in Frankreich verspätet umgesetzte EG-Richtlinie 85/374, mit der Ableitung einer *obligation de sécurite* aus den allgemeinen vertraglichen Nebenpflichten i.S.d. Art. 1135 Code civil.[524] Funktionell ist diese, unabhängig von Sachmängelgewährleistung oder Schlechterfüllungsrechtsfolgen bestehende, vertragliche Sicherungspflicht wohl am besten mit der deliktischen Verkehrspflicht des deutschen Rechts zu vergleichen.[525] Auch unter der *obligation de sécurité* wurden von der Rechtsprechung Fabrikations-[526] und

519 Vgl. Schley, S. 54 ff.

520 Schley, S. 55, Fn. 166.

521 Schley, S. 55 f.

522 Cass. civ. 1re v. 11.12.1961, Bull. civ. 1961, I, Nr. 595, S. 474 f.; Cass. civ. 1re v. 21.03.1962, Bull. civ. 1962, I, Nr. 174, S. 154 f.

523 Cass. com. v. 03.12.1980, Bull. civ. 1980, IV, Nr. 409, S. 328; Schley, S. 57, m.w.N. in Fn. 177.

524 Cass. civ. 1re v. 11.06.1991, Bull. civ. 1991, I, Nr. 201, S. 132; Schley, S. 55, 59 f.

525 Ferid/Sonnenberger, Bd. 2, S. 450, 2 O 38; Schley, S. 59.

526 Cass. civ. 1re v. 17.01.1995, Bull. civ. 1995, I, Nr. 43, S. 29 ff.

Konstruktionsfehler[527] erfasst. Durch die Anlehnung an die EG-Richtlinie erklärt sich, dass auch im Rahmen der *obligation de sécurité* kein Verschulden in Bezug auf gewerbliche Hersteller und Verkäufer erforderlich ist.[528] Insbesondere bei gefährlichen Produkten ist es ebenso wie im Rahmen der *non-conformité* Haftung unklar, ob der Anspruchsteller das Vorliegen eines Mangels zu beweisen hat. Die überwiegende Meinung und die Rechtsprechung sind jedoch eindeutig dafür.[529] Ungeklärt war jedoch, ob nach der *obligation de sécurité* nur Schäden außerhalb der defekten Kaufsache oder auch an dieser ersetzt verlangt werden können. Ebenso war ungeklärt, ob die *obligation de sécurité* auch innerhalb der deliktischen Haftung anwendbar sein sollte[530] und wie mit der sehr langen Frist des allgemeinen Vertragsrechts in ihrem Anwendungsbereich umzugehen sein sollte. Sämtliche dieser Fragen haben jedoch spätestens seit Umsetzung der EG-Richtlinie in Frankreich keine eigenständige Bedeutung mehr.

c) Instruktionsfehler

Es wurde bereits gezeigt, dass auch nach deutschem Vertragsrecht bestimmte Aufklärungspflichten bestehen. Die für das Produkthaftungsrecht relevante Frage, ob auch unterlassenes bzw. unzureichendes Aufklären einen eigenständigen Produktfehler i.S.d. Instruktionsfehlers bilden kann, wurde im deutschen Recht jedoch nur auf Grundlage des § 823 Abs. 1 BGB bejaht.

Auch im ägyptischen Recht können die Vertragsparteien gewisse Aufklärungspflichten treffen. Dies trifft insbesondere auf den Verkäufer zu. Da hierzu allerdings keine gesonderte Regelung besteht, ist nicht nur der systematische Standort, sondern auch der genaue Umfang der Pflichten ungeklärt. Im Ergebnis besteht in Ägypten wohl Einigkeit darüber, dass der Verkäufer verpflichtet ist, über ihm bekannte Mängel und sonstige für den Vertragsschluss wesentliche Umstände aufzuklären.[531] Ein Gebrauchtwagenhändler ist in Ägypten also grundsätzlich verpflichtet, über alle ihm bekannten Unfälle eines Gebrauchtwagens aufzuklären. Würde er dasselbe Auto in Deutschland verkaufen, müsste er dagegen nur über „nicht ganz unerhebliche“ Unfälle aufklären. Damit geht das ägyptische Recht im Grundsatz weiter als das deutsche Recht. Teilweise wird sogar die Verletzung der Aufklärungspflicht und nicht die Lieferung einer mangelbehafteten Sache als der eigentliche Haftungsgrund gesehen.[532] Dies scheint

527 Cass. civ. 1re v. 03.03.1998, D. 1998, IR, S. 96.
528 Schley, S. 62.
529 Cass. civ. 1re v. 11.06.1991, Bull. civ. 1991, I, Nr. 201, S. 132; Schley, S. 62 m.w.N.
530 Bejahend: Cass. civ. 1re v. 17.01.1995, Bull. civ. 1995, I, Nr. 43, S. 29 ff.
531 Vgl. Sfeir, S. 119; Nadoury, S. 6.
532 Vgl. Nadoury, S. 3.

allerdings zu weitgehend, da somit im Umkehrschluss möglicherweise nicht für unbekannte Mängel gehaftet würde und zudem der o.g. Wortlaut der Gewährleistungsnorm dem entgegenstünde, nachdem es vor allem auf die Kenntnis des Käufers ankommt. Andere sehen die Aufgabe der Aufklärungspflichten daher im Schutz und der Ermöglichung freier Willensentscheidungen.[533] Danach ist Rechtsfolge einer verletzten Aufklärungspflicht die Anfechtbarkeit der Willenserklärung wegen arglistiger Täuschung oder Irrtums, welche in Artt. 124 und 125 ZGB geregelt ist. Schließlich wird vertreten, dass die Aufklärungspflichten aus dem Deliktsrecht herzuleiten sind.[534]

Auch in Frankreich bestehen ähnlich wie in Ägypten umfassende vertragliche Aufklärungspflichten, welche unter dem Oberbegriff *obligation de renseignement* behandelt werden.[535] Innerhalb dieser Pflichten wurde in Frankreich eine gesonderte Warnpflicht (*obligation de mise en garde*) entwickelt.[536] Unklar ist allerdings, ob sich diese Pflicht aus Art. 1135 Code Civil oder als *accessoire* der Lieferpflicht ergeben soll.[537] Diese Warnpflichten bestehen jedenfalls insbesondere bei neuartigen, gefährlichen oder komplexen Produkten und müssen in einer klaren und für den durchschnittlichen Produktbenutzer verständlichen Weise mitgeteilt werden.[538] Entscheidend ist aber im Unterschied zu den o.g. Pflichten aus *non-conformité* Haftung und *obligation de sécurité*, dass der Gläubiger bei einem Anspruch aus einer *obligation de mise en garde* das Verschulden des Schuldners nachweisen muss.[539] Für die Warnpflichten ist es grundsätzlich unerheblich, ob diese gegenüber privaten oder gewerblichen Käufern bestehen, allerdings werden gegenüber Ersteren besonders hohe Warn- und zugleich niedrige Beweisanforderungen gestellt.[540]

d) Sonstige Pflichten

Im ägyptischen Recht gibt es zudem gesonderte Erhaltungspflichten. Zum einen regelt das ZGB in Art. 206 ZGB ausdrücklich, dass die Verpflichtung zur Eigentumsübertragung auch die Pflicht umfasst, die Sache bis zur Übergabe zu verwahren.[541] Zum anderen bestehen auch außerhalb dieser Regelung Erhaltungs-

---

533 Sanhuri, Wasit, Bd. 1, S. 65 ff.

534 Murqus, S. 460; Nassief, Bd. 7, S. 178, zitiert nach Sfeir, S. 114, Fn. 410; Hajj, S. 76.

535 Schley, S. 68 f.

536 Schley, S. 69.

537 Cass. civ. 1re v. 03.07.1985, J.C.P. 1985, IV, S. 320 für Ersteres; Cass. civ. 1re v. 27.02.1985, Bull. civ. 1985, I, Nr. 82, S. 75 für Letzteres.

538 Schley, S. 70 m.w.N.

539 Cass. civ. 1re v. 23.04.1985, Bull. civ. 1985, I, Nr. 125, S. 115 f.

540 Schley, S. 71.

541 Vgl. auch Zimmermann, S. 87.

pflichten. Allerdings ist sowohl deren Umfang als nach deren Einordnung in das Vertrags- bzw. Deliktsrecht nicht geklärt.[542] Da sämtliche dieser Pflichten nur bis zur Eigentumsübertragung bestehen, spielen sie für Produkthaftungsansprüche keine Rolle und die gerade genannten Fragen können hier offen bleiben.

Relevanter ist in dieser Hinsicht, dass neben den o.g. Pflichten nach französischem Recht auch noch die „sonstige" Pflicht, die Ware ordnungsgemäß zu verpacken, zu lagern und zu transportieren, besteht.[543] Schließlich ist aber zu beachten, dass in Frankreich bis zur Umsetzung der EG-Richtlinie keine Produktbeobachtungs- bzw. Rückrufpflichten bestanden.[544]

e) Zwangsgeld

Eine weitere Besonderheit des ZGB findet sich in dessen Art. 213. Danach steht dem Gläubiger die Möglichkeit zu, seinen Anspruch auf Vertragserfüllung mit einem gerichtlich festgesetzten Zwangsgeld durchzusetzen. Diese Regelung übernimmt die von der französischen Rechtsprechung entwickelte Figur der *astreinte*, welche mittlerweile auch im französischen Recht kodifiziert ist.[545] Im Unterschied zum deutschen Zwangsgeld nach §§ 888 und 890 ZPO kommt das ägyptische Zwangsgeld nicht der Staatskasse, sondern dem Gläubiger zugute. In Bezug auf „durch" fehlerhafte Waren verursachte Schäden ist eine Nacherfüllung allerdings grundsätzlich unmöglich, so dass insoweit stets nur der Schadensersatz wegen Nichterfüllung nach Art. 215 ZGB Anspruchsgrundlage sein kann. Im Übrigen gab es bereits im klassischen islamischen Recht die Rechtsfolge eines Zwangsgelds.[546]

f) Mahnung

Allgemeine Voraussetzung für die Geltendmachung der vertragsrechtlichen Nichterfüllungsrechtsfolgen ist gem. Art. 203 ZGB das Inverzugsetzen bzw. Mahnen. Die Norm verweist ausdrücklich auf die Artt. 219 und 220 ZGB und damit auf das allgemeine Schadensersatzrecht. Dass das Erfordernis einer Mahnung auch für Schadensersatzansprüche gilt, stellt zunächst Art. 218 ZGB klar.[547] Danach besteht vor Mahnung des Schuldners kein Anspruch auf Schadensersatz, es sei denn, es wurde anderes vereinbart. In Art. 220 ZGB werden allerdings bestimmte Tatbestände aufgelistet, bei deren Vorliegen eine Mahnung

---

542 Vgl. Fetih, S. 143 ff.

543 Cass. com. v. 11.05.1981, Bull. civ. 1981, IV, Nr. 220, S. 173 f.

544 Vgl. Schley, S. 55, Fn. 165.

545 Art. 33 Gesetz vom 09.07.1991.

546 Fetih, S. 175 f.

547 Hök, RIW 1986, S. 617.

nicht erforderlich ist. Nach Nr. a ist eine Mahnung insbesondere dann entbehrlich, „wenn die Erfüllung der Verpflichtung unmöglich oder aufgrund eines Verhaltens des Schuldners unwirksam ist“. Und nach Nr. b ist dies weiterhin der Fall, wenn Schadensersatz wegen unerlaubter Handlung verlangt wird. Bei Ansprüchen wegen sog. Mangelfolgeschäden macht eine vorherige Mahnung ebenso wenig Sinn, wie bei unerlaubten Handlungen. Auch wenn die Nr. a in dieser Hinsicht nicht zwischen Mangel- und Mangelfolgeschäden differenziert, wird man durch Auslegung der Norm wohl zu diesem Ergebnis kommen. Denn die Mangelfolgeschäden sind nicht Vertragsgegenstand, so dass deren „Erfüllung“ von vornherein unmöglich i.S.d. Norm ist.

g) Schaden

Voraussetzung für die Haftung ist in jedem Fall ein bereits eingetretener oder zumindest sicher absehbarer Schaden.[548] Ein lediglich möglicher Schadenseintritt ist nicht ausreichend.[549]

h) Zurechenbarkeit

Weiterhin muss der Schaden dem Schuldner auch zurechenbar sein. Dies folgt aus Art. 215 ZGB, welcher bereits im Zusammenhang mit dem Vorrang der Nacherfüllung genannt wurde. Denn neben dieser Reihenfolge führt Art. 215 ZGB auch das Element der Zurechenbarkeit ein. Nach seinem Satz 1 letzter Halbsatz ist der Schuldner weder zur Nacherfüllung noch zum Schadensersatz verpflichtet, „wenn er beweist, dass die Unmöglichkeit der Erfüllung auf äußerer Einwirkung beruht, auf die er keinen Einfluss hatte“. Damit stellt Art. 215 ZGB also klar, dass der Schuldner nur haftet, wenn ihm die Nichterfüllung, also auch die Schlechterfüllung i.S.d. Mangelhaftigkeit, zuzurechnen ist.[550] Zugleich legt die Norm fest, dass die Beweislast für mangelnde Zurechnung beim Schadensersatzschuldner liegt. Für den Begriff der „äußeren Einwirkung“ enthält das ZGB keine allgemeine Definition.[551] Jedoch wird er in Art. 165 ZGB für das Deliktsrecht legal definiert. Danach ist die Haftung ausgeschlossen, „wenn eine Person darlegen kann, dass der Schaden aus einem auswärtigen Ereignis herrührt, mit welchem sie nichts zu tun hat, wie z.B. plötzliche Unfälle, höhere Gewalt, ein Verschulden des Geschädigten oder Drittverschulden“. Erkennbar lehnte sich der Gesetzgeber hier an dem von der französischen Rechtsprechung ausgestalteten Begriff der *cause étrangère* an. Diese Definition wird

548 KassG, Urt. v. 05.03.1955, Nr. 2451/24.
549 KassG, Urt. v. 05.03.1955, Nr. 2451/24.
550 Zimmermann, S. 91.
551 Zimmermann, S. 95; Sfeir, S. 112.

von Rechtsprechung und Lehre auch auf das allgemeine Schuldrecht angewandt.[552] Das ZGB verwendet die Begriffe äußere Einwirkung bzw. Zufall im Übrigen synonym, wie aus Art. 147 Abs. 2 ZGB hervorgeht.

i) Kausalität

Schließlich muss die Nicht- oder Schlechterfüllung kausal für den Schadenseintritt sein.[553] Dieses Kausalitätserfordernis wird in Art. 221 Abs. 1 S. 1 ZGB in gewisser Weise bestätigt. Denn danach sind bei der Wiedergutmachung „der Verlust des Gläubigers und der Gewinn, der ihm entgangen ist, umfasst, sofern diese eine natürliche Folge der Nichterfüllung“ sind. Satz 2 der Norm stellt fest, dass „der Schaden dann natürliche Folge ist, wenn der Gläubiger ihn nicht mit angemessenem Aufwand hätte vermeiden können“, womit ein weiteres Mal das Kriterium der Zurechnung betont wird. Mit dem Begriff „Folge“ aber wird die Wirkung einer Ursache, hier der Nichterfüllung, beschrieben. Da Kausalität die Beziehung zwischen Ursache und Wirkung beschreibt, folgt das Kausalitätserfordernis zumindest indirekt aus Art. 221 Abs. 1 ZGB, wenngleich er es nicht ausdrücklich benennt, wie es im deutschen Recht meist mit dem Ausdruck „durch“ geschieht.

4. Umfang des Schadensersatzes

Die eigentliche Frage, ob sich Produkthaftungsansprüche auch auf das Vertragsrecht stützen lassen, lässt sich also nur im Rahmen der Betrachtung des Schadensumfangs beantworten. Der Umfang des Schadensersatzes richtet sich nach den Artt. 215 bis 233 ZGB. Diese stellen mit dem Titel „Abwicklung im Wege der Wiedergutmachung“ das zweite Kapitel des zweiten Teils des ersten Buches des ZGB dar, welches seinerseits die „Auswirkungen der Obligationen“ regelt. In diesem Zusammenhang ist zu beachten, dass das ZGB wie im deutschen Recht die Partei, welche ihre Verpflichtung verletzt, mit „Schuldner“ (madīn) und die geschädigte Partei als „Gläubiger“ (dā'in) bezeichnet.

Das Grundprinzip des Schadensersatzumfangs findet sich in Art. 221 ZGB. Nach dessen Absatz 1 hat der Richter die Höhe des Schadens zu schätzen, sofern sie nicht im Vertrag oder im Gesetz festgelegt ist. Zum einen ist die Feststellung des Schadens also ausdrücklich Aufgabe des Tatrichters, so dass diesbezüglich keine Überprüfungsbefugnis des Kassationsgerichts besteht.[554] Zum anderen ist in o.g. Norm bereits angedeutet, dass das ZGB es zulässt, die Höhe des Schadensersatzes bereits vor Eintritt des Schadensfalles vertraglich festzulegen. Dies

552 Zimmermann, S. 95; Sfeir, S. 112.
553 Khattab, S. 9; Zimmermann, S. 94.
554 Vgl. Grapentin, S. 206 m.w.N.

wird ausdrücklich in Art. 223 ZGB bestätigt. Danach können „die Vertragsparteien im Voraus die Höhe des Schadensersatzes festlegen, indem sie dies im Vertrag festhalten oder nachträglich vereinbaren, sofern sie dabei die Artt. 215 bis 220 beachten". Bei entsprechender Vereinbarung ist dem Tatrichter grundsätzlich die Befugnis zur Feststellung der Schadenshöhe entzogen. Allerdings kann der Richter gem. Art. 224 Abs. 1 und 2 ZGB auch in diesen Fällen den Schadensersatzanspruch ablehnen bzw. verringern, wenn der Schadensersatzschuldner beweist, dass kein Schaden oder nur ein geringerer, als vereinbart, eingetreten ist. Bei tatsächlich höherem Schaden ist der Gläubiger allerdings gem. Art. 225 ZGB an die vertragliche Vereinbarung gebunden, es sei denn, der Schuldner handelte vorsätzlich oder grob fahrlässig (wörtlich: Betrug oder grober Fehler).

Mangels einer solchen vertraglichen Vereinbarung bemisst sich die Schadenshöhe gem. dem bereits genannten Art. 221 Abs. 1 ZGB nach „dem Verlust des Gläubigers und dem Gewinn der ihm entgangen ist". Damit geht das ägyptische ZGB vom Prinzip der Totalrestitution aus. Allerdings differenziert das ägyptische Recht ebenso wenig wie das französische Recht[555] nach positivem und negativem Interesse. Vielmehr muss der Gläubiger stets so gestellt werden, wie er vor dem schädigenden Ereignis gestanden hätte. Auch in Ägypten ist daher das US-amerikanische Konzept der sog. *punitive damages* nicht anwendbar.[556] Unter *punitive damages* sind in den USA und Kanada Strafschadenersatzansprüche zu verstehen, welche insbesondere im Bereich der Produkthaftpflicht gewährt werden.[557] *Punitive damages* können erheblich über den Ausgleich des tatsächlichen Schadens des Geschädigten hinausgehen und setzen voraus, dass dem schädigenden Verhalten eine besondere Verwerflichkeit zugrunde liegt.[558]

Nach Art. 221 ZGB können im Ergebnis auch Schäden an anderen Sachen als der Kaufsache selbst und reine Vermögensschäden ersetzt verlangt werden.[559] Dies wird dadurch bestätigt, dass es nach ägyptischem Recht nicht erforderlich ist, dass der Schaden an einem bestimmten Rechtsgut eingetreten ist. Vielmehr reicht die Beeinträchtigung eines jeden rechtlich geschützten Interesses aus.[560] Damit folgt das ägyptische Recht dem französischen Recht.[561] Dort

555 Kellam, S. 50.
556 Stovall, ALQ 19, S. 277.
557 Vgl. Zweigert/Kötz, § 42 V, S. 681.
558 Vgl. Zweigert/Kötz, § 42 V, S. 681.
559 Sanhuri, Wasit, Bd. 1, S. 855; Hajj, S. 71.
560 Khattab, S. 10.
561 Sanhuri, Wasit, Bd. 4, S. 710 ff.

sind nach dem Prinzip der *réparation intégrale* alle auf dem Vertragsbruch basierenden Schäden ersatzfähig.[562]

a) Unmittelbarkeit und Vorhersehbarkeit

Allerdings wird der vertragliche Schadensersatz unter zwei anderen Gesichtspunkten eingeschränkt. Zum einen sind Schäden nur dann nach dem Vertragsrecht ersatzfähig, wenn sie unmittelbar sind.[563] Und zum anderen müssen sie bei Vertragsschluss vorhersehbar sein.[564] Auch hier folgt man in Ägypten dem französischen Recht, wo ebenfalls mit beiden Einschränkungen vor unbegrenzten Verlustansprüchen geschützt wird.[565]

Die Einschränkung auf vorhersehbare Schäden gilt allerdings nicht, wenn der Schaden durch Arglist oder grobe Fahrlässigkeit des Schuldners verursacht wurde.[566] Dies wird ausdrücklich in Art. 221 Abs. 2 ZGB angeordnet. Danach ist, „wenn die Verpflichtung aus einem Vertrag herrührt und der Schuldner keinen Betrug oder schwerwiegenden Fehler begangen hat, dieser nur zum Ersatz des zum Zeitpunkt des Vertragsschlusses vorhersehbaren Schadens verpflichtet".[567] Beide Ausnahmen entsprechen der französischen Rechtsprechung, nach welcher die vergleichbare Vorschrift des Art. 1150 Code civil allerdings nicht für Hersteller und gewerbliche Verkäufer gilt.[568] Für beide bleibt damit nur noch der Nachweis der bereits genannten *cause étrangère*, um eine Haftung zu vermeiden. In Ägypten scheint sich die Rechtsprechung dieser Sichtweise angeschlossen zu haben.[569] Maßstab für die Vorhersehbarkeit ist im Übrigen die Sichtweise einer durchschnittlichen Person in einer vergleichbaren Situation.[570] So kann z.B. ein Personenbeförderungsunternehmen ohne gesonderten Hinweis nicht vorhersehen, dass ein Passagier Gegenstände von außerordentlichem Wert in seinem Gepäck transportiert.[571]

In Bezug auf die zweite Einschränkung stellt sich die Frage, wie das Merkmal unmittelbar zu verstehen ist. Die Ersatzfähigkeit von entgangenem Gewinn,

562 Le Tourneau, Nr. 572 ff.; Ferid/Sonnenberger, S. 129, 2 G 620 ff.; Schley, S. 40; Produkthaftungshandbuch/Weber, 2. Aufl., § 134, Rn. 16a.

563 Hajj, S. 174; Sfeir, S. 109.

564 Fetih, S. 108; Khattab, S. 10; Hajj, S. 176.

565 Kellam, S. 51.

566 Fetih, S. 108.

567 Vgl. dazu den ähnlichen Art. 1150 Code civil.

568 Vgl. Schley, S. 41 m.w.N.

569 So Nadoury, S. 9 f., welcher die Vermutung allerdings ohne Nachweise auch auf Hersteller ausweitet.

570 Sanhuri, Wasit, Bd. 1, S. 910.

571 Sanhuri, Wasit, Bd. 1, S. 910.

als einem nach deutschem Recht typischen Beispiel für einen mittelbaren Schaden, ist in dem bereits genannten Art. 221 Abs. 1 ZGB ausdrücklich angeordnet. Die Formulierung des Art. 221 Abs. 1 ZGB, dass der Schaden eine „natürliche Folge" der Schlechterfüllung sein muss, versteht *Sanhuri* als die Normierung der Unmittelbarkeit.[572] Danach enthält die Unmittelbarkeit übrigens auch das Merkmal der Vorhersehbarkeit. Denn jeder Schaden der vorhersehbar sei, sei auch unmittelbar, was allerdings nicht andersherum gelte.[573] Das Merkmal der Unmittelbarkeit wird im Übrigen nicht weiter definiert, sondern mit Beispielen belegt.[574] *Sanhuris* Beispiele lassen darauf schließen, dass ein Schaden mittelbar ist, wenn er auf einem neuen, vom ursprünglichen Fehler verschiedenen, Grund beruht.[575] So soll ein Vermieter bei Vertragsverletzung zwar für mögliche Umzugskosten und eine etwaig unvermeidlich höhere Miete haften, nicht aber für Schäden, die durch Bakterien aus der neuen Wohnung verursacht wurden.[576] Auch die Rechtsprechung bietet in diesem Zusammenhang keine weiterführende Definition an, sondern sagt, dass die Schädigung in direkter Beziehung zur Nichterfüllung stehen müsse.[577]

b) Immaterielle Schäden

Im Gegensatz zum islamischen Recht, sind zudem nicht nur materielle, sondern auch immaterielle Schäden (wörtlich moralische Schäden = darar 'adabin) ersatzfähig.[578] Dies folgt aus Art. 222 Abs. 1 ZGB, wonach der „Schadensersatz auch Ersatz für moralische Schäden umfasst".[579] Allerdings kann dieser Schadensersatzanspruch „nicht auf Dritte übertragen werden, es sei denn, dies ist so vereinbart worden oder der Gläubiger klagt darauf vor Gericht".

Ein immaterieller Schaden ist z.B. bei Ehr- oder Persönlichkeitsrechtsverletzungen, insbesondere aber bei körperlichen oder seelischen Schmerzen gegeben.[580] Für den Fall, dass eine Person durch die Pflichtverletzung zu Tode kommt, sollen gem. Art. 222 Abs. 2 ZGB „außer für Ehepartner und Verwandte bis zum zweiten Grad keine Entschädigungen für die Schmerzen, die als Folge

572 Sanhuri, Wasit, Bd. 1, S. 908 f.

573 Sanhuri, Wasit, Bd. 1, S. 910.

574 Vgl. Grapentin, S. 215.

575 Sanhuri, Wasit, Bd. 1, S. 910; so auch Hajj, S. 174.

576 Sanhuri, Wasit, Bd. 1, S. 910.

577 KassG, Urt. v. 10.03.1980, Nr. 1144/55, zit. nach Grapentin, S. 215, Fn. 668; sowie KassGZ, Urt. v. 08.02.1977, Jg. 28, Nr. 77.

578 Sfeir, S. 105; Hajj, S. 179.

579 Identische Vorschriften finden sich in Art. 223 des syrischen ZGB und Art. 225 des libyschen ZGB.

580 Murqus, S. 138.

des Todes des Verletzten zu erleiden sind, zugesprochen werden". Diese Regelung ist in der Praxis besonders für Schadensersatzansprüche aus unerlaubten Handlungen bedeutsam,[581] kann aber der Systematik nach auch auf vertragliche Ansprüche angewandt werden. Gleichzeitig stellt diese Regelung eine gesetzlich angeordnete Ausnahme zu der bereits besprochenen Einschränkung auf unmittelbare Schäden dar.[582] Im Übrigen entspricht dies auch der französischen Rechtsprechung, welche Angehörigen in „erstaunlichem Umfang eigene Ansprüche" zugesteht[583] und in der zweiten Hälfte des 20. Jahrhunderts weit über das in Ägypten kodifizierte Maß hinausgegangen ist. Der durch Art. 222 Abs. 2 ZGB festgelegte Umfang liegt dementsprechend zwischen der sehr engen Begrenzung der §§ 844 f. BGB und der sehr weiten französischen Rechtsprechung.

c) Zinsen

Zwar werden Zinsen nach islamischem Recht überwiegend als Wucher betrachtet[584] und sind somit im Schadensersatzfalle auch nicht zu zahlen. Allerdings schreibt Art. 226 ZGB in Bezug auf Zinsen ausdrücklich vor, dass „der Schuldner bei verspäteter Leistung einer Geldschuld, die zum Zeitpunkt der Klageerhebung der Höhe nach bekannt ist, verpflichtet ist, dem Gläubiger den durch den Verzug entstandenen Schaden mit der Zahlung von Zinsen i.H.v. 4 % bei zivilrechtlichen und 5 % bei handelsrechtlichen Sachverhalten auszugleichen". Die Zinsverpflichtung beginnt nach der Norm in der Regel mit „dem Tag der Klageerhebung, es sei denn, es ist anderes vertraglich oder nach Handelsbrauch bestimmt". Schließlich können die Parteien auch andere Zinssätze vereinbaren, welche allerdings nach Art. 227 ZGB 7 % nicht übersteigen dürfen. Schließlich verbietet Art. 232 ZGB den Zinseszins. Das Verhältnis dieser Regelungen und auch der entsprechenden Regelung im HGB zum islamischen Recht wird noch gesondert im Rahmen der Untersuchung islamischen Rechts behandelt werden.

5. Mitverschulden

Als allgemeine Mitverschuldensregel sieht Art. 216 ZGB vor, dass „der Richter die Höhe der Entschädigung herabsetzen oder gar keine Entschädigung zusprechen kann, wenn der Gläubiger durch sein Verschulden zur Verursachung oder Erhöhung des Schadens beigetragen hat".

581 Zimmermann, S. 94.
582 Vgl. Zimmermann, S. 103.
583 Vgl. dazu m.w.N. Zweigert/Kötz, § 40 IV, S. 620 ff.
584 Sfeir, S. 109.

6. Haftungsausschluss bzw. -erweiterung

Die Vertragsparteien haben nach dem ZGB relativ große Freiheit, was den Ausschluss bzw. die Erweiterung ihrer allgemeinen Schadensersatzpflichten angeht. In Bezug auf Letzteres kann nach den allgemeinen Regeln, namentlich Art. 217 Abs. 1 ZGB, sogar „vereinbart werden, dass der Schuldner die Folgen eines unvorhergesehenen Unfalls und höherer Gewalt zu tragen hat". Ebenso kann die Haftung weitgehend ausgeschlossen werden. Denn nach Art. 217 Abs. 2 ZGB „kann vereinbart werden, dass der Schuldner von der Haftung für die Nichterfüllung seiner vertraglichen Pflichten befreit ist". Dies gilt allerdings nur, „soweit die Haftung nicht auf Vorsatz oder grober Fahrlässigkeit beruht". Zwar ist die Norm, insoweit es um einen Ausschluss mittels AGB geht, § 309 Nr. 7 b BGB und, soweit es um die Nichtzulässigkeit des Ausschlusses wegen Vorsatzes geht, § 276 Abs. 3 BGB vergleichbar. Jedoch stellt Satz 3 der Norm im Gegensatz zu § 278 S. 2 BGB fest, dass „der Schuldner nicht für Vorsatz und grobe Fahrlässigkeit von Personen haftet, welche er zur Erfüllung seiner Verbindlichkeiten einsetzt".

Die Vertragsparteien eines Kaufvertrages können Art. 453 S. 1 ZGB zufolge „durch gesonderte Vereinbarung die Gewährleistung erweitern, einschränken oder ausschließen". Die Parteien haben demnach, auch was die Reichweite ihrer Gewährleistungsrechte angeht, einen sehr weiten Verhandlungsspielraum.[585] Allerdings ist nach S. 2 der Norm „jede Bedingung, welche die Gewährleistung einschränkt oder ausschließt, nichtig, wenn der Verkäufer beim Verkauf absichtlich den Mangel verschwiegen hat, um zu betrügen", was an § 444 Var.1 BGB erinnert.

Sowohl die allgemeine Vertragshaftung als auch die kaufvertragliche Haftung können demnach grundsätzlich gänzlich ausgeschlossen werden. Ebenso wie unter französischen Juristen herrscht auch unter ägyptischen Rechtsgelehrten Uneinigkeit über die Frage, ob auch der Ausschluss von Körperschäden möglich sein soll.[586] Dies gilt in beiden Rechtsordnungen jedenfalls nicht bei vorsätzlichem Handeln des Verkäufers.[587] In Konsequenz der bereits zur Vorhersehbarkeit von Schäden erwähnten französischen Rechtsprechung hat diese gewerbliche Verkäufer und Hersteller sogar in Bezug auf den Haftungsausschluss mit bösgläubigen Verkäufern gleichgestellt.[588]

---

585 Stovall, ALQ 19, S. 278; vgl. auch Hajj, S. 74.

586 Dagegen Nadoury, S. 14; dafür: Sfeir, S. 109.

587 Nadoury, S. 14.

588 Cass. Civ., Urt. v. 20.06.1949, Bull. civ. 1949, I, Nr. 221, S. 621; ders., I, Urt. v. 17.05.1965, Bull. Civ. 1965, I, Nr. 324, S. 240.

7. Verjährung

Nach dem ZGB unterliegen sowohl schuld- als auch sachenrechtliche Ansprüche der Verjährung. Im Gegensatz zu § 194 BGB unterscheidet das ZGB dabei aber der französischen Rechtslehre folgend zwischen tilgender und erwerbender Verjährung. Die erwerbende Verjährung ist in den Artt. 968 bis 975 ZGB geregelt und betrifft ausschließlich das Sachenrecht. Relevant ist demnach allein die tilgende Verjährung, welche allgemein in den Artt. 374 bis 388 ZGB als eine der Arten des „Verlustes der Obligationen ohne Erfüllung" geregelt ist. Im Unterschied zum französischen Recht sieht das ägyptische Recht allerdings nicht nur einen allgemeinen Verjährungstatbestand,[589] sondern zusätzlich einen gesonderten Gewährleistungsverjährungstatbestand vor.[590]

a) Allgemeine Verjährung

Unter Zugrundelegung des deutschen Rechtsverständnisses von Einwendungen und Einreden wird nach dem ZGB nicht klar, ob die Verjährung rechtsvernichtend oder vergleichbar dem deutschen § 214 BGB rechtshemmend wirkt. Denn nach Art. 386 Abs. 1 ZGB „bewirkt die Verjährung das Erlöschen der Verpflichtung", was zunächst rechtsvernichtend klingt. Allerdings sind sich das BGB und ZGB insofern wieder ähnlich, als die Verjährung gem. Art. 387 Abs. 1 ZGB auch einredeweise geltend gemacht werden muss, d.h. sie wird nicht von Amts wegen berücksichtigt.[591] Damit muss davon ausgegangen werden, dass die Verpflichtung, gegen den Wortlaut des § 386 Abs. 1 ZGB, auch nach der Einrede weiter besteht, jedoch nicht mehr durchsetzbar ist.[592] Im Ergebnis sind sich das deutsche und das ägyptische Recht damit relativ ähnlich. Nur ist das ägyptische Recht nicht entsprechend § 194 Abs. 1 BGB als Anspruchs-, sondern als Klageverjährung ausgestaltet.[593]

Art. 380 ZGB zufolge werden Verjährungsfristen in Tagen berechnet, wobei der erste Tag nicht eingerechnet wird und die Verjährung mit Ablauf des letzten Tages eintritt. Die Fristberechnung erfolgt damit entsprechend den §§ 187 Abs. 1 und 188 Abs. 1 BGB. Im Übrigen sieht das ZGB den Regelungen der §§ 203 ff. BGB vergleichbare Regelungen zur Hemmung und Unterbrechung der Verjährung vor.

589 Vgl. dazu Produkthaftungshandbuch/Weber, 2. Aufl., § 134, Rn. 23.

590 Vgl. allerdings die o.g., mittlerweile in Art. 1648 Code civil festgelegte, zweijährige Geltendmachungsfrist für Gewährleistungsansprüche.

591 Vgl. zu dem ähnlichen Recht der VAE Krüger, VersR 1989, S. 1005.

592 Zimmermann, S. 98.

593 Zimmermann, S. 97; vgl. auch Hajj, S. 228.

Als generelle Frist bestimmt das ZGB in Art. 374, dass „Verpflichtungen, mit Ausnahme der Fälle, welche im Gesetz gesondert geregelt sind, und der folgenden Ausnahmen, mit Ablauf von 15 Jahren verjähren". Die allgemeine Verjährungsfrist ist damit im Vergleich zur dreijährigen Frist des § 195 BGB ausgesprochen lang, insbesondere da sie zunächst ganz allgemein für alle schuldrechtlichen Ansprüche gilt. Allerdings sind im Zusammenhang mit der Produkthaftung zwei von den bereits in Art. 374 ZGB angedeuteten Ausnahmen relevant. Zum einen enthält das Deliktsrecht eine gesonderte Regelung, welche jedoch dort besprochen werden soll. Zum anderen enthält auch das Gewährleistungsrecht eine Ausnahme, welche im Folgenden behandelt werden soll.

b) Gewährleistungsansprüche

Der Anspruch auf Gewährleistung verjährt nach Art. 452 Abs. 1 ZGB „mit Ablauf eines Jahres seit dem Zeitpunkt des Empfangs der Kaufsache, auch wenn der Käufer den Mangel erst danach entdeckt; es sei denn der Verkäufer verpflichtet sich zu einer längeren Gewährleistungsfrist". Auf diese, im Vergleich zum deutschen Recht relativ kurze, Verjährungsfrist darf sich der Verkäufer gem. Abs. 2 der Norm allerdings nicht berufen, „wenn ihm gegenüber nachgewiesen werden kann, dass er den Mangel absichtlich verschwiegen hat, um zu betrügen". Vor 1948 sah das alte ägyptische ZGB sogar eine Verjährungsfrist von lediglich acht Tagen vor,[594] allerdings knüpfte diese an den Zeitpunkt an, in dem der Käufer den Defekt entdeckte. Kombiniert mit der auch damals geltenden Rügepflicht, hielt auch *Sanhuri* diese Frist für unverhältnismäßig kurz.[595] In dem Anknüpfen des neuen ZGB an den Zeitpunkt der Übergabe i.V.m. der Jahresfrist, statt an den Zeitpunkt der Entdeckung, sieht *Bechor* einen grundsätzlichen Paradigmenwechsel und die ersten Verbraucherschutzvorschriften eines arabischen Gesetzes.[596] Nach dem neuen Recht hat der Käufer zwar erstmals eine praxistaugliche Frist zur Anspruchsdurchsetzung, zudem wurde die Position des Verbrauchers als Gegengewicht zur Sicherstellung eines stabilen Wirtschaftsverkehrs bedacht.[597] Allerdings sieht einerseits auch das neue ZGB, wie bereits beschrieben, in den Artt. 447 Abs. 2 und 449 weiterhin eine Rügepflicht vor und andererseits war die alte Verjährungsfrist zwar sehr kurz, aber nicht absolut.[598] Mit dem neuen Gesetz wurden sowohl die Rechte des Käufers als auch

594 Art. 324.
595 Sanhuri, Wasit, Bd. 1, S. 77.
596 Bechor, S. 199.
597 Sanhuri, Wasit, Bd. 4, S. 121 ff.
598 Sanhuri, Wasit, Bd. 4, S. 123.

die des Verkäufers praxistauglicher, ein richtiger Paradigmenwechsel hat damit aber nicht stattgefunden.

III. Deliktsrecht

Auch das Deliktsrecht ist im ersten, besonderen Teil des ZGB geregelt. Es wird in den Artt. 163 bis 178 ZGB als eine der „Quellen der Obligationen" behandelt.

Schon die ägyptischen Gesetzbücher von 1875 bzw. 1883[599] folgten dem französischen Vorbild in Bezug auf das Deliktsrecht. Das Prinzip der auf einem Fehler basierenden Haftung, welches 1804 durch den Code civil eingeführt wurde, gilt ebenfalls heute noch in Ägypten.[600] Dagegen kannten weder die Majalla noch vorheriges ägyptisches Recht oder gar islamisches Recht einen allgemeinen Deliktstatbestand, sondern dehnten speziellere Vorschriften der zivil- oder strafrechtlichen Verantwortung auf andere unerlaubte Handlungen aus.[601]

1. Voraussetzungen

Die Generalklausel des ägyptischen Deliktsrechts findet sich in Art. 163 ZGB. Danach „verpflichtet jeder Fehler (khatā), welcher eine Verletzung eines anderen hervorruft, den Schädiger zum Ersatz". Demnach müssen nach Art. 163 ZGB drei Voraussetzungen zur Begründung eines deliktsrechtlichen Schadensersatzanspruches vorliegen: ein Fehler, ein Schaden und eine kausale Verbindung zwischen beidem.[602] Die tatbestandlichen Voraussetzungen sind damit im Grundsatz die gleichen wie bei der vertraglichen Schadensersatzhaftung. Jedoch beinhaltet der gerade genannte Fehlerbegriff des ägyptischen Deliktsrechts zwei weitere, ungeschriebene Tatbestandsmerkmale, eine Verletzungshandlung und ein Verschulden.[603]

a) Fehler

Im Gegensatz zum französischen Recht wird in der Theorie des ägyptischen Rechts zumindest teilweise, ähnlich wie im deutschen Recht, zwischen einem objektiven und subjektiven Deliktstatbestand unterschieden.[604] Eine klare Abgrenzung zwischen Verletzungshandlung, Fehlerhaftigkeit und Rechtswidrigkeit

599 Art. 212 Code civil mixte; Art. 151 Abs. 1 Code civil indigene.
600 Liebesny, S. 221.
601 Sfeir, S. 104.
602 Stovall, ALQ 19, S. 279.
603 Vgl. Zimmermann, S. 102.
604 Sanhuri, Wasit, Bd. 1, S. 779 f.

wird in der ägyptischen Rechtswissenschaft allerdings nicht vorgenommen,[605] soll hier aber versucht werden.[606]

aa) Verletzungshandlung

Die heutige ägyptische Generalklausel erinnert stark an die des französischen Deliktsrechts, Art. 1382 Code civil. Danach „verpflichtet jede Handlung (fait) eines Menschen, welche bei anderen einen Schaden verursacht, denjenigen, durch dessen Fehler es passiert ist, zum Ersatz". Im Unterschied zum französischen Recht erwähnt das ägyptische Recht nicht ausdrücklich eine Handlung, sondern stellt unmittelbar auf den Fehler ab. Nach ägyptischem Rechtsverständnis wird das Erfordernis einer fehlerhaften Handlung aber als selbstverständlich in den Begriff Fehler (khata') hineingelesen.[607] Eine Verletzungshandlung stellt somit das erste, ungeschriebene Tatbestandsmerkmal dar. Nach *Sanhuri* sollte die Definition dieser Handlung bewusst der Rechtsprechung überlassen werden.[608]

In diesem Zusammenhang ist zunächst festzustellen, dass von der deliktsrechtlichen Verantwortung jedenfalls Handlungen umfasst sind, die als Rechtsmissbrauch angesehen werden.[609] Wann ein Rechtsmissbrauch vorliegt, bestimmt sich nach Art. 5 ZGB. Danach ist „die Ausübung eines Rechts in folgenden Fällen nicht erlaubt: (a) wenn sie nichts anderes beabsichtigt, als einem anderen zu schaden, (b) wenn sie der Befriedigung eines Interesses dienen soll, das im Verhältnis zum Schaden, welcher einem anderen verursacht wird, von so untergeordneter Bedeutung ist, dass sie völlig unangemessen ist, und (c) wenn das Interesse, welches erreicht werden soll, nicht erlaubt ist". Sämtliche dieser Fallgruppen zielen auf eine vorsätzliche Begehungsform ab, welche in Produkthaftungsfällen gerade nicht wahrscheinlich ist. Denn dann müsste der Hersteller schon bei Herstellung eine Schädigung des Produktbenutzers zumindest in Kauf nehmen.

Auf die Frage, wann eine Handlung im Übrigen als fehlerhaft anzusehen ist, lässt sich in den Rechtsprechungssammlungen wohl nur eine ausdrückliche Entscheidung finden. Danach ist die fehlerhafte Handlung als Abweichung von dem üblichen Verhalten definiert.[610] *Sanhuri* sieht eine fehlerhafte Handlung, unter

605 Sfeir, S. 105; Weidlich, S. 72; zu einem ähnlichen Ergebnis für das Deliktsrecht der VAE kommt Krüger, VersR 1999, S. 1001 f.

606 Auch in der französischen Rechtsordnung wird nicht klar zwischen Rechtswidrigkeit und Verschulden unterschieden, Zweigert/Kötz, § 40 IV, S. 623.

607 Sanhuri, Wasit, S. 775 ff.; vgl. auch Grapentin, S. 200 f.

608 Sanhuri, Wasit, Bd. 1, S. 781 f.

609 Zimmermann, S. 105 f.

610 KassG, Urteil v. 28.11.1968, Nr. 483/34, zitiert nach Grapentin, S. 201.

Bezugnahme auf den entsprechenden französischen Streit, bei einem Verstoß gegen die allgemeine Pflicht, sich sorgfältig zu verhalten, gegeben.[611] Hinsichtlich des Sorgfaltsmaßstabs verweist er ausdrücklich auf den *bon père de famille,*[612] somit auf den durchschnittlich verständigen und aufmerksamen Bürger. Zugleich soll aber auch die konkrete Situation berücksichtigt werden, in welcher sich der Handelnde befunden hat.[613] Keine Beachtung finden aber die konkreten körperlichen oder geistigen Fähigkeiten des Handelnden.[614] Eine einheitliche und gefestigte Definition hinsichtlich der Frage, wann eine Handlung fehlerhaft ist, lässt sich nicht finden.[615] Dies gilt erst Recht nicht in Bezug auf das Produkthaftungsrecht, wozu sich keine ausdrückliche Urteilsbegründung finden ließ.[616]

In der französischen Rechtsprechung zum Produkthaftungsrecht wird das Vorliegen einer *faute* bereits durch die Inverkehrgabe einer mangelhaften Ware bejaht.[617] Im Übrigen wurden die *obligation de securité* und die *obligation de mise en garde* zwar im Vertragsrecht entwickelt, da sie in Frankreich aber inzwischen im Wesentlichen ebenso im Bereich des Deliktsrechts angewandt werden, erörtern viele französische Autoren die Themen gemeinsam,[618] so dass hierzu auf die Darstellung im Rahmen des Vertragsrechts verwiesen werden kann. Insbesondere die *obligation de mise en garde* gilt demnach über das Deliktsrecht auch gegenüber unbeteiligten Dritten.[619]

bb) Verschulden

Erforderlich ist in jedem Fall, dass die Handlung schuldhaft begangen wurde. Im Gegensatz zu § 823 Abs. 1 BGB nennt allerdings das ZGB ebenso wenig wie der Code civil ein ausdrückliches Verschuldenserfordernis. Im französischen Recht wurde nach 1804 zunächst nur ein Fehler (faute) vorausgesetzt.[620] Die Problemstellungen der Industriellen Revolution machten es allerdings erforderlich, ein Verschulden, also Vorsatz bzw. Fahrlässigkeit, als ungeschriebenes

611 Sanhuri, Wasit, Bd. 1, S. 777 ff.
612 Sanhuri, Wasit, Bd. 1, S. 781.
613 Sanhuri, Wasit, Bd. 1, S. 779 f.
614 Sanhuri, Wasit, Bd. 1, S. 784.
615 Vgl. Weidlich, S. 72 und Grapentin, S. 202, welche die Kriterien als „abstrakt und inhaltslos“ und „ohne konkrete Anhaltspunkte für die Rechtsanwendung“ bezeichnet.
616 Zu dem gleichen Ergebnis für das Markenrecht in Ägypten kommt Grapetin, S. 205.
617 Cass. civ. 1re v. 18.07.1972, Bull. civ. 1972, I, Nr. 189, S. 164 f.; Schley, S. 142, m.w.N. in Fn. 586.
618 Revel, JurisCl., Fasc. 366-1 und 366-2; Viney, Colloque 1975, Nr. 9 ff., S. 75 ff.; vgl. zudem Lem, S. 105 und Schley, S. 142.
619 Cass. civ. 1re v.11.10.1983; Bull. civ. 1983, I, Nr. 228, S. 204 f.
620 Sfeir, S. 105.

Tatbestandmerkmal anzuwenden.[621] Da die ägyptische Praxis weitestgehend dem französischen Deliktsrecht folgt,[622] wird auch dort das Erfordernis von Vorsatz oder Fahrlässigkeit entsprechend den französischen Kategorien als Delikt bzw. Quasi-Delikt unter dem Fehlerbegriff subsumiert.[623] Die Trennung zwischen Delikt bzw. Quasi-Delikt ist historischen Ursprungs und eigentlich nicht mehr von Bedeutung, da sie in der Rechtsfolge keinen Unterscheid macht.[624]

Das Verschuldenserfordernis wird zudem durch den Umkehrschluss zu Art. 165 ZGB bestätigt. Denn danach ist die Haftung ausdrücklich ausgeschlossen, wenn der Schaden durch das Verschulden des Geschädigten oder eines Dritten verursacht wurde. Das Verschuldenserfordernis wird schließlich auch dadurch bestätigt, dass im Rahmen des ersatzfähigen Schadens nach vorsätzlicher und fahrlässiger Verursachung unterschieden wird, was noch zu zeigen sein wird.

Nach Art. 164 Abs. 1 ZGB ist es weitere, allgemeine Voraussetzung für die Haftung nach dem Deliktsrecht, dass der Schädiger zum Zeitpunkt der unerlaubten Handlung einsichtsfähig war. Damit enthält das ZGB im Gegensatz zum französischen Code civil eine § 827 BGB vergleichbare Regelung. Zudem wird diese Vorschrift als weiteres Argument für das Erfordernis einer subjektiven Vorwerfbarkeit angeführt.[625] Auch juristische Personen können nach Rechtsprechung und Literatur deliktsfähig i.S.d. Art. 164 ZGB sein, nämlich in dem Umfang, in dem ihre Repräsentanten es sind.[626]

Im französischen Recht bleibt es auch im Deliktsrecht bei den Verschuldensvermutungen, wie sie für das Vertragsrecht entwickelt wurden. Soweit also die *obligation de securité* verletzt wurde, wird das Verschulden vermutet.[627]

cc) Zurechenbarkeit

Auch im ägyptischen Deliktsrecht besteht nur dann eine Haftung, wenn der Schaden dem Inanspruchgenommenen zurechenbar ist. Denn nach dem bereits erwähnten Art. 165 ZGB ist die Haftung ausgeschlossen, „wenn eine Person darlegen kann, dass der Schaden aus einem auswärtigen Ereignis herrührt, mit welchem sie nichts zu tun hat, wie z.B. plötzliche Unfälle, höhere Gewalt, ein Verschulden des Geschädigten oder Drittverschulden“. Damit regelt Art. 165 ZGB zunächst die Haftung bei sog. *cause étrangère*, wie sie im franzö-

---

621 Sfeir, S. 105.

622 Bälz, ZEuP 2000; S. 62; Sfeir, S. 105.

623 Sanhuri, Wajiz, S. 331; Zimmermann, S. 101; Sfeir, S. 105; Grapentin, S. 203.

624 Weidlich, S. 73.

625 Murqus, S. 188f.

626 Sanhuri, Wasit, Bd. 1, S 806.

627 Vgl. Schley, S. 142 f.

sischen Recht entwickelt wurde. Umstritten ist, ob die Aufzählung auswärtiger Ereignisse hier abschließend ist. Dagegen sprechen die Literatur[628] und der eindeutige Wortlaut der Norm.[629] Allerdings soll der Katalog nach der Rechtsprechung abschließend sein.[630]

Weiterhin legt die Norm die Beweislast dem Geschädigten auf. Und schließlich stellt Art. 165 ZGB ausdrücklich klar, dass der Haftungsausschluss nicht gilt, sofern es „eine anderweitige Erklärung oder Vereinbarung darüber gibt".

b) Fehlerkategorien

Es wurde bereits gesagt, dass in Frankreich weder Fehlerkategorien wie im deutschen Recht entwickelt wurden noch sich die dennoch entwickelten Fallgruppen eindeutig im Vertrags- oder Deliktsrecht verorten lassen. Daher kann hier auf die obigen Darstellungen zum allgemeinen vertraglichen Schadensersatzrecht des ZGB verwiesen werden.

c) Schaden

Da die gerade getätigten Überlegungen sämtlich unter dem Begriff Fehler behandelt werden, wird das Vorliegen eines Schadens gemeinhin als zweite Voraussetzung des ägyptischen Deliktsrechts angesehen,[631] was auch dem Wortlaut des Art. 163 ZGB entspricht. In diesem Zusammenhang ist zunächst festzustellen, dass die Frage der geschützten Rechtsgüter in der ägyptischen Literatur im Zusammenhang mit dem Schaden behandelt und nicht wie im deutschen Schrifttum gesondert untersucht wird.[632]

aa) Rechtsgutsverletzung

Ebenso wie das französische Recht[633] beschränkt sich das ägyptische Recht nicht auf den Ersatz von Schäden an bestimmten katalogisierten Rechten, vielmehr reicht die Beeinträchtigung eines rechtlich geschützten Interesses aus.[634] Dies ist jedenfalls immer bei einem Verstoß gegen eine gesetzliche Pflicht gegeben.[635] Folgerichtig kennt auch das ägyptische Recht den Begriff des „bloßen Vermögensschadens" nicht, sondern diese sind selbstverständlich ersatzfähig. Im Übri-

628 Sanhuri, Wasit, Bd. 1, S. 876; Murqus, S. 486.
629 Das Voranstellen der Silbe (ka) leitet im Arabischen eine beispielhafte Aufzählung ein.
630 KassGZ, Urteil v. 12.12.1963, Jg. 14, zit. nach Murqus, S. 486.
631 Sfeir, S. 105; Stovall, ALQ 19, S. 279.
632 Vgl. Grapentin, S. 202.
633 Dazu Zweigert/Kötz, § 40 IV, S. 621.
634 Grapentin, S. 202.
635 Sanhuri, Wasit, Bd.1, S. 781.

gen werden als Beispiele eines legitimen Interesses der Unterhaltsanspruch gegen einen Dritten, wenn dieser durch eine unerlaubte Handlung nicht mehr zur Unterhaltszahlung fähig ist, oder das Abwerben von Arbeitern eines konkurrierenden Unternehmens genannt.[636]

bb) Schadenseintritt

Ebenso wie nach dem Vertragsrecht ist auch nach dem Deliktsrecht ein bereits eingetretener oder zumindest sicher absehbarer Schaden Voraussetzung für die Haftung.[637] Ein lediglich möglicher Schadenseintritt ist nicht ausreichend.[638]

d) Kausalität zwischen Fehler und Schaden

Auch bei der deliktischen Haftung ist das dritte Element das Vorliegen von Kausalität zwischen Fehler und Schaden.[639] Die beim Vertragsrecht bereits festgestellte Bestätigung der Kausalität aus Art. 221 Abs. 1 ZGB gilt hier ebenso. Zwar beziehen sich viele der Vorschriften der Artt. 215 ff. ZGB ausdrücklich nur auf den vertraglichen Schadensersatz. Allerdings sind die Artt. 215 ff. ZGB allgemeine „Rechtsfolgen der Obligationen", also auch der deliktsrechtlichen Schuldverhältnisse. Zudem wird die Geltung der Artt. 221 und 222 ZGB für das Deliktsrecht in Art. 170 ZGB sogar ausdrücklich angeordnet.

2. Rechtfertigung

Das ZGB normiert in den Artt. 166 bis 168 einige Notwehrtatbestände als Rechtfertigungsgründe.[640] Da im Rahmen der Produkthaftung jedoch keine Notwehrlage vorstellbar ist, soll es bei dieser kurzen Erwähnung bleiben.

3. Juristische Personen

Nach ägyptischem Recht sind juristische Personen auch für die Handlungen ihrer Repräsentanten verantwortlich. Davon sind auch die Handlungen von Organen und von Angestellten umfasst.[641] Dies gilt schließlich auch für juristische Personen des öffentlichen Rechts, wobei eine gesonderte Staats- bzw. Amtshaftung weder vergleichbar § 839 BGB kodifiziert ist noch sonst entwickelt wur-

636 Sanhuri, Wasit, Bd. 1, S. 831.
637 KassG, Urt. v. 05.03.1955, Nr. 2451/24.
638 KassG, Urt. v. 05.03.1955, Nr. 2451/24.
639 Sanhuri, Bd. 1, S. 872; Sfeir, S. 106; Stovall, ALQ 19, S. 279.
640 Vgl. Weidlich, welche darauf verweist, dass es sich begrifflich nicht exakt um Rechtfertigungsgründe i.S. d. deutschen Rechts handelt.
641 Sanhuri, Wasit, Bd.1, S. 806 ff.

de.[642] Eine gewisse Bestätigung erfährt die Haftung öffentlicher Körperschaften allerdings aus dem Umkehrschluss zu Art. 167 ZGB. Danach haftet ein öffentlich Bediensteter nicht, wenn er in Ausübung einer zwingenden Dienstanweisung handelte und auf die Rechtmäßigkeit der Anweisung vertrauen durfte.

4. Haftung für Handlungen anderer

Im Gegensatz zum islamischen Recht, welchem eine Haftung für Handlungen anderer grundsätzlich unbekannt ist,[643] stellt das ZGB in den Artt. 173 bis 175 bestimmte Voraussetzungen auf, unter denen sich eine solche Haftung ergeben kann. Nach Art. 174 ZGB ist der Geschäftsherr für Handlungen seines Gehilfen verantwortlich, wenn dieser den Schaden bei Ausführung seiner Pflichten verursacht hat. Sofern dem Geschäftsherrn dabei die Möglichkeit zustand, seinen Gehilfen tatsächlich zu beaufsichtigen, ist es gem. Absatz 2 der Norm unerheblich, ob er die Möglichkeit hatte, ihn frei auszuwählen. Allerdings kann sich der Geschäftsherr dadurch entlasten, dass er die Erfüllung seiner Aufsichtspflichten nachweist. Ähnlich wie bei der Haftung nach § 831 BGB könnte sich der Geschäftsherr damit einer Art dezentralisierten Entlastungsbeweises bedienen, so dass den Artt. 173 bis 175 ZGB in Produkthaftungsfällen keine besondere Bedeutung zukommen dürfte. In dennoch auftretenden Haftungsfällen kann der für Handlungen anderer Verantwortliche gem. Art. 175 ZGB bei dem Dritten Regress nehmen.

5. Haftung für Sachen

Die Haftung für Sachen findet sich in Art. 178 ZGB. Danach ist, „wer die Aufsicht über eine Sache, welche besondere Sorgfaltspflichten erfordert, oder eine Maschine ausübt, verantwortlich für den durch sie verursachten Schaden, soweit er nicht darlegen kann, dass der Schaden durch ein Ereignis verursacht wurde, welches außerhalb seiner Kontrolle lag. Dies gilt, soweit dem keine Rechtsvorschrift entgegensteht".

Der letzte Halbsatz des Satz 1 macht zunächst klar, dass es sich um eine Gefährdungshaftung handelt, so dass dem Haftungsgegner nur der o.g. Einwand der höheren Gewalt zusteht.[644] Auch hier lehnt sich das ZGB stark an Art. 1384 Abs. 1 letzter Halbsatz Code civil an.[645] Die von der französischen Rechtsprechung unter dieser Norm entwickelten Prinzipien der *gardien* Haftung

642 Vgl. Grapentin, S. 205 m.w.N.

643 Sfeir, S. 106.

644 Vgl. zum entsprechenden französischen Recht, Produkthaftungshandbuch/Weber, 2. Aufl., § 134, Rn. 39.

645 Sanhuri, Bd. 1, S. 995.

sind ein besonders deutliches Beispiel dafür, wie stark sich auch die ägyptische Rechtsprechung an der französischen orientiert.[646] Denn weder im ägyptischen ZGB noch im französischen Code civil gab es eine spezialgesetzlich geregelte Haftung für Unfälle im Straßenverkehr. Französische Gerichte haben diese daher auf Grundlage des Art. 1384 Abs. 1 Code civil entwickelt. Hier ist allerdings anzumerken, dass es in Frankreich seit 1985 ein StVG mit einer ausdrücklichen Regelung zur Haftung eines Fahrzeughalters gibt.[647] Der ägyptische Kassationshof hat jedenfalls unter fast gleichen Bedingungen, nämlich ohne Spezialgesetz und auf Basis der Halterhaftungs-Generalklausel, eine entsprechende Rechtsprechung entwickelt.[648] Im Übrigen sollen nach Art. 178 ZGB beispielsweise auch der Vermieter bzw. Eigentümer eines Hauses für Schäden durch einen in dem Haus betriebenen Fahrstuhl haften.[649]

Fraglich ist, inwieweit diese Vorschrift auch für Produkthaftungsfälle herangezogen werden kann. Denn Anspruchsgegner ist der Aufsichtspflichtige (vgl. *gardien*) einer Sache. Im Moment des Schadenseintritts ist dies regelmäßig der Eigentümer des fehlerhaften Produktes. Zur Begründung von Produkthaftungsansprüchen müssten zu diesem Zeitpunkt aber auch der Produzent oder Lieferant Aufsichtspflichtige sein.[650] Der französische *Cour de cassation* hat sich in einigen Entscheidungen dafür ausgesprochen, den Hersteller unter Art. 1384 Code civil als *gardien de la structure* für bereits im Produkt angelegte Fehler haften zu lassen. Denn es wird vermutet, er habe eine bessere Kontrolle über diese Fehler und somit auch eine Verantwortung für den Zustand des Produktes.[651] Anwendbar ist die *gardien* Haftung jedoch nur, wenn es sich um Schäden durch besonders komplexe oder gefährliche Waren wie z.B. giftige oder explosive Stoffe handelt. Dies wurde angenommen, wenn eine Getränke- oder Sauerstoffflasche ohne äußeren Anlass zerplatzt bzw. explodiert.[652] Im Gegensatz zum französischen Recht ist die Gefährlichkeit im ägyptischen Recht sogar ausdrücklich benannt, indem die Norm auf die Haftung für Sachen, „welche besondere Sorgfaltspflichten erfordern", beschränkt ist.[653] Für den Ersatz

646 Rainer Bälz, ZEuP 2000, S. 62 f.

647 Rainer, S. 391.

648 KassG, Urteil v. 12.12.1963, zit. nach Bälz, ZEuP 2000, S. 62 f.

649 Abd Al-Aziz, S. 1667.

650 Dafür wohl Nadoury, S. 6.

651 Vgl. Schley, S. 149 ff.

652 Cass. civ. II, Urt. v. 05.06.1971, Bull. civ. II. Nr. 204 (Getränkeflaschen); Cass. civ II, Urt. v. 10.06.1960, D. 1960, S. 609 (Sauerstoffflaschen).

653 Shahida, S. 199 f.

von Schäden durch solche Produkte könnte die Vorschrift demnach auch in Ägypten als Anspruchsgrundlage herangezogen werden.[654]

6. Mehrere Ersatzpflichtige

Nach Art. 169 ZGB sind, „wenn mehrere Verantwortliche den Schaden verursacht haben, diese gesamtschuldnerisch und zu gleichen Teilen zum Schadensersatz verpflichtet, es sei denn, der Richter legt eine Entschädigung nach bestimmten Anteilen fest". Anders als nach § 254 Abs. 1 BGB richtet sich die Schadensersatzpflicht mehrerer Verursacher also nicht von vornherein nach dem Verursachungsbeitrag, sondern sie wird zunächst zu gleichen Teilen vermutet. Allerdings steht dem Richter die Möglichkeit zu, die Ersatzpflicht nach der Verursachung aufzuteilen. Die Rechtsfolgen der gesamtschuldnerischen Haftung finden sich in den Artt. 284 ff. ZGB. Nach Art. 284 ZGB hat die Begleichung des Schadens durch einen der Schuldner grundsätzlich den Untergang der Schadensersatzpflicht aller anderen Gesamtschuldner zur Folge.

7. Der Umfang des Schadensersatzes

Der Umfang des deliktischen Schadensersatzes richtet sich nach Art. 170 ZGB. Dessen Satz 1 sieht vor, dass „der Richter gem. den Artt. 221, 222 ZGB und unter Berücksichtigung der Begleitumstände die Höhe des Schadens bestimmt, welcher dem Geschädigten entstanden ist". Die Norm verweist also auf die zentrale Norm in Bezug auf die Schadensermittlung. Da schon Art. 221 ZGB festlegt, dass die Schadensermittlung durch den Richter vorzunehmen ist, wirkt die Wiederholung in Art. 170 ZGB tautologisch. Die Frage aber, was unter den zu berücksichtigenden „Begleitumständen" zu verstehen ist, ist in der Literatur umstritten. Nach *Sanhuri* soll dabei nur die Schwere des Schadens Beachtung finden.[655] Mehrheitlich wird wohl vertreten, dass auch der Verschuldensgrad ausschlaggebend sei.[656] Letzterem scheint auch die Rechtsprechung zu folgen.[657]

Naturgemäß kann im Bereich des Deliktsrechts nicht die Möglichkeit des Vertragsrechts gelten, den Umfang des Schadensersatzanspruches bereits vor Schadenseintritt festzulegen. Zwar wurde schon festgestellt, dass Art. 221 ZGB diese Möglichkeit andeutet. Allerdings verweist Art. 170 ZGB nicht auf die dafür zentrale Regelung des Art. 223 ZGB. Zudem besteht zwischen den Deliktsparteien regelmäßig gar kein Vertrag.

---

654 Shahida, S. 199 f.; Nadoury, S. 6.

655 Sanhuri, Bd. 1, S. 973.

656 Abd Al-Aziz, S. 1472 ff.; Murqus, S. 259.

657 Vgl. Grapentin, S. 209 m.w.N.

In Bezug auf die Art der Entschädigung legt Art. 171 Abs. 2 S. 1 ZGB fest, dass grundsätzlich Schadensersatz in Geld zu leisten ist. Damit sieht das ZGB für das Deliktsrecht im Gegensatz zum Vertragsrecht vorrangig Geldzahlung und nicht Naturalrestitution vor. Der Richter kann aber nach Satz 2 der Norm auf Anfordern oder bei Vorliegen besonderer Umstände auch Wiederherstellung der Situation vor Schädigung oder Erfüllung bestimmter Pflichten anordnen. Diese Vorschrift ist Ermächtigungsgrundlage für sämtliche Maßnahmen, die nicht als Geldentschädigung erfolgen können.[658] In Produkthaftungsfällen könnte daher darunter durchaus eine Pflicht zum Rückruf fehlerhafter Produkte oder zur Verbesserung von Sicherheitsstandards laufender Produktionen sowie die Beschlagnahme oder Vernichtung fehlerhafter Produkte fallen.[659] In Art. 171 Abs. 1 ZGB ist zudem vorgesehen, dass auch Schadensersatz in Raten oder als regelmäßig wiederkehrende Leistung gezahlt werden kann.

Im Übrigen bleibt es aber wegen des Verweises in Art. 170 ZGB bei der Regelung des Art. 221 ZGB, wonach sowohl der Verlust des Gläubigers als auch der ihm entgangene Gewinn ersatzfähig sind. Genauso wie im Vertragsrecht sind damit zunächst sämtliche Schäden, die dem Geschädigten entstanden sind, ersatzfähig. In Bezug auf die für das Vertragsrecht geltenden Grenzen der Unmittelbarkeit und der Vorhersehbarkeit gelten für das Deliktsrecht jedoch Besonderheiten.

Zunächst sind auch nach dem Deliktsrecht nur unmittelbare Schäden ersatzfähig.[660] Allerdings kommt es nicht darauf an, ob die Schäden vorhersehbar sind.[661] Dies wird durch den bereits zitierten Art. 221 Abs. 2 ZGB bestätigt. Denn danach gilt die Einschränkung der Vorhersehbarkeit nur, „wenn die Verpflichtung aus einem Vertrag herrührt". Ausdrücklich wird in Art. 170 ZGB auf Art. 222 ZGB verwiesen. Damit sind auch nach dem Deliktsrecht immaterielle Schäden ersatzfähig.

Eine weitere Besonderheit des deliktischen Schadensersatzumfanges wird in Art. 170 S. 2 ZGB festgelegt. Danach „kann der Richter, wenn er zur Zeit der Urteilsfindung den endgültigen Schaden noch nicht bestimmen kann, dem Geschädigten das Recht zusprechen, innerhalb einer bestimmten Zeit eine Neubewertung des Schadens zu fordern".

Stovall stellt in Zusammenhang mit Produkthaftungsansprüchen allgemein fest, dass das islamrechtliche Konzept des Blutgeldes (diyya) - das sind Geldzahlungen bei rechtswidrig verursachten Todesfällen - im Gegensatz zum Recht

658 Grapentin, S. 212.

659 Zu vergleichbaren Maßnahmen bei Wettbewerbsverstößen vgl. Weidlich, S. 93.

660 Stovall, ALQ 19, S. 280.

661 Khattab, S. 10.

der VAE[662] und Kuwait, dem ZGB unbekannt ist.[663] Allerdings enthält der gerade genannte Art. 222 Abs. 2 ZGB zum einen zumindest eine zivilrechtliche Regelung für eben diesen Fall, und zum anderen sind die Auswirkungen der Blutgeldgesetzgebung vor allem strafrechtlich bedeutsam.

8. Mitverschulden

Im Deliktsrecht besteht keine das Mitverschulden regelnde Norm. Allerdings kann hier ebenfalls auf Art. 216 ZGB zurückgegriffen werden. Zwar ist die Norm nicht vom Verweis in Art. 170 ZGB erfasst, allerdings gilt sie der Systematik nach für alle Schuldverhältnisse. Zu diesem Ergebnis kommt auch *Sanhuri*, der betont, dass der Gläubiger eines jeden Schadensersatzanspruchs stets zur Schadensminderung verpflichtet ist.[664] Auch nach der Rechtsprechung, welche nicht ausdrücklich benennt, ob sie Art. 217 ZGB direkt oder analog auf das Deliktsrecht anwendet, wird bei Mitverschulden des Geschädigten grundsätzlich die Haftung des Schädigers im Verhältnis zu seinem Verursachungsbeitrag herabgesetzt.[665]

9. Haftungsausschluss

Im Gegensatz zu den sehr weiten Möglichkeiten des Vertragsrechts, kann die deliktische Haftung nicht vertraglich ausgeschlossen werden. Dies ergibt sich aus Art. 217 Abs. 3 ZGB, wonach „jede Vereinbarung, welche die Haftung für unerlaubte Handlungen ausschließt, null und nichtig ist“. Die Regelung entspricht damit der französischen Rechtsprechung[666] und ist strikter als die o.g. allgemeinen Grenzen des BGB.

10. Verjährung

Hinsichtlich der Fristberechnung gilt das bereits zum Vertragsrecht Gesagte. Dort wurde allerdings angedeutet, dass das Deliktsrecht eine Ausnahmeregelung betreffend die Verjährungsfrist enthält. Ansprüche aus Deliktsrecht verjähren nämlich gem. Art. 172 Abs. 1 S. 1 ZGB „drei Jahre ab dem Tag, an dem der Geschädigte von dem Schaden und der dafür verantwortlichen Person Kenntnis erlangt“. Satz 2 der Norm setzt zusätzlich eine absolute Frist, nach der „die Klage in jedem Fall nach 15 Jahren ab dem Tag der unerlaubten Handlung verjährt“. Schließlich bestimmt Abs. 2 für den Fall, dass sich „die Klage auf eine

662 Art. 1, Gesetz 17/1991; zur diyya im Zusammenhang mit dem Deliktsrecht der VAE Krüger, VersR 1989, S. 1002 f.

663 Stovall, ALQ 19, S. 281.

664 Sanhuri, Al-Wasit, Bd. 1, S. 916.

665 KassG, Urt. v. 9.3.1988, Nr. 698/55.

666 Cass. civ. II, Urt. v. 17.02.1955, D. 1956, S. 17; Nordemann-Schiffel, S. 41.

Straftat stützt und diese nach Ablauf der im vorherigen Absatz genannten Fristen noch nicht verjährt ist, dass die Klage auf Schadensersatz nicht vor der Strafklage verjährt".

11. Beweislast

Die Beweislast liegt grundsätzlich für sämtliche Haftungsvoraussetzungen bei dem Geschädigten.[667] Die Kausalität wird jedoch widerleglich vermutet, wenn dem Geschädigten der Beweis des Schadens und der fehlerhaften Handlung gelingt.[668] Für Letzteres reicht im französischen, auf dem Deliktsrecht basierenden, Produkthaftungsrecht der Nachweis des Inverkehrbringens der fehlerhaften Sache.[669]

IV. Zwischenergebnis zum ZGB

Der Käufer eines fehlerhaften Produktes kann durch dieses verursachte Schäden sowohl über das Gewährleistungsrecht als auch über die allgemeine vertragliche Nichterfüllungshaftung ersetzt verlangen. Der geschädigte Käufer kann sich zudem wahlweise auch für einen Schadensersatz aufgrund des Deliktsrechts entscheiden, welches auch die Anspruchsgrundlage für sog. *bystander* wäre. Sowohl das Vertrags- als auch das Deliktsrecht haben konsequenterweise fast die gleichen Voraussetzungen. In beiden Fällen ist ein Mangel bzw. Fehler, ein Schaden und Kausalität zwischen beidem erforderlich. Dieses Ergebnis wird auch durch die Anwendbarkeit des *non cumul* in Ägypten bestätigt. Denn wäre die vertragliche Haftung enger als die deliktische, würde das ägyptische Recht Verbrauchern ohne Vertrag bessere Rechte gewähren als Verbrauchern mit Vertrag. Der vertragsrechtliche Anspruch besteht jedoch nur, wenn der Mangel nicht offensichtlich ist, und kann zudem umfassend ausgeschlossen werden. Beides gilt allerdings nicht, wenn der Verkäufer arglistig handelte. Beide Anspruchsgrundlagen setzen weiterhin ein Verschulden voraus und greifen nicht, wenn höhere Gewalt vorliegt. Ebenso ist die Rechtsfolge nach beiden Anspruchsgrundlagen der Ersatz von materiellen und immateriellen Schäden sowie entgangenem Gewinn. Verbleibender Unterschied ist, dass es nach dem Deliktsrecht nicht auf die Vorhersehbarkeit des Schadens ankommt.

---

667 Sanhuri, Wasit, Bd. 1, S. 855; Hajj, S. 77 f.; Grapentin, S. 216.

668 KassGZ, Urt. v. 28.11.1968, Jg. 19.

669 Nordemann-Schiffel, S. 40.

E. Das Handelsgesetzbuch (Gesetz Nr. 17 / 1999)

Das ägyptische HGB wurde 1999 neu kodifiziert und löste das Vorgängergesetzbuch von 1883 ab. Dieses erste ägyptische HGB war so stark am französischen Code de Commerce angelehnt, dass es manche sogar eine Kopie des französischen Vorbilds nannten.[670] Das neue HGB ist den Handelsgesetzen von Bahrain, Oman und den VAE recht ähnlich,[671] am deutlichsten werden aber die Gemeinsamkeiten mit dem Kuwaitischen HGB[672] von 1980.[673] Zwar wurden oft sowohl der europäische, insbesondere französische, Einfluss auf die ägyptische Gesetzgebung als auch die darauf aufbauende weitere Verbreitung ägyptischen Rechts über den Arabischen Golf hervorgehoben.[674] Allerdings scheint die Ähnlichkeit des ägyptischen HGB mit dem fast 20 Jahre älteren Kuwaitischen Gesetz ein interessantes Beispiel einer Rückbeeinflussung zu sein.[675] Dabei ist jedoch zu beachten, dass das ägyptische HGB bereits in den 1940er Jahren reformiert werden sollte und die o.g. arabischen Handelsgesetze teilweise auf den schon in diesem Zusammenhang erstellten Entwürfen beruhen.[676] Letztlich bleibt es damit bei einem starken ägyptischen Einfluss, auch im Bereich des arabischen Handelsrechts.

Nachdem Sanhuri Ägypten verlassen hatte, hat er eine ganze Reihe von Zivilgesetzbüchern anderer arabischer Staaten, insbesondere am Golf, entscheidend geprägt. Während er sich in seiner ägyptischen Zeit noch sehr an die liberalen und laizistischen europäischen Zivilgesetzbücher anlehnte, besann er sich im Exil und mit zunehmendem Alter verstärkt auf islamische bzw. arabische Wurzeln des Rechts. Die kuwaitischen Gesetze waren somit um einiges islamischer als die ägyptischen Vorbilder. Diese stärkere islamische bzw. arabische Prägung (z.B. das teilweise an beduinische Tradition angelehnte Handelsvertreterrecht) hat nun auch das neue ägyptische HGB übernommen und so einiges an Aufsehen erregt. Insbesondere wurde das Handelsvertreterrecht geändert,[677] es wurden neue Regeln über den Technologie-Transfer eingeführt[678] und einige

670 El-Kalioubi, S. 49

671 Wilson, YIMEL, Bd.6, 1999-2000, S. 88.

672 Gesetz Nr. 68/1980.

673 Krüger, Neues Handelsgesetzbuch in Ägypten, S. 29.

674 Davies, Introduction, S. 26-29; zu den „komplizierten Wanderbewegungen“ arabischer Gesetzgebung im Allgemeinen bereits Börner, S. 30.

675 Wilson, YIMEL Bd. 6, S. 88.

676 Vgl. Grapentin, Technologietransfer nach Ägypten, S. 151; Weidlich, S. 65 m.w.N. in Fn. 303.

677 Vgl. Krüger, Neues Handelsgesetzbuch in Ägypten, S. 30 ff.

678 Vgl. Grapentin, Technologietransfer nach Ägypten, S. 151 ff.

bankenrechtliche Neuerungen und Veränderungen, insbesondere im Scheckrecht, eingeführt,[679] Die im neuen HGB enthaltenen Regeln zur Produkthaftung wurden bisher wenig beleuchtet,[680] Sie finden sich in Art. 67 HGB, welcher mit seinen sechs Absätzen die erste ägyptische Norm ist, welche einen ausdrücklichen Produkthaftungstatbestand beinhaltet,[681] Art. 67 HGB findet sich in den „Allgemeinen Vorschriften" des zweiten Buches, welches mit „Kaufmännischen Verpflichtungen und Verträgen" überschrieben ist.

I. Anwendungsbereich des HGB

Das neue HGB besteht aus 772 Artikeln und regelt grundsätzlich das Handelsrecht, soweit es nicht Gegenstand von speziellerer Gesetzgebung ist. Das HGB gilt nach seinem Art. 1 für alle Kaufleute und für alle handelsrechtlichen Aktivitäten. In Bezug auf die Frage, was kaufmännisch ist, führen die Artt. 4 bis 6 HGB eine große Anzahl von Beispielen auf. Danach sind unter kaufmännischen Aktivitäten auch individuelle gewerbliche Handlungen zu verstehen, auch wenn sie nur einmalig getätigt werden und gleich welchen Status die handelnde Person hat.[682]

Im Zusammenhang mit Produkthaftungsfällen werden meistens ein Kaufmann auf der einen und eine Privatperson auf der anderen Seite zu finden sein. Nach Art. 3 HGB werden dann die Verpflichtungen des Kaufmanns nach dem HGB geregelt, während sich die Verpflichtungen der Privatperson nur aus dem ZGB ergeben; dies gilt sogar, wenn beide Verpflichtungen aus dem gleichen Vertrag entstehen.[683] Wie aber bereits festgestellt wurde, geht es bei der Produkthaftung typischerweise um Fälle, in denen eben keine vertragliche Beziehung zwischen Schädiger und Geschädigtem besteht. Dieses Problem wird von Art. 67 Abs. 1 HGB erkannt und folglich verpflichtet er unabhängig von einem Vertrag zum Schadensersatz gegenüber „jedem, der einen Schaden durch ein fehlerhaftes Produkt erleidet". Somit verbleibt die Frage, wie sich die Haftung nach Art. 67 HGB zu der allgemeinen deliktischen Haftung des Art. 163 ZGB verhält. Der gerade genannte Art. 3 HGB spricht zwar ausdrücklich von „Vertrag", jedoch ist anzunehmen, dass sich aus der Vorschrift auch ein Vorrang des HGB im Bereich des einschlägigen Deliktsrechts ergibt.[684] In Bezug auf den

679 Stovall, ALQ 19, S. 281.

680 Intensiver damit beschäftigt hat sich bisher wohl nur Stovall, ALQ 19, S. 277-285; vgl. aber auch Krüger, Neues Handelsgesetzbuch in Ägypten, S. 33.

681 Stovall, ALQ 19, S. 281; Krüger, Neues Handelsgesetzbuch in Ägypten, S. 33.

682 El-Kalioubi, S. 49.

683 Wilson, YIMEL Bd. 6, S. 89.

684 So auch Weidlich, S. 67.

Haftungsadressaten nach Art. 67 HGB kann hier bereits festgehalten werden, dass er nach Art. 1 HGB nur haftet, wenn er gewerblich handelt.

II. Voraussetzungen der Produkthaftung nach dem HGB

Nach Art. 67 Abs. 1 HGB haftet „der Hersteller oder Lieferant eines Artikels gegenüber jedem, der einen körperlichen oder gegenständlichen Schaden durch ein Produkt erleidet, wenn die geschädigte Person beweist, dass der Schaden durch einen Fehler des Produktes verursacht wurde". Die Norm legt zwar auch den Haftungsgegner fest und hält eine Beweislastregel parat. Zunächst sollen aber nur die von ihr aufgestellten Haftungsvoraussetzungen betrachtet werden. Danach muss ein durch einen Fehler in einem Produkt verursachter kausaler Schaden vorliegen, was an die o.g. Voraussetzungen des § 1 Abs. 1 ProdHaftG erinnert.

1. Produktfehler

In Bezug auf die Produkte wird vereinzelt vertreten, dass nicht nur körperliche Gegenstände, sondern auch Dienstleistungen umfasst sein sollen.[685] Dieser Meinung kann nicht gefolgt werden. Zwar könnte das benutzte Wort „Produkte" (muntaj) eine solche Deutung nach deutschem Verständnis zulassen. Allerdings stammt das Wort von dem arabischen Begriff für „herstellen" bzw. „produzieren" (āntaj), was bereits wenig für die Erfassung von Dienstleistungen spricht. Eindeutig spricht aber der systematische Kontext dagegen, da im ersten Halbsatz des Art. 67 Abs. 1 HGB Hersteller und Lieferanten von „Artikeln" bzw. „Waren" (sil'a) haftbar gemacht werden sollen. Zudem hat der Gesetzgeber im Fall des Verbraucherschutzgesetzes, welches eindeutig Dienstleistungen umfassen soll, dies auch ausdrücklich klargestellt.

Das Vorliegen eines Produktfehlers wird in Art. 67 Abs. 2 HGB aufgegriffen und „insbesondere angenommen, wenn bei der Gestaltung, Herstellung, Zusammensetzung, Bereitstellung zum Verbrauch, Lagerung, Verpackung, Art der Darbietung oder der Gebrauchsanweisung nicht ausreichende Vorkehrungen zur Vermeidung von Schäden oder zur Warnung vor solchen Schäden getroffen wurden". Mit der Formulierung „insbesondere" wird zunächst klargestellt, dass es sich lediglich um einen beispielhaften Katalog handelt. Im Übrigen beinhaltet die Norm mit dem Begriff „Gestaltung" Konstruktionsfehler, mit „Herstellung" Fabrikationsfehler und mit „Gebrauchsanweisung" Instruktionsfehler und somit die drei Fehlerkategorien, wie sie auch im deutschen Produkthaftungsrecht entwickelt wurden.

685 Shahida, S. 67.

Weiterhin umfasst die Norm wie § 3 Abs. 1 ProdHaftG die „Art der Darbietung“. Wobei nicht klar ist, ob auch hier der Zwischenschritt über die durch die Darbietung erweckten Erwartungen gegangen werden soll, oder ob direkte Fehler aus der Darbietung gemeint sind. Letztere wären vergleichbar mit Lager- oder Verpackungsschäden, welche ebenfalls ausdrücklich von Art. 67 Abs. 2 HGB genannt werden. Diese entsprechen der o.g. französischen Rechtsprechung. Im deutschen Recht werden sie nicht gesondert herausgestellt, dürften jedoch regelmäßig von den Fabrikationsfehlern umfasst sein, insbesondere von den zu deren Vermeidung bestehenden Organisationspflichten.[686] Das ausdrückliche Benennen von Lager- oder Verpackungsschäden im ägyptischen HGB spricht zugleich dafür, dass Fehler im Zusammenhang mit der Art der Darbietung, wie nach § 3 Abs. 1 ProdHaftG, durch das Erwecken fehlerhafter Erwartungen entstehen sollen. Weiterhin lässt sich festhalten, dass Produktbeobachtungsfehler von dem Wortlaut des Art. 67 Abs. 2 HGB nicht umfasst sind. Der Wortlaut entspricht insoweit sowohl dem bisherigen französischen Recht als auch der EG-Produkthaftrichtlinie und dem auf ihr basierenden ProdHaftG. Daher ist auch nicht zu erwarten, dass die Rechtsprechung Produktbeobachtungsfehler über den Beispielkatalog des Art. 67 Abs. 2 HGB einbeziehen wird. Schließlich dürfte die Norm durch die Anknüpfung des Fehlerbegriffs an „nicht ausreichende Vorkehrung zur Vermeidung von Schäden“ eine Haftung für sog. Ausreißerschäden ausschließen. Denn dies sind gerade die Fehler, die trotz aller denkbaren Sicherheitsvorkehrungen auftreten.

2. Schaden

In Bezug auf die umfassten Schäden führt Art. 67 Abs. 1 HGB lediglich aus, dass „körperliche und materielle Schäden durch ein Produkt“ zu ersetzen sind. Die Formulierung ist sehr weit gehalten und französischem sowie bisherigem ägyptischen Recht folgend dürften davon auch reine Vermögensschäden und entgangener Gewinn umfasst sein.[687] *Shahida* stellt fest, dass der ägyptische Gesetzgeber nicht klargestellt hat, ob auch reiner Verdienstausfall umfasst sei. Jedoch geht er davon aus, dass dieser entsprechend den allgemeinen Grundsätzen auch im Rahmen des Art. 67 Abs. 1 HGB ersatzfähig sein müsste.[688] Insbesondere wegen der Formulierung „durch“ ein Produkt ist aber fraglich, ob Schäden am Produkt selbst von der Haftung ausgenommen sind. Dies entspricht sowohl dem hier in der Einleitung dargestellten als wohl auch dem ägyptischen Verständ-

686 Vgl. Produkthaftungshandbuch/Westphalen, 2. Aufl., § 63, Rn. 25.

687 Shahida, S. 81.

688 So auch Shahida, S. 81.

nis;[689] klarstellende Rechtsprechung hierzu fehlt allerdings. Im Übrigen kommt aber auch hier die allgemeine Regel ägyptischen Haftungsrechts, wonach nur unmittelbare Schäden ersatzfähig sind,[690] zur Anwendung.[691] Auf die für die Ersatzfähigkeit vertraglicher Schäden erforderliche Vorhersehbarkeit dürfte es allerdings nicht ankommen, da die Haftung nach Art. 67 HGB in jedem Fall außervertraglicher Natur ist.

3. Anspruchsberechtigter

Anspruchsberechtigt ist nach Art. 67 Abs. 1 HGB „jeder", der einen Schaden erleidet. Damit beschränkt der Wortlaut den Anwendungsbereich der Norm nicht auf den persönlichen und familiären Bereich.[692] Grundsätzlich können daher auch juristische Personen des Privatrechts bzw. sonstige wirtschaftliche Vereinigungen Ansprüche nach Art. 67 Abs. 1 haben und dies auch, wenn sie die Produkte für ihren Geschäftsbetrieb erwerben. Bekräftigend dafür könnte man auch die Verortung der Anspruchsgrundlage im HGB anführen, da diese Kodifikation gerade die besonderen Bedürfnisse kaufmännischer Rechtssubjekte im Blick hat. Allerdings werden die Kaufleute in Produkthaftungsfällen typischerweise auf Seiten des Anspruchsgegners zu finden sein. Somit soll Art. 67 HGB wohl eher die besonderen Pflichten, als die Rechte der Kaufleute normieren, wofür auch die systematische Stellung innerhalb der „Kaufmännischen Verpflichtungen und Verträge" spricht. Jedenfalls unterwirft sich die Norm damit nicht den Beschränkungen auf den privaten Gebrauch, wie sie sowohl § 1 Abs. 1 S. 2 ProdHaftG als auch Art. 8 Abs. 1 VSG vorsehen. In dieser Hinsicht ist Art. 67 HGB also vielmehr mit dem allgemeinen deutschen Deliktsrecht vergleichbar. Weiterhin hängt die Haftung nicht von einem Vertrag ab, so dass auch *bystander* Anspruchsberechtigte sein können. Dies entspricht der klassischen Produkthaftung, hat aber in der ägyptischen Literatur besondere Aufmerksamkeit erregt,[693] was sich wohl mit der Orientierung an dem stark durch das Vertragsrecht geprägten französischen Produkthaftungsrecht erklären lässt.

4. Kausalität

Nach Art. 67 Abs. 1 HGB besteht die Haftung nur dann, wenn der Schaden „durch" einen Fehler des Produktes entstanden ist. Damit wird das Kausalitäts-

---

689 So Shahida, S. 82, Nr. 5.

690 Stovall, ALQ 19, S. 280.

691 Shahida, S. 81.

692 Ismail, S. 225; Shahida, S. 66 f.

693 Vgl. Ismail, S. 225; Shahida, S. 67.

erfordernis im Gegensatz zu den Regelungen des ZGB auch ausdrücklich im Wortlaut der Norm festgeschrieben.

III. Gesamtschuldnerische Haftung

In Bezug auf die Haftung mehrerer Haftungsgegner legt Art. 47 Abs. 1 HGB fest, dass Kaufleute grundsätzlich gesamtschuldnerisch haften, solange es nicht ausdrücklich ausgeschlossen ist. Genau solch ein Ausschluss in Bezug auf die Produkthaftung findet sich jedoch in Art. 67 Abs. 4 HGB, wonach der Kläger seinen Anspruch „gegen den Hersteller oder gegen den Lieferanten oder gegen beide zusammen richten kann, ohne dass diese gesamtschuldnerisch haften". Zwar kann der Kläger nach Art. 67 Abs. 4 HGB die Klage ausdrücklich auch gegen Hersteller und Lieferant zusammen richten, da diese aber nicht gesamtschuldnerisch haften, ist eine Teilabweisung der Klage von vornherein unumgänglich. Dieses Ergebnis ist widersprüchlich und äußerst verbraucherunfreundlich, so dass sich die Regelung im Gesetzgebungsverfahren heftiger Kritik ausgesetzt sah, erstaunlicherweise sogar von der ägyptischen Industrie- und Handelskammer.[694] Warum sich der Gesetzgeber letztendlich über diese berechtigte Kritik hinweggesetzt hat, ist nicht nachvollziehbar.

IV. Verjährung

Grundsätzlich verjähren handelsrechtliche Ansprüche nach Art. 68 HGB sieben Jahre, nachdem sie fällig wurden. Für Produkthaftungsansprüche nach Art. 67 HGB ist in dessen Absatz 5 S. 1 jedoch eine Sonderregel vorgesehen. Danach verjährt „das Recht, auf Haftung zu klagen, drei Jahre nach dem Zeitpunkt, in dem der Geschädigte Kenntnis von Schaden und der dafür verantwortlichen Person hat". Damit stellt der ägyptische Gesetzgeber einen rein subjektiven Maßstab, vergleichbar dem deutschen § 12 Abs. 1 ProdHaftG, auf.[695] Zwar hat der deutsche Gesetzgeber mit § 199 Abs. 1 BGB auf einen objektiv-subjektiv gemischten Regelungsinhalt abgestellt, aber auch hiernach dürfte es stets auf die gleiche Verjährung hinauslaufen. Denn das objektive Element - die Entstehung des Anspruchs - hätte nur eigenständige Bedeutung, wenn der Gläubiger den Schaden bereits vor dessen Eintritt erahnen würde; also Kenntnis hätte, bevor der Anspruch entstanden ist. Der entscheidende Unterschied zwischen sowohl Art. 67 Abs. 5 HGB als auch § 12 Abs. 1 ProdHaftG ist jedoch, dass Art. 199 Abs. 1 BGB den Verjährungsbeginn nicht taggenau, sondern erst mit

---

694 Ismail, S. 221.

695 Anders Manshawi, S. 64, welcher wohl für den Verjährungsbeginn auf die Inverkehrgabe des Produktes abstellen will, was jedoch im völligen Gegensatz zum Wortlaut steht.

Ablauf des Jahres der Kenntniserlangung regelt. Im Unterschied zu den beiden gerade genannten deutschen Normen bezieht das ägyptische HGB jedoch nicht das fahrlässige Nichtkennen als subjektiven Verjährungstatbestand mit ein. Wegen dieses dennoch rein subjektiven Grundsatzes ist auch in Ägypten eine absolute Höchstfrist vergleichbar § 199 Abs. 2 BGB erforderlich. Dementsprechend verjährt nach Art. 67 Abs. 5 S. 2 HGB „das Klagerecht in jedem Fall 15 Jahre nach dem Tag der unerlaubten Handlung“. Im deutschen ProdHaftG wird diese Funktion von § 13 wahrgenommen, welcher allerdings rechtstechnisch keine Verjährungsfrist, sondern eine Anspruchsausschlussfrist darstellt.[696] Die ägyptische Höchstfrist liegt hinsichtlich ihrer Länge zwischen den beiden Normen mit ihren 10 (§ 13 Abs. 1 S. 1 ProdHaftG) bzw. 30 Jahren (§ 199 Abs. 2 BGB) und entspricht den Regelungen des Deliktsrechts nach dem ZGB.

V. Haftungsausschluss

Nach Art. 67 Abs. 6 HGB ist „jede Bedingung oder Erklärung, welche den Hersteller oder Lieferanten von der Haftung befreien soll oder die Verjährung begrenzen oder reduzieren soll, nichtig“. Die Vorschrift hat also gleich zwei Funktionen. Einerseits ein absolutes Verbot des Haftungsausschlusses[697] und andererseits die Unveränderbarkeit der Verjährungsfristen. Im Ergebnis kommt die Vorschrift dem § 14 ProdHaftG gleich, denn eine Verjährungsverkürzung wäre nach Letzterem jedenfalls als unzulässige Haftungsbeschränkung zu werten.[698]

VI. Ersatzumfang

Es wurde bereits festgestellt, dass nur direkte Schäden außerhalb des Produktes selbst, insoweit aber in sehr weitem Umfang, erfasst sind.[699] In Bezug auf den Ersatzumfang müssen zudem Zinsen gesondert betrachtet werden. Auch nach dem HGB ergibt sich ein ausdrücklicher Zinsanspruch, welcher im Gegensatz zum islamischen Recht steht. Denn nach Art. 50 Abs. 2 HGB besteht immer, wenn ein Kaufmann handelsbezogene Schulden zu zahlen hat, ein Anspruch auf Zinsen. Nach Absatz 3 der Norm soll sich die Höhe der Zinsen nach den von der Zentralbank veröffentlichten Sätzen richten, soweit nichts anderes vereinbart wurde.[700] Es ist davon auszugehen, dass auch berechtigte Schadensersatzansprüche nach Art. 67 HGB als Schulden i.S.d. Art. 50 Abs. 2 HGB bewertet werden

696 Produkthaftungshandbuch/Westphalen, § 53, Rn. 15 m.w.N.
697 Ismail, S. 225.
698 Produkthaftungshandbuch/Westphalen, § 54, Rn. 4.
699 Shahida, S. 81 f.
700 Diese werden unter www.cbe.org.eg veröffentlicht.

müssen. Dafür spricht ebenfalls die o.g. Stellung des Art. 67 HGB innerhalb der „Kaufmännischen Verpflichtungen und Verträge".

VII. Haftungsadressaten

Die Frage nach dem Haftungsgegner beantwortet Art. 67 Abs. 1 HGB zunächst mit „dem Hersteller oder dem Lieferanten eines Artikels".

1. Hersteller

In Bezug auf Ersteren stellt Absatz 3 a) S. 1 dann fest, dass mit Hersteller nur „der Produzent eines Artikels gemeint ist, welcher es in der finalen im Handel angebotenen Form hergestellt hat, unabhängig davon, ob alle Teile darin von ihm oder anderen hergestellt wurden". Aus der Formulierung „im Handel angeboten" lässt sich entnehmen, dass nur gewerbliche Hersteller haftbar sein sollen, was auch der bereits genannten systematischen Stellung der Norm im HGB entspricht.

2. Zulieferer

Satz 2 der Norm betont noch einmal, „dass Zulieferer des Herstellers nicht umfasst sind". In der Haftungsausnahme von Zulieferern liegt ein erster Unterschied zum Haftungsadressaten nach deutschem Recht. Auch dieses Ergebnis wurde teilweise als ungerecht kritisiert.[701] Denn zum einen ist so nicht sicher gestellt, dass in jedem Fall auch der tatsächliche Fehlerverursacher haftet, und zum anderen wird dem Kläger so ein weiterer Haftungsgegner entzogen.[702] Dieser weitere Gegensatz zu den deutschen und europäischen Regelungen, welche zwar auch die vermutete Hauptverantwortung beim inverkehrgebenden Hersteller sehen, den Zulieferer aber daneben haftbar machen, ist ebenfalls nicht nach vollziehbar und inkonsequent. Wenn der Gesetzgeber schon den Hersteller haftbar machen will, sprechen sowohl Gründe des Verbraucherschutzes als auch des gerechten wirtschaftlichen Haftungsausgleichs dafür, daneben auch den Zulieferer haftbar zu machen.

3. Lieferanten

Was unter dem Begriff „Lieferant" zu verstehen ist, wird in Absatz 3 b) präzisiert. Danach ist Lieferant der „Importeur eines Artikels zu Handelszwecken und der Großhändler, welcher seine Verteilung in die örtlichen Märkte durch Einzel-

701 Ismail, S. 220.
702 Ismail, S. 220.

händler vornimmt; dies gilt ebenso, wenn der Großhändler selbst auch Einzelhandel betreibt". In Bezug auf den Einzelhändler führt S. 2 der Norm aus, dass dieser „umfasst ist, wenn er wusste oder hätte wissen müssen, dass der Artikel zur Zeit des Verkaufes einen Fehler hatte". Schließlich wird in S. 3 „ein ordentlicher Kaufmann beim Verkauf eines Artikels der gleichen Art und unter den gleichen Umständen als Maßstab für die Bestimmung des Wissens" festgelegt.

Mit der Erwähnung von Handelszwecken im Zusammenhang mit den Importeuren wird nochmals deutlich, dass nur gewerbliche Hersteller und Lieferanten haften, für die im weiteren genannten Händlerarten ergibt sich dies schon begrifflich. Im Übrigen muss aber deutlich zwischen Importeuren und Großhändlern einerseits und Einzelhändlern andererseits differenziert werden.

a) Importeure und Großhändler

Grundsätzlich haften sowohl Hersteller als auch Importeure und Großhändler unabhängig vom Verschulden, so dass die ägyptische Literatur insoweit von einer Gefährdungshaftung spricht.[703] Allerdings ist weiterhin der Nachweis eines Produktfehlers Voraussetzung, weshalb es sich nach der in der Einleitung genannten Definition eher um eine verschuldensunabhängige, nicht aber um eine Gefährdungshaftung handelt.

Was den Händlerbegriff angeht, stellt sich darüber hinaus die Frage, ob auch Zwischenhändler vom Wortlaut des Gesetzes umfasst sind. *Ismaiil* meint, diese seien nicht erfasst, was er zugleich stark kritisiert.[704] Hintergrund ist, dass das Gesetz einerseits von Großhändlern (tājir al-jumla), welche die Produktverteilung in die örtlichen Märkte durch Einzelhändler (tājir at-tajzi'a) vornehmen, und andererseits von Importeuren spricht. Demnach könnten Händler, welche zwischen Importeur und in den Einzelhandel verteilenden Großhändlern operieren, nicht vom Wortlaut umfasst sein. Anders wäre es, wenn das Gesetz nicht den Zusatz der „Verteilung durch Einzelhändler" erwähnen würde, da dann Zwischenhändler auch unter den Begriff Großhändler fallen würden. Allerdings scheint dieser Zusatz vor allem in Bezug auf die folgende Abgrenzung zum Einzelhändler gewählt worden zu sein. Zudem ist kein Argument ersichtlich, warum Importeure und Großhändler, nicht aber Zwischenhändler erfasst sein sollten. Die Kritik wäre demnach zwar nachvollziehbar, es ist aber davon auszugehen, dass der Wortlaut sämtliche Lieferanten in der Lieferkette umfassen soll,[705] aber etwas zweideutig gefasst ist.

703 Ismail, S. 219, 221 f.; Shahida, S. 199.

704 Ismail, S. 222.

705 So auch Shahida, S. 56.

b) Einzelhändler

Der Einzelhändler haftet nur, „wenn er wusste oder hätte wissen müssen, dass der Artikel zur Zeit des Verkaufes einen Fehler hatte“. Insoweit ist also ein Verschulden Haftungsvoraussetzung. Der Ansatz ist hier zwar ein rein subjektiver, im Ergebnis liegen aber die gleichen Voraussetzungen wie nach § 823 Abs. 1 BGB vor, nach welchem ein Händler nur haftet, wenn ihm der Fehler erkennbar war oder ihn eine gesonderte Überprüfungspflicht traf. Letzteres sind zwar eher objektive Kriterien, insgesamt bleibt es aber bei einem Verschuldenserfordernis. Zudem wählt auch das HGB einen objektiven Sorgfaltsmaßstab, indem es in S. 3 „einen ordentlichen Kaufmann beim Verkauf eines Artikels der gleichen Art und unter den gleichen Umständen als Maßstab für die Bestimmung des Wissens“ festgelegt.

Ismail kritisiert in diesem Zusammenhang, dass die o.g. Haftungsprivilegierung nur für Einzelhändler und nicht für sämtliche Händler in der Lieferkette gilt.[706] Als Argument für das Verschuldenserfordernis innerhalb der gesamten Lieferkette führt er die Formulierung des Art. 67 Abs. 5 S. 2 HGB an. Danach verjährt das Klagerecht 15 Jahre nach dem Tag der „unerlaubten Handlung“. Diese Formulierung deute wegen des Gleichlautes mit dem Deliktsrecht des ZGB auf eine schuldhaft begangene Handlung hin.[707]

Dies ist allerdings nicht nachvollziehbar, da der Gesetzgeber in den anderen Absätzen des Art. 67 HGB ein Verschulden ausdrücklich nur in Bezug auf den Endverkäufer fordert. *Ismails* Hauptkritikpunkt ist ohnehin, dass die Importeure und Großhändler unter Umständen für Fehler haften, von denen sie noch nicht einmal Kenntnis haben bzw. hätten haben können. In dem daraus folgenden Gegensatz zur strafrechtlichen Haftung sieht er sogar einen Verfassungsverstoß.[708] Eine Überprüfung der Vereinbarkeit der Gefährdungshaftung mit der ägyptischen Verfassung soll hier nicht erfolgen. Denn ganz allgemein ist die Kritik schon nicht nachvollziehbar, da die Privilegierung der Einzelhändler aus mehreren Gründen berechtigt ist. Zum einen wird so der Haftungsmaßstab des allgemeinen Vertragsrechts nicht unterlaufen bzw. nur dort berechtigterweise durchbrochen, wo der Endverkäufer zugleich Hersteller ist. Zum anderen hat die verschuldensunabhängige Haftung der Importeure und Großhändler deswegen eine Berechtigung, weil diese Teile moderner Vertriebsstrukturen sind, welche im Gegensatz zum Enderwerb vom Verbraucher kaum überschaubar sind.

706 Ismail, S. 225 f.

707 Ismail, S. 225 f.

708 Ismail, S. 225 f.

VIII. Beweislast

Hinsichtlich der Beweislast fordert Art. 67 Abs. 1 HGB, dass die geschädigte Person beweisen muss, dass der Schaden durch einen Produktfehler hervorgerufen wurde. Die Beweislast bezüglich Fehler, Schaden und Kausalität trägt also grundsätzlich die geschädigte Person, was dem klassischen Weg auch des ägyptischen Zivilrechts entspricht. Da es sich grundsätzlich um eine verschuldensunabhängige Haftung handelt, kann auf einen gesonderten Verschuldensnachweis verzichtet werden.709 Dem Endverkäufer, der nicht zugleich Hersteller oder Großhändler ist, muss allerdings weiterhin ein Verschulden nachgewiesen werden. Insoweit sind auch keine Beweiserleichterungen ersichtlich. Im Ergebnis kommt dies den Beweisanforderungen nach § 1 Abs. 4 ProdHaftG gleich. Zugleich spricht dies dafür, dass auch nach dem ZGB nicht mehr die Kenntnis bezüglich versteckter Mängel eines jeden Verkäufers, sondern nur noch die von Herstellern und den restlichen Lieferanten vermutet werden kann. Ein solcher Paradigmenwechsel entspräche zudem demjenigen, welcher in Frankreich durch die Umsetzung der EG-Richtlinie stattgefunden hat. Allerdings ist eine entsprechende Diskussion bisher in Ägypten nicht ersichtlich.

Art. 67 Abs. 2 HGB geht in anderer Hinsicht sogar noch weiter, denn danach wird das Vorliegen der o.g. Fehler vermutet, wenn die erforderlichen Vorsichtsmaßnahmen nicht getroffen werden. Kann der Geschädigte also Versäumnisse bezüglich solcher Vorsichtsmaßnahmen nachweisen, wird der Fehler auf Seiten des Unternehmers vermutet.[710] Der Geschädigte kann sich also im Gegensatz zum ProdHaftG aussuchen, ob er den Fehler oder den dazu führenden Sorgfaltspflichtverstoß nachweist. Letztlich ist dies im Ergebnis eine sehr verbraucherfreundliche Kombination aus der Verschuldensunabhängigkeit des ProdHaftG und der Beweislastumkehr des Deliktsrechts des BGB. In der Praxis dürften sich dennoch kaum Unterschiede ergeben, da der Nachweis eines Fehlers regelmäßig leichter fallen dürfte als der Nachweis betriebsinterner Versäumnisse.

IX. Zwischenergebnis zum HGB

Bei der Kodifizierung des Art. 67 HGB hat sich der ägyptische Gesetzgeber ersichtlich sowohl an dem bisherigen französischen Produkthaftungsrecht als auch an der dortigen Umsetzung der EG-Richtlinie orientiert.[711] Für Letzteres spricht allein der zeitliche Zusammenhang; die umgesetzte EG-Richtlinie trat in Frank-

709 Shahida, S. 199 f.

710 Shahida, S. 200.

711 Shahida, S. 199.

reich am 19. Mai 1998 und das HGB in Ägypten nur knapp eineinhalb Jahre danach, am 01. Oktober 1999, in Kraft. Die EG-Produkthaftungsrichtlinie war im Übrigen nicht nur in Ägypten, sondern z.B. auch in Brasilien und China Vorbild für den Erlass von Produkthaftungsgesetzen.[712]

In Bezug auf den Ersatzumfang umfasst die sich aus Art. 67 HGB ergebende Haftung ebenso wenig wie das auf der EG-Richtlinie beruhende Recht und das deutsche Deliktsrecht den Produktfehler selbst. Im Unterschied zur EG-Richtlinie ist die Haftung aber nicht auf Artikel begrenzt, die zum privaten Gebrauch bestimmt sind, und umfasst auch reine Vermögensschäden. Hinsichtlich der Beweislast ist Art. 67 HGB klägerfreundlicher, da dem Kläger bei Nachweis eines Sorgfaltspflichtverstoßes sogar eine Fehlervermutung zugute kommt. Im Gegensatz zum ProdHaftG muss der Kläger also unter Umständen gar keinen Fehler nachweisen. Und bei Nachweis eines Sorgfaltspflichtverstoßes wird zwar wie nach dem deutschen Deliktsrecht ein Fehler vermutet, im Unterschied dazu kommt es aber nicht auf ein Verschulden an. Was die Verjährung angeht, ergeben sich keine Besonderheiten, denn sowohl die allgemeine kenntnisgebundene Verjährung als auch die absolute Höchstfrist liegen im Ergebnis in etwa im Mittel der deutschen Haftungstatbestände. Enger als das deutsche Recht ist die Haftung nach dem HGB allerdings, insofern Zulieferer nicht erfasst und die verbleibenden Haftungsadressaten nicht gesamtschuldnerisch haften. Im Übrigen deckt sich der Haftungsstandard aber im Wesentlichen mit international üblichen Produkthaftungsnormen.[713]

F. Das Verbraucherschutzgesetz (Gesetz Nr. 67 / 2006)

Zwar gibt es in Tunesien seit 1992 ein Gesetz,[714] welches sich Verbraucherschutz bereits im Titel auf die Fahne geschrieben hat. Insgesamt steckt die Verbraucherschutzgesetzgebung in den arabischen Staaten jedoch noch in den Kinderschuhen. Viele dieser Länder haben noch gar keine Verbraucherschutzgesetze erlassen und selbst dort, wo es solche Gesetze gibt, sind der Umfang und das Verständnis des Verbraucherschutzes sehr unterschiedlich.[715] Die meisten

---

712 Staudinger/Oechsler, Einl. zum ProfHaftG, Rn. 110 ff.

713 Zu einem ähnlichen Ergebnis für das Recht des unlauteren Wettbewerbs kommt Weidlich, S. 63.

714 Gesetz Nr. 117/1992 vom 07.12.1992.

715 Vgl. z.B. zum besonderen Verhältnis von Wettbewerbs- und Verbraucherschutzrecht in Ägypten Grapentin, S. 197 ff. und Weidlich, S. 54, sowie zum Verständnis des Verbraucherschutzrechtes als Teil der Menschenrechte den Vortrag von Mona El-

arabischen Verbraucherschutzgesetze regeln hauptsächlich Informationspflichten der Verkäufer, die Unzulässigkeit bestimmter Werbe- und Geschäftspraktiken, die Einrichtung von Verbraucherschutzbehörden und -verbänden und in einigen Fällen auch bestimmte Rechte in Bezug auf defekte Produkte. Gerade im neuen Jahrtausend gab es eine beachtliche Zahl solcher Verbraucherschutzgesetze in den arabischen Ländern. Bei einem Blick in die Gesetze wird deutlich, dass hier die Neufassung der UN-Richtlinie zum Verbraucherschutz von 1985 im Jahr 1999 Anschub geleistet hat und Vorbild war. Im Sultanat Oman wurde bereits im Jahr 2002 ein Verbraucherschutzgesetz durch königliches Dekret Nr. 81/02 erlassen. Der Libanon folgte im Jahr 2005 mit einem modernen und besonders umfassenden Verbraucherschutzgesetz, welches neben o.g. Regelungen sogar solche zu Haustür- und Fernabsatzgeschäften enthält.[716] In Algerien wurden mit Wirkung vom 20. Juli 2005 in Art. 140 bestimmte Produkthaftungsregeln in das ZGB eingefügt. Am 20. Mai 2006 hat Ägypten dann, nach einem fast 10-jährigen Gesetzgebungsverfahren, sein Verbraucherschutzgesetz (qanun himāyat al-mustahilik) verkündet,[717] welches hier sogleich auf etwaige Produkthaftungsansprüche untersucht werden soll. Am 13. August 2006 folgten die VAE mit ihrem Verbraucherschutzgesetz,[718] zwei Jahre später Syrien[719] und, in deutlicher Anlehnung an das Gesetz der VAE, Katar[720]. Ein weiteres Jahr später setzte auch Algerien ein explizites Verbraucherschutzgesetz[721] um. Schließlich befinden sich, soweit ersichtlich, im Irak, in Marokko, in Jordanien und im Jemen Verbraucherschutzgesetze in Planungen.

I. Die Struktur des VSG

Das ägyptische VSG besteht aus 24 Artikeln. In einer einführenden Präambel mit vier Artikeln ist in Art. 3 festgehalten, dass der zuständige Minister per Dekret und binnen drei Monaten nach Inkrafttreten des VSG dazugehörige Ausführungsbestimmungen (AusfBest) erlassen wird. Zuständiger Minister ist laut Art. 2 der Präambel der Minister für Handel und Industrie. Das ägyptische VSG trat, wie aus Art. 4 der Präambel hervorgeht, drei Monate ab dem der Verkündung folgenden Tag in Kraft, folglich am 20. August 2006. Demnach war die ur-

---

Baradei, KAS-Ägypten, 20.04.2004, http://www.kas.de/proj/home/events/18/1/year-2004/month-4/veranstaltung_id-9905/index.html.

716 Gesetz Nr. 659/2005 vom 10.02.2005.

717 Al-Bakry, AmCham, Business Monthly, Juni 2006.

718 Bundesgesetz Nr. 24/2006; siehe dazu Keimer, S. 152 ff.

719 Gesetz Nr. 2/2008 vom 10.03.2008.

720 Gesetz Nr. 8/2008 vom 24.07.2008.

721 Gesetz Nr. 09-03/2009 vom 25.02.2009.

sprüngliche Frist für die Veröffentlichung der AusfBest der 20. November 2006. Die AusfBest wurden dann tatsächlich am 30. November 2006 per Dekret Nr. 886/2006[722] des Ministeriums für Handel und Industrie veröffentlicht und umfassen ihrerseits 53 Artikel. Das VSG soll eine Art Rahmengesetzgebung sein, welche durch weitere AusfBest graduell und gemessen an der Bewährung in der Praxis präzisiert werden soll.[723]

Das eigentliche VSG definiert in Art. 1 bestimmte Grundbegriffe, von denen viele für die Produkthaftung relevant sind, wie z.B. Produkt, Verbraucher oder Fehler. In Art. 2 VSG wird ein Katalog mit acht grundlegenden Verbraucherrechten aufgestellt, welche deutlich sowohl an die „General principles“ gem. Nr. II. 3. der UN-Richtlinie als auch an die eingangs genannten, 1962 von US-Präsident John F. Kennedy festgelegten, Verbraucherrechte erinnern. Die folgenden Artt. 3 bis 7 VSG legen Rechte und Pflichten hinsichtlich Informationen zu Produkten fest. Da diese Informationsrechte zwar keine direkte Bedeutung für Produkthaftungsansprüche aber erhebliche Auswirkungen in der Praxis haben, insbesondere in Bezug auf das Bewusstsein der Verbraucher um ihre Rechte, sollen sie im Folgenden kurz zusammengefasst werden. Der Hersteller oder Importeur hat seine Produkte gem. Art. 3 VSG i.V.m. Artt. 11 bis 13 AusfBest mit ausführlichen und deutlich wahrnehmbaren Hinweisen auf dem Produkt selbst oder als Packungsbeilage und in arabischer Sprache u.a. zu Hersteller, Ursprungsland, Haltbarkeit, technischen Daten und Art des Gebrauchs zu versehen. In den Artt. 4 bis 6 VSG i.V.m. Artt. 14 bis 18 AusfBest sind Pflichten betreffend den Lieferanten und den Inserenten (mu'alan) des Produktes geregelt. Danach hat der Lieferant auf sämtlichen geschäftlichen, schriftlichen oder elektronischen Erklärungen, die er gegenüber dem Verbraucher verwendet, umfassende Informationen zu seiner Identität und Erreichbarkeit zu vermerken. Auf Anfordern des Verbrauchers hat er zudem einen Rechnungsbeleg (fātūra[724]) mit Angaben zu Produktidentität und -preis, Zahlungsmethode sowie zu Vertragspartnern und -datum auszuhändigen. Weiterhin haben der Lieferant und der Inserent irreführende Werbung zu unterlassen.

Die mögliche Grundlage für Produkthaftungsansprüche findet sich in Art. 8 VSG, wobei noch zu klären sein wird, ob diese Anspruchsgrundlage wirklich Produkthaftungsfälle erfasst und inwieweit auch Art. 7 VSG eigenständige Ansprüche dieser Art enthält. Letzterer legt dem Lieferanten jedenfalls die Pflicht auf, die Verbraucherschutzbehörde bei gefährdenden Produktfehlern zu

722 Ägyptisches Amtsblatt (Al-Wakayya al-masriyya) Nr. 271.

723 Amr Fahmin, Excecutive Director der Verbraucherschutzbehörde in: „Getting even“, Al-Ahram Weekly, 31.07.2008.

724 Vgl. facture im Französischen, fattura im Italienischen und Faktura im süddeutschen Sprachraum für Rechnung.

informieren. In Art. 9 VSG sind Rechte betreffend fehlerhafte Dienstleistungen geregelt.

In den Artt. 12 bis 22 VSG werden dann die Einrichtung, Zusammensetzung und Arbeitsweise der gerade schon genannten Verbraucherschutzbehörde (VSB, jihāz himāyat al-mustahilik) festgelegt. Dieser VSB kommen entscheidende Befugnisse bei der Durchsetzung der Verbraucherrechte zu. In Art. 23 VSG werden die im Bereich des Verbraucherschutzes aktiven Nichtregierungsorganisationen (NROs) mit bestimmten Rechten ausgestattet und Art. 24 VSG sieht schließlich Strafmaßnahmen bei Gesetzesverstößen vor.

Die 53 Artikel der AusfBest sind in 4 Teile untergliedert, welche wiederum aus mehreren Kapiteln bestehen. In Teil 1 sind allgemeine Bestimmungen (Kap.1) und Definitionen (Kap. 2) enthalten. An dieser Stelle sei erwähnt, dass die AusfBest zwar einige der Bestimmungen des VSG präzisieren, teilweise jedoch nur in gleichem oder ähnlichem Wortlaut wiederholen. Im zweiten Teil werden in Kap. 1 der schon genannte Informationsumfang auf dem Produkt selbst und in Kap. 2 die allgemeinen Informationspflichten in Bezug auf Verbraucherrechte behandelt. Der dritte Teil betrifft die Zusammensetzung (Kap. 1) und Zuständigkeit (Kap. 2) der VSB. Und im vierten Teil wird schließlich das Verfahren zur Durchsetzung der Rechte näher festgelegt.

II. Anspruch gem. Art. 8 VSG

Wie schon angedeutet, findet sich die eigentliche Anspruchsgrundlage für Produkthaftungsansprüche in Art. 8 VSG.

1. Anwendungsbereich

Gleich zu Beginn von Art. 8 Abs. 1 S. 1 VSG wird klargestellt, dass „etwaige Garantien, Bedingungen oder Vereinbarungen, welche verbraucherfreundlicher sind“, von den folgenden Bestimmungen unberührt bleiben. Insoweit ist die Vorschrift ausdrücklich halbzwingender Natur und mit § 355 BGB vergleichbar.[725] Auch diesem stehen vertragliche Vereinbarungen nur insoweit entgegen, als sie den Verbraucher belasten, nicht aber soweit sie ihn begünstigen. Dies folgt zwar nicht ausdrücklich aus der Vorschrift des § 355 BGB, aber aus dessen Auslegung. Denn danach ist dessen Rechtsnatur ein einheitliches Schutzgesetz zugunsten des Verbrauchers.[726]

Auch das VSG will ein Mindestmaß an Verbraucherrechten sicherstellen, so dass mangels weiterer Bestimmungen davon auszugehen ist, dass das VSG auch

725 Vgl. zur Rechtsnatur des § 355 BGB BeckOK/Grothe, § 355 Rn 2.

726 MüKo/Masuch, § 355 Rn. 2.

Ansprüche aufgrund anderer Gesetze, insbesondere des ZGB und HGB, unberührt lässt. Dafür spricht auch, dass in Art. 24 VSG bestimmte Strafen für Zuwiderhandlungen gegen das VSG festgelegt sind und in diesem Zusammenhang ausdrücklich darauf verwiesen wird, dass etwaige höhere Strafen nach anderen Gesetzen unberührt bleiben sollen.

a) Personen

Für den Anwendungsbereich des Art. 8 VSG spielt weiterhin die Definition von „Personen" eine Rolle. Denn dieser Begriff wird sowohl von der Definition des Anspruchsinhabers bzw. -gegners als auch von der Definition des Produktes vorausgesetzt.

Personen (shachs) i.S.d. VSG sind nach dessen Art. 1 Abs. 2 „natürliche Personen und juristische Personen in allen Rechtsformen, einschließlich Wirtschaftseinheiten, Gesellschaften, Gewerkschaften, Institutionen, Anstalten, Innungen, Finanzkonzernen, Personenmehrheiten mit unterschiedlichen Gründungsprinzipien und anderen Parteien entsprechend den Ausführungsbestimmungen gemäß den Zielen und Bestimmungen dieses Gesetzes". Art. 1 Abs. 2 VSG stellt also eine sehr weit reichende Definition von Personen auf, die allerdings schwer abgrenzbar scheint, da sie vor allem mittels eines Positiv-Kataloges erfolgt. Es ist nämlich nicht erkennbar, ob bestimmte bzw. welche Arten von juristischen Personen nicht unter die Anwendung des VSG fallen sollen. Die übrigens insgesamt oft nicht genau begrenzten Definitionen sind daher auch einer der Hauptkritikpunkte am VSG in Ägypten gewesen.[727] Mit Blick auf den Zweck des Gesetzes lässt sich allerdings positiv festhalten, dass der meist rechtsunkundige Verbraucher sich so nicht mit abstrakten Begriffen, sondern mit verständlicheren und konkreten Beispielen auseinandersetzen muss. Dessen ungeachtet ist diese Art der Gesetzgebung auch in Ägypten eher ungewöhnlich, denn wie bereits gezeigt wurde, hat sich der Gesetzgeber z.B. im Rahmen des HGB und ZGB einer hohen Abstraktion bedient.

Die o.g. Definition des Art. 1 Abs. 2 VSG verweist weiterhin auf die AusfBest. Deren Art. 4 Abs. 1 wiederholt zunächst wortgenau die o.g. Definition des VSG. Ergänzend fügt aber Art. 4 Abs. 1 AusfBest in einem Halbsatz hinzu, dass die Definition der Personen i.S.d. VSG „unabhängig von den Methoden der Finanzierung dieser Personen oder ihrer Nationalität oder den Zentren der Verwaltung oder den Zentren ihrer Führungstätigkeiten" ist. Erkennbar wollte der Gesetzgeber hier nochmals deutlich machen, dass auch ausländische Unternehmen nach dem VSG haftbar sein sollen.

727 Vgl. Al-Bakry, Business Monthly, Juni 2006.

Der zweite Absatz der Norm ergänzt, dass „zu den Personen im Sinne des ersten Absatzes auch zusammenhängende Parteien bestehend aus zwei oder mehreren Personen, jeweils mit eigener Rechtspersönlichkeit, gehören, wenn die Anteile oder Aktien einer von ihnen mehrheitlich direkt oder indirekt von der anderen gehalten werden". Hiermit werden also auch Mehrheitsgesellschafter in den Anwendungsbereich des VSG mit einbezogen. Dadurch wird die grundsätzlich auch in Ägypten mögliche Haftungsbeschränkung für Kapitalgesellschaften im Bereich des Verbraucherschutzes durchbrochen. Dies entspricht der Auffassung einiger Scharia Gelehrter, welche die beschränkte Haftung als nicht islamkonform ansehen. Nach deren Meinung sollten Verpflichtungen zwischen Muslimen absolut sein und sich die Eigner einer Gesellschaft nicht „hinter dem Vorhang der beschränkten Haftung" verstecken.[728]

Im dritten Absatz wird schließlich noch klargestellt, dass „zu diesen zusammenhängenden Parteien auch solche Personen gehören, welche unter der tatsächlichen Kontrolle einer anderen Partei stehen. Tatsächliche Kontrolle bedeutet jede Situation, Vereinbarungen oder Anteils- oder Aktienbesitz gleich welcher Höhe, welche zu einer Kontrolle der Geschäftsführung oder Entscheidungsfindung führen". Zusätzlich lässt die Definition der AusfBest also keinen Verweis auf eine übergeordnete Managementebene als Enthaftungsmöglichkeit zu.

Neben der unscharfen Begrenzung der Definition wurde im Gesetzgebungsverfahren kritisiert, dass die Definition Unternehmen der öffentlichen Hand nicht umfasst.[729] In einem Land wie Ägypten, in dem noch immer große Teile der Wirtschaft verstaatlicht sind, könnten sich also die zu erwartenden Verbraucherklagen gegen die öffentliche Hand nicht auf das VSG stützen. Diese Frage lässt sich allerdings nicht durch Interpretation der o.g. Passage beantworten. Die arabische Version spricht lediglich von juristischen Personen und nennt dann einige Beispiele, ohne zu sagen, ob es sich dabei um juristische Personen des Privat- oder des Öffentlichen Rechts handeln soll. Die Frage, ob Unternehmen der öffentlichen Hand von dem Anwendungsbereich des VSG ausgeschlossen sind, wird erst im Zusammenhang mit der Definition von „Produkten" und „Dienstleistungen" klarer.

b) Verbraucher

Anspruchsberechtigt sind nach Art. 8 Abs. 1 VSG Verbraucher (mustahilik). Verbraucher werden in den Artt. 1 Abs. 4 VSG und 6 AusfBest als Personen definiert, welchen die „Produkte zur Befriedigung ihrer persönlichen oder fami-

728 Vgl. dazu Foster, Morality, S. 12.

729 Al-Bakry, Business Monthly, Juni 2006.

liären Bedürfnisse“ angeboten werden. Somit sind Unternehmen oder Organisationen nicht vom Schutzbereich des Art. 8 VSG umfasst, da sie die Produkte nicht zu persönlichen oder familiären, sondern lediglich zu kommerziellen Zwecken verwenden können. Daraus folgt zunächst, dass die im vorherigen Abschnitt behandelte Definition der „Personen“ in der Praxis nur im Rahmen der Festlegung des Haftungsgegners relevant wird. Das Ausnehmen von Unternehmen aus dem Schutzbereich des Art. 8 VSG wurde ebenfalls kritisiert.[730] Dieser Kritik kann allerdings nicht ohne weiteres gefolgt werden. Grundsätzlich sind zwar gerade die oft undurchsichtigen Produktions- und Vertriebsstrukturen moderner Unternehmen ein Hauptgrund für einen verschärften Rechtsschutz. Aber mit Blick auf den, schon durch den Namen deutlich gemachten, Zweck eines Verbraucherschutzgesetzes ist festzustellen, dass sich dieses auch der besonderen Bedürfnisse der Verbraucher annehmen will. Wirtschaftsunternehmen haben Letzteren gegenüber eine wesentlich stärkere Verhandlungsposition, so dass es auch gerechtfertigt erscheint, ihnen ein geringeres Schutzniveau zuzubilligen. Zudem hat der ägyptische Gesetzgeber mit Art. 67 HGB bereits eine Produkthaftungsvorschrift erlassen, welche auch Ansprüche von gewerblichen Unternehmern umfasst.

2. Voraussetzungen des Anspruches nach Art. 8 VSG

Nach Art. 8 Abs. 1 S. 1 VSG ist der „Verbraucher innerhalb von 14 Tagen nach Erhalt des Artikels berechtigt, den Ersatz oder die Rücknahme des Artikels gegen Kaufpreiszahlung zu fordern, wenn dieser defekt ist oder nicht mit den Angaben übereinstimmt, welche im Vertrag vorausgesetzt“ wurden. Bereits beim ersten Blick auf die Rechtsfolge fällt auf, dass es sich hier weniger um einen Produkthaftungs- als um einen Gewährleistungsanspruch handelt, was im Rahmen des Haftungsumfangs genauer besprochen wird.

a) Vertrag

Allgemeine Tatbestandsvoraussetzung ist demnach auch, dass ein wirksamer Kaufvertrag vorliegt. Auch wenn dies in Art. 8 Abs. 1 S. 1 VSG nicht ausdrücklich so benannt wird, geht das Erfordernis eines wirksamen Kaufvertrages implizit aus dem übrigen Wortlaut hervor. Denn der Mangel wird u.a. durch die Nichtübereinstimmung mit den Angaben, welche im „Vertrag“ vorausgesetzt wurden, bestimmt. Auch ist die Rechtsfolge Zug-um-Zug an die „Kaufpreiszahlung“ geknüpft.

730 Al-Bakry, Business Monthly, Juni 2006.

b) Artikel

Weitere Voraussetzung des Art. 8 Abs. 1 S. 1 VSG ist, dass der Verbraucher einen defekten „Artikel“ erhalten hat. Es kommt also zunächst darauf an, wie der Begriff „Artikel“ (sil’a) i.S.d. Art. 8 Abs. 1 VSG zu verstehen ist. Dieser Begriff wird in Art. 1 Abs. 3 VSG und Art. 5 AusfBest als Teil der Definition des Begriffes Produkt (muntaj) aufgegriffen. Danach sind Produkte „Artikel und Dienstleistungen, welche von einer Person des öffentlichen oder privaten Rechts bereitgestellt werden“. An dieser Stelle wird zunächst deutlich, dass zumindest der Anspruch nach Art. 8 VSG sich auch auf juristische Personen des öffentlichen Rechts bezieht. Der Gesetzgeber scheint also die Kritik während des Gesetzgebungsverfahrens berücksichtigt zu haben. Im Gesetzgebungsverfahren war weiterhin öffentlich kritisiert worden, dass Dienstleistungen nicht erfasst würden.[731] Auch hier hat der Gesetzgeber reagiert und nicht nur die o.g. Definition angepasst, sondern mit Art. 9 VSG auch eine gesonderte Regelung in Bezug auf fehlerhafte Dienstleistungen geschaffen. Aus der Abgrenzung zu Letzteren wird deutlich, dass Art. 8 VSG sich nur auf körperliche Gegenstände bezieht und somit der hier eingangs festgelegten Definition der Waren entspricht. Dabei wird nicht zwischen beweglichen und unbeweglichen Artikeln unterschieden. Nach dem 2. Halbsatz der Definition sollen schließlich auch „gebrauchte Artikel umfasst sein, soweit sie über einen Lieferanten bezogen werden“.

c) Mangel

Ein weiteres Tatbestandsmerkmal ist der Mangel (a’īb). Dieser ist nach Art. 1 Abs. 9 VSG „jedwede Beeinträchtigung des Wertes oder der Nutzbarkeit eines Produktes entsprechend dem beabsichtigten Zweck, welche den Verbraucher ganz oder teilweise von der Nutzung der Sache ausschließt, für welche es vorgesehen war, einschließlich der Beeinträchtigung infolge von Mängeln durch Handhabung oder Lagerung des Artikels; dies gilt nicht, soweit der Verbraucher Verursacher der Beeinträchtigung war.“ Der letzte Halbsatz macht zunächst deutlich, dass die Mangelverursachung des Lieferanten vermutet wird. Anders als bei der Produkthaftung nach deutschem Recht geht es hier im Übrigen aber nicht um berechtigte Sicherheitserwartungen oder die Verletzung bestimmter Sorgfaltspflichten, sondern um die Abweichung des Produktes von der vorgesehenen Verwendbarkeit. Es ist also das Äquivalenz- und nicht das Integritätsinteresse geschützt, so dass auch hiernach zu vermuten ist, dass es um Gewährleistung und nicht um Produkthaftung i.e.S. geht. Dementsprechend erinnert die Norm auch nicht an § 3 ProdHaftG, sondern an den objektiven Sachmangelbeg-

731 Al-Bakry, Business Monthly, Juni 2006; Klaiber, Verbraucherschutzgesetz.

riff des § 434 Abs. 1 S. 2 Nr. 1 BGB, nach dem eine Sache frei von Mängeln ist, wenn sie sich für die vertraglich vorausgesetzte Verwendung eignet. Ebenso wie nach § 434 Abs. 1 S. 2 Nr. 2 BGB, wonach der Mangel auch an der Eignung zur gewöhnlichen Verwendung und der bei Sachen der gleichen Art üblichen Beschaffenheit zu messen ist, ist es auch nach Art. 8 VSG selbstverständlich, dass Mängel ausscheiden, wenn z.B. Lebensmittel innerhalb der üblichen Zeit verderben.[732]

Der Tatbestand des Art. 8 Abs. 1 VSG verweist nicht nur auf den Defekt des Artikels i.S.d. Art. 1 Abs. 9 VSG, sondern löst auch dann eine Haftung aus, wenn der Artikel „nicht mit den Angaben übereinstimmt, welche im Vertrag vorausgesetzt" wurden. Diese Formulierung lässt sich aus zwei Gründen kritisieren. Zum einen mutet sie wegen der schon vom Fehlerbegriff des Art. 1 Abs. 9 VSG umfassten Nichteignung zum beabsichtigten Zweck teilweise tautologisch an. Zum anderen erweitert sie zwar den Fehlerbegriff des VSG, nicht verständlich ist aber, warum an dieser Stelle und nicht im Rahmen der Definition des Art. 1 Abs. 9 VSG.

Der Tatbestand des Art. 8 VSG ähnelt jedenfalls auch hier dem BGB. Allerdings bezieht sich das BGB in dem bereits zitierten § 434 Abs. 1 S. 2 Nr. 1 von vornherein auf die „nach dem Vertrag" vorausgesetzte Verwendung. Soweit es um die Übereinstimmung mit Vertragsangaben geht, sind diese schon nach § 434 Abs. 1 S. 1 BGB umfasst.

Neben der Bedeutung für den Produkthaftungstatbestand des VSG könnte die Definition des „Fehlers" auch Einfluss auf das ZGB haben. Das ZGB nimmt in Art. 447 Abs. 1 auf Fehler Bezug, allerdings ohne eine Definition zu nennen. Daher könnte die nun im VSG enthaltene Legaldefinition eines Fehlers in der ägyptischen Rechtspraxis dazu dienen, auch im Vertrags- oder Deliktsrecht auszulegen, was der Gesetzgeber mit „Fehler" meint.

3. Haftungsadressaten

Der erste Satz des Art. 8 Abs. 1 VSG bestimmt abstrakt einen Verbraucheranspruch, ohne einen Anspruchsgegner zu benennen. Allerdings wird dieser aus dem Umkehrschluss des zweiten Satzes der Norm deutlich. Darin heißt es, dass „in den Fällen des Absatzes 1 der Lieferant - auf Anfrage des Verbrauchers - den Artikel ohne zusätzliche Kosten ersetzen oder zurücknehmen muss". Wer Lieferant (muwarrid) ist, wird in Art. 1 Abs. 5 VSG genauer festgelegt. Danach sind Lieferanten „Personen (shachs), welche eine Dienstleistung anbieten oder Produkte herstellen, importieren, vertreiben, anbieten, in Umlauf halten oder

---

732 Amr Fahim, Excecutive Director der VSB, Interview in Al-Ahram Weekly, 31.07.08

handeln, um sie dem Verbraucher anzubieten oder ihn diesbezüglich vertraglich oder in sonst einer Weise zu verpflichten".

Auf den ersten Blick scheinen neben dem eigentlichen Lieferanten auch Hersteller und Importeure von der Definition umfasst. Allerdings wird im arabischen Originaltext deutlich, dass sich der letzte Halbsatz auf alle vorgenannten Tätigkeiten bezieht. Das zusätzliche Erwähnen des Zwecks, die Produkte dem Verbraucher anzubieten, könnte es also fraglich machen, ob alle Hersteller oder Lieferanten in der Lieferantenkette umfasst sind. Denn nur die Endanbieter schließen mit den Verbrauchern Verträge bzw. handeln mit ihnen. Zudem lässt die Rechtsfolge, nach der Ersatz des Produktes oder seines Wertes zu leisten ist, vermuten, dass hierfür nur der direkte Vertragspartner einstehen soll.

Andererseits kann angenommen werden, dass die meisten Hersteller und Lieferanten ein Interesse daran haben, die Produkte dem Verbraucher anzubieten, da sie die Produkte gerade deswegen herstellen bzw. vertreiben. Weiterhin könnte der Hersteller in tatsächlicher Hinsicht genauso den Ersatz des Produktes gewährleisten. Dafür, dass alle an der Lieferkette beteiligten Personen für den Anspruch des Art. 8 VSG einstehen müssen,[733] spricht schließlich deutlich, dass nach dessen Absatz 2 „die Haftung der Lieferanten in allen Fällen in diesem Zusammenhang eine gesamtschuldnerische Haftung" ist. Die Vorschrift würde wenig Sinn machen, wenn sie nicht alle in der Lieferkette beteiligten Personen einbeziehen wollte. Denn der Endverkäufer kann immer nur eine Person in rechtlicher Hinsicht sein. Da nach o.g. Wortlaut mehrfach das Vorliegen eines Vertrages zur Voraussetzung gemacht wurde, handelt es sich also um einen vertraglichen Direktanspruch innerhalb der Lieferkette, so dass in Art. 8 VSG gewissermaßen die französische Rechtsfigur der *action directe* normiert worden ist.

4. Rechtsfolgen und Umfang der Haftung

Die in Art. 8 Abs. 1 S. 1 VSG festgeschriebene Rechtsfolge, dass der Verbraucher „Ersatz oder die Rücknahme des Artikels gegen Kaufpreiszahlung" fordern kann, wird in S. 2 der Norm konkretisiert. Danach hat der Lieferant „den Artikel zu ersetzen oder gegen Rückgabe seines Wertes zurückzunehmen, ohne zusätzliche Kosten in Rechnung zu stellen". Als Rechtsfolgen sind demnach ausdrücklich zunächst nur der Rücktritt und die Nacherfüllung vorgesehen. Letztere ist dabei dem Wortlaut nach auf die Nachlieferung beschränkt, so dass eine Nachbesserung ausgeschlossen scheint, was allerdings nochmals im Zusammenhang mit den Rechtsfolgen des Art. 7 VSG zu beleuchten sein wird. Für die entscheidende Frage, ob Art. 8 VSG eine Anspruchsgrundlage für Produkthaftungsan-

733 So Klaiber, Verbraucherschutzgesetz.

sprüche im hiesigen Sinne bilden kann, muss geklärt werden, ob von der Rechtsfolge auch der Ersatz von Mangelfolgeschäden umfasst ist.

Dafür sprechen die in Art. 2 VSG niedergelegten Grundrechte der Verbraucher. Denn nach deren Buchstabe (h) muss „das Recht, eine angemessene Entschädigung für den Schaden des Verbrauchers oder seines Vermögens zu erhalten, welcher als Folge des Kaufs oder der Verwendung der Produkte oder Dienstleistungen entstanden ist“, gewährleistet sein bzw. darf nicht eingeschränkt werden. Zwar ist die Formulierung des ersten Halbsatzes, also des „Schadens des Verbrauchers oder seines Vermögens“, wenig eindeutig und könnte weiterhin nur das Äquivalenzinteresse umfassen. Jedoch ist nach dem zweiten Halbsatz u.a. auch der als „Folge der Verwendung der Produkte entstandene Schaden“ umfasst, was auf den Ersatz auch des Integritätsinteresses hindeutet.

Dagegen spricht allerdings der insoweit eindeutige Wortlaut des Art. 8 Abs. 1 VSG, also der eigentlichen Anspruchsnorm, nach dem sich die Rechtsfolge ausdrücklich nur auf tatsächlichen oder wertmäßigen Ersatz des Produktes selbst bezieht. Art. 8 Abs. 1 VSG löst zudem entgegen dem deutschen Recht in §§ 437 Nr.3 i.V.m. 440, 280, 281, 283 bzw. 311a BGB keinen allgemeinen vertraglichen Schadensersatzanspruch aus, welcher insbesondere auch Mangelfolgeschäden umfassen würde. Konsequenterweise ist auch das Vorliegen eines Schadens kein Tatbestandsmerkmal. Dieser Verzicht auf einen über den Produktfehler hinausgehenden Schaden spricht relativ deutlich dafür, dass ebendieser nicht von Art. 8 VSG umfasst ist. Folgt man dem, kann es auch nicht auf eine Kausalität zwischen Fehler und Schaden ankommen. Schließlich spricht die Gesetzgebungsgeschichte dafür, dass das VSG keine über den Produktfehler hinausgehenden Schäden umfasst. Denn auch die UN-Richtlinie zum Verbraucherschutz von 1985 in der Fassung von 1999, an welcher sich der ägyptische Gesetzgeber bei der Erstellung des VSG sehr stark orientiert hat,[734] beinhaltet keine Produkthaftungsansprüche im hiesigen Sinne. Vielmehr werden dort unter III. A. 14 für Fälle defekter Produkte auch nur die Rechtsfolgen Rücknahme, Nachlieferung, Reparatur bzw. Wertersatz des Produktes selbst vorgeschlagen.[735]

---

734 Al-Bakry, AmCham, Business Monthly Juni 2006; Vortrag von Kamal El-Menoufi, Professor für Politikwissenschaften, Kairo Universität, KAS, 22.04.2008, http://www.kas.de/proj/home/events/18/1/year-2004/month-4/veranstaltung_id-9905/index.html.

735 UN-Guidelines III.A.14. “Governments should, where appropriate, adopt policies under which, if a product is found to be seriously defective and/or to constitute a substantial and severe hazard even when properly used, manufacturers and/or distributors should recall it and replace or modify it, or substitute another product for it; if it is not possible

Es verbleibt ein gewisser Widerspruch zwischen dem Wortlaut des Art. 2 (h) VSG einerseits und des Art. 8 Abs. 1 VSG andererseits.[736] Nach meiner Ansicht dürfte allerdings Letzterer als Tatbestand ausschlaggebend sein, so dass es sich begrifflich weniger um einen Schadens- als um einen „Produktersatzanspruch" handelt. Damit ist Art. 8 VSG auch kein Produkthaftungsanspruch i.e.S., sondern eine Ausweitung der vertraglichen Gewährleistungsrechte innerhalb der Vertragskette. *Klaiber* spricht wohl aus diesem Grund von einem „zaghaften Ansatz eines Produkthaftungsrechts".[737]

5. Frist

In Art. 8 Abs. 1 VSG ist festgelegt, dass das Recht zum Ersatz des Produktes nur binnen 14 Tagen ab Erhalt des Produktes besteht. Die dogmatische Einordnung dieser Frist in das deutsche System ist nicht ganz einfach. Auf der Rechtsfolgenseite geht es bei Art. 8 Abs. 1 VSG um Mängelrechte, welche im deutschen Recht üblicherweise Verjährungsfristen unterliegen. Im Falle des Art. 8 Abs. 1 VSG handelte es sich begrifflich allerdings eher um eine „Vertagungs-" als um eine Verjährungsfrist. Gleichzeitig dient Art. 8 VSG insbesondere durch die Begründung eines Direktanspruches innerhalb der Lieferkette auch dem Schutz des Verbrauchers vor der Unübersichtlichkeit moderner Vertriebsstrukturen.

Im deutschen Recht lässt sich die Frist damit zugleich mit der ebenso langen, in § 355 Abs. 2 BGB festgelegten Widerrufsfrist vergleichen. Wenngleich Letztere vor allem dazu dient, dem Käufer eine Bedenkzeit und zudem Schutz vor unübersichtlichen Vertriebsformen,[738] und nicht -strukturen, zu geben. In § 355 BGB geht es zudem nicht wie in Art. 8 um Nacherfüllungsrechte. Allerdings behandelt auch § 355 BGB, wie sich aus dessen systematischer Stellung im Fünften Titel des Dritten Abschnitts des Schuldrechts ableiten lässt,[739] der Sache nach ein Rücktritts- bzw. Kündigungsrecht.

Das VSG selbst legt nicht genau fest, wann diese Frist zu laufen beginnt und auch die AusfBest schweigen hierzu. Daher ist hierzu wohl auf die allgemeine Regel des Art. 380 ZGB zurückzugreifen, nach der Verjährungsfristen in Tagen

to do this within a reasonable period of time, the consumer should be adequately compensated."

736 Auch die Befragungen durch den Autor von verschiedenen mit der Materie befassten Personen (Richter, Staatsanwälte und Mitarbeiter der VSB) brachten hier kein klareres Bild.

737 Klaiber, Verbraucherschutzgesetz.

738 BeckOK/Grothe, § 355 Rn 2.

739 MüKo/Masuch, § 355 Rn. 2

berechnet werden, wobei der erste Tag nicht eingerechnet wird und die Verjährung mit Ablauf des letzten Tages eintritt.

III. Anspruch nach Art. 9 VSG

In Art. 9 VSG ist die Haftung für fehlerhafte Dienstleistungen geregelt. Da diese, wie in der Einleitung dargestellt, nicht unter den hiesigen Begriff der Produkthaftung fällt, soll sie im Folgenden nur kurz dargestellt werden. Nach Art. 9 S. 1 VSG muss „jeder Anbieter einer Dienstleistung den dafür erlangten Betrag zurückerstatten oder den Minderwert ausgleichen oder die Dienstleistung erneut durchführen, wenn sie einen Fehler oder Minderwert im Bezug auf ihre Art, die vertraglichen Vereinbarungen oder die üblichen Handelspraktiken hat".

Hinsichtlich des Fehlers ist nach dieser Vorschrift die Definition des Art. 1 Abs. 1 VSG maßgeblich und auch hier ist als Rechtsfolge nur einen Rücktritt oder Nacherfüllung vorgesehen, so dass sich insoweit keine Unterschiede zu Art. 8 Abs. 1 VSG ergeben. Im Unterschied zu Letzterem bezieht sich Art. 9 VSG aber nicht ausdrücklich auf „Personen des öffentlichen Rechts". Im Umkehrschluss konnte somit tatsächlich davon ausgegangen werden, dass fehlerhafte Dienstleistungen öffentlicher Unternehmen nicht von der Haftung nach dem VSG umfasst waren.[740] In den AusfBest scheint der Gesetzgeber allerdings auf die berechtigte Kritik reagiert zu haben. Denn nunmehr heißt es dort in Art. 5, dass Produkte „Artikel und Dienstleistungen sind, welche von öffentlich- oder privatrechtlichen Personen angeboten werden".

IV. Anspruch gem. Art. 7 VSG

Fraglich ist weiterhin, ob sich aus Art. 7 Abs. 2 VSG ein eigener Anspruch ableiten lässt. Absatz 1 der Norm verpflichtet den Verkäufer, „innerhalb von sieben Tagen die Verbraucherschutzbehörde (VSB) zu informieren", wenn er einen Produktfehler entdeckt oder von ihm Kenntnis erlangt. Soweit der „Defekt auch die Gesundheit oder Sicherheit des Verbrauchers gefährdet, hat der Lieferant die VSB umgehend nach Entdecken des Fehlers zu informieren und die Einstellung der Produktion oder des Handels mit dem Produkt anzukündigen und die Verbraucher zu warnen, das Produkt nicht zu verwenden". Zwar verpflichtet die Norm nicht zur Fehlervermeidung i.S.e. Fabrikations- bzw. Produktbeobachtungspflicht nach deutschem Recht. Jedoch ist der Lieferant nach Art. 7 Abs. 1 VSG verpflichtet, über entdeckte Fehler zu informieren. Insoweit deckt sich dies mit der passiven Produktbeobachtungspflicht nach deutschem Recht.

740 Al-Bakry, Business Monthly, Juni 2006; Klaiber, Verbraucherschutzgesetz.

Absatz 2 der Norm schreibt mit Bezug auf Absatz 1 vor, dass „in diesen Fällen der Lieferant auf Anfrage des Verbrauchers das Produkt zu ersetzen oder den Mangel zu beseitigen oder den Artikel gegen Werterstattung ohne zusätzliche Kosten zurückzunehmen hat".

Gegen die Annahme einer selbstständigen Anspruchsnorm spricht, dass die Vorschrift weitestgehend dieselben Tatbestandsvoraussetzungen wie Art. 8 Abs. 1 VSG hat und die in Letzterem angeordnete 14-tägige Frist unterlaufen würde. Dagegen sprechen auch die Artt. 19 und 20 AusfBest, denn dort werden, wie von Art. 7 Abs. 4 VSG selbst angekündigt, die Informationspflichten gem. Art. 7 VSG wiederholt und präzisiert. Dabei spielt jedoch die hier fragliche Formulierung des Absatzes 2 keine Rolle. Insofern könnte man annehmen, dass Art. 7 Abs. 2 VSG nur Klarstellungsfunktion zukommen soll, allerdings würde eher das Gegenteil erreicht.

Die besseren Gründe sprechen dafür, Art. 7 Abs. 2 VSG als eigenständige Anspruchsgrundlage zu verstehen. Das Nichterwähnen in den AusfBest ist zunächst kein durchschlagendes Argument gegen die Annahme einer eigenständigen Anspruchsgrundlage, denn auch der Produktersatzanspruch nach Art. 8 VSG wird nicht in den AusfBest aufgegriffen. Weiterhin gibt es bei genauerem Hinsehen einige Unterschiede in Bezug auf die Tatbestandsvoraussetzungen. Denn Art. 7 Abs. 2 VSG spricht zunächst von Produkt (muntaj) und nicht wie Art. 8 Abs. 1 VSG von Artikeln, so dass nicht nur Waren, sondern auch Dienstleistungen umfasst sind. Außerdem sieht die Vorschrift neben dem Ersatz des Produktes selbst oder seines Wertes nicht nur die Nachlieferung, sondern auch „die Beseitigung des Mangels", also auch die Nachbesserung, vor. Damit geht Art. 7 Abs. 2 VSG in beiden vorgenannten Punkten über Art. 8 Abs. 1 VSG hinaus. Der entscheidende Unterschied zwischen den Normen scheint aber, dass bei Art. 7 Abs. 2 VSG der Lieferant und bei Art. 8 Abs. 1 VSG der Verbraucher den Fehler entdeckt. In Bezug auf den Ersatz- bzw. Nacherfüllungsanspruch setzen wiederum beide Normen ein Anfordern des Verbrauchers voraus.

Auch wenn wohl mehr Gründe für Art. 7 Abs. 2 VSG als eigenständige Anspruchsgrundlage sprechen, lässt sich diesbezüglich keine eindeutige Entscheidung treffen. Auch die Befragungen der Vizepräsidentin, eines Richters und des Pressesprecher der VSB zu diesem Thema durch den Autor, brachten kein einheitliches Ergebnis hierzu. In beiden Fällen verbleiben Unklarheiten. Ist man der Meinung, dass Art. 7 Abs. 2 VSG nur Klarstellungsfunktion zukommen soll, so erreicht die Vorschrift eher das Gegenteil. Nimmt man eine eigenständige Anspruchsgrundlage an, so ergeben sich einige Unterschiede in Bezug auf die Rechtsfolgen und die Anspruchsdurchsetzung. Diese lassen sich teilweise damit erklären, dass es sich bei Fehlern, die der Lieferant entdeckt, typischerweise um

Fehler handeln wird, die der ganzen Produktionslinie anhaften, während vom Verbraucher entdeckte Fehler auch Ausreißer sein können. So macht die Frist des Art. 8 VSG, welche an den Erhalt des Produktes anknüpft, im Falle des Entdeckens durch den Hersteller keinen Sinn. Denn dieses Entdecken hängt in keiner Weise mit dem Produkterhalt seitens des einzelnen Verbrauchers zusammen. Allerdings bleibt hinsichtlich Art. 7 VSG mangels Regelung völlig unklar, welche Frist gelten soll. Warum dem Lieferanten nach Art. 8 VSG im Vergleich zu Art. 7 VSG nicht die Möglichkeit einer Reparatur des Fehlers, also einer Nachbesserung, eingeräumt werden soll, ist ebenfalls nicht erklärlich. Nach alldem sind Unklarheiten in Bezug auf die Anwendung des Art. 7 Abs. 2 VSG häufig zu erwarten. Art. 7 Abs. 3 VSG ordnet diesbezüglich an, dass „bei Unklarheiten über die Auslegungen der beiden vorherigen Absätze die VSB für eine rechtskräftige Entscheidung anzurufen ist“.

In den bisherigen Veröffentlichungen wurde allein Art. 8 VSG mit Blick auf Ersatzansprüche für fehlerhafte Artikel erwähnt.[741] Zudem ist ohnehin zu erwarten, dass Art. 8 Abs. 1 VSG die in der Praxis bedeutsamere Vorschrift für Produkthaftungsfälle sein wird. Dafür spricht allein die Tatsache, dass es nach Art. 7 der Hersteller und nicht die VSB oder der Verbraucher ist, welche die Maßnahmen treffen müssen, auf denen Haftungsansprüche aufbauen können. Die Pflicht aus Art. 7 Abs. 1 VSG kommt also im Ergebnis einer Pflicht zur Selbstanzeige gleich und außerdem wird man dem Lieferanten nur bei ganz offensichtlichen Fehlern nachweisen können, dass er sie entdeckt hat. Auch wenn dem Lieferanten bei Zuwiderhandeln Strafen drohen, wird somit der Beteiligte mit dem geringsten Interesse verpflichtet, die Haftungsgrundlagen zu schaffen, was auch in Ägypten kritisiert wurde.[742]

V. Haftungsausschluss

Nach Art. 10 VSG ist „jede Bedingung in einem Vertrag, einer Urkunde, einem Dokument oder Schriftstück in Bezug auf den Vertrag mit dem Verbraucher null und nichtig, wenn die Bedingung den Lieferanten der Ware bzw. den Dienstleister von seinen Verpflichtungen nach diesem Gesetz befreit“. Damit kann die Haftung nach dem VSG weder ausgeschlossen noch beschränkt werden.

741 Amr Fahim, Excecutive Director der VSB, Interview in Al-Ahram Weekly, 31.07.08; Klaiber, Verbraucherschutzgesetz.

742 Al-Bakry, Business Monthly, June 2006.

VI. Verfahren zur Durchsetzung der Ansprüche

Hinsichtlich der Durchsetzung der Rechte nach dem VSG sind einige Besonderheiten zu beachten. Hierbei spielen sowohl die VSB als auch bestimmte NROs eine entscheidende Rolle.

1. Die Verbraucherschutzbehörde (VSB)

Grundlage für die Errichtung der VSB ist Art. 12 VSG. Danach soll in Anwendung der Vorschriften des VSG eine VSB (jihāz himāyat al-mustahilik) zum Schutz der Verbraucher und zur Sicherstellung seiner Interessen eingerichtet werden. Die VSB soll den Status einer juristischen Person öffentlichen Rechts haben, dem nach Art. 1 AusfBest zuständigen Minister für Handel und Industrie unterstehen, ihren Hauptsitz in Kairo und Filialen in den Gouvernements haben. Schließlich beschreibt die Vorschrift die generellen Funktionen der VSB mit der Erstellung von Plänen und Arbeitsprogrammen zur Erreichung der Verbraucherschutzziele, mit der Untersuchung der Verbraucherklagen, mit der Koordination der verschiedenen staatlichen Institutionen in Anwendung des VSG und mit der Durchführung entsprechender Studien. Im Frühjahr 2007 hat die VSB tatsächlich ihre Tätigkeit in Kairo-Mohandessin aufgenommen.

a) Besetzung

Von besonderem Interesse in Zusammenhang mit dem hier betrachteten Thema ist die Zusammensetzung des Verwaltungsrates (majlis idāria) und der Rechtsprechungsausschüsse (lijān) der VSB.

aa) Verwaltungsrat

Art. 13 VSG zufolge besteht der Verwaltungsrat aus 15 Mitgliedern unter Vorsitz eines Vollzeit-Vorsitzenden.[743] Die übrigen Mitglieder sind: Zwei Repräsentanten des Ministeriums für Handel und Industrie, ein leitender Abgeordneter des Staatsrates, vier Vertreter der NROs, drei Vertreter der Haupt-Gewerkschaften, ein Vertreter der ägyptischen Handelskammern, ein Vertreter des Industrieverbandes und schließlich drei Mitglieder mit Expertise. Durch diese Zusammensetzung ergibt sich ein starker staatlicher Einfluss innerhalb der VSB. Zwar gehören ihr auch sieben Nichtregierungsmitglieder (NROs und Gewerkschaften) an, aber selbst diese werden entweder direkt durch den zuständigen Minister oder durch den Verwaltungsrat ernannt. Zudem ist nicht festgelegt,

743 Diese Art des Behördenaufbaus entspricht gängiger ägyptischer Praxis, vgl. Zimmermann, S. 10.

wer die Mitglieder mit Expertise sein sollen und wie diese zu wählen sind. Die Geschäftsführung der VSB obliegt einem Vollzeit-Geschäftsführer, welcher gem. Art. 15 VSG vom Verwaltungsrat ernannt wird.

bb) Rechtsprechungsausschüsse

Nach Art. 17 Abs. 1 VSG hat „der Verwaltungsrat per Dekret die Einsetzung von Komitees (lijān) zu beschließen, welche Streitigkeiten hinsichtlich der Anwendung des VSG entscheiden sollen". Den Komitees steht jeweils der Präsident eines Eingangsgerichtes vor.[744] Weiterhin sind sie nach o.g. Norm mit einem regulären Richter eines solchen Gerichtes und einem Mitglied mit Expertise besetzt. Die beiden Richter sollen entsprechend dem Gesetz über die Justizbehörden und der Experte von dem zur Anwendung des VSG zuständigen Minister auf Vorschlag des Verwaltungsrates der VSB ernannt werden. Schließlich darf das Komitee seine Arbeit auch weiter delegieren, ohne dass diese Delegierten jedoch stimmberechtigt wären. Sämtliche dieser Regelungen werden noch einmal in Art. 46 AusfBest wiederholt, ohne dass dort jedoch Neues geregelt wird.

b) Entscheidungs- und Rechtsprechungskompetenz

Die Dekrete, welche von der VSB selbst entsprechend dem VSG beschlossen werden, bzw. die Entscheidungen zur Auslegung gem. Artt. 7 Abs. 3 und 8 Abs. 3 VSG sollen nach Art. 22 Abs. 1 VSG bindend sein. Eine Überprüfung derselben kann vor den ägyptischen Verwaltungsgerichten erfolgen.

Nach Art. 17 Abs. 1 VSG und Art. 46 AusfBest sollen die gerade beschriebenen Komitees „Streitigkeiten in Bezug auf die Anwendung des VSG und zwischen Verbrauchern und Lieferanten oder Inserenten entscheiden, nachdem sie die Parteien zum Vortrag ihrer Begehren aufgefordert haben". Die entsprechenden Entscheidungen des Komitees selbst sollen nach Art. 17 Abs. 2 VSG vor dem nach dem Gesetz über den Zivil- und Handelsprozess (ZVerfG) zuständigen Berufungsgericht überprüft werden. Demnach findet die gerichtliche Überprüfung von Entscheidungen auf Grundlage des VSG sowohl vor den Verwaltungs- als auch vor den Zivilgerichten statt. Abstrakte Anwendungsfragen betreffend das VSG sind vor dem Verwaltungsgericht und konkrete auf dem VSG basierte Einzelfälle vor dem zivilen Berufungsgericht zu überprüfen. Es bleibt abzuwarten, wie sich diese Aufteilung in der Praxis bewährt. Jedoch ist zu befürchten, dass sie nicht für einheitliche Rechtsprechung in Bezug auf das VSG sorgen wird.

---

744 Zu dem Aufbau der ordentlichen ägyptischen Gerichtsbarkeit vgl. unten das 4. Kapitel A.

2. Verbraucherschutz NROs

Ebenfalls von erheblicher Bedeutung hinsichtlich der Anwendung des VSG sind die im Bereich des Verbraucherschutzes tätigen NROs, von welchen es in Ägypten mehr als 60 gibt.[745] Die älteste dieser Verbraucherschutz-NROs wurde bereits 1982 gegründet.[746] Sie hatten bisher keine gesonderten rechtlichen Handlungsgrundlagen im Bereich des Verbraucherschutzes, so dass Ihnen oftmals nicht mehr übrig blieb, als die Hersteller zu kontaktieren und auf eine wohlwollende Antwort zu hoffen.[747] Hier hat das VSG eine entscheidende Wende gebracht. Dessen Art. 23 Abs. 1 VSG stattet die NROs, welche gem. Art. 1 Abs. 8 VSG und Art. 10 AusfBest i.S.d. NRO-Gesetzes registriert sein müssen,[748] nun mit eigenen Rechten aus. So können die NROs nach Art. 23 Abs. 1 Nr. b VSG Preisvergleiche und Warentests durchführen und nach Nr. f Verbraucherinformationskampagnen durchführen. Wichtiger im hiesigen Zusammenhang ist jedoch, dass sie berechtigt sind, Verbraucherbeschwerden entgegenzunehmen und zu bearbeiten (Nr. d), die Verbraucher bei eventuellen Beschwerden zur VSB und bei Klagen zu unterstützen (Nr. e) und dass sie schließlich selbst klagebefugt sind bzw. in Klageverfahren intervenieren können (Nr. a). Bisher waren Klagen der Verbraucherschutz-NROs im Namen anderer mangels eigener Klagebefugnis nicht möglich, so dass insbesondere die Verbandsklagebefugnis von allen Seiten begrüßt wurde.[749] Vor allem wird dies von großem Nutzen für den Verbraucher selbst sein, da eine Klage nunmehr in seinem Interesse geführt werden kann, ohne dass er das Prozessrisiko tragen muss.[750]

Bereits die außergerichtlichen Anfragen bei den Lieferanten und Herstellern dürften nunmehr deutlich effizienter verlaufen, da die NROs gegenüber dem Verbraucher über mehr Erfahrung und Qualifikation verfügen.

Andererseits wurden auch Bedenken gegenüber dem VSG mit Blick auf die NROs laut. Die NROs erhalten zwar eine ganze Reihe neuer Rechte, zugleich werden sie aber direkt in die VSB eingebunden, insbesondere als Mitglieder des Verwaltungsrates. Daher wurde befürchtet, dass darunter die Unabhängigkeit

745 Al-Bakry, Business Monthly, Juni 2006.

746 Al-Bakry, Business Monthly, Juni 2006.

747 Al-Bakry, Business Monthly, Juni 2006.

748 Nach Art. 1 des Gesetzes 84/2000 (NRO-Gesetz) sind alle nicht kommerziellen Gruppierungen mit mehr als zehn Mitgliedern verpflichtet, sich beim Ministerium für Soziale Angelegenheiten zu registrieren.

749 Egypt today, many happy returns; Klaiber, Verbraucherschutzgesetz; Al-Bakry, Business Monthly, Juni 2006.

750 Klaiber, Verbraucherschutzgesetz.

der NROs und das Vertrauen der Verbraucher in diese leiden könnten.[751] Dem ist allerdings entgegen zu halten, dass die NROs durch die Einbindung in die VSB die Möglichkeit haben, bereits im Gesetzgebungsverfahren in Bezug auf die Ausführungsbestimmungen und Dekrete die Interessen der Verbraucher zu vertreten.

3. Verfahrensablauf

Mit dem Recht, die Verbraucherschutzbeschwerden zu sammeln und zu bearbeiten, sind die NROs de facto zu einer ersten Instanz geworden. Ohne dass es sich aus dem Wortlaut der Vorschriften ergibt, wird in Ägypten davon ausgegangen, dass der Verbraucher zunächst angehalten ist, sich selbstständig mit seinem Begehren an den Lieferanten zu wenden.[752] Dabei wird nicht klar, ob diese Voraussetzung als materielle i.S.d. Fälligkeit des Anspruches oder als prozessuale i.S.e. allgemeinen Rechtsschutzbedürfnisses angesehen wird. Jedenfalls kann, falls der Verbraucher damit erfolglos bleibt, eine der registrierten Verbraucherschutz-NROs sich in seinem Namen außergerichtlich um eine Lösung bemühen. Falls auch dieses keinen Erfolg hat, kann die NRO den Fall entweder in eigenem Namen oder den Verbraucher unterstützend vor ein Komitee der VSB bringen und schließlich könnte dessen Entscheidung vor einem Berufungsgericht überprüft werden. Aus Artt. 29 und 31 AusfBest ergibt sich jedoch, dass sich der Verbraucher auch direkt und ohne vorherige Einschaltung einer NRO an die VSB wenden kann. In jedem Fall muss er aber wohl zuerst selbst versuchen, sein Begehren bei dem Lieferanten durchzusetzen.[753]

Bei der VSB eingereichte Beschwerden werden gem. Art. 33 AusfBest zunächst dem Vollzeit-Geschäftsführer vorgelegt, welcher über die allgemeinen Zulässigkeitsvoraussetzungen entscheidet, dazu gehört insbesondere die Vollständigkeit der Klageschrift. Nach Weiterleitung an die zuständige Abteilung hat diese gem. Art. 34 AusfBest binnen einer Frist von 30 Tagen die Beschwerde zu untersuchen und einen Bericht mit den veranlassten Maßnahmen zu verfassen. Dieser Bericht soll dann seinerseits gem. Art. 42 Abs. 1 AusfBest wiederum an den Vollzeit-Geschäftsführer der VSB zurückgeleitet werden. Dieser gibt den Bericht gem. Absatz 2, um seine Einschätzung und gegebenenfalls seinerseits ergriffene Maßnahmen ergänzt, binnen sieben Tagen an den Vorsitzenden des Verwaltungsrates weiter. Letzterer kann nach Art. 43 AusfBest dazu eine „be-

751 Al-Bakry, Business Monthly, Juni 2006.

752 El-Noshokaty, Getting even, Al-Ahram Weekly, 31.07.08; Al-Bakry, Business Monthly, Juni 2006.

753 El-Noshokaty, Getting even, Al-Ahram Weekly, 31.07.08; Al-Bakry, Business Monthly, Juni 2006.

gründete Entscheidung" fällen, weitere Untersuchungen anordnen oder den Fall „in den Akten belassen".

In Art. 45 ff. AusfBest werden nochmals die Zusammensetzung und Entscheidungsfindung der o.g. Rechtssprechungsausschüsse beschrieben. Nach Art. 45 AusfBest sind sie insbesondere für die Entscheidungen über Uneinigkeiten zwischen den Parteien in Bezug auf die Anwendung des VSG zuständig. Unklar bleibt aber, an welcher Stelle sie ins Spiel kommen. Insbesondere ist nicht klar, ob mit den zuständigen Stellen i.S.d. Artt. 34 und 42 AusfBest bereits die Rechtsprechungsausschüsse gemeint sind. Nimmt man dies an, ergäbe sich ein einheitliches Verfahren, in welchem die Entscheidungsfindung seitens der Rechtsprechungsausschüsse unter maßgeblicher Hoheit des Vollzeit-Direktors integriert wäre. Dagegen spricht allerdings der unterschiedliche Wortlaut der Normen. Denn das Gesetz nennt einerseits zuständige Stellen (īdāra muchtasa) und andererseits Rechtsprechungsausschüsse (lijān). Dies würde bedeuten, dass den Entscheidungen der Rechtsprechungsausschüsse eine Art internes Schlichtungsverfahren unter Hoheit des Vollzeit-Geschäftsführers vorangeht und erst dann die Entscheidung der Rechtsprechungsausschüsse erfolgt. Die in jedem Fall ergehende Entscheidung der Ausschüsse hat nach Art. 52 Abs. 1 AusfBest jedenfalls den Rang einer Entscheidung eines Gerichtes der ersten Instanz und kann nach Absatz 2 vor den Berufungsgerichten nach den Regeln des ZVerfG überprüft werden.

4. Beschwerdeform

Art. 30 AusfBest enthält detaillierte Formvorgaben, darunter Angaben zu Rubrum, Beschwerdegegenstand und Beweismitteln, für die Beschwerdeschrift.

5. Verfahrenskosten

Nach Art. 20 Abs. 3 VSG und Art. 29 AusfBest erhebt die VSB keine Kosten von den Verbrauchern oder Verbraucherschutz-NROs; weder für die Bearbeitung der Klagen noch für das eigentliche Verfahren. Nicht erwähnt werden etwaige Kosten in Bezug auf die Anspruchsgegner, so dass davon auszugehen ist, dass auch diese keine Verfahrenskosten zu tragen haben.

6. Zwischenergebnis

Zwar scheint sich der Gesetzgeber bemüht zu haben, den Verfahrensablauf nach dem VSG zügig zu gestalten. Mit Blick auf die dazu bemühten Fristenregelungen fällt aber auf, dass den Vollzeit-Geschäftsführer und den Verwaltungsratsvorsitzenden der VSB keine Fristen treffen. Zugleich ist insbesondere der Vollzeit-Geschäftsführer an mehreren Stellen in das Verfahren eingebunden, so dass Verzögerungen hier vorprogrammiert sind. Allerdings entspricht es bisheriger ägyptischer Praxis, Staatsbeamte nicht mit Fristen zu behelligen.

Weiterhin fällt die eigenartige Kompetenzzersplitterung nach dem VSG auf. Die erstinstanzliche Entscheidung in Bezug auf Ansprüche nach dem VSG treffen die Rechtsprechungsausschüsse und die, noch zu besprechenden, Strafen nach dem VSG verhängen die neu eingerichteten Wirtschaftsgerichte. Die Überprüfung findet dann hinsichtlich abstrakter Anwendungsfragen vor dem Verwaltungsgericht und hinsichtlich konkreter auf dem VSG basierender Einzelfälle vor dem zivilen Berufungsgericht statt. Somit sind letztendlich vier verschiedene Gerichtszweige mit Entscheidungen nach dem VSG befasst, was die Einheitlichkeit der Rechtsprechung erheblich erschweren dürfte.

VII. Sonstige Rechtsfolgen nach dem VSG

Neben den Ersatz- und Rücknahmeansprüchen können sich Lieferanten nach dem VSG auch noch bestimmten Untersuchungsrechten und Strafen ausgesetzt sehen.

1. Untersuchungsrechte

In den Artt. 35 bis 41 AusfBest ist geregelt, dass bestimmte Mitarbeiter der VSB als Untersuchungsbeamte eingesetzt werden können. Diese können zur Sachverhaltsaufklärung die Buchführung betroffener Lieferanten einsehen, Ladenlokale und Arbeitsplätze während der Öffnungszeiten besichtigen und Artikel als Muster aus Lager- oder Warenhäusern entnehmen.

2. Strafverhängung

Nach Art. 24 Abs. 1 VSG kann wegen einer Zuwiderhandlung gegen eine Bestimmung der Artt. 3 bis 9, 11, 18 und 23 Abs. 2 VSG eine Geldstrafe verhängt werden. Diese soll nicht unter 5.000 und nicht über 100.000 ägyptische Pfund (EGP) betragen.[754] Im Fall einer Wiederholung verdoppeln sich diese Beträge. Striktere Strafen nach anderen Vorschriften bleiben hiervon unberührt. In Absatz 2 der Vorschrift wird ausdrücklich angeordnet, dass diese Strafen auch gegenüber dem verantwortlichen Geschäftsführer des zuwiderhandelnden Unternehmens verhängt werden können, wenn ihm die Zuwiderhandlung bewusst war und auf eine Verletzung seiner Geschäftsführerpflichten zurückzuführen ist. Ebenso soll eine juristische Person nach Absatz 3 mit einer Strafe belegt werden

754 Das sind derzeit etwa 550 bis 11.000 €.

können, wenn die Zuwiderhandlung von einem ihrer Angestellten in ihrem Namen oder Auftrag begangen wurde.

In Absatz 4 ist vorgesehen, dass das Gericht die verhängte Strafe auf Kosten des Zuwiderhandelnden in zwei allgemeinen Tageszeitungen veröffentlicht. Zwischenzeitlich war unklar, welches Gericht hier gemeint war. Denn das VSG spricht nur von „Gericht“. Naheliegend wäre das rechtsprechende Komitee der VSB gewesen, da dieses und nicht ein ordentliches Gericht die allgemeine Eingangsinstanz ist. Dafür spricht auch Art. 24 Abs. 5 VSG. Denn darin wird ausdrücklich auf die VSB Bezug genommen, in dem der Vorsitzende des Verwaltungsrates berechtigt wird, mit dem Zuwiderhandelnden im zivilrechtlichen Verfahren gegen eine Zahlung von nicht unter 10.000 EGP eine Einigung zu erzielen, aufgrund derer das Strafverfahren beendet wird. Aus dieser letzten Vorschrift wird deutlich, dass in Art. 24 VSG grundsätzlich ein eigenständiges Strafverfahren vorgesehen ist. Dies könnte zugleich aber auch dafür sprechen, dass mit „Gericht“ in Absatz 4 ein ordentliches Strafgericht gemeint war. Auch die AusfBest brachten hier keine Klarheit. In deren Art. 28 Nr. f ist über die Berechtigung des Art. 24 Abs. 5 VSG hinausgehend lediglich vorgesehen, dass der Verwaltungsratsvorsitzende über die erzielten Einigungen einen periodischen Bericht erstellen soll. Diese Frage konnte auch in der ägyptischen Praxis nicht einheitlich beantwortet werden.[755] Erst seit Einführung der noch zu besprechenden Wirtschaftsgerichte durch das Gesetz Nr. 120/2008 (WGG) ist Klarheit geschaffen worden. Denn nach Art. 4 Nr. 15 WGG sind nunmehr die Wirtschaftsgerichte für die Verhängung von Strafen nach dem VSG ausschließlich zuständig.

Die gerade genannte Ermessensregel für die Erledigung des Strafverfahrens wurde stark kritisiert und sogar als die „größte Schwachstelle des Gesetzes“ bezeichnet,[756] da das Verfahren ohne Absprache mit dem Kläger beendet werden könnte. Allerdings scheint auch dies ein Punkt, bei dem die Kritik seitens des ägyptischen Gesetzgebers gehört wurde. Denn nach Art. 53 AusfBest setzt eine Beendigung des Strafverfahrens über die bereits im VSG vorgesehene Zahlung von nicht unter 10.000 EGP voraus, dass „1. die Ursache für die Verletzung beseitigt wurde, 2. der Kläger seine Beschwerde zurückgezogen hat und 3. daraus der Vergleich über die Beendigung der Strafsache folgt“. Die Ermessensbetätigung seitens des Verwaltungsratsvorsitzenden setzt danach immer das Einverständnis des Klägers voraus. Im Übrigen wäre die o.g. Kritik auch ohne diese

755 Befragungen des Autors von zwei Richtern und zwei Staatsanwälten, sämtlich für Fälle nach dem VSG zuständig, ergaben ein uneinheitliches Bild zur zwischenzeitlichen Rechtslage.

756 Egypt today, many happy returns.

Änderung nicht nachvollziehbar gewesen. Denn das Ermessen hätte sich stets nur auf das Straf- und nicht auf das Zivilverfahren bezogen. In Ersterem käme es auch in Deutschland nicht auf ein Einverständnis des Betroffenen an, da hier nicht die Dispositionsmaxime gilt. Zudem wäre auch in Deutschland eine Strafverfahrenseinstellung gegen Auflagen gem. § 153 a StPO möglich.

3. Verbraucheraufklärung

Gerade in Ägypten besteht ein besonders hohes Bedürfnis an einer Aufklärung der Verbraucher. Denn neben der relativ hohen Analphabetenrate wird in Ägypten Betrug traditionell oftmals als Ausdruck von Schlauheit oder zumindest als notweniger Bestandteil der Geschäftspraxis hingenommen[757]. Ein großes praktisches Problem besteht zudem darin, dass die Verbraucher zur Rechtsdurchsetzung meist nicht einmal den Kauf nachweisen können, da die Ausgabe von Kaufbelegen in Ägypten bis heute wenig üblich ist.[758] Der Inhalt einer Rechnung ist zwar nunmehr detailliert in Art. 5 VSG vorgeschrieben, deren Ausgabe muss aber erst auf Anfordern des Verbrauchers erfolgen.

Die demnach erforderliche Verbraucheraufklärung ist an mehreren Stellen im VSG festgelegt. Zunächst ist in Art. 2 (e) VSG das Recht der Verbraucher, „Informationen in Bezug auf den Schutz der Verbraucherrechte und der legitimen Interessen zu erhalten“, festgeschrieben. Zur Umsetzung dieses Rechts sind gem. Art. 23 (f) VSG die Verbraucher-NROs ermächtigt, „eine Verbraucherrechtskultur zu fördern, die Bürger in Bezug auf ihre Rechte aufzuklären und zur Rechtsdurchsetzung notwendige Datenbanken zu schaffen“. Die VSB hat zudem gem. Art. 12 (a) VSG die Aufgabe, „Pläne und Arbeitsprogramme zum Schutz, zur Unterstützung und Entwicklung der Verbraucherrechte und dazu erforderlichen Mitteln zu erstellen“. In Erfüllung dieser Aufgabe wurde zu Beginn des Jahres 2008 begonnen, zahlreiche Aufklärungsbeiträge über das Fernsehen und den Rundfunk zu verbreiten.[759] Zudem hat die VSB an vielen Ladenlokalen gut sichtbare Informationstafeln mit den grundlegenden Rechten nach dem VSG angebracht. Und schließlich bringen die zehn führenden Verbraucherschutz-NROs ein monatliches Rundschreiben zur Information der Verbraucher heraus. Der offensichtliche Erfolg der Aufklärungsmaßnahmen wird an der steigenden Zahl der monatlichen Beschwerden bei der VSB deutlich.[760] Während in der ers-

---

757 Vortrag von Hassan Gimai, Professor der Rechtsfakultät, Kairo Universität, KAS, 20.04.2004, http://www.kas.de/proj/home/events/18/1/year-2004/month-4/veranstaltung_id-9905/index.html.

758 AmCham, The Report 2009, S. 39.

759 El-Noshokaty, Getting even, Al-Ahram Weekly, 31.07.08.

760 Vgl. dazu Sherine Nasr, The consumer is always right, Al-Ahram Weekly, 26.03.2009.

ten Hälfte des Jahres 2007 noch durchschnittlich etwa 66 Beschwerden pro Monat bei der VSB anhängig wurden, waren es in der zweiten Jahreshälfte bereits 312 monatliche Beschwerden.[761] Im Jahr 2008 stieg die Zahl weiter auf ca. 618 monatliche Beschwerden, 2009 konnte die VSB knapp über 800 und seit dem Jahr 2010 etwa zwischen 1000 und 2000, im Mittel ungefähr 1300, monatliche Beschwerden verzeichnen.[762] Inhaltlich beziehen sich laut den Veröffentlichungen der VSB die meisten Beschwerden auf Haushaltsgeräte (31%), Mobiltelefone (17%), Automobile, Klimaanlagen, Dienstleistungen (jeweils 11%) und Computer (3%).[763]

VIII. Kritik

Eine ganze Reihe Kritikpunkte, denen sich das VSG bereits im Gesetzgebungsverfahren ausgesetzt sah, wurden bereits im Zusammenhang mit den jeweiligen rechtlichen Anknüpfungspunkten besprochen. Jedoch gab es noch weitere, allgemeine Kritik.

1. Der Einfluss der Regierung

Wie bereits festgestellt wurde, ist die VSB unmittelbar in die Staatsverwaltung eingebunden, insbesondere ist sie dem Ministerium für Handel und Industrie gegenüber verantwortlich, und auch zu großen Teilen mit staatlichen Angestellten besetzt. Wegen der gleichzeitig gewährten Rechtsprechungskompetenz wurde daher, insbesondere in Bezug auf Fälle mit staatlichen Unternehmen als Beklagten, die ausreichende Unabhängigkeit der VSB bezweifelt.[764] So wurde gefragt, „wie die Regierung gleichzeitig Schiedsrichter und Gegenspieler sein kann".[765] Allerdings sind in eigentlich jeder Jurisdiktion Gerichte mit staatlichen Angestellten bzw. Beamten besetzt und müssen teilweise über Ansprüche des Bürgers gegenüber dem Staat entscheiden. Es ist dann eben Aufgabe der jeweiligen Justizgesetze, für ausreichend Unabhängigkeit der rechtsprechenden Organe zu sorgen. Gerade weil die eigentlichen Spruchkörper der VSB, die Komitees, mehrheitlich sogar mit regulären Richter erster Instanz besetzt sind und diese auch entsprechend dem Gesetz über die Justizbehörden ernannt werden, kann die o.g. Kritik nur teilweise nachvollzogen werden. Schließlich ordnet Art. 47 AusfBest in Bezug auf das Mitglied mit Expertise sogar an, dass dieses

761 Http://www.cpa.gov.eg/english/state/monthlyENOriginal2007.JPG.

762 Http://www.cpa.gov.eg/english/Statistics.htm.

763 Http://www.cpa.gov.eg/english/stateCategories.htm.

764 Egypt today, many happy returns; Al-Bakry, Business Monthly, Juni 2006.

765 Al-Bakry, Business Monthly, Juni 2006.

„nicht an Entscheidungen mitwirken darf, hinsichtlich welcher es schon eine Meinung geäußert hat oder ein Gutachten geschrieben hat". Allerdings erkennt die o.g. Kritik selbst an, dass die Einbindung der NROs in die Staatsverwaltung auch eine Stärkung der Verbraucherposition bedeutet, da diese sich nun an eine gesonderte und legitimierte erste Anlaufstelle wenden können.[766]

Im Übrigen ist in Art. 14 Abs. 2 VSG ausdrücklich geregelt, dass „kein Mitglied des Verwaltungsrates an Beratungen oder Abstimmungen teilnehmen darf, in welchen es eigene Interessen, Streitigkeiten oder Beteiligungen bis zum vierten Grad" verfolgt. Somit bemüht sich das VSG sowohl mit Blick auf den rechtsprechenden als auch auf den gesetzgeberischen Prozess, ein relativ hohes Maß an Unabhängigkeit zu gewährleisten.

2. Kein Mindeststreitwert

Weiterhin wurde kritisiert, dass das VSG keinen Mindeststreitwert festsetzt. So wurde z.B. befürchtet, dass eine „Klage wegen einer fehlerhaften Gürtelschnalle eine Klage betreffend einen Fehler in einer ganzen Produktionsreihe von Kraftfahrzeugen blockieren könnte".[767] Auch in Deutschland gab es vergleichbare Kritik,[768] infolge derer das deutsche ProdHaftG in Art. 11, ebenso wie die zugrunde liegende EG-Richtlinie, eine Selbstbeteiligung bei Sachschäden i.H.v. 500 € vorsieht. Dahinter steht der Erhalt eines effektiven Justizsystems und auch das Argument, dass der Verbraucher dadurch angehalten ist, sorgsam mit der Sache umzugehen.[769] Allerdings steht bzw. stünde diesen Zielsetzungen in beiden Rechtsordnungen der Rückgriff auf das allgemeine Zivilrecht entgegen.

3. Terminologie und Systematik

Den größten Schwachpunkt des Gesetzes sehen Kritiker berechtigterweise in seiner oftmals uneindeutigen Terminologie.[770] Zunächst verlieren die Definitionen durch die Verwendung sehr langer und zugleich uneindeutiger Kataloge deutlich an Schärfe. Zudem sind diese Kataloge meist nicht beispielhaft, sondern abschließend formuliert, wie z.B. bei der Definition der „Personen", wodurch rechtliche Schlupflöcher vorprogrammiert sind. Viele Begriffe werden auch zunächst in den allgemeinen Definitionen festgelegt, dann aber im Rahmen der Tatbestände wieder verändert oder ergänzt. Dabei ist dem ägyptischen Gesetz-

766 Al-Bakry, Business Monthly, Juni 2006.

767 Al-Bakry, Business Monthly, Juni 2006.

768 Vgl. MüKo/Wagner, § 11 ProdHaftG, Rn. 1.

769 Vgl. MüKo/Wagner, § 11 ProdHaftG, Rn. 1.

770 Al-Bakry, Business Monthly, Juni 2006.

geber die Klammertechnik, wie sie z.B. das BGB benutzt, durchaus bekannt und deren Umsetzung auch oftmals gelungen, wie sowohl das HGB als auch das ZGB gezeigt haben. Im Fall des VSG wollte der Gesetzgeber mit dem Voranstellen von allgemeinen Definitionen offensichtlich ebenfalls diesen Weg gehen, hat ihn allerdings nicht immer konsequent beschritten. Zudem lässt das Gesetz vielfach Fragen offen. Auch ist das Zusammenspiel des VSG mit den AusfBest nicht besonders gelungen. Letztere wiederholen meist schlicht die Regelungen des VSG mit entweder exakt demselben oder nur leicht abgeändertem Wortlaut und enthalten nur wenig wirklich Eigenständiges oder Klarstellendes. Gerade durch diese Wiederholungen muss sich der Leser mühsam bis zu den trotzdem vorhandenen entscheidenden Vorschriften durchschlagen.

IX. Vergleich zu anderen arabischen Verbraucherschutzgesetzen

Sowohl in inhaltlicher als auch in zeitlicher Hinsicht lassen sich mit dem ägyptischen VSG insbesondere das VSG des Libanon vom 10. Februar 2005 (Gesetz Nr. 659/2005) und das VSG der VAE vom 13. August 2006 (Bundesgesetz Nr. 24/2006) vergleichen. Beide Gesetze enthalten wie das ägyptische umfassende Informationspflichten der Verkäufer, die Unzulässigkeit bestimmter Werbe- und Geschäftspraktiken, die Einrichtung von Verbraucherschutzbehörden und -verbänden und bestimmte Rechte in Bezug auf defekte Produkte. Über das ägyptische Gesetz hinausgehend umfassen beide vorgenannten Gesetze auch Regelungen zu unzulässigen Preisabsprachen. Das 132 Artikel umfassende libanesische Gesetz enthält schließlich sogar Regelungen betreffend Haustür- und Fernabsatzgeschäfte und bildet somit ein umfassendes Verbraucherschutzgesetz im europäischen Sinne.

In Bezug auf die Rechte bei fehlerhaften Produkten differenziert das libanesische VSG genau zwischen Herstellern und Lieferanten. Nur Letztere, zu welchen allerdings auch Importeure gehören, betreffen die in Artt. 3 und 28 ff. festgelegten umfassende Gewährleistungsvorschriften für fehlerhafte Produkte. Dabei bezieht das libanesische Gesetz gem. Artt. 3, 32 ausdrücklich auch „Schäden durch mangelhafte Produkte ein, die durch deren vorgesehene Benutzung entstehen".

Das VSG der VAE verweist wie das ägyptische VSG mehrfach auf Durchführungsvorschriften, welche weitere Regelungen und Definitionen bereithalten sollen. Ebenso wie das ägyptische Gesetz enthält das VSG der VAE gem. Art. 5 eine Rücknahme- bzw. Ersatzpflicht mangelbehafteter Produkte. Über das ägyptische Gesetz hinaus gehend, und demzufolge vergleichbar dem libanesischen Gesetz, verpflichtet das VSG der VAE in Art. 9 zum Ersatz „jedweden Schadens, der einem Verbraucher durch den Verbrauch und Genuss der Waren, nicht rechtzeitiger Zurverfügungstellung von Ersatzteilen und Nichteinhaltung von Garantien entsteht". Haftungsadressaten sind der Lieferant und bei lokaler Herstellung gesamtschuldnerisch auch der Hersteller. Im Gegensatz zum ägyptischen VSG normiert diese Vorschrift also einen echten Produkthaftungsanspruch. Der Anspruch wird aber dem Wortlaut nach nicht nur bei Verzugsschäden und Garantieverstößen, sondern auch bei schlichten Gebrauchsschäden ausgelöst, ohne dass es auf das Vorliegen eines Fehlers ankommt. Demnach wäre auch „der Schlag mit dem mangelfreien Hammer auf den Kopf" umfasst, was schlichtweg nicht sein kann.[771] Auch im Hinblick auf die Haftungsadressaten ist der Wortlaut nicht exakt bzw. tautologisch. Denn der lokale Hersteller ist vom Wortlaut her, wie nach dem ägyptischen VSG, bereits von der Definition des Lieferanten umfasst.[772] Hinsichtlich des Haftungsumfangs verweist Art. 16 des VSG der VAE pragmatischerweise auf die dazu geltenden allgemeinen Vorschriften.[773]

Beide Gesetze umfassen demnach auch Produkthaftungsansprüche im hiesigen Sinne und gehen damit über das ägyptische VSG hinaus. Allerdings gab es in Ägypten, im Gegensatz zum Libanon und den VAE[774], mit Art. 67 HGB bereits vor Inkrafttreten des VSG eine spezifische Produkthaftungsanspruchsgrundlage und somit keinen zusätzlichen Regelungsbedarf. Mit Blick auf die Gesetzgebungstechnik fällt auf, dass das Gesetz der VAE, ebenso wie das ägyptische VSG, oftmals nicht eindeutige Definitionen verwendet oder in sich widersprüchlich ist und im Übrigen auf Ausführungsbestimmungen verweist. Dagegen hat der libanesische Gesetzgeber, der offensichtlich sowohl die UN-Richtlinie als auch die europäischen Verbraucherschutzgesetze im Blick hatte, nicht nur ein umfassenderes Gesetz geschaffen, sondern sich auch einer abstrakteren Sprache und einer klareren Systematik bedient.

X. Zwischenergebnis zum VSG

Hinsichtlich des Umfangs der Haftung geht Art. 8 Abs. 1 VSG nicht über die vertragliche Gewährleistung hinaus, sondern bleibt sogar dahinter zurück. Nicht ganz klar ist, ob daneben auch Art. 7 VSG Anspruchsgrundlage für Produktersatzansprüche bilden kann. Letzterer wird allerdings, da er auf einer Pflicht zur Selbstanzeige beruht und sich ein Verstoß nur in wenigen Fällen nachweisen lassen wird, ohnehin nur geringe Praxisrelevanz erlangen. Nach beiden Normen

771 So Wallmann, S. 8.

772 Keimer, S. 155.

773 Al-Tamimi/Kelly, Al-Tamimi Law Update, November 2006, S. 12.

774 Vgl. zum Produkthaftungsrecht der VAE auch Krüger, Parteiautonomie, S. 110.

sind wohl keine über den Produktfehler hinausgehenden Schäden zu ersetzen. Entscheidender Unterschied zum Vertragsrecht ist aber, dass die Rechtsfolge des VSG jede Person in der Lieferkette und den Hersteller des Artikels trifft. Es handelt sich also um eine Art „außervertragliche Gewährleistung“ bzw. Kodifizierung der französischen Rechtsfigur der *action directe*.

Mit Blick auf den Haftungsstandard des VSG lässt sich festhalten, dass sowohl Art. 7 Abs. 2 VSG als auch Art. 8 Abs. 1 VSG zunächst nur einen Produktfehler voraussetzen. Insoweit liegt eine verschuldensunabhängige Haftung vor. Daran ändert auch die bereits besprochene Definition des Art. 1 Abs. 9 VSG nichts, nach der ein Mangel i.S.d. Art. 8 Abs. 1 VSG nur anzunehmen ist, wenn der Verbraucher ihn nicht selbst verursacht hat. Denn das Gesetz spricht insofern ausdrücklich von „verursachen“ (tasabab) und nicht von „verantworten“ (masūl). Auch benutzt das VSG wie das Mängelrecht des Art. 447 ZGB das Wort „Mangel“ ('aīb) und nicht das im Deliktsrecht des Art. 163 ZGB gebrauchte „Fehler“ (khatā), in welches ein Verschulden *à la faute* hineingelesen wird. Auf ein Verschulden des Verbrauchers kommt es demnach nicht an, so dass es sich um eine verschuldensunabhängige, außervertragliche Gewährleistung handelt. Die Norm enthält im Kern Gewährleistungsansprüche, knüpft deren Rechtsfolgen jedoch vergleichbar dem deutschen ProdHaftG auch an außervertragliche Sachverhalte und setzt ebenso kein Verschulden voraus. Daher wurde sie zu Recht nur als „zaghafter Ansatz eines Produkthaftungsrechts“ beschrieben.[775] Auch die VSB selbst sieht die Norm mehr als Rahmengesetzgebung, denn als schlagkräftigen Anspruch.[776] Nicht nur mit Blick auf den Haftungsumfang, sondern auch wegen der sehr kurzen Geltendmachungsfrist handelt es sich daher nicht um einen wirklichen Produkthaftungsanspruch. Zielsetzung des Gesetzes dürfte auch eher der Schutz vor der Unübersichtlichkeit moderner Vertriebskanäle sein und weniger der Schutz der Integrität vor Schäden, welche durch fehlerhafte Produkte verursacht werden.

Auch wenn das VSG nach alldem keinen eigentlichen Produkthaftungsanspruch bereithält, wird es zumindest indirekt erheblichen Einfluss auf die Produkthaftungspraxis entwickeln. Denn zum einen finden aufgrund dieses Gesetzes zum ersten Mal umfassende Maßnahmen zur Aufklärung der Verbraucher statt, insbesondere was deren Bewusstsein hinsichtlich ihrer Rechte angeht. Zum anderen stehen den Verbrauchern nun mit der VSB und den rechtlich gestärkten NROs zwei schlagkräftige Institutionen zur Seite, welche sie zudem kostenlos für die Durchsetzung ihrer Rechte beanspruchen können. Daher ist anzunehmen, dass neben dem bereits beschriebenen Anstieg der Beschwerden bei der VSB

775 Klaiber, Verbraucherschutzgesetz.

776 Amr Fahim, Excecutive Director der VSB, Interview in Al-Ahram Weekly, 31.07.08

auch die Zahl der gerichtlich ausgetragenen Produkthaftungsfälle zunehmen wird.

Eine Besonderheit ist die Möglichkeit, den Lieferanten bei Verstößen gegen die Vorschriften des VSG mit Strafen zu belegen. Dies hat mit der bereits im ZGB aus Frankreich übernommenen *astreinte* historische Wurzeln in Ägypten. Im Unterschied zur *astreinte* dienen die Strafen nach Art. 24 VSG aber nicht der Anspruchsdurchsetzung, sondern der Disziplinierung des Lieferanten, was ihnen je nach praktischer Handhabung durchaus gelingen könnte.

Im Übrigen hat aber das Verfahren zur Durchsetzung der Rechte nach dem VSG deutliche Schwachpunkte. Insbesondere die Kompetenzzersplitterung, nach der vier verschiedene Gerichtszweige mit Entscheidungen nach dem VSG befasst sind, lassen wenig Einheitlichkeit der Rechtsprechung erwarten. Zudem sind die involvierten höheren Staatsbeamte nicht an Fristen gebunden, so dass auch hier Verzögerungen vorprogrammiert sind.

Nicht zu übersehen ist schließlich die Orientierung an vergleichbarem internationalem Recht seitens des ägyptischen Gesetzgebers. Wie bereits erwähnt, hat er sich bereits im Gesetzgebungsverfahren stark an der UN-Richtlinie zum Verbraucherschutz von 1985 in der Fassung von 1999 ausgerichtet. Die Anlehnung bezieht sich nicht nur auf die Rechtsfolgen bei fehlerhaften Produkten, sondern auch auf die Gesamtstruktur und die übrigen Schwerpunkte des Gesetzes, insbesondere die Verbrauchererziehung und deren Recht auf Zugang zu relevanten Informationen. Aber auch die zukünftige Entwicklung des Gesetzes soll in Entsprechung internationaler Trends stattfinden. In Bezug auf Deutschland ist z.B. eine Ringvorlesung der Konrad-Adenauer-Stiftung zwischen den Jahren 2004 und 2008 in Kairo zu erwähnen, bei der exklusiv das VSG mit ägyptischen Professoren diskutiert wurde.[777] Weiterhin wird das besondere Interesse der ägyptischen Seite an dem entsprechenden deutschen Recht auch an dem Besuch einer vierköpfigen Delegation der VSB beim Bundesministerium für Ernährung, Landwirtschaft und Verbraucherschutz (BMELV) im Februar 2010 in Deutschland deutlich.[778] Dabei informierte sich die Delegation vor allem über die Organisation des wirtschaftlichen Verbraucherschutzes in Deutschland.

777 http://www.kas.de/proj/home/events/18/1/year-2008/month-4/veranstaltung_id-30492/index.html.

778 http://www.bmelv.de/SharedDocs/Standardartikel/Europa-Internationales/InternationaleZusammenarbeit/ Wirtschaftlicher-Verbraucherschutz-Aegypten.html.

G. Islamisches Haftungsrecht

In mehrheitlich muslimischen Ländern muss stets auch das islamische Recht bedacht werden, welches in verschiedenem Umfang angewandt wird. Dieser Umfang hängt in Ägypten von dem Grad der Verdrängung durch säkulares Recht ab, welcher in Verfassung und im ZGB festgeschrieben ist. Bevor auf den in Ägypten denkbaren Anwendungsbereich des relevanten islamischen Rechts eingegangen wird, sollen Begriff und Inhalt desselben dargestellt werden.

I. Begriff und Quellen des islamischen Rechts

Vielfach wird das islamische Recht mit dem Begriff Scharia gleichgesetzt. Der Begriff Scharia steht wörtlich für den „den Weg zur Tränke".[779] Als terminus technicus ist die Scharia das kanonische Gesetz der islamischen Welt und enthält die Gesamtheit der auf die Handlungen des Menschen bezüglichen Vorschriften Gottes. Diese sind in den im Koran geregelten Rechtsregeln und in den unbestritten überlieferten Handlungen und Aussagen des Propheten Mohammed enthalten. Der Begriff Scharia kann jedoch nicht mit islamischem Recht gleichgesetzt werden. Dies wäre zugleich zu kurz als auch zu weit gegriffen. Verkürzend wäre die Gleichsetzung wegen des gerade genannten umfassenden Geltungsanspruches der Scharia auf die Handlungen des Menschen.[780] Denn damit geht die Scharia weit über das hinaus, was allgemein vom Begriff Recht umfasst wird. Da sich das islamische Recht zugleich erst aus der Verknüpfung der Schariavorschriften mit der islamischen Rechtswissenschaft, der sog. „fiqh", ergibt,[781] wäre die Gleichsetzung zu kurz gegriffen. Diese islamische Rechtswissenschaft umfasst, über die Scharia hinausgehend, auch die nicht einwandfrei überlieferten Rechtsmeinungen und verschiedene Rechtstechniken zur Konkretisierung der Scharia. Gegenstand dieser Untersuchung sollen folglich, und in Übereinstimmung mit der gerade genannten Abgrenzung, die Regelungen des islamischen Rechts in Bezug auf die Produkthaftung sein.

Insgesamt ergeben sich vier Rechtsquellen (usul al-fiqh) des islamischen Rechts.[782] Diese werden von allen vier orthodoxen Rechtsschulen anerkannt;[783] wobei die beiden in Ägypten relevanten Schulen bereits benannt wurden. Der Koran ist die erste dieser Rechtsquellen und enthält etwa 500 Verse (ca. 8%) mit

779 Foster, Overview, S. 2; sowie ausführlich zu dem Begriff Rohe, S. 9 und Nagel, S. 3 ff.

780 Rohe, S. 9.

781 Vgl. Rohe, S. 11 ff.

782 Scholz, Jura 2001, S. 526; ausführlich dazu: Rohe, S. 43 ff.

783 Elwan, S. 223; die schiitischen Rechtslehren sind für Ägypten nicht von direkter Bedeutung, so dass sie hier nicht weiter untersucht werden sollen.

juristischem Bezug.[784] Die zweite Quelle ist die Sunna, welche sich aus der Summe der überlieferten Äußerungen und Handlungen des Religionsstifters Mohammed zusammensetzt.[785] Da sich das insofern ergebende Rechtssystem, also die Scharia, als zu abgeschlossen zeigte, wurde insbesondere unter dem 767 n. Chr. geborenen Rechtsgelehrten Muhammad Asch-Schafii das Prinzip des „Konsensus" ('idschma), d.h. die Übereinstimmung der Rechtsgelehrten in einer Rechtsfrage, als dritte Quelle der Jurisprudenz etabliert.[786] Schließlich bildet der Analogieschluss (al-qiyas) die vierte anerkannte Quelle des Rechts, welche ebenfalls maßgeblich auf Asch-Schafii zurückgeht.[787] Dieser erlaubt die Übertragung der Ergebnisse eines Falles auf einen ähnlich gelagerten. Ein Beispiel ist das Weinverbot des Koran, das einige islamische Juristen im Analogieschluss auf alle berauschenden Mittel ausdehnen.

II. Anwendungsbereich im Bereich der Produkthaftung

Bei Einführung der ägyptischen Verfassung von 1971 besagte deren Art. 2, dass die Scharia „eine Quelle" der Gesetzgebung sei. Im Jahr 1980 wurde die Vorschrift unter großer Beachtung so geändert, dass die Scharia nunmehr „die Haupt-Quelle" der Gesetzgebung sein soll. Diese Änderung hat zur Folge, dass der ägyptische Gesetzgeber seitdem grundsätzlich die Vereinbarkeit seiner Gesetze mit der Scharia sicherstellen muss.[788] Allerdings wird man diesen Verfassungstext im Kontext des Zivilrechts aus zwei Gründen eher als Absichtserklärung, denn als anwendbare Rechtsnorm sehen müssen. Denn zum einen hat das ägyptische Verfassungsgericht in seinem Urteil vom 04. Mai 1985 zur Vereinbarkeit des islamischen Zinsverbotes mit den Zinsvorschriften des ZGB festgestellt, dass die geänderte Verfassungsvorschrift nicht für bereits erlassene Gesetze gilt.[789] Demnach hat die Verfassungsänderung keine Rückwirkung auf das ZGB von 1948.[790] Allerdings war die Scharia, zumindest in der Theorie, bei der Neukodifizierung des ägyptischen HGB von 1999 und bei Erlass des VSG im Jahr 2006 zu beachten.[791] Zum anderen ist die Anwendung der Scharia im Rah-

---

784 Rohe, S. 48 f.

785 Rohe, S. 52 f.

786 Rohe, S. 58.

787 Rohe, S. 62; vgl. Grapentin, S. 13, wo die Reihenfolge der letzten beiden Quellen andersherum angegeben wird.

788 Sherif, S. 321.

789 Vgl. die englische Übersetzung des Urteils in ALQ 1985, S. 100; dazu ausf. Elwan, S. 237 f.

790 Jung, Rechtsanwendung, S. 59.

791 Vgl. Elwan, S. 238.

men des ZGB eher unwahrscheinlich. Zwar sieht das ZGB selbst die Anwendung der Scharia vor, jedoch lässt die dabei gewählte Reihenfolge es wenig wahrscheinlich sein, dass Schariarecht in Produkthaftungsfällen zum Tragen kommt. Denn nach Art. 1 Abs. 1 ZGB finden zunächst die „gesetzlichen Vorschriften auf alle Rechtsfragen Anwendung, für die es nach Wortlaut oder Inhalt eine Bestimmung enthält". Nach Absatz 2 der Norm hat der Richter, „wenn keine gesetzliche Vorschrift einschlägig ist, sein Urteil auf das Gewohnheitsrecht ('urf)" zu stützen. In Ermangelung von Gewohnheitsrecht soll sein Urteil „in Übereinstimmung mit den Grundsätzen der islamischen Scharia (shari'a) erfolgen". Sollte kein solcher Grundsatz bestehen, soll sein Urteil „in Übereinstimmung mit den Grundsätzen des Naturrechts und der Gerechtigkeit gefällt werden". An dieser Vorschrift fällt zunächst auf, dass sie sich erkennbar an verschiedene moderne Kodifikationen anlehnt, insbesondere aber an Art. 1 des Schweizer ZGB von 1907.[792]

Durch die gewählte Reihenfolge kann die Scharia in der Theorie jedenfalls bei Auslegungsfragen des ZGB zur Anwendung kommen, so wie es auch die amtliche Begründung zum Gesetzgebungsverfahren vorsah.[793] Allerdings sieht Art. 1 Abs. 2 ZGB selbst das Gewohnheitsrecht als vorrangig an. Als solches wenden ägyptische Richter nicht nur die eigene, sondern auch die französische Rechtsprechung und Lehre an.[794] Dies wurde bereits im Rahmen des Deliktsrechts gezeigt. Allerdings verweist *Sanhuri* trotz dieser Reihenfolge mehrfach auf die besondere Bedeutung der Scharia innerhalb des ZGB. Dabei beruft er sich vor allem darauf, dass Schariarecht vielfach bereits in den gesetzlichen Bestimmungen zum Ausdruck gekommen ist.[795] Zu diesen aus der Scharia übernommenen Bestimmungen gehört z.B. die Theorie vom willkürlichen Rechtsmissbrauch,[796] welche in dem bereits besprochenen Art. 5 ZGB geregelt ist, und die in den Artt. 935 bis 948 ZGB normierte Shuf'a, ein dingliches Vorkaufsrecht.[797]

Die anderen beiden im ägyptischen Produkthaftungsrecht relevanten Vorschriften, das HGB und das VSG, verweisen nicht direkt auf die Scharia. Allerdings sind nach Art. 2 I HGB die Vorschriften des ZGB anwendbar, wenn keine Handelsbräuche bestehen. Das VSG hingegen verweist zur Lückenfüllung ausdrücklich nur auf die VSB. Diese sehr subsidiäre Funktion der Scharia in Ver-

---

792 Sanhuri, Wasit, Bd. 1 S. 71, 102 f.; vgl. hierzu auch Bälz, Das islamische Recht als Grundlage arabischer Rechtseinheit, S. 42; Fetih, S. 38 f.

793 Bälz, ZEuP 2000, S. 61 m.w.N.

794 Bälz, ZEuP 2000, S. 61 m.w.N.

795 Sanhuri, Wasit, Bd. 1, S. 68 f.

796 Dilger, S. 197 ff.; Fetih, S. 38 m.w.N.

797 Dilger, S. 197 ff.; vgl. auch Bälz, ZEuP 2000, S. 67 ff.

bindung mit der mittlerweile relativ starken Regelungsdichte im Bereich des ägyptischen Produkthaftungsrechts wird folglich selten zu einer Anwendung auf Produkthaftungsfälle führen. Schließlich ist die Anwendung der Scharia dort ohnehin nur bedingt möglich, wo es um moderne Rechtsbereiche geht, welche sie nicht kannte.[798] Zu diesen gehören naturgemäß auch die Haftungsregelungen in Bezug auf die Haftung für Produktschäden in modernen Herstellungsprozessen bzw. Lieferketten.

Wenngleich die Scharia in der Praxis des ägyptischen Zivilrechts bisher kaum eine Rolle spielt,[799] soll sie trotzdem aus mehreren Gründen kurz untersucht werden. Denn die Scharia kann bei der Auslegung bedeutsam sein und dies entspricht sogar dem Willen der Gesetzgeber. Bereits die Verfassungsänderung von 1980 und nicht zuletzt die 2012 erfolgte Wahl eines islamistischen Präsidenten drücken einen bis heute zunehmenden Willen vieler Muslime in Ägypten zu einer stärkeren Berücksichtigung der Scharia aus, so dass deren Einfluss in Zukunft wahrscheinlich zunehmen wird. Und schließlich entspricht es dem Verständnis des traditionellen Islam, dass die Scharia innerhalb des muslimischen Territoriums eine allumfassende Geltung hat.[800] Dabei umfasst sie sowohl religiöse als auch weltliche Pflichten.[801]

III. Zivilrechtliche Regelungen des islamischen Rechts

Sowohl vertrags- als auch deliktsrechtliche Regelungen sind dem islamischen Recht bekannt.[802] Dies erstaunt wenig, da sie beide wegen der Notwendigkeit zur Regelung menschlicher Bedarfsdeckungsvorgänge bzw. Interessenausgleiche zu den ältesten Erscheinungen menschlicher Rechtskultur gehören.[803] Ob das islamische Recht aber auch zwischen beiden Haftungssystemen unterschieden hat, ist zweifelhaft,[804] jedenfalls lassen sich anhand der im islamischen Recht behandelten Fallbeispiele allgemeine Haftungsregeln ableiten. Die so entwickelten Fallgruppen können wiederum unter die heutigen Oberbegriffe Vertrags- bzw. Deliktsrecht subsumiert werden. Folglich ist es auch nicht erstaunlich, dass es kein allgemein gültiges islamisches Vertragsrecht gibt.[805] Vielmehr sind ledig-

798 Vgl. dazu allgemein Krüger, Recht van de Islam 1997, S. 72 f.
799 Vgl. Bälz, ZEuP 2000, S. 61.
800 Rohe, S. 9.
801 Schacht, S. 199.
802 Liebesny, S. 217.
803 Rohe, S. 106.
804 Dafür Amin, S. 8; Liebesny, S. 217; dagegen Fetih, S. 172.
805 Anders aber Amin, S. 4, der sich für ein allgemeines islamisches Vertragsrecht ausspricht.

lich einzelne Vertragstypen geregelt.[806] Der im Produkthaftungsrecht einzig einschlägige Kaufvertrag ist als Typus nicht nur bekannt, sondern dient im islamischen Recht regelmäßig sogar als Prototyp.[807] Relevant für die hiesige Untersuchung sind aber einige Eigenheiten in Bezug auf das islamische Haftungsrecht im Allgemeinen und das islamische Deliktsrecht im Besonderen. Diese sollen im Folgenden wegen der schon beschriebenen Regelungsdichte des säkularen Rechts und damit zu erwartenden geringen Relevanz nur kurz beschrieben werden.

IV. Haftung im islamischen Recht im Allgemeinen

Hinsichtlich der allgemeinen Haftungsregelungen des islamischen Rechts sind für das Produkthaftungsrecht die Verschuldens- und Unmittelbarkeitserfordernisse sowie Schadensart und -umfang von Bedeutung.

1. Verschulden

Eine erste Besonderheit des islamischen Rechts ist, dass im Gegensatz zu dem bereits untersuchten modernen ägyptischen und auch dem französischen Recht weder ein Verschuldenselement[808] noch ein Fehler für die Haftung erforderlich ist.[809] Dies gilt ganz allgemein, also sowohl für vertragliche als auch für deliktische Haftung.[810] Damit sind sogar Kinder oder sonst geschäfts- bzw. deliktsunfähige Personen nach islamischem Recht haftbar; allerdings hat der Schadensersatzgläubiger seine Forderung an den jeweiligen Vertreter zu richten.[811] Das islamische Recht gleicht insofern älterem germanischen Recht, indem es eine strikte Haftung etabliert.[812] Die Verschuldenshaftung wurde erst im Rahmen der Rezeption römischen Rechts wieder in das europäische Recht eingeführt.[813] Die bereits beschriebene Zunahme von Risiken durch die Industrialisierung machte dann wiederum die Rückkehr zu verschuldensunabhängiger Haftung erforderlich. Paradoxerweise wurde also durch eine moderne Entwicklung ein mittelalterlicher Haftungsstandard wiedereingeführt.

806 Liebesny, S. 209; Rohe, S. 107; anders wohl Amin, S. 4.
807 Rohe, S. 107.
808 Amin, S. 6.
809 Liebesny. S. 220; Fetih, S. 182.
810 Vgl. Amin, S. 6 ff.
811 Fetih, S. 183.
812 Fetih, S. 183.
813 Zweigert/Kötz, § 40 I, S. 599; ders., § 40 IV, S. 619; vgl. auch Liebesny. S. 220, welcher nur auf die Rezeption römischen Rechts verweist.

Nicht nur in der Frage des Verschuldens, sondern ganz allgemein hat sich die islamrechtliche Haftung weniger auf die Obligationsparteien als auf den Gegenstand der Verpflichtung konzentriert. Entsprechend diesem rein objektiven Ansatz kennt das islamische Recht keine Haftung für Verzögerungs- und Verweigerungsschäden, da diese ihre Ursache in der Person des Schuldners haben.[814] Es beschränkt sich vielmehr auf die objektive Wiederherstellung eines Austauschverhältnisses bei Mängeln.[815]

2. Unmittelbarkeit

Weiterhin geht das islamische Recht grundsätzlich nur von einer Haftung für unmittelbare Schäden aus.[816] Für mittelbare Schäden haftet ausnahmsweise, wer sie schuldhaft verursacht hat,[817] insoweit findet demnach doch ein Verschuldenselement Berücksichtigung. Mittelbare Schäden sollen nach islamischem Recht vorliegen, wenn sie durch eine weitere frei verantwortlich ausgeführte Handlung entstehen.[818] Das moderne ägyptische Recht stellt demgegenüber eher auf eine weitere Ursache, nicht unbedingt auf eine weitere Handlung ab.[819] In Bezug auf das Unmittelbarkeitserfordernis gleicht das islamische Recht aber grundsätzlich dem modernen ägyptischen und französischen Recht.

3. Immaterielle Schäden

Dem islamischen Recht ist die Haftung für immaterielle Schäden unbekannt.[820] Der Schaden muss vielmehr konkret sein, was im Falle eines spezifischen Körperschadens jedoch der Fall sein kann.[821] Dies gilt aber nur, wenn bleibende Schäden entstehen;[822] bei vollständiger Genesung ist kein Schadensersatz zu leisten. Letzteres sehen zwar einige Hanafi Gelehrte anders, allerdings hat der Richter auch nach ihnen einen spezifischen Bewertungskatalog zu berücksichtigen.[823] Demnach sind z.B. in Saudi-Arabien, wo die Scharia das direkt geltende Recht ist,[824] immaterielle Schäden grundsätzlich nicht ersatzfähig.[825] Allerdings

814 Vgl. Fetih, S. 177.
815 Vgl. Fetih, S. 177.
816 Liebesny, S. 219.
817 Sanhuri, Wasit, Bd. 2, S. 845; Liebesny, S. 219.
818 Fetih, S. 185.
819 Nach Amin, S. 10 gilt dies allerdings auch für das islamische Recht.
820 Sfeir, S. 105, Fetih, S. 178 m.w.N.
821 Liebesny, S. 221.
822 Liebesny, S. 221.
823 Liebesny, S. 221.
824 Ballantyne, The states of the GCC, S. 58.

wurden auch dort einige Vorschriften erlassen, so z.B. die Arbeits- und Handwerksverordnung vom 15. November 1969, welche immaterielle Schäden berücksichtigen. Es bleibt festzuhalten, dass islamisches Recht immaterielle Schäden zwar nicht kennt, es ist aber auch nicht ersichtlich, warum der Ersatz derselben nach modernem ägyptischen Recht gegen islamisches Recht verstoßen sollte.

In Bezug auf die Haftung für dritte Personen ist das islamische Recht wesentlich enger als die hier behandelten modernen Rechtssysteme. So haftet ein Geschäftsherr für die Handlungen seines Gehilfen nur, wenn diese sich auf direkte Anweisungen des Geschäftsherrn beziehen, ein generelles Arbeitsverhältnis ist dagegen nicht ausreichend.[826] Zudem haftet der Geschäftsherr lediglich, sofern die Handlung des Gehilfen zum generellen Vorteil des Geschäftsherrn ist.[827]

4. Schadensumfang

Ebenso wie im modernen ägyptischen und auch deutschen Recht geht das islamische Recht davon aus, dass niemand mehr ersetzt erhalten soll, als ihm als Schaden entstanden ist.[828] Auf diesem Prinzip beruht letztendlich auch das berühmte islamische Zinsverbot des riba'.[829] Im Gegensatz zum modernen Recht berücksichtigt das islamische Recht aber nicht den entgangenen Gewinn.[830] Schließlich muss erwähnt werden, dass nach islamischem Recht nicht ersatzfähig ist, was islamrechtlich verboten (harām) ist.[831] Dementsprechend würde niemand ersatzpflichtig, wenn eine Flasche eines Muslims gefüllt mit einem alkoholischen Getränk zerstört würde.

V. Islamisches Vertragsrecht

Ein für das hiesige Thema relevantes Merkmal des islamischen Vertragsrechtes ist das Prinzip der „Wahl bei Fehlern“ (khiyar al-‘aib).[832] Hauptaussage dieses Prinzips ist, dass der Käufer bei Vorliegen eines Mangels die Wahl hat, die Kaufsache zu behalten oder zurückzugeben.[833] Im Übrigen kann der Käufer die

---

825 Liebesny, S. 221.
826 Liebesny, S. 218.
827 Liebesny, S. 218.
828 Amin, S. 7.
829 Vgl. Pohlhausen/Beck, IStR 2010, 226; Amin, S. 7.
830 Amin, S. 7.
831 Amin, S. 7.
832 In der wörtlichen Übersetzung müsste es eher „Wahl des Fehlers“ heißen.
833 Hajj, S. 80 ff.

Kaufsache nicht nur untersuchen, vielmehr hat der Verkäufer sogar die Pflicht, den Käufer über zum Zeitpunkt des Verkaufes bekannte Mängel aufzuklären.[834] In dieser Hinsicht entspricht das islamische Recht dem Recht des ZGB, geht aber weiter als das deutsche Vertragsrecht des BGB.

VI. Islamisches Deliktsrecht

Es wurde bereits festgestellt, dass die Trennung zwischen vertraglicher und deliktischer Haftung im islamischen Recht, wenn überhaupt, nicht sehr scharf erfolgt. Auch sieht das klassische islamische Recht wie die europäischen Rechtssysteme des Mittelalters keine klare Trennung zwischen straf- und zivilrechtlicher Deliktshaftung vor.[835] Ein Großteil der deliktsrechtlichen Regelungen[836] bezieht sich auf die im Koran erwähnten Straftaten (hudūd)[837] und das Talionsrecht (qiyas), welches den Ausgleich bei vorsätzlicher Tötung und Körperverletzung regelt.[838] Da beide Regelungsbereiche für die Produkthaftung nicht einschlägig sind, sollen sie nicht weiter untersucht werden.

Bei fahrlässiger Tötung oder Körperverletzung sieht das islamische Recht zwar keine Talionsstrafe, aber die Zahlung von bereits im Zusammenhang mit dem modernen Deliktsrecht erwähntem Blutgeld (diyya) vor.[839] Einzig denkbarer Unterschied zum weltlichen Recht in diesem Zusammenhang ist, dass nach islamischem Recht die Höhe des Blutgeldes herabgesetzt wird, wenn ein Nichtmuslim Opfer ist.[840] Letztendlich ist die Rechtsfolge Schadensersatz bei Tötung bzw. Körperverletzung aber auch bei dem bereits untersuchten weltlichen Recht gegeben, so dass sich hier keine Besonderheit durch Auslegung islamischen Rechts ergeben dürfte.

VII. Zwischenergebnis zum islamischen Haftungsrecht

Das islamische Haftungsrecht erfordert nur in Ausnahmen einen Verschuldensnachweis und ist damit oftmals näher an modernen Produkthaftungsvorschriften als das ägyptische ZGB. In Bezug auf die Haftung für Dritte und den Umfang der Haftung ist es wesentlich enger ausgestaltet als das moderne ägyptische

834 Billah, ALQ 13 (1998), S. 278, 283.
835 Rohe, S. 122.
836 Dazu im Allgemeinen Tyan, Le système de responsabilité délictuelle en droit musulman, Beirut 1926.
837 Rohe, S. 122.
838 Rohe, S. 138.
839 Rohe, S. 139.
840 Rohe, S. 139.

Recht. Letztlich verbleiben aber kaum Bereiche, in denen für Produkthaftungsfälle eine abweichende Auslegung der säkularen ägyptischen Gesetze denkbar ist. Das islamische Recht entspricht in den meisten Grundsatzfragen sogar mehr den modernen kontinentaleuropäischen Rechtsordnungen als z.B. das Common law.[841] Im Übrigen basiert auch das islamische Recht auf gesundem Menschenverstand und ist, was die Berücksichtigung der Position des Verbrauchers angeht, in den Grundsatzfragen näher an den Verbrauchergesetzgebungen der zweiten Hälfte des 20. Jahrhunderts als an den bis dahin entstandenen liberalen europäischen Kodifikationen. Gleichzeitig berücksichtigt das islamische Recht wie kein anderes Recht die besonderen Interessen der Kaufleute, was nicht zuletzt auf die kaufmännische Herkunft des Propheten Mohammed selbst zurückzuführen sein dürfte.[842]

Eine Relevanz der Scharia bei der Auslegung bzw. Gültigkeit einzelner Normen ist naturgemäß nicht zu Themen zu erwarten, zu denen sie keine Regelungen enthält, sondern nur dort, wo sie ausdrücklich entgegenstehendes Recht aufweist.[843] Hier sind zwei Bereiche zu nennen. Die dauerhaft im islamischen Recht diskutierte Frage nach dem Zinsverbot ist für die Anwendung des ZGB geklärt, könnte aber erneut für das HGB und VSG gestellt werden. Und letztlich könnte es zu einem Streit kommen, wenn Schadensersatz für Sachen verlangt wird, die nach islamischem Recht unrechtmäßig sind. Überträgt man die berühmten deutschen Hühnerpest-[844] und Mineralwasserflaschenfälle[845] auf Ägypten, könnte es zu Konflikten mit dem islamischen Recht kommen. Dann beispielsweise, wenn die medikamentierten Tiere nicht Hühner, sondern Schweine, oder die mit Haarrissen versehrten Flaschen nicht mit Mineralwasser, sondern mit Rotwein gefüllt sind, könnte sich der Haftungsadressat darauf berufen, dass das zerstörte Endprodukt, das Schweinefleisch bzw. der Alkohol, unislamisch ist und er deswegen nicht dafür haften kann.

H. Zusammenfassender Vergleich der ägyptischen Produkthaftungstatbestände

Ein erster Unterschied ergibt sich mit Blick auf den Anspruchsberechtigten. Verbrauchern stehen nach allen drei untersuchten Gesetzen Anspruchsgrundlagen zu, während Unternehmer ihre Klagen nicht auf das VSG stützen können. *Bystander*, also nicht vertraglich mit dem Haftungsgegner verbundene Geschä-

841 Liebesny, S. 212, 218; Amin, S. 7.

842 Foster, Overview, S. 10.

843 Vgl. Ismail, S. 227.

844 BGHZ 51, S. 91 ff.

845 OLG Hamm, VersR 1995, S. 103.

digte, können ihre Ansprüche nur auf das allgemeine Deliktsrecht des ZGB und auf Art. 67 HGB stützen. Vertraglich gebundenen Geschädigten stehen dagegen wegen des Grundsatzes des *non-cumul*, welcher in Ägypten nach h.M. ein Wahlrecht zulässt, nur entweder das Vertrags- oder das Deliktsrecht des ZGB, im Übrigen aber sowohl Art. 67 HGB als auch das VSG zur Verfügung.

Haftungsgegner können nach dem Vertragsrecht des ZGB wegen der wohl nicht im Bereich der Produkthaftung geltenden *action directe* nur direkte Vertragspartner sein. Der Hersteller und alle anderen Beteiligten der Lieferkette können aber nach Deliktsrecht, nach Art. 67 HGB und nach Artt. 7 und 8 VSG haftbar sein. Zulieferer dürften dem Geschädigten gegenüber nur nach dem allgemeinen Deliktsrecht haftbar sein, da Art. 67 HGB sie ausdrücklich ausnimmt und das VSG sie nicht in die Definition der Lieferanten einbezogen hat. Im Übrigen sind öffentlich-rechtliche Personen entgegen häufiger bisheriger Praxis von keiner Anspruchsgrundlage als Haftungsgegner ausgenommen.

Ein Mangel ist nach allen Anspruchsgrundlagen bis auf die Halterhaftung nach Art. 178 ZGB für die Haftung erforderlich. Ein Verschulden wird dagegen nur von der Vertrags- und Deliktshaftung des ZGB und in Bezug auf Einzelhändler von Art. 67 HGB vorausgesetzt. Nach dem VSG haftet der Verkäufer verschuldensunabhängig, allerdings nur innerhalb der äußerst kurzen Geltendmachungsfrist. Soweit sich eine Haftung unter die Halterhaftung des Art. 178 ZGB subsumieren lässt, was allerdings im Gegensatz zum französischen Recht ausdrücklich eine besondere Gefährlichkeit der Sache voraussetzt, ist ebenso wie bei der Haftung nach dem HGB kein Verschulden erforderlich. Da Art. 178 ZGB demnach weder einen Fehler noch ein Verschulden voraussetzt, normiert er eine Gefährdungshaftung, kommt aber eben nur für besonders gefährliche Produkte als Anspruchsgrundlage in Betracht.

Durch fehlerhafte Ware verursachte Schäden, und damit Produkthaftungsansprüche im eigentlichen Sinne, sind vom Vertrags- und Deliktsrecht des ZGB sowie von Art. 67 HGB umfasst. Die Ansprüche nach dem VSG beschränken sich dagegen auf den Ersatz für den Schaden am Produkt selbst. Ob Letzterer auch vom allgemeinen Deliktsrecht und von Art. 67 HGB umfasst ist, ist unklar. In Bezug auf das Deliktsrecht ist dies wohl anzunehmen und bezüglich Art. 67 HGB wegen dessen eindeutigen Wortlauts abzulehnen.

Ein Haftungsausschluss ist nur betreffend das Vertragsrecht des ZGB zulässig, allerdings gilt dies nicht hinsichtlich Körperschäden und insoweit Vorsatz oder grobe Fahrlässigkeit vorliegen.

Schließlich können die Ansprüche nach Art. 8 VSG nur innerhalb von 14 Tagen nach Erhalt der Ware geltend gemacht werden. Gewährleistungsansprüche nach dem ZGB verjähren ein Jahr nach Erhalt der Ware, Ansprüche aus Deliktsrecht und nach Art. 67 HGB verjähren nach den gleichlautenden Bestimmungen in drei Jahren ab dem Zeitpunkt, in dem der Geschädigte Kenntnis von Schaden und Schädiger hat bzw. spätestens 15 Jahre nach der unerlaubten Handlung, was schließlich auch der regelmäßigen Frist für allgemeine Vertragsansprüche entspricht.

4. Kapitel: Durchsetzbarkeit von Produkthaftungsansprüchen

Im folgenden Teil sollen sowohl die ägyptische als auch die deutsche Rechtsordnung in Bezug auf die Durchsetzbarkeit von Produkthaftungsansprüchen in den Grundzügen untersucht werden. Eine detaillierte Darstellung soll dabei auf Fälle mit ägyptischen Anspruchsinhabern und deutschen Anspruchsgegnern beschränkt sein. Grund dafür ist zum einen, dass im Mittelpunkt dieser Arbeit aus den eingangs genannten Gründen das ägyptische Produkthafungsrecht steht, und zum anderen, dass für das ägyptische Recht kaum relevante Rechtsprechung und Literatur in deutscher Sprache verfügbar sind.

A. Ägyptische Gerichtsbarkeit

Trotz des an sich sehr weit entwickelten positiven Rechts besteht in Ägypten ein erhebliches Defizit an Rechtssicherheit, was zum großen Teil ein Problem der Rechtsdurchsetzung ist.[846] Da das ägyptische System zur Rechtsdurchsetzung bereits mehrfach beschrieben wurde,[847] soll dies im Folgenden nur kurz und soweit für Produkthaftungsansprüche relevant geschehen.

Gerade im Vergleich zu einigen anderen arabischen Staaten ist das ägyptische Gerichtssystem ein hoch entwickeltes, was sicher nicht zuletzt an der bereits seit Muhammad Ali bestehenden kontinentaleuropäischen Prägung liegt. Neben der noch zu besprechenden ordentlichen Gerichtsbarkeit, zu der wohl auch die neuen Wirtschaftsgerichte zu zählen sind, gibt es eine Verwaltungsgerichtsbarkeit, welcher der 1946 eingeführte Staatsrat (vergleichbar dem französischen *Conseil d'État*) vorsteht. Daneben gibt es gerade im Hinblick auf Menschenrechtsverletzungen immer wieder kritisierte Sondergerichte, wie das Staatssicherheitsgericht und die Militärgerichte, welche allerdings für das hiesige Thema keine Relevanz haben. Sämtlichen Gerichten steht seit 1971 das Oberste Verfassungsgericht vor, welches vergleichbar dem Bundesverfassungsgericht verfassungsspezifische Auslegungsfragen entscheidet.[848]

846 Vgl. hierzu den Bericht von John Bentley: Egyptian Legal and Judicial Sector Assessment, USAID, Kairo 1994.

847 Hill, Mahkama, S. 17 ff.; Mahmoud, S. 135 ff.; Grapentin, S. 227 ff.

848 Dazu ausf. Houri, S. 104 ff.

I. Probleme der Praxis

Die Probleme bei der Rechtsdurchsetzung in Ägypten liegen in der Regel nicht in der rechtlichen Ausgestaltung der Gerichtsorganisation und des Verfahrens, sondern in tatsächlichen Gegebenheiten, insbesondere in der mangelnden Ausstattung der Gerichte und der Richterschaft. Hier wird die weitere Entwicklung durch die neu eingeführten Wirtschaftsgerichte interessant sein.

Die ägyptische Richterschaft genießt zwar einen sehr hohen Grad an Unabhängigkeit,[849] was sich besonders deutlich an der bereits benannten Erkämpfung des vollen Wahlprüfungsrechtes im Vorfeld der Parlamentswahl 2005 zeigte. Allerdings leidet die Effizienz des Gerichtssystems an personeller Unterbesetzung, stark veralteter Kommunikationstechnik, unzureichenden räumlichen Verhältnissen und an einer Vielzahl von Verwaltungsvorschriften.[850] Weiterhin ist das ägyptische Zustellungssystem häufig der Grund für Verzögerungen, da die Zustellungen durch die stark unterbezahlte und unterbesetzte Gerichtsdienerschaft erfolgt.[851] Daneben ist die bereits im Rahmen des VSG besprochene Methode, Experten zur Urteilsbegründung hinzuzuziehen, bedingt durch die gerade in handelsrechtlichen Spezialmaterien unzureichende Ausbildung der Richterschaft, gängige Praxis in Ägypten.[852] Diese Experten sind vorwiegend beim Justizministerium oder beim Staatsrat beschäftigt und daher nicht an Fristen gebunden, so dass sich die Erstellung der Gutachten über Monate oder sogar Jahre hinziehen kann.[853]

Bis heute wirkt sich zudem die sozialistische Periode in den 1960er Jahren unter Präsident Nasser aus. Durch die umfangreichen Nationalisierungen der Privatwirtschaft sank der Bedarf an wirtschaftsrechtlich ausgebildeten Juristen drastisch.[854] Die ägyptische Rechtsanwaltskammer wurde zudem sowohl unter Nasser als auch unter Sadat und Mubarak immer wieder aufgelöst, wenn sie sich nicht voll dem Präsidenten oder der Partei verschrieb.[855] Der zeitgleich einsetzende Ölboom in den arabischen Golfstaaten zog schließlich viele ägyptische Juristen als Anwälte oder Rechtslehrer in diese Staaten.[856] Die Abwanderung der spezialisierten Juristen bewirkte eine deutliche Verschlechterung des juristi-

849 Vgl. hierzu El-Sawi, S. 183; Bälz, Das moderne arabische Recht, S. 178 f.

850 Vgl. Grapentin, S. 227.

851 Bentley, S. 33 f.; Grapentin, S. 282.

852 Bentley, S. 48.

853 Bentley, S. 34 ff.

854 Bentley, S. 6.

855 Dupret/Bernard-Maugiron, Einl. S. XXVII.

856 Vgl. dazu Bälz, Das moderne arabische Recht, S. 175, welcher dieses Phänomen allerdings in Bezug auf die dadurch stärkere panarabische Rechtseinheit hervorhebt.

schen Niveaus in den entsprechenden Rechtsbereichen,[857] welches erst in den letzten Jahren langsam vom Nachwuchs wieder angehoben wird. Und schließlich ist hier nochmals auf die schwierige Zugänglichkeit sowohl von Gesetzestexten als auch von Rechtsprechung zu verweisen.

II. Ordentliche Gerichte

Die ordentliche Gerichtsbarkeit folgt weiterhin dem französischen Rechtssystem und hat einen zweistufigen Aufbau mit Eingangs- und Berufungsgerichten. Diesen steht das Kassationsgericht als grundsätzlich reine Verwerfungsinstanz vor. Die ordentlichen Gerichte sind wie in Deutschland Einheitsgerichte mit getrennten Spruchkörpern für straf- und zivilrechtliche Streitigkeiten.[858]

1. Amtsgericht

Innerhalb der ersten Instanz gibt es zunächst eine Art Amts- bzw. Bagatellgericht, welches stets nur mit einem Richter besetzt ist und nach Art. 42 ZVerfG über Streitigkeiten bis zu einem Streitwert von 10.000 EGP entscheidet.[859] In der Praxis sind die 244 bestehenden Amtsgerichte[860] trotz der tatsächlich eher geringen Streitwertzuständigkeit vor allem bedeutsam, da sie nach Artt. 274 ff. ZVerfG unabhängig vom Streitwert für alle Sofortmaßnahmen (Einstweilige Anordnungen, Arrest, u.a.) zuständig sind.

2. Eingangsgericht

Den anderen Teil der ersten Instanz bilden die allgemeinen Eingangsgerichte (mahkama ibtida'iyya), welche für alle Angelegenheiten zuständig sind, die nicht in der Zuständigkeit der Amtsgerichte liegen und deren Streitwert 10.000 EGP übersteigt.[861] Diese mittlerweile 24 Eingangsgerichte befinden sich in den jeweiligen Provinzhauptstädten,[862] sind mit einem Vorsitzenden und zwei Beisitzern besetzt und mit dem deutschen Landgericht vergleichbar. Gleichzeitig sind die Eingangsgerichte gem. Art. 47 Abs. 2 i.V.m. Art. 42 Abs. 1 ZVerfG die Berufungsgerichte für die Entscheidung der Amtsgerichte, sofern die Berufungssumme in Höhe von 5.000 EGP erreicht wird. Schließlich sind sie gem.

857 Vgl. Bentley, S. 7.
858 Vgl. Zimmermann, S. 142.
859 Entspricht etwa 1.100 €; vgl. auch Mahmoud, S. 138; El-Sawi, S. 189.
860 Mahmoud, S. 136.
861 Vgl. Mahmoud, S. 138; El-Sawi, S. 189.
862 Mahmoud, S. 136.

Art. 42 ZVerfG streitwertunabhängig für Konkurs- und Vergleichssachen zuständig.

3. Berufungsgericht

Die zweite Instanz bilden die Appellations- oder Berufungsgerichte (mahkama al-isti'nāf), welche sich in Kairo und den sieben wichtigsten Provinzhauptstädten befinden.[863] Auch die Berufungsgerichte sind mit einem Vorsitzenden und zwei Beisitzern besetzt und gem. Art. 48 ZVerfG für alle Berufungen gegen Entscheidungen des Eingangsgerichtes zuständig.

4. Kassationsgericht

Schließlich ist das in Kairo gelegene Kassationsgericht (mahkama in-naqd, wörtlich: Aufhebungsgericht) als übergeordnete Revisionsinstanz für die Beurteilung von Rechtsfragen, aber nicht von Tatsachenfragen zuständig.[864] Es ist zur Zulässigkeitsprüfung mit drei und zur Entscheidungsfindung mit fünf Richtern besetzt. Die Errichtung des Kassationsgerichts erfolgte zum Zweck der Rechtsvereinheitlichung.[865] Das Kassationsgericht kann Urteile der Instanzgerichte kassieren und zur erneuten Entscheidung unter Beachtung seiner Rechtsauffassung an das vorinstanzliche Gericht zurückverweisen.[866] Bei geklärtem Tatbestand oder im Falle der zweimaligen Anrufung in derselben Sache kann es gem. Art. 269 ZVerfG selbst entscheiden. Im Unterschied zum ägyptischen Verfassungsgericht entscheidet das Kassationsgericht nicht auf abstrakte Vorlage, sondern anhand von konkreten Fällen, zudem gelten seine Entscheidungen nur inter partes, entfalten allerdings wegen der Aufhebungsgefahr mittelbar Wirkung in den Vorinstanzen.[867]

III. Wirtschaftsgerichte

Bisher gab es zwar keine eigene Handels- und Arbeitsgerichtsbarkeit, allerdings konnte der Justizminister nach dem Gesetz über die Gerichtsorganisation (Nr. 46/1972) Amtsgerichte für Handels- und Arbeitssachen einführen. Bereits seit 1940 bestehen daher zwei Handelsgerichte in Kairo und Alexandria. Diese dürften nunmehr durch die Einführung der neuen Wirtschaftsgerichte stark an Bedeutung verlieren. Grundlage für die Erschaffung der neuen Wirtschaftsgerichte

863 Mahmoud, S. 136.

864 Grapentin, S. 229 m.w.N.

865 Grapentin, S. 231 m.w.N.

866 Davies, S. 30; Hök, RIW 1986, S. 615.

867 Grapentin, S. 231.

(mahkama al-iqtisādiyya) ist das Gesetz Nr. 120 des Jahres 2008 (WGG), das im Mai 2008 verabschiedet wurde und gem. Art. 5 der Präambel am 1. Oktober desselben Jahres in Kraft trat. Die Einführung dieses neuen Gerichtszweiges soll zum einen die Verfahrensdauer erheblich verkürzen und zum anderen sicherstellen, dass die Fälle durch Richter entschieden werden, die mit den speziellen Belangen vertraut sind.[868] Die bisher oft mehrjährigen Verfahren haben sich vor allem auf Investitionen und Handel mit dem Ausland als Hemmnis ausgewirkt.[869] Daher sollen Verfahren nunmehr auf drei Monate begrenzt werden.

Die Wirtschaftsgerichte werden Art. 1 WGG zufolge bei den acht ägyptischen Berufungsgerichten eingerichtet. Sie selbst bestehen wiederum aus einer Ersten Instanz für Streitigkeiten mit einem Streitwert bis 5.000.000 EGP und einer Berufungsinstanz, welche zugleich Eingangsinstanz für alle Streitigkeiten mit höherem Streitwert ist, vgl. Art. 6 WGG. Die Spruchkörper beider Instanzen sind gem. Art. 1 WGG mit je drei Richtern besetzt. Die der Ersten Instanz sollen mit drei Vorsitzenden Richtern der bisherigen allgemeinen Eingangsgerichte und die der Berufungsgerichte mit drei Richtern der bisherigen allgemeinen Berufungsgerichte besetzt werden. Den erstinstanzlichen Verfahren ist zudem nach Art. 3 WGG ein Vorverfahren vorgeschaltet, welches innerhalb von maximal 60 Tagen der Sachverhalts- und Anspruchsklärung dienen soll und auf eine gütliche Einigung hinwirken soll. Entscheidungen der Ersten Instanz können innerhalb von 40 Tagen bei den gerade genannten (Wirtschafts-)Berufungsgerichten und deren Entscheidungen binnen 60 Tagen bei dem Kassationsgericht angefochten werden, vgl. Art. 12 WGG.

Die Zuständigkeit der neuen Wirtschaftsgerichte ist in den Artt. 4 und 7 WGG geregelt. Nach Art. 7 sind die Wirtschaftsgerichte für sämtliche Streitigkeiten in Anwendung der im dortigen Katalog genannten Gesetze zuständig, soweit keine Sonderzuständigkeit des Staatsrates gegeben ist. In diesem Katalog sind insbesondere die Gesetze betreffend den Kapitalmarkt, die Banken, den Wettbewerb, den Schutz des geistigen Eigentums, den Außenhandelsschutz und die Kapitalgesellschaften genannt. Auch das HGB ist dort aufgeführt, allerdings nur, soweit die dortigen Regelungen zu Technologietransfer-, Handelsvertreter- und Bankrecht betroffen sind. Das VSG und das ZGB fallen im Übrigen nicht in den Anwendungsbereich des Art. 7 WGG. Für die eigentlichen Produkthaftungsvorschriften des ägyptischen Rechts sind die neuen Wirtschaftsgerichte also nicht zuständig. Einzig die bereits erwähnte Vorschrift des Art. 4 Nr. 15 WGG, wonach die Wirtschaftsgerichte für die Verhängung der

868 Klaiber, Economic Courts, S. 1.
869 Klaiber, Economic Courts, S. 1.

Strafsanktionen nach dem VSG zuständig sind, bildet hier eine Ausnahme, aber eben nicht in Bezug auf eine eigentliche Produkthaftungsnorm.

IV. Prozessrecht

Die für das Zivil- und Handelsrecht wesentlichen Verfahrensvorschriften sind in Gesetz Nr. 13/1968 (ZVerfG) enthalten.

1. Örtliche Zuständigkeit

Die örtliche Zuständigkeit bestimmt sich gem. Art. 49 Abs. 1 ZVerfG grundsätzlich nach dem Wohnsitz des Beklagten. Einen im Bereich der Produkthaftung wohl häufiger einschlägigen Sonderfall dieses Wohnsitzes bildet gem. Art. 41 ZVerfG der Ort, an dem eine Person üblicherweise ihren Handel treibt bzw. Beruf ausübt. Ebenso relevant dürften die Regelungen in Bezug auf Klagen gegen juristische Personen des Privatrechts sein. Diese können gem. Art. 52 ZVerfG grundsätzlich am Ort ihrer Hauptverwaltung (Absatz 1), aber auch an Orten, an welchen sich im konkreten Fall aktive Filialen befinden (Absatz 2), verklagt werden. Für die Haftung nach Art. 67 HGB wird die vorgenannte Regelung in dessen Absatz 4 wiederholt und ergänzt. Danach ist, „wenn der Hauptsitz des Herstellers oder Lieferanten außerhalb Ägyptens liegt, die Klage vor dem ägyptischen Gericht zulässig, in welchem eine Filiale, Fabrik, Vertretung oder Büro des Beklagten liegt".

Weiterhin gelten in Handelssachen gem. Art. 55 ZVerfG und unter Zugrundelegung der bereits benannten objektiven Theorie des ägyptischen Handelsrechts der Ort des Vertragsabschlusses und der Vertragsdurchführung als besondere Gerichtsstände. Schließlich sind Gerichtsstandsvereinbarungen zwar zulässig, wirken aber nicht ausschließlich, sondern begründen nur einen zusätzlichen besonderen Gerichtsstand.[870] Zudem sind sie in Produkthaftungsfällen typischerweise nicht vorzufinden. Ein besonderer Gerichtsstand für unerlaubte Handlungen, vergleichbar § 32 ZPO, ist im ägyptischen ZVerfG nicht geregelt. Im Ergebnis können die Beklagten nach Wahl des Klägers entweder an ihrem Wohn- oder Geschäftssitz verklagt werden.

2. Sonstige allgemeine Zulässigkeitsvoraussetzungen

Dem französischen Recht folgend, wird auch in Ägypten zwischen dinglichen und persönlichen und mangels Abstraktionsprinzips zusätzlich gemischt dinglich-persönlichen Klagen unterschieden.[871] Als Letztere wird beispielsweise eine

870 Vgl. Grapentin , S. 239.
871 Grapentin, S. 242 f.

Klage aus einem Kaufvertrag qualifiziert. Neben einer solchen ist im hier untersuchten Bereich vor allem eine Deliktsklage relevant, welche eine persönliche Klage darstellt. Da aber zum einen die Diskussion um die genaue Einordnung der Klagen in Ägypten nicht abgeschlossen ist und sie zum anderen eigentlich keine praktischen Auswirkungen hat,[872] soll dies hier nicht weiter vertieft werden.

Zur Vermeidung von Popularklagen wird auch im ägyptischen Recht ein berechtigtes Rechtsschutzinteresse gefordert.[873] In Bezug auf die Parteifähigkeit ergeben sich nach ägyptischem Recht keine Besonderheiten. Die Frage ist im Gegensatz zum deutschen Recht auch kaum diskutiert, da nicht nur natürliche, sondern auch juristische Personen parteifähig sind und zu Letzteren auch die Gesellschaften bürgerlichen Rechts gehören.[874] Das Klagerecht ist nach ägyptischer Rechtsauffassung nicht abtretbar, allerdings werden hiervon in der Literatur Ausnahmen hinsichtlich Vereinigungen gemacht, welche Rechte ihrer Mitglieder geltend machen, auf deren Schutz die Vereinigungen abzielen.[875] Neben einer bereits länger bestehenden gesetzlichen Ausnahme für Gewerkschaften im Arbeitsgesetz, hat das VSG in Art. 23 Abs. 1 Nr. a nunmehr die Verbraucher-NROs mit einem, bereits dort besprochenen, Verbandsklagerecht ausgestattet. Schließlich gibt es auch in Ägypten Eilrechtsschutzmöglichkeiten. Da diese in Produkthaftungsfällen zumindest nicht von besonderer Bedeutung sind, soll hierzu auf ausführliche Darstellungen an anderen Orten verwiesen werden.[876]

3. Anwaltszwang

Vor ägyptischen Gerichten besteht mit Ausnahme der Verfahren vor dem Kassationsgericht zwar kein genereller Anwaltszwang,[877] allerdings muss bereits die Klageschrift von einem Anwalt unterzeichnet sein.[878] Im Ergebnis besteht somit de facto ein Anwaltszwang.[879] Dies ist sicher ausschlaggebend für die bisherige geringe Frequentierung von Gerichten, gerade im Bereich von verbraucherrechtlichen Klagen. Letzteres könnte sich durch das neu eingeführte Verbandsklagerecht zugunsten der NROs nach dem VSG entscheidend verändern. Zudem sieht auch das ägyptische Rechtssystem eine Art Prozesskostenhilfeverfahren für

---

872 Dazu Grapentin, S. 242 f.

873 Vgl. hierzu ausführlich: Grapentin, S. 245 ff.

874 KassGZ, Urteil v. 26.01.1988, Jg. 39.

875 Grapentin, S. 262 m.w.N.

876 Grapentin, S. 267 ff. für das Markenrecht, wo dem Eilrechtsschutz eine besondere Bedeutung zukommt.

877 Hök, RIW 1986, S. 616.

878 Mahmoud, S. 147; Zimmermann, S. 144.

879 So wohl auch Klaiber, Recht kompakt, S. 9.

minderbemittelte Parteien vor und schließlich werden allgemein keine Gerichtskosten erhoben.[880]

B. Schiedsgerichtsbarkeit

Es liegt in der Natur des Schiedsverfahrens, dass die Parteien sich im Vorfeld oder in Anbetracht eines bestehenden Streites auf dasselbe geeinigt haben. Wie hier schon vielfach betont wurde, ist es für Produkthaftungsfälle wiederum kennzeichnend, dass sich die Parteien vor der Streitigkeit nicht geeinigt haben. Zwischen ihnen besteht regelmäßig gar kein Vertrag. Somit scheint es zunächst unwahrscheinlich, dass es überhaupt zu Schiedsverfahren in Produkthaftungsfällen kommt. Da nach dem Recht beider Staaten Schiedsverfahren grundsätzlich zulässig und auch geübte Praxis sind, sind sie aber zumindest in Bezug auf bereits eingetretene Produkthaftungsfälle denkbar. Wegen der wählbaren Verhandlungssprache und vor allem wegen der Nichtöffentlichkeit der Verhandlung ist ein Schiedsverfahren sicher oftmals im Interesse des beklagten Unternehmens. Aufgrund der oben dargestellten erheblichen Unzulänglichkeiten des ägyptischen Gerichtssystems kann ein Schiedsverfahren aber auch im Interesse des Klägers sein, gleich ob Verbraucher oder ebenfalls Unternehmer. Zudem hat die Schiedsgerichtsbarkeit in Ägypten eine sehr lange Tradition und war in der vorislamischen Zeit mangels staatlichen Gerichtssystems sogar der Regelfall.[881] Wegen der dennoch geringen Relevanz soll im Folgenden nur eine knappe Zusammenfassung der Möglichkeiten gegeben und im Übrigen auf die ausführliche Darstellung an anderer Stelle verwiesen werden.[882]

Ägypten und Deutschland haben das New Yorker UN-Übereinkommen über die Anerkennung und Vollstreckung ausländischer Schiedssprüche vom 10. Juni 1958 (UNÜ)[883] unterzeichnet. Ausländische Schiedssprüche sind somit in beiden Staaten vollstreckbar.[884] Für Deutschland folgt dies aus § 1061 ZPO und in Ägypten aus Art. 301 ZVerfG.

Im Übrigen gilt in Ägypten Art. 299 ZVerfG, welcher ebenfalls die Vollstreckbarkeit ausländischer Schiedssprüche betrifft und seinerseits auf die Vor-

880 Vgl. El-Sawi, S. 183.

881 Ellaboudi, S. 31 ff.; vgl. dazu auch Krüger, Beilage zu BB 2001, Heft 432, S. 3 f., welcher aber auch auf durch die europäische Schiedspraxis gewachsene Schiedsfeindlichkeit in den arabischen Staaten hinweist, was aber vor allem für Saudi-Arabien und weniger für Ägypten gilt.

882 Vgl. insb. Ellaboudi, Schiedsgerichtsbarkeit in Ägypten; dort sind auf den S. 189 ff. auch die relevanten Gesetzestexte abgedruckt.

883 Abgedruckt im BGBl. 1961 II, S. 121 ff.

884 Vgl. Bälz, RIW 2012, 357.

aussetzungen des Art. 298 ZVerfG verweist. Danach müssen ausländische Schiedssprüche nach ägyptischem Verständnis schiedsfähig sein, was insbesondere im Bereich des Familien- und Erbrechts nicht der Fall ist.[885] Außerdem darf im Falle von Schiedssprüchen kein Verstoß gegen den *ordre public* vorliegen und es muss eine ordnungsgemäße Zustellung an die Gegenpartei erfolgt sein.[886] Unter dem *ordre public* verstehen ägyptische Juristen die Vorschriften, die auf Verwirklichung des öffentlichen Wohls gerichtet sind, gleich ob in gesellschaftlicher, wirtschaftlicher oder moralischer Hinsicht, sowie den Bestand des Staates.[887] Bedeutsam könnte der ägyptische *ordre public* wegen der Berücksichtigung islamischen Rechts wiederum vor allem in familien- und erbrechtlichen Fällen werden.[888] In Bezug auf Produkthaftungsfälle sind solche Verstöße insbesondere mit Blick auf sog. *punitive damages* denkbar.[889] Da diese allerdings in beiden Staaten nicht zulässig sind und auch im Übrigen gezeigt wurde, dass die Haftungssysteme zu recht ähnlichen Ergebnissen kommen, ist ein *ordre public*-Verstoß in Bezug auf Produkthaftungsfälle zwischen den beiden Ländern wenig wahrscheinlich. Eine Ausnahme hierzu bilden jedoch die Strafvorschriften nach dem VSG und ZGB. Schließlich ist bei der Schadensbemessung der nach ägyptischem Recht geltende Höchstbetrag für Verzugszinsen zu beachten.[890]

Inländische ägyptische Schiedssprüche unterliegen dem nationalen Schiedsrecht, welches sich im Wesentlichen am UNCITRAL-Modellgesetz orientiert und mit Gesetz Nr. 27/1994 (SchG) geregelt wurde.[891] Inländische ägyptische Schiedssprüche sind gem. Art. 55 SchG wie ein gerichtliches Urteil vollstreckbar. Zudem gibt es in Ägypten seit 1979 das Cairo Regional Center for International Commercial Arbitration (CRCICA) als Institution für Schiedsgerichtsbarkeit in Ägypten.

Das entsprechende deutsche Recht ist seit 1998 einheitlich im 10. Buch der ZPO geregelt und vergleichbar dem CRCICA gibt es in Deutschland das Deutsche Institut für Schiedsgerichtsbarkeit e.V. (DIS) in Köln. Die Vollstreckbarkeit inländischer deutscher Schiedssprüche ist in § 1060 ZPO geregelt. Wegen § 1055 ZPO, wonach der Schiedsspruch unter den Parteien die Wirkung eines rechtskräftigen Urteils hat, ist eine gesonderte Anerkennung solcher Schieds-

885 Ellaboudi, S. 166.

886 Hierzu ausf. Ellaboudi, S. 166 f. u. 173 ff.

887 KassGZ, Urt. v. 05.04.1967, Jg. 18, S. 799 ff.; Ellaboudi, S. 175; Börner, S. 233; Jung, S. 99.

888 Dazu El-Akrat, S. 223 ff.; Pattar, S. 466 ff.; Börner, S. 238 ff.

889 BGHZ 118, 112; MüKo/Gottwald, § 328 ZPO, Rn. 105.

890 Vgl. dazu Krüger, Beilage zu BB 2001, Heft 432, S. 9 m.w.N.

891 Vgl. zu den schon zuvor bestehenden Schiedsgesetzen der Jahre 1883 und 1949 Abu El-Einein, S. 191 f.

sprüche nicht erforderlich. Daher ist nach § 1060 ZPO allein die Vollstreckbarkeitserklärung Voraussetzung für die Zwangsvollstreckung.[892]

C. Die Durchsetzbarkeit ausländischer Titel in Ägypten und Deutschland

Auf die Besonderheiten bei der Anerkennung und Vollstreckung aus familien- oder erbrechtlichen Titeln muss hier nicht eingegangen werden.[893] Zwar ist Ägypten Vertragsstaat des Haager Übereinkommens über die Rechtshilfe in Zivilsachen vom 1. März 1954 und des Haager Übereinkommens über die Zustellung gerichtlicher und außergerichtlicher Schriftstücke im Ausland vom 15. November 1965. Allerdings bestehen keine gesonderten bilateralen Übereinkommen mit Deutschland betreffend die Durchsetzbarkeit von ausländischen Titeln.[894] Daher greifen in beiden Staaten die allgemeinen Voraussetzungen für die Anerkennung und Vollstreckung aus ausländischen Titeln. In Deutschland sind hierzu insbesondere die Vorschriften der §§ 328, 722 und 723 ZPO anwendbar und in Ägypten findet sich das entsprechende Recht in den Artt. 296 bis 298 ZVerfG.

Zunächst ist ganz allgemein zwischen den Wirkungen der Anerkennung und denen der Vollstreckbarkeitserklärung zu unterscheiden. Die Anerkennung hat zur Folge, dass die ausländische Entscheidung im Inland unmittelbar Rechtsfolgen entfaltet.[895] Die Vollstreckbarkeitserklärung ist Grundlage für die Durchsetzung mit den dazu vorgesehenen staatlichen Behelfen.[896] Da die Voraussetzungen sowohl der Anerkennung als auch der Vollstreckbarkeit ausländischer Titel in beiden Staaten sehr ähnlich sind, wird die Rechtslage beider Staaten im Folgenden zusammenhängend dargestellt.

I. Anerkennung

Die wohl wichtigste Voraussetzung für die Anerkennung ausländischer Titel ist sowohl nach § 328 Abs. 1 Nr. 5 ZPO als auch nach Art. 298 Abs. 5 ZVerfG das Gegenseitigkeitsprinzip. Demnach ist die Anerkennung ausländischer Urteile nur zulässig, wenn im dortigen Recht für die Anerkennung einheimischer Urtei-

892 Musielak/Voit, § 1060, Rn. 2 f.; MüKo/Münch, § 1060, Rn. 1.

893 Vgl. dazu El-Akrat, Möglichkeiten und Grenzen der familienrechtlichen Gestaltung nach ägyptischem Recht mit einem Ausblick auf das deutsche Recht.

894 Zu den bestehenden Abkommen vgl. Ellaboudi, S. 188 und Bälz, RIW 2012, 354 ff.

895 Musielak/Stadler, § 328, Rn. 33.

896 MüKo/Gottwald, § 722 ZPO, Rn. 3.

le ein gleichwertiges Verfahren vorgesehen ist.[897] Diese Gegenseitigkeit ist im Verhältnis zwischen Ägypten und der Bundesrepublik Deutschland verbürgt.[898] Die Gegenseitigkeit ist übrigens nicht bezüglich aller arabischer Staaten verbürgt, z.B. nicht gegenüber Abu Dhabi, dem Irak, dem Oman, Saudi Arabien und den VAE, was in der Praxis zu erheblichen Problemen führen kann.[899]

In Deutschland darf die ausländische Entscheidung nach § 328 Abs. 1 ZPO nicht im Widerspruch zu einem im Vollstreckungsstaat bereits erlassenen Urteil stehen, wobei dieses nicht rechtskräftig sein muss.[900] Hervorzuheben ist hinsichtlich des Verfahrens noch, dass eine ordnungsgemäße Zustellung und Ladung der Parteien in Bezug auf den Erlass der ausländischen Entscheidung überprüft werden kann.[901] Zudem muss das ausländische Gericht nach den Regeln seines eigenen internationalen Zivilprozessrechts für die Entscheidung zuständig gewesen sein.[902] Wenn auch die weiteren Voraussetzungen des Negativkataloges des § 328 Abs. 1 ZPO nicht vorliegen, entfaltet die ausländische Entscheidung in Deutschland automatisch Inlandswirkung,[903] ohne dass es dazu eines gesonderten Verfahrens bedürfte. Bei einer Berufung auf die ausländische Entscheidung vor Gericht ist der Negativkatalog allerdings von Amts wegen zu prüfen.[904]

In Ägypten richten sich auch die übrigen Anerkennungsvoraussetzungen nach den fünf Absätzen des Art. 298 ZVerfG, welche fast deckungsgleich mit den Nr. 1 bis 5 des § 328 Abs. 1 ZPO sind. Auch in Ägypten können folglich eine ordnungsgemäße Zustellung und Ladung der Parteien überprüft werden[905] und ebenso muss das ausländische Gericht für die Entscheidung zuständig gewesen sein.[906] Allerdings muss das zu vollstreckende Urteil nach Art. 298 ZVerfG im Gegensatz zum deutschen Recht rechtskräftig sein. Im Falle der Anerkennung in Ägypten darf außerdem keine ausschließliche Zuständigkeit der ägyptischen Gerichte für die Entscheidung des Rechtsstreites bestanden haben. Allerdings würde eine unbeschränkte Anwendung dieses Grundsatzes dazu führen, dass die Mehrheit der ausländischen Urteile in Ägypten nicht vollstreckt

897 PG/Völzmann-Stickelbrock, § 328, Rn. 33 f.
898 OLG Frankfurt, WM 1987, 276; MüKo/Gottwald, § 328 ZPO, Rn. 120.
899 MüKo/Gottwald, § 328 ZPO, Rn. 120 m.w.N.; vgl. zudem zu dem Thema ausf. Börner, Die Anerkennung ausländischer Titel in den arabischen Staaten.
900 MüKo/Gottwald, § 328 ZPO, Rn. 96 ff.
901 PG/Völzmann-Stickelbrock, § 328, Rn. 20 f.
902 PG/Völzmann-Stickelbrock, § 328, Rn. 8.
903 MüKo/Gottwald, § 328 ZPO, Rn. 60.
904 MüKo/Gottwald, § 328 ZPO, Rn. 60.
905 KassGZ, 1964, Jg. 15, Bd. 2, S. 909.
906 KassGZ, 1964, Jg. 15, Bd. 2, S. 909; vgl. auch Hök, RIW 1986, S. 615.

werden könnte, da vielfach ausschließliche Zuständigkeiten bestehen.[907] Die ägyptische Rechtsprechung unterscheidet daher zwischen einer ausschließlichen internationalen Zuständigkeit, welche dazu führt, dass eine Anerkennung ausländischer Entscheidungen nicht möglich ist, und einer lediglich nationalen ausschließlichen Zuständigkeit, welche kein Anerkennungs- und Vollstreckungshindernis bildet.[908]

II. Vollstreckbarkeitserklärung

In beiden Staaten ist für die Vollstreckung von Titeln aus dem jeweilig anderen Staat eine vorherige Exequaturklage erforderlich. Diese prozessuale Gestaltungsklage ist notwendig, da die Vollstreckbarkeit einer ausländischen Entscheidung zum Schutz der Inländer nicht mit ihrer Anerkennung ins Inland erstreckt wird.[909] Erst die Exequaturentscheidung begründet den Weg zu den nationalen Zwangsvollstreckungsorganen.[910] In Ägypten ist die Exequaturklage vor dem Eingangsgericht und in Deutschland gem. § 722 Abs. 2 ZPO vor dem nach den allgemeinen Regeln der ZPO zuständigen Amts- oder Landgericht zu erheben. Grundlage der Vollstreckung ist demnach nicht der ausländische Titel, sondern die inländische Entscheidung über die Vollstreckbarkeit.[911] Formell setzt die Vollstreckung in beiden Fällen voraus, dass es sich bei dem zu vollstreckenden Titel um ein nach den Vorschriften des erlassenden Landes rechtskräftiges Endurteil handelt. In Deutschland folgt dies ausdrücklich daraus, dass in § 722 Abs. 2 ZPO nicht auf § 795 ZPO verwiesen wird, so dass Prozessvergleiche beispielsweise keine tauglichen Titel zur Auslandsvollstreckung sind.

III. Ordre public

Sowohl für die Anerkennung als auch für die Vollstreckbarkeitserklärung gilt in beiden Ländern nur eine sehr beschränkte Überprüfbarkeit in Bezug auf den Inhalt der ausländischen Entscheidung. In beiden Fällen ist jedoch eine Überprüfbarkeit betreffend augenscheinlicher Verstöße gegen den *ordre public* möglich.[912] Der prozessuale *ordre public* meint nach deutschem Verständnis den unabdingbaren Teil des heimischen Verfahrensrechts, der bei Nichtbeachtung zur

---

907 Vgl. dazu Hök, RIW 1986, S. 616.

908 KassGZ, 1964, Jg. 15, Bd. 2, S. 909; Ghorfa, Wirtschaftshandbuch, S. 107; vgl. auch Hök, RIW 986, S. 615.

909 Musielak/Lackmann, § 722, Rn. 1 f.; MüKo/Gottwald, § 722 ZPO, Rn. 1-3.

910 PG/Knoppenberg, § 722, Rn. 1 f.

911 Vgl. zum deutschen Recht BGHZ 112, 16, 18.

912 MüKo/Gottwald, § 328 ZPO, Rn. 99 f.; Börner, S 232.

Nichtanerkennung bzw. Nichtvollstreckbarkeit ausländischer Entscheidungen führt,[913] ein Beispiel ist das rechtliche Gehör nach Art. 103 Abs. 1 GG.[914]

Im ägyptischen Recht wird nicht eindeutig zwischen einem materiellen und prozessualen *ordre public* unterscheiden.[915] Ägyptischen Autoren scheint es vielmehr wichtig, entgegen dem Trend zu einem einheitlichen internationalen *ordre public* einen nationalen Kernbestand des *ordre public* zu bewahren.[916] Dies gilt besonders, da das islamische Recht im internationalen *ordre public* kaum Berücksichtigung findet. Hinsichtlich der inhaltlichen Grenzen des *ordre public* kann auf das bereits zur Überprüfung von Schiedssprüchen Gesagte verwiesen werden.

IV. Zusammenfassung

Es bleibt festzuhalten, dass Entscheidungen aus dem jeweils anderen Staat sowohl in Ägypten als auch in Deutschland anerkannt werden können, da Gegenseitigkeit zwischen den Staaten verbürgt ist. Da es aber keine weitergehenden bilateralen Abkommen gibt, müssen stets die nationalen Anerkennungsvoraussetzungen geprüft werden. Zur Vollstreckung ist jeweils eine Exequaturklage erforderlich.

D. Internationales Produkthaftungsrecht

Gerade wegen der eingangs beschriebenen regen Außenhandelsbeziehungen zwischen Ägypten und Deutschland sind Fälle denkbar, in denen sich ägyptische und deutsche Anspruchsinhaber bzw. -gegner gegenüber stehen. Um das hier anwendbare Recht zu bestimmen, muss auf das jeweilige Internationale Privatrecht zurückgegriffen werden. Allerdings sind weder auf deutscher noch auf ägyptischer Seite Fälle bekannt, in denen ein Gericht in Produkthaftungsfällen tatsächlich ausländisches Recht angewandt hätte. Bemerkenswert ist aber, dass das Landgericht Frankfurt a.M. in einem Urteil vom 16. Dezember 2005[917] die beklagte ägyptische Fluglinie zu Schadensersatz auf Grundlage des ägyptischen Deliktsrechts gem. Artt. 163, 221 f. ZGB wegen Verbrennungen durch verschütteten Kaffee verurteilt hat. In der Theorie ergeben sich auch für Produkthaftungsfälle zahlreiche Konstellationen, in denen das anwendbare Recht nach den Regeln des IPR zu bestimmen wäre. Die Darstellung sämtlicher relevanter

913 PG/Völzmann-Stickelbrock, § 328 ZPO, Rn. 23.

914 MüKo/Sonnenberger, Art. 6 EGBGB, Rn. 21.

915 Vgl. Börner, S. 232 f.

916 Börner, S. 232 u. 238.

917 LG Frankfurt a.M., Urt. v. 16.12.2005, NZV 2006, S. 379.

Konstellationen würde die hiesige Themenstellung allerdings überschreiten. Zudem wurde die Problematik für das dem ägyptischen Recht sehr ähnliche französische Produkthaftungsrecht bereits umfassend untersucht.[918] Schließlich ist eine detaillierte Betrachtung auch nur dort von besonderem Interesse, wo das Schadensersatzsystem zu völlig unterschiedlichen Ergebnissen kommen kann, so wie etwa wegen der US-amerikanischen *punitive damages*.[919] In dieser Hinsicht sollen, wie schon angedeutet, die Strafvorschriften nach dem VSG und ZGB kurz untersucht werden. Aus o.g. Gründen wird die folgende Beschreibung im Übrigen aber auf das besondere Kollisionsrecht beschränkt.

I. Euro-mediterrane Partnerschaft (EUROMED)

Die euro-mediterrane Partnerschaft (EUROMED) ist Grundlage der formalisierten Beziehung der EU zu den Nachbarstaaten im südlichen Mittelmeerraum mittels mehrerer, größtenteils noch umzusetzender, Handels- und Kooperationsabkommen. Gegründet wurde die EUROMED bereits 1995 auf der Konferenz der Außenminister der EU und der mediterranen Partnerländer in Barcelona.[920] Nach einer entsprechenden Entscheidung des Europäischen Rates wurde die EUROMED am 13. Juli 2008 in eine Union für das Mittelmeer (UfM) umgeändert. Die EUROMED hatte das gesetzgeberische Ziel einer Befriedung, Stabilisierung und Demokratisierung der gesamten Mittelmeerregion und bestand in Anlehnung an den KSZE-Prozess aus drei Körben. Korb II, auf den der Großteil der finanziellen Hilfen fällt, beinhaltet eine Wirtschafts- und Finanzpartnerschaft mit dem primären Zweck, im Jahr 2010 eine euro-mediterrane Freihandelszone (EMFZ) einzurichten. Dieser wollen bisher sowohl Deutschland als EU-Staat als auch Ägypten als EUROMED-Mitglied beitreten und dazu sollen u.a. auch die Produkthaftungsstandards sämtlicher Mitgliedsstaaten auf EU-Niveau gebracht werden.[921] Allerdings ist die EMFZ bisher wegen der o.g. Umwandlung zur UfM und des Ende 2008 wieder entfachten Nahostkonfliktes noch nicht umgesetzt

918 Vgl. hierzu Schley, Das französische Produkthaftungsecht und die bei grenzüberschreitenden Vertragsketten im deutsch-französischen Rechtsverkehr auftretenden Probleme (2001); Nordemann-Schiffel, Deutsch-französische Produkthaftung im Spannungsfeld zwischen Vertrag und Delikt (2000).

919 Westphalen/Wilde, § 100, Rn. 1, 36.

920 EUROMED Partnership, Regional Cooperation - An overview of programmes and projects, S. 7, abrufbar unter: http://ec.europa.eu/europeaid/where/neighbourhood/regional-cooperation/documents/infonotes_enpisouth_regional_cooperation_en.pdf.

921 EUROMED Partnership, Regional Cooperation - An overview of programmes and projects, S. 7, abrufbar unter: http://ec.europa.eu/europeaid/where/neighbourhood/regional-cooperation/documents/infonotes_enpisouth_regional_cooperation_en.pdf.

und es bleibt abzuwarten, wie und ob die unter EUROMED beschlossene EMFZ unter der UfM verwirklicht wird.

II. Internationales Kaufrecht – CISG

Nach Art. 151 Abs. 1 S. 2 der ägyptischen Verfassung von 1971 erhalten internationale Abkommen nach ihrer Ratifizierung Gesetzeskraft und werden somit Bestandteil der ägyptischen Rechtsordnung, ohne dass es dazu eines Transformationsgesetzes bedarf.[922] Für Produkthaftungsfälle ist in dieser Hinsicht allenfalls das Wiener UN-Abkommen über Verträge über den internationalen Warenkauf vom 11. April 1980 (CISG)[923] relevant. Allerdings ist der Anwendungsbereich des sog. UN-Kaufrechts nach dem CISG auf Produkthaftungsfälle allein aufgrund ihres ausschließlich vertragsrechtlichen Regelungsgegenstandes denkbar gering. Soweit das CISG allerdings einschlägig ist, folgt ein Vorrang desselben gegenüber nationalem Recht nicht nur aus der gerade genannten verfassungsrechtlichen Systematik, sondern er wird auch noch in Art. 23 ZGB für den Bereich des Privatrechts ausdrücklich bestätigt. Über die demnach denkbaren Anwendungsfälle soll im Folgenden ein kurzer Überblick gegeben werden.[924]

1. Anwendungsbereich

Sowohl Ägypten als auch Deutschland sind dem CISG beigetreten, Ägypten bereits mit Wirkung zum 01. Januar 1988 und Deutschland mit Wirkung zum 1. Januar 1991. Somit ist gem. Art. 1 Abs. 1 a) CISG der Anwendungsbereich für grenzüberschreitende Kaufverträge über Waren zwischen in Ägypten und Deutschland niedergelassenen Parteien grundsätzlich eröffnet. Dabei ist es nach Absatz 3 der Norm weder erheblich, welche Staatsangehörigkeit die Parteien haben, ob sie Kaufleute oder Nichtkaufleute sind, noch, ob der Vertrag handelsrechtlicher oder zivilrechtlicher Art ist. An dieser Stelle ist zunächst festzuhalten, dass das UN-Kaufrecht, auch soweit die Systematik der *action directe* anerkannt ist, nur zwischen den direkten Vertragsparteien gelten kann.[925] Eine Geltung auch gegenüber Dritten verbietet der o.g. Wortlaut des Art. 1 Abs. 1 CISG, wonach Kaufverträge über Waren „zwischen Parteien“ betroffen sind.

Der ansonsten sehr weite Anwendungsbereich des Art. 1 CISG wird allerdings durch Art. 2 a) wieder eingeschränkt. Danach findet das Übereinkommen

922 Weidlich, S. 38 m.w.N. in Fn. 180.

923 BGBl. 1989 II, S. 588 ff.

924 Ausf. zu der Problematik, ob die CISG auch Produkthaftung umfasst, Kuhlen, Produkthaftung im internationalen Kaufrecht (1997).

925 Vgl. zu der Problematik im deutsch-französischen Rechtsverkehr, Schley, S. 276 ff.

keine Anwendung auf den Kauf von Ware für den persönlichen Gebrauch oder den Gebrauch in der Familie oder im Haushalt. Ein solcher Fall ist nicht gegeben, wenn der Verkäufer vor oder bei Vertragsschluss weder wusste noch wissen musste, dass die Ware für einen solchen Gebrauch gekauft wurde. Der Anwendungsbereich des CISG wird dadurch - von den ohnehin nur wenigen Produkthaftungsfällen mit direkter vertraglicher Beziehung - zusätzlich auf gewerbliche Verträge eingeschränkt. Die innerhalb von Vertragsbeziehungen in Produkthaftungsfällen typischerweise vorliegenden Verbraucherverträge sind daher von der Anwendung des CISG ausgenommen. Eine weitere Einschränkung erfährt der Anwendungsbereich des CISG durch deren Art. 5. Danach ist das UN-Kaufrecht nicht auf die Haftung des Verkäufers für den durch die Ware verursachten Tod oder die Körperverletzung einer Person anwendbar. Art. 5 CISG nimmt also die vertragliche Produkthaftung für Körperschäden aus dem Anwendungsbereich des CISG gänzlich aus.[926] Aufgrund der Formulierung „durch die Ware verursacht“ wird allerdings auch eine ganze Reihe weiterer Produkthaftungsansprüche aus dem Anwendungsbereich des CISG ausgenommen.[927] Namentlich sind dies die Haftung für Instruktionsfehler und für Schäden durch mangelhafte Verpackung[928] sowie Transport- und Montagefehler,[929] da sie sämtlich nicht „durch die Ware verursacht“ sind. Schließlich ist noch zu erwähnen, dass die Parteien gem. Art. 6 CISG die Geltung desselben ausschließen können. Nach alldem gilt die CISG nur für Sachschäden zwischen direkten Parteien eines gewerblichen Kaufvertrages und dies nur, wenn die Geltung des CISG nicht ohnehin ausgeschlossen wurde.

Im Rahmen der Auslegung des CISG ist von gewissem Interesse, dass die Regelung des Art. 5 CISG vor allem auf Vorschlag Frankreichs entstanden ist.[930] Dort bestand wegen des Prinzips des *non-cumul* ein Bedürfnis, Personenschäden vom Anwendungsbereich des UN-Kaufrechts auszunehmen, da sonst wegen der zu erwartenden Beschränkung auf vertragliche Rechte französische Parteien teilweise rechtlos geworden wären. Dem französischen Endabnehmer wäre nämlich aufgrund des Prinzips des *non-cumul* der Weg des Deliktsrechts versperrt gewesen und gleichzeitig könnte er, wie bereits gezeigt, nicht innerhalb des Vertragsrechtes mit der *action directe* gegen den CISG-Erstverkäufer vorgehen, da die CISG nur direkt zwischen den Parteien gelten soll. Die ägyptische Delegati-

---

926 Kuhlen, S. 14 u. 125.

927 Für eine umfassende Anwendung des CISG auf Produkthaftungsfälle für Sachschäden wohl Kuhlen, S. 125; ders., S. 14 aber auch zu der begrifflichen Gegensätzlichkeit von „vertraglicher Produkthaftung“.

928 Staudinger/Magnus, Art. 5 CISG, Rn. 6.

929 MüKo/Westermann, Art. 5 CISG, Rn. 3.

930 Dazu ausf. Kuhlen, S. 33 ff.

on betonte demgegenüber in den Verhandlungen auf der Wiener Konferenz zum CISG, dass gerade für Entwicklungsländer auch die Regelung einer Produkthaftung i.e.S. auf internationaler Ebene wichtig sei.[931] Allerdings sprach sich die Delegation gleichzeitig dafür aus, dies wegen des deliktsrechtlichen Charakters gesondert und nicht im CISG zu regeln. Das CISG sollte aber nach ägyptischer Auffassung sämtliche Eigentumsschäden und nicht nur die an der Ware selbst umfassen.

2. Rechtsbehelfe und -folgen

Die für die verbleibenden Fälle anwendbaren Rechtsbehelfe wegen Vertragsverletzung sind in Art. 45 Abs. 1 CISG geregelt. Unter Buchstabe a) finden sich zunächst hier nicht weiter relevante Gewährleistungsrechte und Buchstabe b) verweist in Bezug auf das Recht, Schadenersatz zu verlangen, auf die Artt. 74 bis 77. Der zweite Absatz der Norm stellt zudem, ähnlich wie § 325 BGB für den Rücktritt, ausdrücklich klar, dass der Käufer das Recht, Schadenersatz zu verlangen, nicht durch Ausübung anderer Rechtsbehelfe verliert. Ein Vertretenmüssen setzt das CISG nicht voraus, vielmehr geht es von einer Garantiehaftung auf Schadensersatz aus.[932]

In Bezug auf den Ersatzumfang sieht Art. 74 CISG vor, dass der infolge der Vertragsverletzung entstandene Verlust, einschließlich des entgangenen Gewinns, zu ersetzen ist. Nach Satz 2 darf der Schadenersatz jedoch den Verlust nicht übersteigen, den die vertragsbrüchige Partei bei Vertragsabschluss als mögliche Folge der Vertragsverletzung vorausgesehen hat oder unter Berücksichtigung der Umstände, die sie kannte oder kennen musste, hätte voraussehen müssen. Die Vorschrift geht also in Satz 1 erkennbar vom Prinzip der Totalreparation aus,[933] schränkt dieses allerdings in Satz 2 wie im französischen und ägyptischen Recht auf vorhersehbare Schäden ein. Schließlich enthalten Art. 75 (Deckungsgeschäfte) und Art. 76 (Marktpreis) besondere Regelungen für die Schadensberechnung nach Vertragsaufhebung. Danach sind auch Mangelfolgeschäden an anderen Sachen des Gläubigers vorhersehbar und damit vom Schadenersatzanspruch umfasst,[934] soweit sie durch einen bestimmungsgemäßen Gebrauch der Kaufsache verursacht wurden.[935]

In deutsch-ägyptischen Produkthaftungsfällen kann es nach alldem zur Anwendung des CISG kommen. Namentlich ist dies der Fall, wenn die Beteiligten

931 Vgl. Kuhlen, S. 43.

932 Honsell/Schnyder/Straub, Art. 45, Rn. 70; MüKo/Huber, Art. 45 CISG, Rn. 14.

933 MüKo/Huber, Art. 74 CISG, Rn. 2.

934 Honsell/Schöne/Koller, Art. 74, Rn. 14.

935 MüKo/Huber, Art. 74 CISG, Rn. 41.

ein direktes und handelsrechtliches Vertragsverhältnis haben, die Geltung des CISG nicht ausgeschlossen haben und es weiterhin um den Ersatz von vorhersehbaren und nicht körperlichen Sachschäden geht. Für Verträge, auf die nach den Regeln des IPR des CISG und subsidiär das deutsche Recht anwendbar ist, ist hinsichtlich der hier relevanten Sachschäden anerkannt, dass der Käufer daneben auch auf das deutsche Deliktsrecht zurückgreifen darf.[936] Für einen entsprechenden Sachverhalt, in dem subsidiär französisches Recht anzuwenden ist, wird man wegen des Prinzips des *non-cumul* nicht das französische Delikts-, sondern Vertragsrecht heranziehen müssen und dies auch nur dort können, wo das CISG keine abschließende Regelung enthält.[937] In Ägypten gilt zwar grundsätzlich auch das Prinzip des *non-cumul*. Da die dort ebenfalls bekannte *action directe* aber nicht auf Produkthaftungsfälle ausgedehnt wurde, ist unklar, ob die Rechtsprechung einen Rückgriff auf das Vertrags- oder auf das Deliktsrecht des ZGB zulassen würde. Wegen der weitgehend gleichen Rechtsfolgen ist diese Frage allerdings von wenig Bedeutung.

III. Das deutsche internationale Produkthaftungsrecht

Das deutsche internationale Produkthaftungsrecht war bisher im EGBGB geregelt, ist aber mittlerweile fast gänzlich durch die Rom I- und Rom II- Verordnungen überlagert.[938]

1. Vertragsrecht

Soweit das UN-Kaufrecht anwendbar ist, überlagert es als internationales Einheitsrecht nach Art. 3 Nr. 2 EGBGB nationales Recht und damit auch das deutsche internationale Vertragsrecht. Für alle anderen vertraglichen Schuldverhältnisse gilt gem. Art. 3 Nr. 1 b) EGBGB in Deutschland seit dem 17. Dezember 2009 die EU-Verordnung Nr. 593/2008 (Rom I). Dementsprechend wurden die Artt. 27 bis 37 EGBGB aufgehoben.

Nach Art. 3 Abs. 1 Rom I sind die Parteien zur freien Rechtswahl berechtigt, welche auch vorrangig gilt. Nach Absatz 2 der Norm kann die Rechtswahl auch noch zu einem späteren Zeitpunkt geändert werden. Allerdings bestimmt Absatz 3, dass zwingende Vorschriften nicht gewählten nationalen Rechts dann anzuwenden sind, wenn der Sachverhalt im Übrigen nach diesem Recht zu beurteilen wäre, d.h. wenn bis auf die Rechtswahl kein Auslandsbezug besteht.[939] In

936 OLG München IPRax 1997, S. 40 f.; MüKo/Huber, Art. 45 CISG, Fn. 31 m.w.N.
937 Dazu ausf. Schley, S. 243 ff.
938 Dazu ausf. Illmer, RabelsZ 73 (2009), 271 ff.
939 MüKo/Martiny, Art. 3 Rom I, Rn. 4.

Art. 4 Abs. 1 Rom I wird dann geregelt, welches Recht mangels Rechtswahl anzuwenden ist, sofern nicht die Art. 5 bis 8 eingreifen. Relevant ist in diesem Zusammenhang Art. 6 Rom I über Verbraucherverträge, welcher nicht nur die Regelung des Art. 4 überlagert, sondern auch die bereits genannten Rechtswahlmöglichkeiten nach Art. 3 abwandelt. Abweichend von Art. 4 Abs. 1 unterliegt nach Art. 6 Abs. 1 Rom I „ein Vertrag, den eine natürliche Person zu einem Zweck, der nicht ihrer beruflichen oder gewerblichen Tätigkeit zugerechnet werden kann („Verbraucher"), mit einer anderen Person geschlossen hat, die in Ausübung ihrer beruflichen oder gewerblichen Tätigkeit handelt („Unternehmer"), dem Recht des Staates, in dem der Verbraucher seinen gewöhnlichen Aufenthalt hat". Fehlt es also an einer Rechtswahl, unterliegt der Verbrauchervertrag dem Recht des Staates, in dem der Verbraucher seinen gewöhnlichen Aufenthalt hat. Damit soll erreicht werden, dass der Schutz des Verbrauchers durch entsprechende Gesetze zumindest nicht geringer als bei Inlandsgeschäften wird.[940] Jedoch schreibt Art. 6 Abs. 1 Rom I in seinem letzten Satz vor, dass dies nur gilt, „sofern der Unternehmer a) seine berufliche oder gewerbliche Tätigkeit in dem Staat ausübt, in dem der Verbraucher seinen gewöhnlichen Aufenthalt hat, oder b) eine solche Tätigkeit auf irgendeine Weise auf diesen Staat oder auf mehrere Staaten, einschließlich dieses Staates, ausrichtet". Grundlage dieser Einschränkung ist, dass der vermehrte Schutz nur für Geschäfte gelten soll, die auch aus Sicht des Verbrauchers als Inlandsgeschäfte zu bewerten sind.[941] Die o.g. Regelung gilt also beispielsweise weder für einen deutschen Touristen, der auf dem Kairoer Khan Al-Khalili Markt Souvenirs einkauft noch für einen ägyptischen Geschäftsmann, der in Deutschland Modeartikel für den Eigengebrauch erwirbt.

Weiterhin wird die Rechtswahlmöglichkeit des Art. 3 in Bezug auf Verbraucherverträge in Art. 6 Abs. 2 eingeschränkt. Nach dessen Satz 1 können „die Parteien das auf einen Vertrag, der die Anforderungen des Absatz 1 erfüllt, anzuwendende Recht" zwar weiterhin nach Art. 3 wählen. Allerdings darf die Rechtswahl nach Satz 2 der Norm „nicht dazu führen, dass dem Verbraucher der Schutz entzogen wird, der ihm durch diejenigen Bestimmungen gewährt wird, von denen nach dem Recht, das nach Absatz 1 mangels einer Rechtswahl anzuwenden wäre, nicht durch Vereinbarung abgewichen werden darf". In einem Geschäft beispielsweise zwischen einem deutschen Verbraucher und einem ägyptischen Importeur über eine in Deutschland verkaufte Ware würden dem-

940 MüKo/Martiny, Art. 6 Rom I, Rn. 40; kritisch zu der Regelung PWW/Remien, Art. 6 Rom I, Rn. 1.

941 MüKo/Martiny, Art. 6 Rom I, Rn. 29.

nach trotz etwaiger Wahl ägyptischen Rechts weiterhin die deutschen AGB- oder Fernabsatzbestimmungen des BGB zur Geltung kommen.

Handelt es sich dagegen um ein Verbrauchergeschäft, in welchem der ausländische Verkäufer normalerweise nicht auf Deutschland ausgerichtet handelt, bleibt es nach Art. 6 Abs. 3 Rom I bei der freien Rechtswahlmöglichkeit des Art. 3 und dem Auffangmechanismus des Art. 4. Nach dessen Absatz 1 a) unterliegen Kaufverträge über bewegliche Sachen mangels Rechtswahl „dem Recht des Staates, in dem der Verkäufer seinen gewöhnlichen Aufenthalt hat". Danach würde also bei einem Verkauf von Deutschland nach Ägypten mangels Rechtswahl, und soweit weder Art. 6 Rom I noch die CISG greifen, deutsches Recht anwendbar sein. Allerdings ist nach Art. 4 Abs. 3, „wenn es sich aus der Gesamtheit der Umstände ergibt, dass der Vertrag eine offensichtlich engere Verbindung zu einem anderen als dem nach Absatz 1 bestimmten Staat aufweist, das Recht dieses anderen Staates anzuwenden". Bei dieser Vorschrift kommen z.B. der gemeinsame gewöhnliche Aufenthalt oder die Staatsangehörigkeit der Parteien in Betracht, sie ist jedoch eng auszulegen.[942] Schließlich sieht Absatz 4 für Fälle in denen das anzuwendende Recht nicht nach Absatz 1 bestimmt werden kann vor, dass der Vertrag dem Recht des Staates unterliegt, zu dem er die engste Verbindung aufweist.

2. Deliktsrecht

Das deutsche internationale Deliktsrecht ist auf nationaler Ebene in Art. 40 EGBGB geregelt. Im Gegensatz zum o.g. Vertragsrecht gilt dieses zwar weiterhin und ist nicht vollständig durch EU-Recht ersetzt worden. Allerdings wird es gem. Art. 3 Nr. 1 a) EGBGB, soweit das EU-Recht eingreift, durch dasselbe überlagert. Namentlich ist dies seit dem 11. Januar 2009 die EU-Verordnung Nr. 864/2007 (Rom II). Deren Anwendungsbereich ist in Art. 1 Rom II festgelegt. Nach dessen Absatz 1 S. 1 gilt die Verordnung „für außervertragliche Schuldverhältnisse in Zivil- und Handelssachen, die eine Verbindung zum Recht verschiedener Staaten aufweisen". In Absatz 2 ist dann ein Katalog von, sämtlich hier nicht einschlägigen, Ausnahmen kodifiziert. Somit ist in deutsch-ägyptischen Produkthaftungsfällen die Rom II-Verordnung zu beachten. Zugleich ist ein Rückgriff auf Art. 40 EGBGB verwehrt, so dass die Rom II-Verordnung für die hier behandelten deliktsrechtlichen Produkthaftungsfälle die auf deutscher Seite abschließende Regelung ist. Die danach maßgeblichen Vorschriften über unerlaubte Handlungen und Produkthaftung finden sich in Art. 4 bzw. 5 Rom II.

942 Vgl. MüKo/Martiny, Art. 4 Rom I, Rn. 282 ff.

Nach Art. 4 Abs. 1 Rom II ist „auf ein außervertragliches Schuldverhältnis aus unerlaubter Handlung das Recht des Staates anzuwenden, in dem der Schaden eintritt, unabhängig davon, in welchem Staat das schadensbegründende Ereignis oder indirekte Schadensfolgen eingetreten sind". Damit ist die lange und besonders in Produkthaftungsfällen diskutierte Frage,[943] an welchen Tatort bei einem Auseinanderfallen von Handlungs- und Erfolgsort anzuknüpfen ist, im Bereich der Rom II-Verordnung zugunsten des Letzteren geklärt.[944] Allerdings unterliegt nach Absatz 2 der Norm, „wenn der Geschädigte und der Haftungsgegner zum Zeitpunkt des Schadenseintritts ihren gewöhnlichen Aufenthalt in demselben Staat haben", die unerlaubte Handlung dem Recht dieses Staates. Der letztgenannte Fall bleibt auch nach Art. 5 Abs. 1 S. 1 Rom II bestehen, ist allerdings in grenzüberschreitenden Produkthaftungsfällen äußerst selten. Soweit die Beteiligten keinen gemeinsamen gewöhnlichen Aufenthaltsort haben, kommt die dreistufige Prüfungsfolge des Art. 5 Abs. 1 S. 1 Rom II zur Anwendung. Denn in Art. 5 Abs. 1 S. 1 Rom II ist eine Art. 4 Abs. 1 Rom II überlagernde Sonderregel für „außervertragliche Schuldverhältnisse im Falle eines Schadens durch ein Produkt" geregelt. Mit dieser Formulierung wollte die Vorschrift sämtliche Produkthaftungsfälle umfassen, gleich, ob sie auf einer Verschuldens- oder Gefährdungshaftung aufbauen.[945]

Nach Art. 5 Abs. 1 S. 1 Rom II ist „a) das Recht des Staates, in dem die geschädigte Person beim Eintritt des Schadens ihren gewöhnlichen Aufenthalt hatte, anzuwenden, sofern das Produkt in diesem Staat in Verkehr gebracht wurde, oder anderenfalls b) das Recht des Staates, in dem das Produkt erworben wurde, falls das Produkt in diesem Staat in Verkehr gebracht wurde, oder anderenfalls c) das Recht des Staates, in dem der Schaden eingetreten ist, falls das Produkt in diesem Staat in Verkehr gebracht wurde". Bringt also ein deutscher Hersteller sein Produkt in Ägypten in Verkehr und wird dadurch ein Ägypter geschädigt, gilt ägyptisches Recht. Hat der Hersteller das Produkt nicht in Ägypten in Verkehr gebracht, so gilt das Recht des Erwerbsortes, sofern dies auch der Ort des Inverkehrbringens war. Wurde das Produkt schließlich auch nicht an diesem Ort in Verkehr gebracht, gilt das Recht des Ortes, an dem der Schaden eingetreten ist. In der Praxis wird Letzteres, und damit eine Art. 4 Abs. 1 Rom II gleich lautende Regel, regelmäßig der Fall sein.

Hintergrund der Bestimmung ist, dass das Haftungsrisiko des Herstellers trotz der oft in Produkthaftungsfällen gegebenen Zufälligkeit berechenbar blei-

---

943 Vgl. BGH NJW 1981, S. 1606; OLG München, RIW 1996, S. 955.

944 MüKo/Junker, Art. 4 Rom II, Rn. 18.

945 MüKo/Junker, Art. 5 Rom II, Rn. 12.

ben sollte.[946] Zugleich will die Norm einen billigen Ausgleich zwischen Verbraucherschutz und Herstellerinteressen gewährleisten.[947] Aufgrund der hohen Ortsunabhängigkeit moderner Gesellschaften ist es dem Hersteller heutzutage, z.B. wenn das Produkt auf Reisen erworben oder mitgeführt wird, ohnehin nur schwer möglich, den Schadenseintritt in zeitlicher und räumlicher Hinsicht abzusehen.[948] In Art. 5 Abs. 1 S. 2 Rom II wurde daher zusätzlich ein Vorhersehbarkeitsvorbehalt aufgenommen, danach „ist das Recht des Staates anzuwenden, in dem die Person, deren Haftung geltend gemacht wird, ihren gewöhnlichen Aufenthalt hat, wenn sie das Inverkehrbringen des Produkts oder eines gleichartigen Produkts in dem Staat, dessen Recht nach den Buchstaben a, b oder c anzuwenden ist, vernünftigerweise nicht voraussehen konnte.“ In Absatz 2 der Norm ist schließlich, vergleichbar der vertragsrechtlichen Regelung des Art. 4 Abs. 3 Rom I, ein Vorbehalt der offensichtlich engeren Verbindung zu einem anderen Staat geregelt. Diese soll sich nach S. 2 der Norm insbesondere „aus einem bereits bestehenden Rechtsverhältnis zwischen den Parteien - wie einem Vertrag - ergeben, das mit der betreffenden unerlaubten Handlung in enger Verbindung steht“.

3. Ordre public

Sowohl für das Vertragsrecht als auch für das Deliktsrecht sieht das deutsche IPR einen Vorbehalt der öffentlichen Ordnung (*ordre public*) vor. Für das Vertragsrecht wird dies in Art. 21 Rom I-Verordnung, welcher Art. 6 EGBGB überlagert,[949] und für das Deliktsrecht in Art. 26 Rom II, welcher für alle außervertraglichen Schuldverhältnisse gilt und daher seinerseits Art. 40 Abs. 3 Nr. 1, 2 EGBGB überlagert,[950] angeordnet.

Unter dem Gesichtspunkt eines Verstoßes gegen den deutsche *ordre public* sind Privatstrafen wie die US-amerikanischen *punitive damages* und die französische *astreinte* problematisch.[951] Wie gezeigt, kennt sowohl das ägyptische ZGB in Art. 213 als auch das VSG in Art. 24 Abs. 1 eine der *astreinte* vergleichbare Rechtsfolge. In Bezug auf die Anwendbarkeit in Deutschland ist danach zu differenzieren, ob die Privatstrafe dem Ersatz entstandener Vermögensschäden bzw. der „Privatgenugtuung“ dient oder ob sie Strafzwecke bzw. eine

946 Von Hein, VersR 2007, S. 440, 446 f.
947 Von Hein, VersR 2007, S. 440, 446 f.
948 Von Hein, VersR 2007, S. 446 f.; MüKo/Junker, Art. 5 Rom II, Rn. 2 f.
949 MüKo/Sonnenberger, Art. 6 EGBGB, Rn. 1 f.
950 MüKo/Junker, Art. 26 Rom II, Rn. 15.
951 Vgl. von Hoffmann/Thorn, § 11, Rn. 20.

Generalprävention verfolgt.[952] In letzterem Fall unterliegen sie nicht mehr dem Deliktsrechtsstatus und sind daher in Deutschland nicht anwendbar.[953] Für die *astreinte* nach Art. 213 ZGB gilt Letzteres, da sie vornehmlich Beugecharakter hat.[954] Gleiches ist für Art. 24 VSG anzunehmen, auch wenn hier nicht unbedingt der Beugecharakter, sondern eher die Generalprävention im Vordergrund steht. Dies wird besonders daran deutlich, dass nach der Norm Verstöße auch in öffentlichen Tageszeitungen veröffentlicht werden können. Somit dürften sowohl Art. 213 ZGB als auch Art. 24 VSG nicht in Deutschland zur Anwendung kommen.

IV. Das ägyptische internationale Produkthaftungsrecht

Im Gegensatz zum französischen Code civil, der 1804 noch keine Regelungen zum IPR enthielt, hat der ägyptische Gesetzgeber solche im ZGB geregelt.[955] Als Vorbild diente in diesem Fall das entsprechende polnische und italienische Recht,[956] in Detailfragen, namentlich dem Wohnsitzrecht, aber auch das deutsche Recht.[957] Das internationale ägyptische Privatrecht ist in den Artt. 10 bis 28 ZGB geregelt. Dabei können jedoch die Artt. 12 bis 18 ZGB hier unbeachtet bleiben, da sie familien-, erb- bzw. immobiliarrechtliche Fragen betreffen. Allgemein ist nach einem Urteil des Kassationsgerichtes zu beachten, dass die Frage, welches Recht anwendbar ist, eine reine Tatsachenfrage ist, so dass sie nicht von ihm überprüft werden kann.[958]

1. Vertragsrecht

Das internationale ägyptische Vertragsrecht[959] ist in den Artt. 19 und 20 ZGB und das der gesetzlichen Schuldverhältnisse in Art. 21 ZGB festgelegt. Danach gilt für vertragliche Schuldverhältnisse gem. Art. 19 Abs. 1 ZGB das Recht des Staates, in dem der Vertrag geschlossen wurde, soweit es keinen gemeinsamen Wohnsitz der Vertragsparteien gibt. Dies gilt allerdings nicht, soweit die Parteien etwas anderes vereinbart haben oder die Umstände etwas anderes ergeben.[960]

952 Von Hoffmann/Thorn, § 11, Rn. 20.
953 MüKo/Junker, Art. 26 Rom II, Rn. 21 ff.; von Hoffmann/Thorn, § 11, Rn. 20, m.w.N.
954 So im Ergebnis auch MüKo/Spellenberg, Art. 12 VO (EG) 593/2008, Rn. 89.
955 Börner, S. 29.
956 Krüger, Parteiautonomie, S. 95.
957 Jung, Rechtsanwendung, S. 44.
958 KassGZ, Urteil v. 13.06.1974, Jg. 25, S. 1045; vgl. auch Ibrahim, S. 218.
959 Vgl. hierzu ausf. Jung, Ägyptisches internationales Vertragsrecht.
960 Zu anderen Übersetzungen als der im Anhang vgl. Krüger, Parteiautonomie, S. 95 und Jung, Rechtsanwendung, S. 38.

Die Frage, welche Rangfolge Art. 19 Abs. 1 ZGB zwischen Wohnsitz, Ort des Vertragsschlusses und Parteiautonomie nun aufstellt, ist sowohl in der ägyptischen[961] als auch der deutschen Literatur[962] diskutiert worden. Gegen eine Vorrangigkeit des Parteiwillens spricht die Nennung erst in Satz 3 der Norm und die Formulierung als Regel-Ausnahmeverhältnis.[963] Dieses Argument wird in der Praxis häufig von arabischen Parteien als Begründung für die Wahl heimischen Rechts vorgebracht.[964] Im Ergebnis ist sich die Literatur aber einig und auch die Rechtsprechung entscheidet so.[965] Es muss einen Vorrang der Parteiautonomie geben, da die Reglung des Satz 3 sonst überflüssig wäre. Denn es mag zwar keinen gemeinsamen Wohnsitz der Parteien geben, einen Abschlussort gibt es jedoch immer.[966] Einigkeit besteht in der ägyptischen Literatur dahingehend, dass die Wahl des anzuwendenden Rechts nur in Fällen mit Auslandsbezug zulässig ist, dann aber in weiten Grenzen.[967] Das ägyptische IPR stellt somit in erster Linie auf den Willen der Parteien ab, so dass die Parteien auch die Geltung einer dritten Rechtsordnung vereinbaren könnten.[968]

Nachrangig der Parteiautonomie, aber vorrangig dem Ort des Vertragsschlusses, ist an den gemeinsamen Wohnsitz anzuknüpfen. Im geschriebenen ägyptischen IPR kommt dem Wohnsitz damit eine hervorgehobene Bedeutung zu. Im Gegensatz dazu ist er in der Praxis grenzüberschreitender Schuldverträge so gut wie bedeutungslos. Denn sobald die Parteien aufgrund eines gemeinsamen Wohnsitzes verbunden sind, wird sich die Frage nach dem anzuwendenden Recht wegen des starken Inlandsbezuges regelmäßig nicht stellen.[969] Zwar bezieht sich der Wohnsitz nach deutschem Wortverständnis nicht auf den Geschäftssitz juristischer Personen, im ägyptischen Recht werden aber beide Begriffe synonym gebraucht. Die vor allem für die Praxis relevante Frage, ob dabei i.S.d. allgemeinen Bestimmung des Art. 11 Abs. 2 ZGB auf den geschäftlichen Sitz der Hauptverwaltung oder i.S.d. sachrechtlichen Bestimmung des Art. 53 d ZGB auch auf den Sitz von in Ägypten tätigen Auslandsvertretungen abzustellen ist, ist im ägyptischen Recht nicht entschieden.[970] Diese Frage wird

961 Vgl. hierzu die umfassende Darstellung bei Jung, S. 7 ff.
962 Jung, S. 7 ff.; Krüger, Parteiautonomie, S. 95 f.
963 Jung, S. 7.
964 Krüger, Parteiautonomie, S. 95.
965 Jung, S. 20 u. 7 f. m.w.N.; Ibrahim, S. 214; Krüger, Parteiautonomie, S. 95; Hök, RIW 1986, S. 617.
966 Jung, S. 7.
967 Vgl. hierzu Jung, S. 20 f.
968 Ibrahim, S. 214.
969 Jung, S. 21.
970 Vgl. Jung, S. 32 ff.

in der Praxis relevant, wenn z.B. ein deutscher Autohersteller eigene Produkte über ein eigenes ägyptisches Vertriebsnetz in Ägypten vertreibt. Die besseren Argumente sprechen für ein Abstellen auf die allgemeine Regel des Art. 11 Abs. 2 ZGB, da Art. 53 d ZGB eine Sonderbestimmung für sachenrechtliche Anwendungsfälle darstellt.[971]

Schließlich ist auf den Ort des Vertragsabschlusses abzustellen, was in der Praxis wohl am bedeutsamsten ist. Allerdings ist dieser Ort wegen seiner gerade im Lichte moderner Kommunikationsmittel gegebenen Flüchtig- und Zufälligkeit oftmals schwer zu bestimmen. Im Gegensatz zum bisherigen französischen Recht enthält das ZGB in Art. 97 aber eine Definition des Abschlussortes. Nach dessen Absatz 1 gilt der Ort, an dem der Anbietende von der Annahme seines Angebotes erfährt, als Ort des Vertragsschlusses. Dieses stark subjektive Element wird durch Absatz 2 der Vorschrift eingeschränkt, indem die Kenntnisnahme an dem Ort vermutet wird, an dem dem Anbietenden die Annahme tatsächlich zugegangen ist. Allerdings sind diese Regelungen nach ägyptischer Rechtsauffassung nicht direkt für mittels Telefon oder ähnlicher Mittel geschlossene Verträge anwendbar.[972] Denn diese sollen gem. Art. 94 Abs. 1 S. 2 ZGB als Vertragsschlüsse in einer „Vertragssitzung" (majlis al-'aqd) zu qualifizieren sein. Dieses Institut ist dem islamischen Recht entlehnt.[973] Zwar erfasst Art. 94 Abs. 1 S. 2 ZGB unvorhergesehener Weise auch Vertragsschlüsse per Telefax oder Email, allerdings lässt sich der Vorschrift nur eine Regelung zur Mechanik des Vertragsschlusses, nicht aber zu dessen Ort entnehmen.[974] Hinsichtlich des Ortes des Vertragsschlusses kann somit auch in Bezug auf mittels moderner Kommunikationsmittel geschlossener Verträge auf Art. 97 ZGB zurückgegriffen werden.[975] Bei Abschluss eines Vertrages unter Anwesenden ist der Abschlussort eindeutig. Werden unter Abwesenden Dokumente ausgetauscht, so gilt der Ort, in dem die Annahme zugeht, als Ort des Vertragsschlusses.

2. Deliktsrecht

Für nichtvertragliche Schuldverhältnisse ist gem. Art. 21 Abs. 2 ZGB die *lex loci delicti* maßgeblich, d.h. auf solche Schuldverhältnisse ist das Recht des Ortes anzuwenden, an dem die „die Verpflichtung verursachende Handlung begangen wurde". Nach Absatz 2 der Norm soll dies allerdings nicht für im Ausland

971 Jung, S. 34 f.

972 Sanhuri, Wasit, Bd.1, S. 224.

973 Sanhuri, Wasit, Bd.1, S. 224.

974 Jung, S. 43.

975 Sanhuri, Wasit, Bd. 1, S. 238 (nur in Bezug auf damals bereits gebräuchliche Telefone).

begangene unerlaubte Handlungen gelten, „wenn diese in Ägypten erlaubt wären". Der zweite Satz der Norm dürfte für Produkthaftungsfälle wegen der gezeigten Regelungsdichte in beiden Staaten keine Relevanz haben. Allerdings stellt sich hinsichtlich des ersten Satzes die Frage, wie die Handlung in solchen Fällen zu bestimmen ist. Wie gezeigt, ist die deutsche Diskussion, in der sich die Rechtsprechung für den Sitz des Herstellers[976] und die Literatur mehrheitlich für den Ort der Inverkehrgabe[977] entschied, durch die Rom II Verordnung hinfällig geworden. Anders ist die Lage in Ägypten. Die Frage, an welche Handlung genau anzuknüpfen ist, wurde soweit ersichtlich weder in Frankreich noch in Ägypten entschieden. Auch den entsprechenden materiellen Normen lässt sich kein Anknüpfungspunkt in Bezug auf die Handlung entnehmen. Der Wortlaut des Art. 163 ZGB stellt nämlich noch nicht einmal auf eine Handlung ab. Zwar wurde bereits gesagt, dass diese selbstverständlich in den Fehlerbegriff hineingelesen wird, jedoch ist selbst dann unklar, wo in Produkthaftungsfällen der Handlungsschwerpunkt liegen soll. Auch das VSG kann hier nicht helfen, da es keine deliktische, sondern eine gewährleistungsrechtliche Haftung begründet und an einen rein objektiven Fehlerbegriff anknüpft. Art. 67 Abs. 2 HGB schließlich benennt zwar keinen Handlungszeitpunkt, knüpft aber an die Fehlerhaftigkeit durch mangelnde Sorgfalt bei „Gestaltung, Herstellung, Zusammensetzung, Lagerung, Verpackung, Art der Darbietung oder der Gebrauchsanweisung" an. Diese Orte dürften in den meisten Fällen, in denen Produkte deutscher Hersteller in Ägypten zu Schäden führen, in Deutschland liegen, so dass zumindest betreffend den Hersteller deutsches Recht anwendbar wäre. Dieses Ergebnis wäre wenig verbraucherfreundlich, rührt aber daher, dass diese Situation bei der Kodifizierung des ZGB in den 40er Jahren des letzten Jahrhunderts nicht bedacht wurde.

Im französischen IPR, wo die entsprechende Diskussion seit der Rom II-Verordnung ebenfalls hinfällig geworden ist, aber mit Blick auf eine der ägyptischen Regelung gleich lautende Vorschrift erfolgte, neigten sowohl die Literatur[978] als auch die Rechtsprechung[979] bei Auseinanderfallen von Handlungs- und Erfolgsort dazu, an Letzteren anzuknüpfen. In Ägypten wird beides vertreten,[980] die Rechtsprechung scheint im Ergebnis ebenfalls an den Erfolgsort anzuknüpfen.[981] Nach dieser Rechtsprechung würde die Haftung eines deutschen Herstellers für alle in Ägypten verursachten Schäden stets nach ägyptischem Recht zu

976 BGH NJW 1981, S. 1606; OLG München RIW 1996, S. 955.

977 Vgl. MüKo/Junker, 4. Aufl., Art. 40 EGBGB, Rn. 154 m.w.N.

978 Nordemann-Schiffel, S. 103 m.w.N.

979 Vgl. die ausf. Aufzählung bei Nordemann-Schiffel, S. 103, Fn. 462.

980 Vgl. Abd Al-Aziz, S. 384 ff.

981 KassGZ, Urteil v. 07.11.1967, Jg. 18, S. 1614.

beurteilen sein. Nicht ersichtlich ist aber, ob die sich so ergebende recht weite Geltung ägyptischen Rechts durch einen Vorbehalt der Vorhersehbarkeit eingeschränkt werden soll. Dies ist anzunehmen, da zumindest in Bezug auf die Haftung die Beschränkung auf Vorhersehbares allgemeiner ägyptischer Rechtstradition entspricht. Sollte ein Hersteller in Ägypten in Lizenz fertigen lassen oder seine Produkte durch ein eigenes ägyptisches Vertriebsnetz in Ägypten anbieten, wäre schließlich ohnehin ägyptisches Recht anwendbar.

3. Ordre public

Nicht nur bei der Anerkennung und Vollstreckbarkeitserklärung ausländischer Titel, sondern auch für die Anwendung ausländischen Rechts sieht das ägyptische Recht einen *ordre public*-Vorbehalt vor.[982] Denn nach Art. 28 ZGB sind „Vorschriften ausländischen Rechts nicht anwendbar, wenn sie gegen den *ordre public* oder die guten Sitten Ägyptens verstoßen". Hier gilt im Ergebnis dasselbe wie bei der Schiedsfähigkeit. In Produkthaftungsfällen sind *ordre public*-Verstöße insbesondere hinsichtlich sog. *punitive damages* denkbar, also vor allem in Bezug auf US-amerikanisches Recht. Im Übrigen spielt der *ordre public* besonders bei hier nicht einschlägigen, islamrechtlich geprägten Materien wie dem Familien- und Erbrecht eine Rolle und dies vor allem dann, wenn es um Streitigkeiten zwischen Muslimen und Nicht-Muslimen geht.[983]

V. Zwischenergebnis zum IPR

Zwar sieht der EUROMED-Prozess in Bezug auf das Produkthaftungsrecht Ägyptens eine Hebung desselben auf EU-Niveau vor. Jedoch ist der Prozess einerseits noch nicht bis zu diesem Ziel vorgedrungen, und andererseits dürfte Art. 67 HGB bereits mit diesem Ziel verfasst worden sein. Das UN-Kaufrecht ist nur maßgeblich, wenn die Beteiligten ein direktes und handelsrechtliches Vertragsverhältnis haben, die Geltung des CISG nicht ausgeschlossen haben und es weiterhin um den Ersatz von vorhersehbaren Sachschäden geht.

Im deutschen internationalen Vertragsrecht gilt zwar weiterhin der Grundsatz der freien Rechtswahl, bei Verbraucherverträgen können jedoch die spezifischen Verbrauchervorschriften nicht „abgewählt" werden. Mangels Rechtswahl ist bei Verbraucherverträgen das Recht des Ortes maßgeblich, an dem der Verbraucher seinen gewöhnlichen Aufenthalt hat. Bei allen anderen Verträgen gilt das Recht des Ortes, an dem der Verkäufer seinen gewöhnlichen Aufenthalt hat. In Bezug auf das deutsche internationale Deliktsrecht gilt mittlerweile allein

982 Vgl. Jung, S. 98 ff.
983 Vgl. Pattar, S. 283.

das Recht des Erfolgsortes. Für den Bereich des Produkthaftungsrechts besteht allerdings eine überlagernde Sonderregel, nach welcher vorrangig der gewöhnliche Aufenthalt des Geschädigten, danach der Ort des Produkterwerbs und schließlich der Erfolgsort entscheidend sind, sofern das Produkt jeweils auch in diesem Staat in Verkehr gebracht wurde. Falls dieser Ort „vernünftigerweise nicht vorausgesehen" werden konnte, gilt das Recht des Aufenthaltsortes des Haftungsadressaten. Sowohl die in Art. 213 ZGB normierte *astreinte* als auch die in Art. 24 VSG vorgesehenen Strafen dürften in Deutschland wegen eines Verstoßes gegen den *ordre public*-Vorbehalt nicht zur Geltung kommen.

Im ägyptischen internationalen Vertragsrecht gilt mangels vorrangiger Rechtswahl das Recht des Wohnsitzes beider Parteien und schließlich das Recht des Ortes des Vertragsschlusses. Sofern Letzterer nicht unter Anwesenden vollzogen wird, ist der Ort der Annahme maßgeblich. Nach dem Wortlaut des ägyptischen internationalen Deliktsrechts ist stets das Recht des Handlungsortes entscheidend. Bei Auseinanderfallen von Handlungs- und Erfolgsort dürfte Letzterer entscheidend sein. Ein Verstoß hier relevanter deutscher Vorschriften gegen den ägyptischen *ordre public* ist schließlich nicht ersichtlich.

5. Kapitel: Zusammenfassender Vergleich des deutschen und ägyptischen Produkthaftungsrechts

A. Anspruchsberechtigte

In beiden Rechtsordnungen finden sich Produkthaftungsansprüche, die nur von Verbrauchern geltend gemacht werden können. Namentlich sind dies die Ansprüche nach dem deutschen ProdHaftG und dem ägyptischen VSG. Die zentrale ägyptische Produkthaftungsnorm, Art. 67 HGB, ist aber im Unterschied zum deutschen ProdHaftG keine reine Verbraucherschutznorm. Da in Deutschland in dieser Hinsicht auf das ebenfalls allgemeingültige Deliktsrecht zurückgegriffen werden kann, ergeben sich im Ergebnis keine Unterschiede. Zu beachten ist, dass der vertraglich gebundene Kläger in Ägypten wegen des Grundsatzes des *non-cumul* einen Anspruch nur entweder auf Grundlage des Vertrags- oder des Deliktsrechts des ZGB geltend machen, sich im Übrigen aber sowohl auf Art. 67 HGB als auch auf Artt. 7 und 8 VSG stützen kann.

B. Haftungsadressaten

In Bezug auf den Haftungsadressaten ergibt sich ein erster bedeutender Unterschied betreffend den Zulieferer. Im deutschen Recht sind diese vollumfänglich neben dem Hersteller haftbar. In Ägypten sind sie dagegen nach beiden spezialgesetzlichen Regelungen nicht ersatzpflichtig, so dass diesbezüglich allenfalls ein Rückgriff auf das allgemeine Deliktsrecht denkbar ist. Dabei ist jedoch zu beachten, dass der Geschädigte ohne Beweiserleichterungen hinsichtlich des Verschuldens voll beweispflichtig wäre. Zudem ist unklar, wie ägyptische Gerichte die eindeutige Entscheidung der neuen Spezialgesetze gegen eine Zuliefererhaftung im Rahmen des ZGB bewerten würden. Hersteller und Importeure sind im Ergebnis in beiden Rechtsordnungen bei Vorliegen der allgemeinen Haftungsvoraussetzungen stets und auch verschuldensunabhängig haftbar. Während dies in Ägypten auch für Lieferanten gilt, ist dies nach dem Deliktsrecht des BGB nur bei gesondertem Verschulden und nach dem ProdHaftG lediglich subsidiär zum Hersteller der Fall. Der finale Verkäufer haftet nach beiden Rechtsordnungen grundsätzlich bloß bei eigenem Verschulden. In beiden Ländern gibt es jedoch Ausnahmen von diesem Grundsatz. In Ägypten haftet der Verkäufer innerhalb der kurzen Frist des VSG auch ohne Verschulden und in Deutschland als Lieferant nach dem ProdHaftG, aber eben nur subsidiär zum Hersteller. Während in Deutschland grundsätzlich alle Haftungsadressaten gesamtschuldnerisch haften, ist dies in Ägypten nach der zentralen Produkthaftungsnorm des Art. 67 HGB nicht der Fall.

C. Verschulden

Weder in Ägypten noch in Deutschland trifft den Verkäufer eine vertragliche Haftung, wenn der Käufer den Mangel kannte. In diesem Zusammenhang ist die allgemeine, auch noch nach Vertragsschluss bestehende, Rügeobliegenheit gem. Artt. 447 und 449 ZGB hervorzuheben, nach der der Käufer in Ägypten den Kaufgegenstand umgehend nach Erhalt auf Mängel zu untersuchen und den Verkäufer binnen angemessener Frist davon zu informieren hat, um seine Gewährleistungsrechte zu erhalten. Diese Rügeobliegenheit steht im Gegensatz zum entsprechenden deutschen Recht nach § 442 Abs. 1 BGB, welches ausschließlich auf die Kenntnis von Mängeln bei Vertragsschluss abstellt. Die ägyptische Regelung entspricht der ursprünglichen Fassung des Art. 1648 Code civil, welcher allerdings umstritten war und im Rahmen der Umsetzung der Verbrauchsgüterkaufrichtlinie (1999/44/EG) an die kaufrechtliche Gewährleistungsfrist von zwei Jahren angepasst wurde. Die ägyptische Regelung ist hingegen wenig verbraucherfreundlich geblieben. Gerechtfertigt scheint eine solche kurze Frist allenfalls im Bereich des Handelsrechts, wo sich auch im deutschen Recht mit § 377 HGB eine vergleichbare Regelung findet. Mutmaßlich ist die Akzeptanz für eine allgemeine Rügepflicht im Besonderen und für umfassende Kaufmannspflichten im Allgemeinen in den arabischen Ländern jedoch generell höher als in Europa, da sie der weiterhin sehr geachteten beduinischen Handelstradition entsprechen.

Ein weiterer Unterschied besteht in Bezug auf Erfüllungsgehilfen, für welche der Schuldner in Ägypten nach Art. 217 Abs. 2 S. 3 ZGB anders als nach § 278 S. 2 BGB grundsätzlich nicht haftet.

Weiterhin haftet der Schuldner nach Art. 215 ZGB nur für ihm zurechenbare Schäden. Diese liegen ausdrücklich nicht bei äußeren Einwirkungen im Sinne des von der französischen Rechtsprechung ausgestalteten Begriffs der *cause étrangère* vor. Im deutschen Recht finden sich entsprechende Regeln meist nur hinsichtlich bestimmter Gefährdungstatbestände (z.B. §§ 1, 2 HaftPflG, § 7 Abs. 2 StVG, § 22 Abs. 2 WHG) sowie im Reisevertragsrecht (§ 651 j Abs. 2 BGB). Allerdings wird im BGB ausdrücklich ein Verschulden vorausgesetzt, welches bei ausschließlicher Schadensverursachung durch höhere Gewalt nicht vorliegen dürfte.[984]

984 Vgl. RGZ 87, 52, 55; BGHZ 81, 353, 355; MüKo/Grothe, § 206, Rn. 3.

Im Übrigen lässt sich festhalten, dass zwar das allgemeine Vertrags- und Deliktsrecht beider Rechtsordnungen ein grundsätzliches Verschulden voraussetzen, die speziellen Produkthaftungsvorschriften beider Rechtsordnungen jedoch grundsätzlich eine verschuldensunabhängige Haftung normieren.

D. Fehler

Einen Mangel bzw. Fehler setzen in beiden Rechtsordnungen grundsätzlich alle Produkthaftungsanspruchsgrundlagen voraus. Eine Haftung für Ausreißerschäden und Produktbeobachtungsfehler ergibt sich wohl nur nach deutschem Recht, für erstere nach dem ProdHaftG und für letztere nach dem Deliktsrecht. In beiden Rechtsordnungen finden sich jedoch auch fehlerunabhängige Gefährdungshaftungstatbestände. Im deutschen Recht ist dies § 84 AMG für Schäden durch Arzneimittel und in Ägypten die Haftung nach Art. 178 ZGB für Schäden durch besonders gefährliche Sachen, wozu Arzneimittel gezählt werden dürften.

E. Beweislast

Eine Beweislastumkehr, wie sie durch die Rechtsprechung für das deutsche Deliktsrecht umfassend in Bezug auf das Verschulden entwickelt wurde, ist in Ägypten für das ZGB so nicht ersichtlich.[985] Allerdings geht Art. 67 HGB in dieser Hinsicht sogar über das deutsche Recht hinaus, denn danach können statt des Fehlers auch mangelnde Vorsorgevorkehrungen nachgewiesen werden. In der Praxis dürften sich dennoch kaum Unterschiede ergeben, da der Beweis des Fehlers regelmäßig leichter fallen dürfte als der Nachweis betriebsinterner Versäumnisse.

F. Rechtsfolge Schadensersatz

Das ägyptische Gewährleistungsrecht ist im Grundsatz nach Artt. 447 Abs. 1, 450 ZGB tatbestandlich auf Rechtsentzug und rechtsfolgenseitig auf den Rücktritt ausgelegt. Allerdings kann der Käufer auch Schadensersatz statt der Leistung vergleichbar der Regelung des § 281 Abs. 1 BGB verlangen. Ähnlich wie in § 281 Abs. 5 BGB ist auch in Art. 444 Abs. 1 ZGB vorgesehen, dass der Gläubiger das Geleistete zurückgeben muss. Im Unterschied zum BGB muss der Gläubiger dies nach dem ZGB jedoch zwingend tun, während es nach dem BGB dem Schuldner freisteht, das Geleistete zurückzufordern. Der Käufer kann aber auch in Ägypten nach Art. 444 Abs. 2 ZGB Schadensersatz neben der Leistung vergleichbar §§ 437 Nr. 3, 280 Abs. 1 S. 1 BGB verlangen.

---

985 Vgl. auch Hajj, S. 77 f.

Neben dem Gewährleistungsrecht kann der Käufer in Ägypten auch auf das allgemeine Nichterfüllungsrecht zurückgreifen. Im deutschen Recht sind dagegen die Gewährleistungsregelungen der §§ 437 ff. BGB grundsätzlich vorrangig, allerdings sind diese über die Rechtsgrundverweisung des § 437 BGB umfassend mit dem allgemeinen Leistungsstörungsrecht verknüpft.

G. Haftungsumfang

In Bezug auf mehrere Verursacher richtet sich die Schadensersatzpflicht nach Art. 169 ZGB und anders als nach § 254 Abs. 1 BGB nicht von vornherein nach dem Verursachungsbeitrag, sondern sie wird zunächst zu gleichen Teilen vermutet. Allerdings steht dem Richter eine im Ergebnis § 254 Abs. 1 BGB entsprechende Möglichkeit zu, die Ersatzpflicht nach der Verursachung aufzuteilen. Die Rechtsfolgen der gesamtschuldnerischen Haftung nach dem ZGB entsprichen wiederum denen der §§ 840 Abs. 1, 421 BGB. Im Gegensatz zum ägyptischen Recht ordnet das BGB in § 846 für das Deliktsrecht eine Berücksichtigung des Mitverschuldens nur in den Sonderfällen der §§ 844, 845 BGB, also insbesondere bei Tötung eines Dritten, an.

Nach allgemeinem ägyptischen Schadensersatzrecht gem. Art. 215 ZGB hat der Schuldner eines Schadensersatzanspruchs vorrangig „Naturalrestitution zu erfüllen". Begrifflich wird folglich nicht vergleichbar dem deutschen Recht zwischen Naturalrestitution und Nacherfüllung unterschieden, so dass die Vorschrift sowohl an § 249 Abs. 1 BGB als auch an § 437 BGB erinnert, aus denen ebenfalls der Vorrang der Naturalrestitution bzw. der Nacherfüllung abgelesen wird. Im Ergebnis ergibt sich insoweit aber kein Unterschied.

Nach Art. 221 Abs. 1 ZGB hat der Richter die Höhe des Schadens zu schätzen, sofern sie nicht im Vertrag oder im Gesetz festgelegt ist. Damit werden gleich zwei Besonderheiten des ZGB geregelt. Zum einen ist die Feststellung des Schadens ausdrücklich Aufgabe des Tatrichters, so dass diesbezüglich keine Überprüfungsbefugnis des Kassationsgerichts besteht. Zum anderen kann die Höhe des Schadensersatzes bereits vor Eintritt des Schadensfalles vertraglich festgelegt werden. Mangels einer solchen vertraglichen Vereinbarung bemisst sich die Schadenshöhe gem. Art. 221 Abs. 1 ZGB nach „dem Verlust des Gläubigers und dem Gewinn, der ihm entgangen ist". Damit geht das ägyptische ZGB, wie das deutsche BGB, vom Prinzip der Totalrestitution aus. Allerdings differenziert das ägyptische Recht nicht nach positivem und negativem Interesse. Der Gläubiger muss also stets so gestellt werden, wie er vor dem schädigenden Ereignis gestanden hätte. Insoweit aber das, auch in § 249 BGB angelegte Prinzip der Naturalrestitution zur Anwendung kommt, gleichen sich das ägyptische und das deutsche Recht wiederum. Auch in Ägypten ist daher das US-amerikanische Konzept der sog. *punitive damages* nicht anwendbar.

Immaterielle Schäden sind in beiden Rechtsordnungen ersatzfähig. Für den Fall, dass eine Person durch die Pflichtverletzung zu Tode kommt, sollen gem. Art. 222 Abs. 2 ZGB „außer für Ehepartner und Verwandte bis zum zweiten Grad keine Entschädigungen für die Schmerzen, die als Folge des Todes des Verletzten zu erleiden sind, zugesprochen werden". Die Norm spricht Angehörigen damit in wesentlich weiterem Maße eigene Ansprüche zu als die §§ 844 f. BGB. In Bezug auf die Ersatzfähigkeit liegt zudem ein deutlicher Unterschied darin, dass nach ägyptischem Recht ganz allgemein auch reine Vermögensschäden umfasst sind, während dies nach deutschem Recht nur in den gesetzlich geregelten Ausnahmen der §§ 252, 844 ff. BGB der Fall ist.

Die Haftungshöchstgrenzen des ProdHaftG spielen im Vergleich zum ägyptischen Recht keine Rolle, da insoweit auch nach deutschem Recht auf das allgemeine Deliktsrecht ausgewichen werden kann. Sog. Weiterfresserschäden sind im Ergebnis wohl nach beiden Rechtsordnungen ersatzfähig.

H. Haftungsausschluss

Ein Haftungsausschluss ist sowohl in Ägypten als auch in Deutschland nur betreffend das allgemeine Vertrags- und Gewährleistungsrecht zulässig und dort auch nur, soweit nicht vorsätzlich gehandelt oder der Mangel arglistig verschwiegen wurde. Zwar wird in Deutschland diskutiert, ob diese Grenzen auch für das Deliktsrecht gelten sollen, da dazu aber in jedem Fall ein Vertragsschluss erforderlich ist, hat diese Diskussion in Produkthaftungsfällen kaum Bedeutung. Die spezialgesetzlichen Produkthaftungsvorschriften können in beiden Rechtsordnungen nicht ausgeschlossen werden.

I. Verjährung

In beiden Rechtsordnungen muss die Verjährung grundsätzlich einredeweise geltend gemacht werden und wird nicht von Amts wegen berücksichtigt. Auch die Fristberechnung erfolgt in Ägypten vergleichbar den Regelungen §§ 187 Abs. 1 und 188 Abs. 1 BGB. Allerdings verjährt nach ägyptischem Recht nicht der Anspruch, sondern das Klagerecht. Zudem ergeben sich mit Blick auf die Länge der Verjährungsfrist weitere Unterschiede. Ansprüche nach Art. 8 VSG können nur innerhalb von 14 Tagen nach Erhalt der Ware geltend gemacht werden. In Deutschland lässt sich dies zwar mit den Widerrufsfristen bei Verbraucherverträgen vergleichen, im Bereich der Gewährleistung oder Produkthaftung gibt es jedoch keine entsprechende Regelung. Die allgemeine Mängelgewährleistung verjährt nach ägyptischem Recht in einem und nach deutschem Recht in zwei Jahren, in beiden Fällen beginnt sie mit Erhalt der Kaufsache. Ein in der Theorie deutlicher Unterschied, der jedoch in der Produkthaftungspraxis wenig zur Geltung kommen dürfte, findet sich in Bezug auf die Verjährung allgemeiner vertraglicher Ansprüche, welche in Ägypten 15 und in Deutschland nur drei Jahre beträgt. Die für die hiesige Fragestellung praxisrelevanteste Verjährungsfrist, nämlich diejenige für allgemeine deliktsrechtliche bzw. spezialgesetzliche Produkthaftungsansprüche, beträgt in beiden Ländern drei Jahre. Sogar die Anknüpfungspunkte sind im Ergebnis mit der Kenntnis des Schadens und des Schädigers die gleichen, jedoch beginnt die Frist nach dem ProdHaftG nicht wie nach den übrigen Vorschriften taggenau, sondern mit Ablauf des die Kenntnis begründenden Jahres.

J. Durchsetzbarkeit

Was die Durchsetzbarkeit etwaiger Ansprüche angeht, ergeben sich erhebliche Unterschiede, die jedoch vor allem in der Praxis und nicht in der Theorie liegen. In Bezug auf den Gerichtsaufbau und das Prozessrecht sind die Rechtsordnungen sogar relativ ähnlich. Zwar gilt in Ägypten streitwertunabhängig ein faktischer Anwaltszwang vor ordentlichen Gerichten. Da Produkthaftungsfälle in Deutschland typischerweise oft über der Grenze von 5.000 EUR des § 23 Nr. 1 GVG liegen, sind die Geschädigten regelmäßig auch in Deutschland wegen § 78 Abs. 1 S. 1 ZPO gezwungen, ihre Rechte durch einen Anwalt verfolgen zu lassen. Der entscheidende Unterschied liegt in der starken Überlastung und chronischen Unterbesetzung der ägyptischen Gerichte. Gerade mit Blick auf diese Probleme und zur Steigerung der Attraktivität Ägyptens für ausländische Direktinvestitionen hat der ägyptische Gesetzgeber die neu eingerichteten Wirtschaftsgerichte geschaffen, welche eine deutliche Verfahrensbeschleunigung versprechen. Allerdings fallen von den hier untersuchten Anspruchsgrundlagen lediglich die Strafverhängungsvorschriften nach dem VSG in deren Zuständigkeit, die eigentlichen Produkthaftungsansprüche bleiben außen vor.

Für Ansprüche aufgrund des VSG ist im Übrigen ein gesondertes Verfahren vorgesehen. Verbraucher können sich zunächst an die zugelassenen Verbraucherschutz-NROs wenden, welche sich sowohl um außergerichtliche Streitbeilegung bemühen können als auch im Namen der Verbraucher als Verband klagen können. Insoweit ist die Situation durchaus mit der in Deutschland vergleichbar. Denn dort sind unter einem Bundesverband Verbraucherzentralen für alle Bundesländer als eingetragene Vereine, und somit ebenfalls als NROs, organisiert. Seit 1980 haben diese Verbraucherzentralen, neben den Wohlfahrtsverbänden als einzige Organisationen, gemäß § 8 Abs. 1 Nr. 4 RDG das Recht zur außergerichtlichen Rechtsbesorgung und dürfen so neben Rechtsanwälten im Rahmen ihres Aufgabenkreises Verbraucher außergerichtlich beraten und vertreten. Seit dem 1. Januar 2002 können sich die Verbraucherzentralen zudem gem. § 79 Abs. 2 Nr. 3 ZPO individuelle Ansprüche von den Verbrauchern abtreten lassen, um diese vom Anbieter einzufordern und gegebenenfalls auch einzuklagen.

Zwar besteht seit dem 11. Januar 2001 mit dem Bundesministerium für Ernährung, Landwirtschaft und Verbraucherschutz (BMELV) erstmals ein Bundesministerium, das explizit Verbraucherschutz im Namen trägt und ebenso ausdrücklich für diesen zuständig ist. Eine zwischen den NROs und dem Ministerium angesiedelte Instanz vergleichbar der VSB ist in Deutschland jedoch nicht zu finden. Die VSB kann von ägyptischen Verbrauchern unabhängig von den NROs bemüht werden, sie ist an der Gesetzgebung beteiligt und bildet schließlich die Eingangsinstanz für auf dem VSG basierte Klagen. Dieser ägyptische Sonderweg bietet zwar Chancen, insbesondere da die VSB eine zusätzliche und ganzheitlich mit der Materie befasste Instanz darstellt. Jedoch ist durch die hohe Kompetenzzersplitterung und die Eingliederung in die bisher wenig effiziente Staatsverwaltung zu befürchten, dass der Beitrag der VSB zur Rechtsentwicklung und schnellen Durchsetzung gering sein dürfte oder gar das Gegenteil erreicht wird. Deswegen ist es nicht nur für den kaufmännischen Rechtsverkehr vorstellbar, dass die Parteien sich noch nach Schädigung auf ein Schiedsverfahren einigen. In beiden Rechtsordnungen stehen dazu Gesetzesgrundlagen und Institutionen in Übereinstimmung mit international üblichen Standards zur Verfügung. Ebenso ergeben sich keine wesentlichen Unterschiede in Bezug auf die Anerkennung ausländischer Titel, insbesondere ist die Gegenseitigkeit zwischen Deutschland und Ägypten verbürgt. Auch hinsichtlich der Vollstreckbarkeit ausländischer Entscheidung bestehen ähnliche Erfordernisse, dazu ist in beiden Ländern eine vorherige Exequaturklage notwendig.

K. Internationales Recht

Nach dem internationalen Vertragsrecht beider Staaten gilt vorrangig die freie Rechtswahl. Mangels einer solchen wird in Deutschland auf den gewöhnlichen Aufenthaltsort des Verkäufers und bei Verbraucherverträgen auf den gewöhnlichen Aufenthaltsort des Verbrauchers abgestellt. In Ägypten ist dagegen in diesen Fällen zunächst der gemeinsame Wohnort entscheidend, welcher allerdings, sobald die Frage nach dem geltenden internationalen Vertragsrecht gestellt wird, selten existieren wird. In der Praxis am bedeutsamsten ist daher der Ort des Vertragsschlusses, bei welchem im Zweifel der Ort der Annahme maßgeblich ist.

Einen zwingenden Mindeststandard nationaler Verbraucherschutzvorschriften kennt das ägyptische IPR bisher nicht.

Zwar ist nach ägyptischem internationalem Deliktsrecht grundsätzlich auf den Ort der unerlaubten Handlung abzustellen, bei Auseinanderfallen von Handlungs- und Erfolgsort dürfte jedoch wie nach deutschem Recht Letzterer maßgeblich sei. Für den Bereich des Produkthaftungsrechts besteht nach deutschem Recht eine überlagernde Sonderregel, nach der vorrangig der gewöhnliche Aufenthalt des Geschädigten, danach der Ort des Produkterwerbs und schließlich der Erfolgsort maßgeblich sind, sofern das Produkt jeweils auch in diesem Staat in Verkehr gebracht wurde. Falls dieser Ort „vernünftigerweise nicht vorausgesehen“ werden konnte, gilt das Recht des Aufenthaltsortes des Haftungsadressaten. Nach deutschem Recht würde also für einen in Alexandria geschädigten Hamburger nur dann deutsches Recht gelten, wenn das schädigende Produkt in Deutschland in Verkehr gebracht wurde, insbesondere also, wenn er es mitgeführt hat. Nach ägyptischem Recht käme es bei diesem Sachverhalt in aller Regel ebenfalls zu diesem Ergebnis. In fast allen anderen Sachverhaltskonstellationen wäre nach beiden Rechtsordnungen ägyptisches Recht anwendbar. Für einen in Hamburg geschädigten Alexandriner würde umgekehrt nach deutschem Recht jedenfalls und nach ägyptischem Recht allenfalls dann ägyptisches Recht gelten, wenn er durch ein aus der Heimat mitgebrachtes Produkt geschädigt würde. Im Übrigen käme wiederum nach beiden Rechtsordnungen deutsches Recht zur Anwendung.

Die in Art. 213 ZGB und Art. 24 VSG vorgesehenen Strafen dürften in Deutschland wegen eines Verstoßes gegen den *ordre public*-Vorbehalt nicht zur Geltung kommen. Ein Verstoß hier relevanter deutscher Vorschriften gegen den ägyptischen *ordre public* ist nicht ersichtlich.

6. Kapitel: Bewertung und Schlussbemerkungen

Die vorliegende Arbeit hat gezeigt, dass in Ägypten mittlerweile ein Produkthaftungsrecht nach modernem europäischem Verständnis umfassend kodifiziert ist. Allerdings erfordert es einigen Aufwand, aus den verschiedenen hier betrachteten ägyptischen Gesetzen die eigentlichen Produkthaftungsanspruchsgrundlagen herauszufiltern. Jedoch ist dies kein originär ägyptisches Problem, sondern der allgemeinen Entwicklung des Produkthaftungsrechts geschuldet.

Die zentralen Normen des ägyptischen Produkthaftungsrechts sind in den sechs Absätzen des 1999 neu eingefügten Art. 67 HGB zu finden. Wenngleich Art. 67 HGB erstaunlicherweise wesentlich weniger beachtet wurde als die übrigen Normen des HGB und als das VSG, ist er die erste und bisher einzige spezifische Produkthaftungsnorm des ägyptischen Rechts. Zudem ist Art. 67 HGB auf die meisten denkbaren Konstellationen von Produkthaftungsfällen anwendbar. Die Vorschrift orientiert sich erkennbar an der EG-Produkthaftungsrichtlinie. Ägyptischer Tradition folgend ist dabei offensichtlich vor allem die französische Umsetzung maßgeblich gewesen. Die Regelung ist übersichtlich strukturiert und in klarer Sprache geschrieben. Jedoch sind mehrere Detailfragen nicht bedacht oder bewusst der Rechtsprechung überlassen worden.

Vor Inkrafttreten des Art. 67 HGB konnte sich die Rechtsprechung auch in Ägypten zur Begründung von Produkthaftungsansprüchen, ähnlich wie in Frankreich, auf die oft nahezu identischen Normen des allgemeinen Vertrags- und Deliktsrechts stützen. Spezifische und höchstrichterliche Produkthaftungsentscheidungen, vergleichbar dem Hühnerpesturteil des Bundesgerichtshofes, gibt es in Ägypten offenbar noch nicht. Nunmehr dürfte dem allgemeinen Deliktsrecht des ZGB in Produkthaftungsfällen ohnehin kaum noch Bedeutung zukommen. Denn die Verjährungsfrist entspricht derjenigen nach Art. 67 HGB, weiterhin erfordert das Deliktsrecht zusätzlich ein Verschulden und hält schließlich nicht die Beweiserleichterungen des Art. 67 HGB bereit. Das allgemeine vertragliche Nichterfüllungsrecht kann insbesondere nach Verjährung des Art. 67 HGB Bedeutung haben, aber wegen Nichtgeltung der *action directe* im Bereich der Produkthaftung nur gegenüber dem direkten Vertragspartner geltend gemacht werden.

Dem islamischen Recht wird im Zusammenhang mit den Produkthaftungsnormen kaum eigene Bedeutung zukommen, da es zu diesem Bereich weder eigene noch entgegenstehende Regelungen enthält. In bestimmten Auslegungsfragen, namentlich der Zulässigkeit von Zinsen unter dem HGB bzw. VSG und

Schadensersatzforderungen für Sachen, die nach islamischem Recht unrechtmäßig sind (z.B. alkoholische Getränke), ist eine Berücksichtigung des islamischen Rechts allerdings denkbar.

Das neue VSG von 2006 schafft zwar keinen eigentlichen Produkthaftungsanspruch, jedoch hält es einen verschuldensunabhängigen und außervertraglichen Gewährleistungsanspruch bereit. Diese Anspruchsgrundlage hat im deutschen Rechtssystem keine direkte Entsprechung, ähnelt aber der von der französischen Rechtsprechung entwickelten *action directe* und stärkt die Stellung des Verbrauchers zumindest innerhalb der kurzen Geltendmachungsfrist erheblich. Wegen dieser kurzen Frist kommt dem allgemeinen Gewährleistungsrecht des ZGB aber weiterhin praktische Bedeutung zu. Für Ansprüche von Unternehmern ist ohnehin nur dieses anwendbar.

Art. 67 HGB normiert freilich eine besondere Unternehmerpflicht, schützt aber sowohl Unternehmer als auch Verbraucher. Das VSG hingegen ist zwar eine reine Verbraucherschutzvorschrift, jedoch bietet es den Unternehmern zugleich größere Rechtssicherheit, da Hersteller und Lieferanten nunmehr besser die Haftungsrisiken durch defekte Produkte abschätzen können. In wirtschaftlicher Hinsicht wurde das VSG sogar insbesondere von den ägyptischen Unternehmern begrüßt. Denn neben der Erhöhung der Wettbewerbsfähigkeit durch Qualitätssteigerung erhoffen sie sich höhere Absätze, wenn die Verbraucher wissen, dass sie das Produkt bei Mängeln unkompliziert ersetzt erhalten oder zurückgeben können.[986]

Allerdings fällt vor allem im Vergleich zum ZGB und HGB auf, dass das VSG wenig strukturiert ist, die Definitionen kaum erhellend sind und das Gesetz sogar teilweise widersprüchlich ist. Dazu trägt besonders die in Ägypten nicht unübliche Technik bei, die näheren Regelungen den Ausführungsbestimmungen zu überlassen. Bei der Gesetzgebung wäre somit ein deutlicher redaktioneller Mehraufwand wünschenswert gewesen. Trotzdem ist das VSG als entscheidender Schritt in der Entwicklung des ägyptischen Verbraucherschutzrechts zu werten. Zum einen sind hier die Einrichtung der VSB und die deutliche Stärkung der Rechte der Verbraucherschutz-NROs zu nennen. Zum anderen scheinen die nach dem VSG vorgeschriebenen Aufklärungskampagnen in Ägypten erstmalig ein umfassendes, allgemeines Rechtsbewusstsein in der Bevölkerung hervorzurufen, das sich weit über das Verbraucherschutzrecht erstreckt. Dies hat in Verbindung mit dem kostenlosen Verfahren und der Verbandsklagebefugnis der NROs bereits zu einer deutlichen Zunahme der Geltendmachung von Verbrau-

986 Vortrag von Souad Edib, KAS, Verbraucherschutz, 22.04.2008, www.kas.de/proj/home/events/18/1/year-2008/month-4/veranstaltung_id-30492/index.html.

cheransprüchen wegen fehlerhafter Produkte gegenüber Verkäufern, Importeuren und Herstellern geführt. Diese Entwicklung steht immer noch am Anfang, so dass sich Verkäufer, Importeure und Hersteller auf eine weitere Zunahme von Verfahren nach dem VSG einstellen sollten. Durch das wachsende Rechtsbewusstsein sind aber auch zusätzliche Verfahren auf Grundlage des ebenfalls recht verbraucherfreundlich gestalteten Art. 67 HGB zu erwarten. Das VSG ist daher als Durchbruch für die Entwicklung eines in der Praxis tatsächlich angewandten Produkthaftungsrechts in Ägypten zu werten. Denn durch die mit dem VSG geschaffenen Rechtsdurchsetzungsmöglichkeiten kommt offensichtlich auch erst das Produkthaftungsrecht im Übrigen zur Anwendung, auch wenn es schon vorher kodifiziert war. Die Ausgangspunkte der Entwicklung, jedenfalls in Bezug auf die Rechtspraxis, stellen sich daher in Ägypten eher umgekehrt als in Europa dar, wo das Produkthaftungsrecht Ursprung für die Entwicklung des Verbraucherschutzrechts war. Allerdings ist das VSG kein vollumfängliches Verbraucherschutzgesetz im europäischen Sinne, da es sich im Wesentlichen auf Schadenersatz- und Informationsansprüche beschränkt. Die nur zögerliche Entwicklung eines modernen Produkthaftungsrechts in Ägypten erklärt sich im Übrigen größtenteils aus der bis heute weit reichenden Verstaatlichung der dortigen Industrie. Denn, wo der Staat im Regelfall Beklagter sein wird, hat er wenig Interesse, die Klägerrechte zu stärken.

Auf dem ägyptischen Markt tätige Unternehmen sollten sich auch mit den umfassenden Vorschriften des VSG zur Beschriftung ihrer Produkte mit den vorgeschriebenen Informationen in arabischer Sprache auseinandersetzen. Insgesamt ergibt sich ein dem deutschen Produkthaftungsrecht sehr ähnliches Recht. Unternehmer treffen daher in Ägypten nicht auf außergewöhnliche Haftungsrisiken, wenn sie bereits auf das deutsche Produkthaftungsrecht eingestellt sind.[987]

Die Möglichkeiten der Rechtsdurchsetzung sind in Ägypten alles in allem weiterhin wenig verbraucherfreundlich. Zwar ist das für Ansprüche nach dem VSG in erster Instanz vorgesehene, kostenlose Verfahren vor der VSB für sich genommen ein deutlicher Fortschritt. Die Zuständigkeit wird dadurch aber weiter zersplittert. Außerdem ist die VSB in die bisher wenig effiziente Staatsverwaltung eingegliedert. Die Ansprüche nach Art. 67 HGB müssen zudem weiterhin vor der bereits jetzt chronisch überlasteten ordentlichen Gerichtsbarkeit geltend gemacht werden. Die insbesondere zur Abhilfe dieser Überlastung im Jahr 2008 eingerichteten Wirtschaftsgerichte sind zwar für Streitigkeiten über zahlreiche Ansprüche auf Grundlage des neuen HGB zuständig, dies betrifft jedoch

987 Zu einem ähnlichen Ergebnis für das allgemeine ägyptische Schuldrecht kommt Hök, RIW 1986, S. 619.

nicht Art. 67 HGB. Die Durchsetzung des in der Theorie sehr verbraucherfreundlich gestalteten Art. 67 HGB dürfte somit in der Praxis relativ langwierig werden, was sicherlich auch ein Grund für dessen bisher geringe Beachtung ist. Im Ergebnis sind den potentiell schnellen Wirtschaftsgerichten somit insbesondere Ansprüche zugeordnet, die günstig für Industrie und Investoren sind, nicht aber Ansprüche, die diesen lästig sind.

An den hier gemachten Untersuchungen lassen sich in gewisser Weise auch die politischen Schwankungen des ägyptischen Gesetzgebers zwischen Öffnung zur Marktwirtschaft und Protektionismus belegen. Neben dem gerade beschriebenen Gerichtsweg „erster Klasse“ enthält auch die umfassende Normierung von Produkthaftungsansprüchen unternehmerfreundliche Elemente. Denn dadurch können Haftungsrisiken durch defekte Produkte besser abgeschätzt werden und der Absatz wird durch Qualitätssteigerung und Verbrauchersicherheit gesteigert. Beides ist zugleich offensichtlich verbraucherfreundlich. Das in der Theorie zumindest besonders deutlich verbraucherschützende ägyptische Recht kann aber auch als Ausdruck des immer wieder und besonders nach der Finanzkrise aufkommenden ägyptischen Protektionismus gewertet werden. Eben dieser Protektionismus wird oftmals auch hinter der weiterhin starken und durch das VSG sogar gestärkten Bürokratie Ägyptens gesehen. Beide Gesetze zeigen aber auch das bereits vor der Revolution zu Beginn des Jahres 2011 vorhanden gewesene erhebliche Bemühen des ägyptischen Gesetzgebers, die Rechtssicherheit aller Beteiligten zu erhöhen. Zudem dürfte die rechtliche Stärkung der Verbraucherschutz-NROs auch Einfluss auf die für die politische Willensbildung wichtigen NROs im Allgemeinen gehabt haben. Das VSG ist somit zugleich als vorsichtiger Beitrag zu einer weiteren Demokratisierung Ägyptens zu werten. Auch wenn dies nicht belegbar oder quantifizierbar ist, ist es wahrscheinlich, dass die mit dem VSG bezweckte Förderung des Rechtsbewusstseins der ägyptischen Bevölkerung und Stärkung der Rechte der NRO’s eigene Beiträge zur Revolution zu Beginn des Jahres 2011 waren.

Weiterhin hat die Arbeit gezeigt, dass sich die Quellen der Inspiration des Gesetzgebers geändert haben. Während das ZGB, vor allem in den für etwaige Produkthaftungsansprüche relevanten Bereichen, überwiegend vom französischen Recht beeinflusst war, sind heute zunehmend internationale Standards Vorbilder. Bei der Kodifizierung des Art. 67 HGB orientierte sich der ägyptische Gesetzgeber an der EG-Richtlinie 85/374. Die zahlreichen historischen Gründe für die Orientierung am französischen Recht wurden ausführlich dargestellt. Im Bereich des eigentlichen Produkthaftungsrechts gab es aber weder originär französisches Recht noch supranationales Recht vergleichbar der CISG oder den WTO-Regelwerken, so dass einzig die EG-Richtlinie als Orientierungsmaßstab blieb. Zudem dürfte hier die 1995 in Barcelona auf der euromediterranen Konferenz beschlossene Angleichung des Produkthaftungsrechts Ägyptens auf EU-Niveau Anschub geleistet haben.[988]

Bei Erlass des VSG schließlich lehnte sich der ägyptische Gesetzgeber an der UN-Richtlinie über Verbraucherschutz an. Denn im Bereich des Verbraucherschutzes gab es ebenso wenig originär französisches Recht und das europäische Verbraucherschutzrecht ist in den letzten drei Jahrzehnten nicht einheitlich, sondern in zahlreichen Richtlinien entstanden, so dass sich die UN-Richtlinie als übersichtliche Orientierung anbot. Zudem hatte die Richtlinie in besonderem Maße den Verbraucherschutz in Entwicklungsländern im Fokus und erlangte daher auch dort erhöhte Aufmerksamkeit.[989]

Allerdings entspricht dies ohnehin dem internationalen Trend, denn es wurde deutlich gemacht, dass das Produkthaftungsrecht ein stark globalisiertes Recht ist. Wenngleich das moderne Produkthaftungsrecht am stärksten in den USA entwickelt wurde, verlief der Import nach Ägypten immer noch weitestgehend über den Zwischenschritt des in Frankreich umgesetzten Rechts.

Schließlich ist die Vorreiterrolle Ägyptens bei der Gesetzgebung in den arabischen Staaten nicht mehr so deutlich sichtbar. Teilweise ist sogar eine Rückbeeinflussung ägyptischen Rechts aus anderen arabischen Staaten zu beobachten. Dies lässt sich wohl damit erklären, dass Staaten wie Kuwait und die VAE bereits seit Ende der 1970er Jahre einen Wirtschaftsaufschwung erleben bzw. zum Westen hin geöffnet waren, als Ägypten noch den Nasserschen Sozialismus überwinden musste. Zudem gleicht sich die ägyptische Wirtschaft zunehmend an den Standard der Golfstaaten an. Dadurch nimmt auch die Remigration ägyptischer Rechtsanwender aus diesen Ländern zu, welche auch das Recht dieser Staaten reimportieren.

---

988 EUROMED Partnership, Regional Cooperation - An overview of programmes and projects, S. 7, abrufbar unter: http://ec.europa.eu/europeaid/where/neighbourhood/regional-cooperation/documents/infonotes_enpisouth_regional_cooperation_en.pdf.

989 Vgl. die Einleitung der UN-Richtlinie in der Fassung von 1999: „I. Objectives, 1. Taking into account the interests and needs of consumers in all countries, particularly those in developing countries; … , these guidelines for consumer protection have the following objectives: …"

Literaturverzeichnis

Bei Autoren mit arabischen Namen werden Artikel (Al-, An-, Ar-, As-, At-, Az-, El-) nicht zur alphabetischen Sortierung herangezogen.

Abd Al-Aziz, Muhamad Kamal	Die zivilrechtlichte Gesetzgebung im Lichte der Rechtsprechung und Rechtswissenschaft, (at-taqnin al-madani fi dawih al-qadā' wa al-fiqh), 3. Aufl., Kairo 2004
Abu El-Einein, M.	Commercial Arbitration, in: Bernard-Maugiron, Nathalie / Dupret, Baudouin (Hrsg.), Egypt and its laws, London, Den Haag, New York 2002, S. 91-97
Ahmed, Hanaa *El-Hennawy, Noha* *Mohammed, Noha* *El-Saadani, Fatima* *Seel, Cache*	Many happy returns, in: Egypt today, September 2006, Kairo: http://www.egypttoday.com/article.aspx?ArticleID=6931 (zit.: Egypt today, many happy returns)
Amin, S.H.	Wrongful appropriation of property and its remedies in Islamic law, London, Glasgow 1983
Arafat, Alaa Al-Din	The Mubarak Leadership and future of Democracy in Egypt, New York 2009
El-Akrat, Hany	Möglichkeiten und Grenzen der familienrechtlichen Gestaltung nach ägyptischem Recht mit einem Ausblick auf das deutsche Recht, Regensburg 2009
Al-Bakry, Rehab	Consumer Law more bark than bite, in: Business monthly, Juni 2006, American Chamber of Commerce in Cairo, Egypt (Hrsg.): http://www.amcham.org.eg/Publications/BusinessMonthly/june%2006/indepth(consumerlawmorebarkthanbite).asp (zit.: Al-Bakry, Business Monthly, Juni 2006)
Ballantyne, William M.	Essays and addresses on Arab laws, Richmond 2000 (zit.: Ballantyne, Aufsatztitel)

Ballantyne, William M. The Sharia and its relevance to modern transnational transactions, in: The International Bar Association (Hrsg.), Arab comparative & commercial law – The international approach, Bd. 1, London 1987, S. 3-26
(zit.: Ballantyne, Arab comparative & commercial law)

Bälz, Kilian Anerkennung und Vollstreckung von ausländischen Zivilurteilen und Schiedssprüchen in arabischen Staaten - Ägypten, Jordanien Libanon, Syrien und Irak, in: RIW 2012, 354-361

Bälz, Kilian Das islamische Recht als Grundlage islamischer Rechtseinheit, in: Ebert, Hans-Georg (Hrsg.), Leipziger Beiträge zur Orientforschung, Bd. 9, Frankfurt a.M. 2000, S. 35-51
(zit.: Bälz, Das islamische Recht als Grundlage islamischer Rechtseinheit)

Bälz, Kilian Das moderne arabische Recht, in: Ebert, Hans-Georg / Hanstein, Thoralf (Hrsg.), Beiträge zum Islamischen Recht II, Frankfurt a.M. 2003, S. 175-188
(zit.: Bälz, Das moderne arabische Recht)

Bälz, Kilian Europäisches Privatrecht jenseits von Europa? Zum fünfzigjährigen Jubiläum des ägyptischen Zivilgesetzbuches, in: ZEuP 2000, S. 51-76
(zit.: Bälz, ZEuP 2000)

Bamberger, Heinz Georg
Roth, Herbert Beck'scher Online-Kommentar zum BGB, München 2010
(zit.: BeckOK/Bearbeiter)

Bauer, Carl-Otto
Hinsch, Christian Produkthaftung: Herausforderung an Manager und Ingenieure, Berlin 1994

Baumgärtel, Gottfried Die Beweislastverteilung bei der Produzentenhaftung, in: JA 1984, S. 660-669

Bechor, Guy The Sanhuri Code, and the Emergence of Modern Arab Civil Law (1932 to 1949), London 2007

Bentlage, Björn Protest im Anzug - Der Ägyptische Richterclub und der Konflikt mit dem Justizministerium: 2000-2007, Hamburg 2008

Bentley, John	Egyptian legal and judicial sector assessment, report and recommendations: submitted to USAID / Egypt, Kairo 1994.
Bernard-Maugiron, Nathalie *Dupret, Baudouin*	Introduction, in: dies. (Hrsg.), Egypt and its laws, London, Den Haag, New York 2002, S. XXII-LI
Billah, Mohammed Ma'sum	Caveat emptor versus Khiyar Al-'Aib: a dichtonomy, in: ALQ 13 (1998), S. 278-299
Boochs, Wolfgang	Altägyptisches Recht, Sankt Augustin 1999
Borchert, Günter	Verbraucherschutzrecht, 2. Aufl., München 2003
Börner, Andreas	Die Anerkennung ausländischer Titel in den arabischen Staaten, Heidelberg 1996
Brown, Nathan	Law and Imperialism: Egypt in Comparative Perspective, in: LSR 29 (1995), S. 103-125
Brown, Nathan	The rule of law in the Arab world – Courts in Egypt and the Gulf, Cambridge 1997
Bruder, Florian	Produkthaftung, in: Basedow, Jürgen / Hopt, Klaus / Zimmermann, Reinhard (Hrsg.), Handwörterbuch des europäischen Privatrechts, S. 1200-1204
Budali, Mohammed	Die Haftung des Herstellers für defekte Produkte - Vergleichende Studie zum französischen und algerischen Recht, (masūliyyat al-muntij 'an muntajāt al-ma'iba: dirasāt muqarana), Algier 2005 (zit.: Budali)
Budali, Mohammed	Verbraucherschutz im Rechtsvergleich, rechtsvergleichende Studie zum französischen Recht, (himāyat al-mustahilik fi al-qānūn al-muqāran, dirāsa muqārana ma' al-qānūn al-faransī), Algier 2006 (zit.: Budali, Verbraucherschutz)
Büttner, Friedemann *Hamzawy, Amr*	Ägypten, in: Weiss, Walter (Hrsg.), Die Arabischen Staaten, Heidelberg 2007, S. 9-31
Canaris, Claus-Wilhelm	Die Produzentenhaftpflicht in dogmatischer und rechtspolitischer Sicht, in: JZ 1968, S. 494-507
Cozian, Maurice	L'action directe, Paris 1968

Davies, Michael H. Business law in Egypt, Antwerpen, Boston, London, Frankfurt a.M. 1984
(zit.: Davies, Business Law)

Davies, Michael H. Introduction, in: Karam, Nicola H. (Hrsg.), Business Laws of Egypt, London, Den Haag, Boston 1980, S. 1-83
(zit.: Davies, Introduction)

Deutsch, Erwin
Ahrens, Jürgen Deliktsrecht, 5. Aufl., Köln 2009

Diederichsen, Uwe Die Haftung des Warenherstellers, Berlin 1967

Dietborn, Christof Produzentenhaftung – Güterschaden – Vermögensschaden, Frankfurt a.M. 2000

Dilger, Konrad Tendenzen der Rechtsentwicklung, in: Ende, Werner / Steinbach, U. (Hrsg.), Der Islam in der Gegenwart, München 1996, S. 186-212

Ebert, Hans-Georg Das Erbrecht arabischer Länder, Frankfurt a.M. 2004

Ehadi, Jalal Abed Der Urheberrechtsschutz von Computerprogrammen in Deutschland und Ägypten mit Berücksichtigung der Rechtslage von anderen arabischen Ländern, insbesondere Jordanien und den Vereinigten Arabischen Emiraten, Regensburg 2006

Ellaboudi, Mohammed Schiedsgerichtsbarkeit in Ägypten, Hamburg 2006

Elwan, Omaia Gesetzgebung und Rechtsprechung in islamischen Staaten, in: Steinbach, U. / Robert, R. (Hrsg.), Der moderne Nahe und Mittlere Osten, Bd.1, Opladen 1988, S. 221-254

Erman, Walter Bürgerliches Gesetzbuch, Handkommentar, 13. Aufl., Köln 2011
(zit.: Erman/Bearbeiter)

Esser, Josef
Weyers, Hans-Leo Schuldrecht, Besonderer Teil, Bd. 2, 8. Aufl., Heidelberg 1998

Evans-von Krbek, Sophie-Franziska Nichterfüllungsregeln auch bei weiteren Verhaltens- oder Sorgfaltspflichtverletzungen?, in: AcP 179 (1979), S. 85-152

Ferid, Murad
Sonnenberger, Hans Jürgen Das Französische Zivilrecht, Band 2: Schuldrecht - Die einzelnen Schuldverhältnisse, Sachenrecht, 2. Aufl., Heidelberg 1986

Fetih, Almontasser Die zivilrechtliche Haftung bei Vertragsverhandlungen: Eine rechtsvergleichende Studie zum deutschen, französischen, ägyptischen und islamischen Recht, Frankfurt a.M. 2000

Fink, Martin Grenzen des arabischen Wandels aufgrund von Investitionsschutzrecht? Betrachtungen anhand der Situation in Ägypten und Libyen?, in: ZaöRV 2012, S. 483-519

Flores, Alexander Ägypten, in: Ende, Werner / Steinbach, U. (Hrsg.), Der Islam in der Gegenwart, München 1996, S. 474-486

Foerste, Ulrich Westphalen, Friedrich Graf v. Produkthaftungshandbuch, 3. Aufl., München 2012

Foster, Nick Islamic Commercial Law: An Overview, SOAS Law Department (Hrsg.), London 2006 (zit.: Foster, Overview)

Foster, Nick Morality in Commercial Contracts - the Islamic Viewpoint, SOAS Law Department (Hrsg.), London 2006 (zit.: Foster, Morality)

Fuchs, Maximilian Deliktsrecht, 7. Aufl., Berlin 2009

Gamiai, Hassan Abd Al-Baasit Verbraucherschutz (himāyat al-mustahilik), Kairo 1996

Ghorfa - Arab-German Chamber of Commerce and Industry e.V. Ägypten Wirtschaftshandbuch, Berlin 2009: http://www.ghorfa.de/pdf/BusinessGuide_Aegypten.pdf (zit.: Ghorfa, Wirtschaftshandbuch)

Grapentin, Sabine Das Markenrecht in Ägypten: unter besonderer Berücksichtigung zivilprozessualer Aspekte, Köln 1999

Al-Hajj, Mohamad Abd Al-Qādr Die Haftung des Herstellers und des Lieferanten, Studie im internationalen Handelsrecht mit Vergleich zur islamischen Rechtswissenschaft, (masūliat al-muntij wa al-muwazzia', dirāsat fi qanūn al-tijāra id-dauliyya ma' al-muqārana bil-fiqh al-islāmi), Kairo 2004

Hamadeh, Susan Urheberrecht in Ägypten, München 2003

Hein, Jan v. — Die Kodifikation des europäischen IPR der außervertraglichen Schuldverhältnisse vor dem Abschluss?, in VersR 2007, S. 440-452

Hill, Enid — Al-Sanhuri and Islamic Law - The place and significance of Islamic law in the life and work of 'Abd al-Razzaq Ahmad al-Sanhuri, Egyptian Jurist and Scholar 1895-1971, in: ALQ 3 (1988), S. 33-64 und S. 182-214
(zit.: Hill, ALQ)

Hill, Enid — Laws of Investment, Privatization and Labour in Egypt, in: Commercial Law in the Middle East: Ruttley, Hilary Lewis / Mallat, Chibli (Hrsg.), London 1995, S. 115-154
(zit.: Hill, Investment)

Hill, Enid — Mahkama! Studies in the Egyptian Legal System, Courts & Crimes, Law & Society, London 1979
(zit.: Hill, Mahkama)

Hoffmann, Bernd von
Thorn, Karsten — Internationales Privatrecht: Einschließlich der Grundzüge des Internationalen Zivilverfahrensrechts, 9. Aufl., München 2007

Hök, Götz-Sebastian — Einführung in das ägyptische Handels- und Zivilprozeßrecht, in: RIW 1986, S. 614-619

Hourani, Albert — Die Geschichte der arabischen Völker, Frankfurt a.M. 1992

Houri, Omar I. — Verfassungsgerichtsbarkeit in Ägypten, im Libanon und in Syrien im Vergleich mit Deutschland, Berlin 2005

Honsell, Heinrich — Kommentar zum UN-Kaufrecht (CISG), 2. Aufl., Berlin 2010
(zit.: Honsell/Bearbeiter)

Ibrahim, I.A. — Private international law, in: Egypt and its laws, Bernard-Maugiron, Nathalie / Dupret, Baudouin (Hrsg.), London, Den Haag, New York 2002, S. 209-220

Illmer, Martin — The new European private international law of product liability – steering trough troubled waters, in: RabelsZ 73 (2009), S. 269-313

Ismail, Mohi Ad-Din — Kommentar: Das neue Handelsgesetz, (sharh qanūn at-tijara al-jadid), Kairo 1999

Jamin, Christophe La notion d'action directe, Paris 1991

Jung, Holger Ägyptisches internationales Vertragsrecht, in: Kronke, Herbert (Hrsg.), Islamisches und arabisches Recht als Problem der Rechtsanwendung, Frankfurt a.M. 2001, S. 37-61
(zit. Jung, Rechtsanwendung)

Jung, Holger Ägyptisches internationales Vertragsrecht, Tübingen 1999
(zit. Jung)

El-Kalioubi, S. Commercial Law, in: Bernard-Maugiron, Nathalie / Dupret, Baudouin (Hrsg.), Egypt and its laws, London, Den Haag, New York 2002, S. 49-64

Kaschefi, Aris Sachmängelhaftung im französischen Kaufrecht vor und nach der Umsetzung der Verbrauchsgüterkaufrichtlinie, Mit rechtsvergleichenden Hinweisen zum deutschen Recht unter besonderer Berücksichtigung von „Weiterfressersachverhalten", Frankfurt a.M. 2008

Kassationsgericht in Zivilsachen, Republik Ägypten Rechtsprechungssammlung des Kassationsgerichtes (majmu'at ahkam an-naqd as-sādira min al-jam'īya al-'umumīya wa ad-dā'ira al-madanīya), Jg. 1 - 50, Kairo 1949 - 1999
(zit.: KassGZ)

Katzenmeier, Christian Entwicklungen des Produkthaftungsrechts, in: JuS 2003, S. 943-951

Keimer, Christoph Neuere Entwicklungen im Handels- und Wirtschaftsrecht der VAE, in: Ebert, Hans-Georg / Hanstein, Thoralf (Hrsg.), Beiträge zum Islamischen Recht VI, Frankfurt a.M. 2007, S. 149-181

Kellam, Jocelyn Product liability in the Asia-Pacific – A comparison of the elements of liability in product liability law in Australia, France and Germany, London, Den Haag 2000

Kemke, Andreas H. E. Privatautonome Rechtsgestaltung im modernen Staat: Stiftungen in Ägypten, Deutschland und der Schweiz, Berlin 1998

Khalil, Khalid Abd Al-Fattah Mohammed Verbraucherschutz im internationalen Privatrecht, (himāyat al-mustahilik fi al-qanūn ad-dauli al-khas), Alexandria 2009

Khattab, T. Civil Law, in: Bernard-Maugiron, Nathalie / Dupret, Baudouin (Hrsg.), Egypt and its laws, London, Den Haag, New York 2002, S. 1-17

Klaiber, Sven Economic Courts in Ägypten, Germany Trade and Invest – Gesellschaft für Außenwirtschaft und Standortmarketing mbH (GTAI), Berlin, Köln 2006; http://www.gtai.de/DE/Content/__SharedDocs/Links-Einzeldokumente-Datenbanken/fachdokument.html?fIdent=MKT200912088004 (zit.: Klaiber, Economic Courts)

Klaiber, Sven Kairo erlässt Verbraucherschutzgesetz, Germany Trade and Invest – Gesellschaft für Außenwirtschaft und Standortmarketing mbH (GTAI), Berlin, Köln 2006: http://www.bfai.de/DE/Navigation/Datenbank-Recherche/Recht/RechercheRecht/recherche-recht-node.html (zit.: Klaiber, Verbraucherschutzgesetz)

Klaiber, Sven *Sievert, Niko* Recht kompakt: Ägypten, Informationen zum Wirtschaftsrecht in Ägypten, (zit.: Klaiber, Recht kompakt)

Köhler, Helmut Die haftungsrechtliche Bedeutung technischer Regeln, in: BB 1985, Beilage 4, S. 10-15

Kötz, Hein Ist die Produkthaftung eine vom Verschulden unabhängige Haftung?, in: Basedow, Jürgen / Hopt, Klaus / Zimmermann, Reinhard (Hrsg.), Undogmatisches, Tübingen 2005, S. 192-205 (zit.: Kötz, Ist die Produkthaftung eine vom Verschulden unabhängige Haftung?)

Kötz, Hein *Wagner, Gerhard* Deliktsrecht, 11. Aufl., München 2010 (zit.: Kötz/Wagner, Deliktsrecht)

Kraas, Maja Produkthaftung und Warnhinweise – Eine rechtsökonomische Analyse am Beispiel von Coca-Cola, Frankfurt a.M. 2004

Krüger, Hilmar Das Deliktsrecht der Vereinigten Arabischen Emirate, in: VersR 1989, S. 1000-1006 (zit.: Krüger, VersR 1989)

Krüger, Hilmar Das Zivilrecht der Staaten des ägyptischen Rechtskreises, in: Recht van de Islam 1997, S. 67-131 (zit.: Krüger, Recht van de Islam)

Krüger, Hilmar	Der Grundsatz der Parteiautonomie in den Kollisionsrechten der arabischen Staaten, in: Böckstiegel, Karl-Heinz (Hrsg.), Vertragspraxis und Streiterledigung im Wirtschaftsverkehr mit arabischen Staaten, Köln, Berlin, Bonn, München 1981, S. 95-100 (zit.: Krüger, Parteiautonomie)
Krüger, Hilmar	Grundzüge des Privatrechts der VAE, in: Ebert, Hans-Georg / Hanstein, Thoralf (Hrsg.), Beiträge zum Islamischen Recht VI, Frankfurt a.M. 2007, S. 101-127 (zit.: Krüger, Grundzüge des Privatrechts der VAE)
Krüger, Hilmar	Fragen des Schiedsrechts in arabischen Staaten, in: Beilage zu BB 2001, Heft 432, S. 2-11
Krüger, Hilmar	Neues Handelsgesetzbuch in Ägypten - Umfassende gesetzliche Neuregelungen, in: Ebert, Hans-Georg / Hanstein, Thoralf (Hrsg.), Beiträge zum islamischen Recht, Bd. 1, Frankfurt a.M. 2000, S. 29-33 (zit.: Krüger, Neues Handelsgesetzbuch in Ägypten)
Kuhlen, Dydra	Produkthaftung im internationalen Kaufrecht, Augsburg 1997
Kullmann, Hans Josef	Produkthaftungsrecht – Höchstrichterliche Rechtsprechung, 5. Aufl., Köln 2002 (zit. Kullmann, Rspr.)
Kullmann, Hans Josef	ProdHaftG – Kommentar, 6. Aufl., Berlin 2010
Kullmann, Hans Josef *Pfister, Bernhard* *Buchwaldt, Ekkehard*	Produzentenhaftung: Ergänzbares Handbuch zur gesamten Produkthaftpflicht für die juristische Praxis sowie für Hersteller, Händler, Importeure und Exporteure mit Erläuterungen und den einschlägigen Vorschriften und Entscheidungen im nationalen, supranationalen und internationalen Bereich, Loseblatt-Ausgabe, Berlin, Stand 2010 (zit. Kullmann/Pfister/Buchwaldt)
Larenz, Karl *Canaris, Claus-Wilhelm*	Lehrbuch des Schuldrechts, Bd. 2, 14. Aufl., München 1987
Lem, Catherine	Die Haftung für fehlerhafte Produkte nach deutschem und französischem Recht, Heidelberg 1993

Leonhard, Marc Das neue französische Produkthaftungsrecht, in: ZVglRWiss 98 (1998), S. 101-130

Lieb, Manfred Anmerkung zu BGH Urteil vom 03.06.1975, in: JZ 1976, S. 526-528

Liebesny, Herbert J. The Law of the Near & Middle East - Reading, Cases & Materials, Albany 1975

Lukes, Rudolf Produzentenhaftung und Maschinenschutzgesetz, in: JuS 1968, S. 345-351

Mahmoud, Jamal Addin Muhammed Compensation for damages and its elements in the Islamic Sharia in contractual liability, in: Arab comparative & commercial law – The international approach, Bd. 1, The International Bar Association (Hrsg.), London 1987, S. 43-58
(zit.: Mahmoud, Compensation)

Mahmoud, W. Civil and criminal Justice, in: Egypt and its laws, Bernard-Maugiron, Nathalie / Dupret, Baudouin (Hrsg.), London, Den Haag, New York 2002, S. 135 - 180

Manshawi, Abd Al-Hamid Kommentar zum neuen Handelsgesetz, (it-ta'līq 'ala al-qanūn it-tijāra al-jadid), Alexandria 2005

Markert, Kurt Die Haftung des Warenherstellers ohne Verschulden?, in: BB 1964, S. 319-323

Marks, Michael Ägypten - Wirtschaftstrends kompakt, Jahresmitte 2010: http://www.gtai.de/DE/Content/__SharedDocs/Links-Einzeldokumente-Datenbanken/fachdokument.html?fIdent=MKT201006308000

Martine, Edmond Noël L'option entre la responsabilité contractuelle et la responsabilité délictuelle, Paris 1957.

Mazeaud, Henri
Mazeaud, Léon
Mazeaud, Jean
Chabas, François Leçons de droit civil, Obligations, théorie générale, Bd. II/1, 9. Aufl., Paris 1998

Medicus, Dieter
Petersen, Jens Bürgerliches Recht, 23. Aufl., München 2011

Möllers, Thomas Qualitätsmanagement, Umwelthaftung und Haftung, in: DB 1996, S. 1455-1464

Murqus, Suleiman	Kommentar zum Zivilrecht (al-wāfī fi sharh al-qanūn al-madani), Bd. 2, 1. Teil, 5. Aufl., Kairo 1988
Musielak, Hans-Joachim	Kommentar zur Zivilprozessordnung, 8. Aufl., München 2011 (zit.: Musielak/Bearbeiter)
Nader, Ralph	Unsafe at any speed – The designed-in dangers of American automobile, New York 1965
Nadoury, Ashraf	Products Liability in Egyptian Law, Working Paper, World Jurists Association (Hrsg.), Washington, Doha 1997
Nagel, Tilman	Das islamische Recht, Westhofen 2001
Nasr, Sherine	The consumer is always right, Al-Ahram Weekly 26.03.2009
Nordemann-Schiffel, Anke	Deutsch-französische Produkthaftung im Spannungsfeld zwischen Vertrag und Delikt: internationalprivatrechtliche Aspekte, Heidelberg 2000
El-Noshokaty, Amira	Getting even, in: Al-Ahram Weekly 31.07.08: http://weekly.ahram.org.eg/2008/908/fe1.htm
Oertel, Christoph	Objektive Haftung in Europa, Tübingen 2010
Palandt, Otto	Bürgerliches Gesetzbuch, Kurzkommentar, 72. Aufl., München 2013 (zit.: Palandt/Bearbeiter)
Pattar, Andreas Kurt	Islamisch inspiriertes Erbrecht und deutscher Ordre public - Die Erbrechtsordnungen von Ägypten, Tunesien und Marokko und ihre Anwendbarkeit im Inland, Berlin 2007
Peifer, Karl-Nikolaus	Schuldrecht – Gesetzliche Schuldverhältnisse, 2. Aufl., Baden-Baden 2010
Pohlhausen, Carlo *Beck, Karin*	Der Zinsbegriff im islamischen Finanzrecht und deutschen Steuerrecht, in: IStR 2010, 225-234
Prütting, Hanns *Gehrlein, Markus*	ZPO Kommentar, 4. Aufl., Köln 2012 (zit.: PG/Bearbeiter)
Prütting, Hanns *Wegen, Gerhard* *Weinreich, Gerd*	BGB Kommentar, 8. Aufl., Köln 2013 (zit.: PWW/Bearbeiter)

Rauscher, Thomas; Wax, Peter; Wenzel, Joachim — Münchener Kommentar zur Zivilprozessordnung, 3. Aufl., München 2007-08 (zit. MüKo/Bearbeiter)

Revel, Janine — La responsabilité civile du fabricant, Paris 1975

Revel, Janine — Art. 1382 à 1386, Fasc. 366-1 und 366-2, in Jurisclasseur civil (zit. Revel, JurisCl.)

Rixecker, Roland; Säcker, Franz Jürgen (Hrsg.) — Münchener Kommentar zum Bürgerlichen Gesetzbuch, Bd. 2-3, 6. Aufl. München 2012, Bd. 4-5 und 10, 5. Aufl., München 2007-10 (zit. MüKo/Bearbeiter)

Rohe, Mathias — Das islamische Recht, München 2009

Rolland, Walter — Produkthaftungsrecht, Kommentar, München 1990

Rutherford, Bruce K. — Egypt after Mubarak – liberalism, Islam, and democracy in the Arab world, Princeton 2008

Sack, Rolf — Produkthaftung für reine Vermögensschäden von Endabnehmern, in: VersR 2006, S. 582-588

Sandl, Gerd Ulrich — Aktienrecht in Ägypten, Gießen 1989

As-Sanhuri, 'Abd al-Razzaq Ahamad — Handkommentar zum neuen Zivilgesetzbuch (al-Wasīt fi sharh al-qanun al-madani al-jadid), Band 1-10, Kairo 1952-1970 (zit.: Sanhuri, Wasit, Bd.)

As-Sanhuri, 'Abd Ar-Razaaq Ahmad — Kurzdarstellung zur Theorie des allgemeinen Schuldrechts (al-wajīz fi an-nathariyya al-'āma al-īltizaam), Alexandria 2004 (zit.: Sanhuri, Wajiz)

Schacht, Joseph — An introduction to Islamic Law, Oxford 1966

Schley, Michael — Das französische Produkthaftungsrecht und die bei grenzüberschreitenden Vertragsketten im deutsch-französischen Rechtsverkehr auftretenden Probleme, Berlin 2001

Schmidt-Salzer, Joachim; Hollmann, Hermann H. — Kommentar EG-Richtlinie Produkthaftung, Heidelberg 1988

Schmidt-Salzer, Joachim — Produkthaftung, Band III/1: Deliktsrecht – 1. Teil, 2. Aufl., Heidelberg 1990

Schoeller-Schletter, Anja — Investitionsförderung und Unternehmensgründung in Ägypten, in: RIW 1999, S. 430-437

Scholz, Peter Scharia in Tradition und Moderne - Eine Einführung in das islamische Recht, in: Jura 2001, S. 525-534

Sfeir, George Modernization of the law in the Arab states – An investigation into current civil criminal and constitutional law in the Arab world, San Francisco, London 1998

Shahida, Qaada Die zivilrechtliche Haftung des Herstellers für Produkte: Vergleichende Studie, (al-musūliyat al-madani lil-muntij: dirasāt muqarana), Alexandria 2007

Shalakany, Amr Sanhuri, and the historical origins of comparative law in the Arab World, in: Riles, Annelies (Hrsg.), Rethinking the masters of comparative law, Antwerpen 2001, S. 152-189

Ash-Sharnabasi, Ramadan 'Ali al-Sayyid Verbraucherschutz in der islamischen Rechtswissenschaft, Vergleichende Studie, (himāyiat al-mustahilik fi al-fiqh al-islāmi: dirāsat muqārana), Alexandria 2004

Sherif, Adel Omar Constitutional Law, in: Bernard-Maugiron, Nathalie / Dupret, Baudouin (Hrsg.), Egypt and its laws, London, Den Haag, New York 2002, S. 315-324

Stark, Eslah H. Grundzüge des ägyptischen Urheberrechts, in: GRUR Int. 1995, S. 552-563

Staudinger, Julius von Kommentar zum Bürgerlichen Gesetzbuch,
Unerlaubte Handlungen 1 - Teilband 2, Neubearb., Berlin 2010
Unerlaubte Handlungen 2, Produkthaftung, Neubearb., Berlin 2009
Wiener UN-Kaufrecht (CISG), Berlin 2005
(Staudinger/Bearbeiter)

Stovall, Howard L. Product liability law in Egypt: An overview of some civil and commercial code rules, in: ALQ 19, 1-2 (2004), S. 277-285

Taschner, Hans Claudius Die künftige Produzentenhaftung in Deutschland, in: NJW 1986, S. 611-616

Taschner, Hans Claudius Frietsch, Edwin Produkthaftungsungsgesetz und EG-Produkthaftungsrichtlinie – Kommentar, 2. Aufl., München 1990

Tebbens, Duintjer	International product liability; a study of comparative and international legal aspects of product liability, Germantown 1980
Teichmann, Arndt	Schadensersatz bei fehlerhafter Ware, in: JuS 1968, S. 315-320
Tourneau, Philippe le	La responsabilité civile, 3. Aufl., Paris 1982
Tyan, Émile	Le système de responsabilité délictuelle en droit musulman, Beirut 1926
VerSteeg, Russ	Law in the Ancient World, Durham, North Carolina 2002
Viney, Geneviève	Traité de droit civil, Les obligations, La responsabilité : conditions, Paris 1982 (Viney, conditions)
Viney, Geneviève	La règle du non-cumul des responsabilités contractuelle et délictuelle, S. 503-504, in: J.C.P. 1992, I, 3625 (Viney, J.C.P. 1992)
Viney, Geneviève	L'application du droit commun de la responsabilité aux fabricants et distributeurs de produits, in: La responsabilité des fabricants et distributeurs, Colloque, Université de Paris I, Paris 1975 (zit. Viney, Colloque)
Wallmann, Marcus	Has product liability landed in the UAE?, in: Al Tamimi Law Update Nr. 186, Dubai 2006, S. 6-8
Weidlich, Iris	Das Recht des unlauteren Wettbewerbs in Ägypten, Köln, Berlin, Bonn, München 2003
Weitnauer, Hermann	Buchbesprechung zu Uwe Diederichsen: Die Haftung des Warenherstellers, Berlin 1967, in: AcP 168 (1968), S. 207-221
Wesel, Uwe	Geschichte des Rechts, 3. Aufl., München 2006
Whittaker, Simon	The development of product liability, Cambridge 2010
Wilson, David	A new Commercial Code for Egypt, in: Yearbook of Islamic and Middle Eastern law, Bd. 6 (1999-2000), S. 87 - 122 (zit.: Wilson, YIMEL)
Witz, Claude *Wolter Gerhard*	Die Umsetzung der EG-Produkthaftungs-Richtlinie in Frankreich, in: RIW 1998, S. 832-839

Zimmermann, Boleslaus	Grundriß des Handelsrechts der Arabischen Republik Ägypten, Berlin 1986
Zweigert, Konrad *Kötz, Hein*	Einführung in die Rechtsvergleichung, 3. Aufl., Tübingen 1996

Anhang: Auszüge der relevanten Gesetzestexte

Die folgenden Übersetzungen von Auszügen arabischer Gesetzestexte sind die des Verfassers. Zugunsten einer höheren Praxistauglichkeit wurde eine sehr stark am arabischen Wortlaut und an der Originalsatzstellung orientierte und daher kaum redaktionell überarbeitete deutsche Übersetzung erstellt.

Anhang 1 - Das ägyptische Verbraucherschutzgesetz: Gesetz Nr. 67 / 2000[990]

Gesetz Nr. 67 des Jahres 2006
zur Verkündung des Verbraucherschutzgesetzes
Im Namen des Volkes,
der Präsident der Republik.

قانون رقم 67 لسنة 2006
بإصدار قانون حماية المستهلك
باسم الشعب
رئيس الجمهورية
قرر مجلس الشعب القانون الآتى نصه ، وقد أصدرناه :

Der Rat des Volkes hat das folgende Gesetz verabschiedet, welches hiermit verkündet wird:

Art. 1
Es gelten die Bestimmungen des beigefügten Gesetzes über den Verbraucherschutz.

(المادة الأولى)
يعمل بأحكام القانون المرافق فى شأن حماية المستهلك

Art. 2
Der Minister für Handel und Industrie ist der zuständige Minister für die Anwendung der Bestimmungen dieses Gesetzes.

(المادة الثانية)
يكون الوزير المختص بشئون التجارة والصناعة الوزير المختص بتطبيق أحكام القانون المرافق .

Art. 3
Die Ausführungsbestimmungen zu dem beigefügten Gesetz sollen innerhalb von drei Monaten nach Inkrafttreten dieses Gesetzes per Dekret durch den Minister für Handel und Industrie erlassen werden.

(المادة الثالثة)
تصدر اللائحة التنفيذية للقانون المرافق بقرار من الوزير المختص بشئون التجارة والصناعة و ذلك خلال ثلاثة أشهر من تاريخ العمل بهذا القانون .

Art. 4
Dieses Gesetz wird im offiziellen Gesetzblatt veröffentlicht und tritt drei Monate nach dem Tag der Veröffentlichung in Kraft.
Dieses Gesetz wird mit dem Siegel des Staates versehen und als eines seiner Gesetze ausgeführt.
Herausgegeben von dem Präsidentschaft der Republik am 21. Rabia-II, 1427 (islamischer Kalender; entsprechend 19. Mai 2006 des christlichen Kalenders)

(المادة الرابعة)
ينشر هذا القانون فى الجريدة الرسمية و يعمل به بعد ثلاثة شهور من اليوم التالى لتاريخ نشره .
يبصم هذا القانون بخاتم الدولة ، وينفذ كقانون من قوانينها .
صدر برئاسة الجمهورية فى 21 ربيع الآخر سنة 1427 هـ
(الموافق 19 مايو سنة 2006 م)

Hosni Mubarak

حسنى مبارك

990 Der arabische Originaltext ist abrufbar unter: http://www.cpa.gov.eg/doc/Law.pdf.

Art. 1
In Anwendung der Bestimmungen dieses Gesetzes sollen die folgenden Fachbegriffe die im Zusammenhang mit ihnen erläuterte Bedeutung haben:

مادة 1
فى تطبيق أحكام هذا القانون يقصد بالمصطلحات التالية المعنى المبين قرين كل منها:

Personen: Natürliche Personen und juristische Personen in allen Rechtsformen, einschließlich Wirtschaftseinheiten, Gesellschaften, Gewerkschaften, Institutionen, Anstalten, Innungen, Finanzkonzerne, Personenmehrheiten mit unterschiedlichen Gründungsprinzipien und anderen Parteien entsprechend den Ausführungsbestimmungen und gemäß den Zielen und Bestimmungen dieses Gesetzes.

الأشخاص : الأشخاص الطبيعيون ، و الأشخاص الاعتبارية و منها الشركات بجميع أشكالها و الكيانات الاقتصادية و الجمعيات و الاتحادات و المؤسسات والمنشآت والروابط والتجمعات المالية وتجمعات الأشخاص على اختلاف طرق تأسيسها ، وغير ذلك من الأطراف المرتبطة على النحو الذى تحدده اللائحة التنفيذية تطبيقا لأهداف وأحكام هذا القانون .

Produkte: Artikel und Dienstleistungen, welche von Personen des öffentlichen oder privaten Rechts bereitgestellt werden. Dies umfasst gebrauchte Artikel, soweit sie vertraglich über einen Lieferanten bezogen werden.

المنتجات : السلع و الخدمات المقدمة من أشخاص القانون العام أو الخاص ، وتشمل السلع المستعملة التى يتم التعاقد عليها من خلال مورد .

Verbraucher: Jede Person, welchen die Produkte zur Befriedigung ihrer persönlichen oder familiären Bedürfnisse angeboten werden oder mit welcher ein Handel oder Vertrag in dieser Hinsicht geschlossen wird.

المستهلك : كل شخص تقدم إليه أحد المنتجات لإشباع احتياجاته الشخصية أو العائلية أو يجرى التعامل أو التعاقد معه بهذا الخصوص .

Lieferant: Jede Person, welche eine Dienstleistung anbietet oder Produkte herstellt, importiert, vertreibt, anbietet, in Umlauf hält oder handelt, um es dem Verbraucher anzubieten oder ihn diesbezüglich vertraglich oder in sonst einer Weise zu verpflichten.

المورد : كل شخص يقوم بتقديم خدمة أو بإنتاج أو استيراد ، أو توزيع أو عرض أو تداول أو الاتجار فى احد المنتجات أو التعامل عليها ، و ذلك بهدف تقديمها إلى المستهلك أو التعاقد أو التعامل معه عليها بأية طريقة من الطرق .

Inserent: Jede Person, welche einen Artikel oder eine Dienstleistung inseriert oder diese selbst oder durch Dritte in irgendeiner Weise bewirbt.

المعلن : كل شخص يقوم بالإعلان عن سلعة أو خدمة أو الترويج لها بذاته أو بواسطة غيره باستخدام أى وسيلة من الوسائل .

Agentur: Die Verbraucherschutzagentur, wie sie nach diesem Gesetz eingerichtet wird.

الجهاز : جهاز حماية المستهلك المنشأ طبقا لأحكام هذا القانون .

Vereinigungen: Die geförderten Vereinigungen und Institutionen (NROs) und die Gewerkschaften, soweit entsprechend dem Verbraucherschutzgesetz registriert sind.

الجمعيات : الجمعيات والمؤسسات الأهلية والاتحادات المشهرة وفقاً للقانون والمعنية بحماية المستهلك .

Defekt: Jedwede Beeinträchtigung des Wertes oder der Nutzbarkeit eines Produktes entsprechend dem beabsichtigten Zweck, welche den Verbraucher ganz oder teilweise von der Nutzung der Sache ausschließt, für welche es vorgesehen war, einschließlich der Beeinträchtigung durch Fehler durch Handhabung oder Lagerung des Artikels.
Dies gilt nicht, soweit der Verbraucher Verursacher der Beeinträchtigung war.

العيب : كل نقص فى قيمة أى من المنتجات أو نفعها بحسب الغاية المقصودة يؤدى إلى حرمان المستهلك كلياً أو جزئياً من الاستفادة بها فيما أعدت من أجله ، بما فى ذلك النقص الذى ينتج من خطأ فى مناولة السلعة أو تخزينها ، وذلك كله ما لم يكن المستهلك تسبب فى وقوعه .

Art. 2
Die freie Ausübung der wirtschaftlichen Tätigkeit ist für alle gewährleistet und niemand darf eine Vereinbarung abschließen oder eine Tätigkeit ausüben, welche die Rechte des Verbrauchers beschränkt, insbesondere:

مادة 2
حرية ممارسة النشاط الاقتصادى مكفولة للجميع ، و يحظر على أى شخص إبرام أى اتفاق أو ممارسة أى نشاط يكون من شأنه الإخلال بحقوق المستهلك الأساسية وخاصة :

(a) Das Recht auf Gesundheit und Sicherheit beim normalen Gebrauch der Produkte.

(أ) الحق فى الصحة والسلامة عند استعماله العادى للمنتجات .

(b) Das Recht, richtige Informationen und Daten zu Produkten zu erhalten, die gekauft, verwendet oder zur Verfügung gestellt werden.

(ب) الحق فى الحصول على المعلومات و البيانات الصحيحة عن المنتجات التى يشتريها أو يستخدمها أو تقدم إليه .

(c) Das Recht auf freie Wahl von Produkten in Übereinstimmung mit den Anforderungen an Qualität und Standard.

(ج) الحق فى الاختيار الحر لمنتجات تتوافر فيها شروط الجودة المطابقة للمواصفات.

(d) Das Recht auf persönliche Würde, Respekt für religiöse Werte, Traditionen und Bräuche.

(د) الحق فى الكرامة الشخصية و احترام القيم الدينية و العادات و التقاليد .

(e) Das Recht, Informationen in Bezug auf den Schutz der Verbraucherrechte und der legitimen Interessen zu erhalten.

(هـ) الحق فى الحصول على المعرفة المتعلقة بحماية حقوقه و مصالحه المشروعة .

(f) Recht auf Teilnahme in Organisationen, Räten und Kommissionen im Zusammenhang mit dem Schutz des Verbrauchers.

(و) الحق فى المشاركة فى المؤسسات و المجالس و اللجان المتصل عملها بحماية المستهلك .

(g) Das Recht, Klage zu erheben in Bezug auf alles, was die Verbraucherechte verletzen, vorverurteilen oder beschränken könnte; und dies in schnellen, einfachen und kostenlosen Verfahren.

(ز) الحق فى رفع الدعاوى القضائية عن كل ما من شأنه الإخلال بحقوقه والإضرار بها أو تقييدها ، وذلك بإجراءات سريعة و ميسرة و بدون تكلفة.

(h) Das Recht, eine angemessene Entschädigung für den Schaden des Verbrauchers oder seines Vermögens zu erhalten, welcher als Folge des Kaufs oder der Verwendung der Produkte oder Dienstleistungen entstanden ist.

(ح) الحق فى اقتضاء تعويض عادل عن الأضرار التى تلحق به أو بأمواله من جراء شراء أو استخدام المنتجات أو تلقى الخدمات .

…

…

Art. 7

مادة 7

Der Lieferant hat innerhalb von sieben Tagen nach seiner Entdeckung oder Kenntnis eines Defekts an einem Produkt die Agentur über den Defekt und seine möglichen Schadensfolgen zu informieren. Sofern der Defekt die Gesundheit oder Sicherheit des Verbrauchers gefährdet, hat der Lieferant die Agentur unmittelbar nach seiner Entdeckung oder Kenntnis über den Fehler zu informieren, die Einstellung der Produktion oder des Handels mit dem Produkt anzukündigen und die Verbraucher zu warnen, das Produkt nicht zu verwenden.

يلتزم المورد خلال مدة أقصاها سبعة أيام منذ اكتشافه أو علمه بوجود عيب فى منتج أن يبلغ الجهاز عن هذا العيب و أضراره المحتملة ، فإذا كان يترتب على هذا العيب إضرار بصحة أو سلامة المستهلك التزم المورد بأن يبلغ الجهاز بهذا العيب فور اكتشافه أو علمه به ، وان يعلن توقفه عن إنتاجه أو التعامل عليه ويحذر المستهلكين بعدم استخدام المنتج .

In solchen Fällen hat der Lieferant auf Anfrage des Verbrauchers das Produkt zu ersetzen oder den Mangel zu beseitigen oder den Artikel gegen Werterstattung ohne zusätzliche Kosten zurückzunehmen.

وفى هذه الأحوال يلتزم المورد ، بناء على طلب المستهلك ، بإبدال المنتج أو إصلاح العيب أو إرجاع السلعة مع رد قيمتها دون أى تكلفة إضافية .

Im Falle von Meinungsverschiedenheiten bezüglich der Anwendung der vorstehenden Absätze wird die Frage zur verbindlichen Entscheidung in dieser Sache an die Agentur weitergeleitet.

فإذا حدث خلاف فى تطبيق الفقرتين السابقتين يحال الأمر إلى الجهاز ليصدر قراراً ملزماً فى هذا الشأن .

Die Ausführungsbestimmungen dieses Gesetzes sollen das Verfahren zur Anwendung dieses Artikels erläutern.

وتبين اللائحة التنفيذية لهذا القانون إجراءات تطبيق هذه المادة .

Art. 8
Unbeschadet etwaiger rechtlicher Garantien oder Bedingungen oder eines besseren Angebotes für den Verbraucher und soweit die Agentur keine kürzere Dauer mit Bedacht auf die Natur des Artikels festlegt, ist der Verbraucher innerhalb von 14 Tagen nach Erhalt des Artikels berechtigt, Ersatz oder die Rücknahme des Artikels gegen Kaufpreiszahlung zu fordern, wenn dieser defekt ist oder nicht mit den Angaben übereinstimmt, welche im Vertrag vorausgesetzt wurden. In diesen Fällen muss der Lieferant - auf Anfrage des Verbrauchers - den Artikel ohne zusätzliche Kosten ersetzen oder zurücknehmen.

مادة 8
مع عدم الإخلال بأية ضمانات أو شروط قانونية أو اتفاقية أفضل للمستهلك ، و فيما لم يحدده الجهاز من مدد أقل بالنظر إلى طبيعة السلعة ، للمستهلك خلال أربعة عشر يوماً من تسلم أية سلعة الحق فى استبدالها أو إعادتها أو استرداد قيمتها ، وذلك إذا شاب السلعة عيب أو كانت غير مطابقة للموصفات أو الغرض الذى تم التعاقد عليها من أجله ، ويلتزم المورد فى هذه الأحوال – بناء على طلب المستهلك – بإبدال السلعة أو استعادتها مع رد قيمتها دون أية تكلفة إضافية .

In allen Fällen ist die Haftung der Lieferanten in diesem Zusammenhang eine gesamtschuldnerische Haftung.

وفى جميع الأحوال تكون مسئولية الموردين فى هذا الخصوص مسئولية تضامنية.

Im Falle von auftretenden Meinungsverschiedenheiten bezüglich des Vorliegens eines Fehlers am Artikel oder der Übereinstimmung mit den Spezifikationen oder dem Zweck, für welchen der Artikel erworben wurde, wird die Frage zur verbindlichen Entscheidung in dieser Sache an die Agentur weitergeleitet.

و فى حالة وجود خلاف حول وجود عيب بالسلعة أو مطابقتها للمواصفات أو الغرض الذى تم التعاقد عليها من اجله يحال الأمر إلى الجهاز ليصدر قراراً ملزما فى شأنه .

Art. 9
Jeder Anbieter einer Dienstleistung muss den dafür erlangten Betrag zurückerstatten oder den Minderwert ausgleichen oder die Dienstleistung erneut durchführen, wenn sie einen Fehler oder Minderwert im Bezug auf ihre Art, die vertraglichen Vereinbarungen oder die üblichen Handelspraktiken hat. Streitigkeiten in Bezug auf die Verletzung einer Dienstleistung sind der Agentur zu einer bindenden Entscheidung vorzulegen.

مادة 9
يلتزم كل مقدم خدمة بإعادة مقابلها أو مقابل ما يجبر النقص فيها أو إعادة تقديمها إلى المستهلك ، وذلك فى حالة وجود عيب أو نقص بها وفقاً لطبيعة الخدمة وشروط التعاقد عليها و العرف التجارى ، ويحال أى خلاف حول الإخلال بالخدمة إلى الجهاز ليصدر قراراً ملزماً فى شأنه .

Art. 10

Jede Bedingung in einem Vertrag, einer Urkunde, einem Dokument oder Schriftstück in Bezug auf den Vertrag mit dem Verbraucher ist nichtig, wenn die Bedingung den Lieferanten der Ware bzw. den Dienstleister von seinen Verpflichtungen nach diesem Gesetz befreit.

مادة 10

يقع باطلا كل شرط يرد فى عقد أو وثيقة أو مستند أو غير ذلك مما يتعلق بالتعاقد مع مستهلك ، إذا كان من شأن هذا الشرط إعفاء مورد السلعة أو مقدم الخدمة من أى من التزاماته الواردة بهذا القانون .

Anhang 2 - Ausführungsbestimmungen zum VSG: Dekret Nr. 886 / 2006[991]

Dekret
Der Minister für Handel und Industrie
Nr. 886 des Jahres 2006
zur Veröffentlichung der Ausführungsbestimmungen für das Verbraucherschutzgesetz gem. Gesetz 67 des Jahres 2006

قرار
وزير التجارة الصناع
رقم 886 لسنة 2006
لقانون حماية المستهلك بإصدار اللائحة التنفيذية
الصادر بالقانون (67) لسنة 2006

Der Minister für Handel und Industrie beschließt in Übereinstimmung mit der Verfassung und dem Verbraucherschutzgesetz, wie es in Gesetz Nr. 67 des Jahres 2006 enthalten ist:

وزير التجارة والصناعة
بعد الإطلاع على الدستور،
وعلى قانون حماية المستهلك الصادر بالقانون رقم (67)
لسنة 2006
قرر

Art. 1
Es gelten die Bestimmungen der beigefügten Ausführungsbestimmungen des Verbraucherschutzgesetzes gem. Gesetz Nr. 67 des Jahres 2006.

(المادة الأولى)
يعمل بأحكام اللائحة التنفيذية لقانون حماية المستهلك
الصادر بالقانون رقم 67 لسنة 2006 المرفقة.

Art. 2
Dieses Dekret wird im Amtsblatt veröffentlicht und tritt am Tag nach dem Datum der Veröffentlichung in Kraft.

(المادة الثانية)
ينشر هذا القرار في الجريدة الرسمية ويعمل به اعتبارا
من اليوم التالى لتاريخ نشره

Ausgestellt vom Ministerium für Handel und Industrie am 29.11.2006
Der Minister für Handel und Industrie
Rashid Mohammed Rashid
…

نوفمبر سنة 29صدر بوزارة التجارة والصناعة فى
2006 م
التجارة والصناعة وزير
رشيد محمد رشيد
…

Art. 4
Personen
Personen bedeutet natürliche Personen und juristische Personen in allen Rechtsformen, einschließlich Wirtschaftseinheiten, Gesellschaften, Gewerkschaften, Institutionen, Anstalten, Innungen, Finanzkonzerne, Personenmehrheiten, gleich mit welchen Gründungsprinzipien und unabhängig von den Methoden der Finanzierung dieser Personen oder ihrer Nationalität oder den Zentren der Verwaltung oder den Zentren ihrer Führungstätigkeiten.

مادة 4
الأشخاص
يقصد بالأشخاص، الأشخاص الطبيعيون والأشخاص الاعتبارية ومنها الشركات بجميع أشكالها والكيانات الاقتصادية والجمعيات والاتحادات والمؤسسات والمنشآت والروابط والتجمعات المالية وتجمعات الأشخاص على اختلاف طرق تأسيسها أيا كانت طرق تمويل هذه الأشخاص أو جنسياتها أو مراكز إدارتها أو المراكز الرئيسية لأنشطتها.

991 Der arabische Originaltext ist abrufbar unter: http://www.cpa.gov.eg/doc/Regulation.pdf.

Zu den Personen im Sinne des ersten Absatzes gehören auch zusammenhängende Parteien, bestehend aus zwei oder mehreren Personen, jeweils mit eigener Rechtspersönlichkeit, wenn die Anteile oder Aktien einer von ihnen mehrheitlich direkt oder indirekt von der anderen gehalten werden.

و يعد من الأشخاص المشار إليها فى الفقرة الأولى، الأطراف المرتبطة المكونة من شخصين أو أكثر لكل منها شخصية قانونية مستقلة، تكون غالبية أسهم أو حصص أحدها مملوكة مباشرة أو بطريق غير مباشر للطرف الآخر أو تكون مملوكة لطرف واحد.

Zu diesen zusammenhängenden Parteien gehören auch solche Personen, welche unter der tatsächlichen Kontrolle einer anderen Partei stehen. Tatsächliche Kontrolle bedeutet jede Situation, Vereinbarungen oder Anteils- oder Aktienbesitz gleich welcher Höhe, welche zu einer Kontrolle der Geschäftsführung oder Entscheidungsfindung führt.

…

كما يعد من هذه الأطراف المرتبطة الشخص الناشئ أو الأشخاص الخاضعون للسيطرة الفعلية لشخص أخر، ويقصد بهذه السيطرة الفعلية كل وضع أو اتفاق أو ملكية لأسهم أو حصص أيا كانت نسبتها، وذلك على نحو يؤدى إلى التحكم فى الإدارة أو فى إتخاذ القرارات.

…

Art. 52

Der Ausschuss soll in dem Streit zügig eine mit Gründen versehene Entscheidung unter Berücksichtigung der Art des Konflikts mit Blick auf die Art der Ware, den Grad des Verschuldens oder der Selbstgebräuchlichkeit und die zeitliche Dauer der Leistung fällen. Dabei haben ihre Entscheidungen in diesem Zusammenhang den Rang einer Entscheidung des Gerichts erster Instanz.

Die Beteiligen können gegen diese Entscheidung Berufung vor dem zuständigen Berufungsgericht in Übereinstimmung mit den Bestimmungen des Artikels 17 des Zivil- und Handelsprozessgesetzes einlegen.

مادة 52

تفصل اللجنة في النزاع على وجه السرعة بقرار مسبب مع مراعاة طبيعة النزاع من حيث نوع السلعة ودرجة قابليتها للتلف أو ذاتية الخدمة والمدى الزمني لأدائها ، ويكون قرارها في هذا الخصوص بمثابة حكم صادر عن محكمة أول درجة

ويجوز للخصوم الطعن على هذا القرار أمام المحكمة الاستئنافيه المختصة وفقاً لأحكام المادة (17) من القانون ، وأحكام قانون المرافعات المدنية والتجارية .

Anhang 3 - Das ägyptische Handelsgesetzbuch: Gesetz Nr. 17 / 1999[992]

Art. 67:

مادة 67 :

(1) Der Hersteller oder Lieferant eines Artikels ist verantwortlich gegenüber jedem, der einen körperlichen oder gegenständlichen Schaden durch ein Produkt erleidet, wenn die geschädigte Person beweist, dass der Schaden durch einen Fehler des Produktes verursacht wurde.

1- يسأل منتج السلع أو موزعها قبل كل من يلحقه ضرر بدني أو مادي يحدثه المنتج إذا أثبت هذا الشخص أن الضرر نشأ بسبب عيب في المنتج.

(2) Das Produkt ist insbesondere fehlerhaft, wenn bei der Gestaltung, Herstellung, Zusammensetzung, Bereitstellung zum Verbrauch, Lagerung, Verpackung, Art der Darbietung oder der Gebrauchsanweisung nicht ausreichende Vorkehrung zur Vermeidung von Schäden oder zur Warnung vor solchen Schäden getroffen wurden.

2- يكون المنتج معيباً – وعلى وجه الخصوص – إذا لم تراع في تصميمه أو صنعه أو تركيبه أو إعداده للاستهلاك أو حفظه أو تعبئته أو طريقة عرضه أو طريقة استعماله الحيطة الكافية لمنع وقوع الضرر أو للتنبيه إلى احتمال وقوعه.

(3) In Anwendung dieses Artikels:

3- وفي حكم هذه المادة:

(a) Meint der Begriff „Hersteller“ den Produzent eines Artikels, welcher es in der finalen im Handel angebotenen Form hergestellt hat, unabhängig davon, ob alle Teile darin von ihm oder anderen herstellt wurden. Der Begriff Hersteller umfasst nicht Zulieferer des Herstellers.

أ - يقصد بلفظ " المنتج " صانع السلع الذي أعدها في هيئتها النهائية التي عرضت بها في التداول سواء أكانت جميع الأجزاء التي تتركب منها السلعة من صنعه أم استعان بأجزاء من صنع الغير، ولا ينصرف اللفظ إلى تابعي المنتج.

(b) Meint der Begriff „Lieferant“ den Importeur eines Artikels zu Handelszwecken und den Großhändler, welcher seine Verteilung in die örtlichen Märkte durch Einzelhändler vornimmt; dies gilt auch, wenn der Großhändler selbst auch Einzelhandel betreibt. Der Begriff umfasst auch Einzelhändler, wenn diese wussten oder hätten wissen müssen, dass der Artikel zur Zeit des Verkaufes einen Fehler hatte. Der Maßstab für die Bestimmung des Wissens ist ein ordentlicher Kaufmann beim Verkauf eines Artikels der gleichen Art und unter den gleichen Umständen.

ب- يقصد بلفظ " الموزع " مستورد السلع ة للاتجار فيها وتاجر الجملة الذي يقوم بتوزيعها في السوق المحلية على تجار التجزئة ولو قام في الوقت نفسه بعمليات بيع بالتجزئة. كما يشمل النص تاجر التجزئة إذا كان يعلم أو كان من واجبه أن يعلم وقت بيع السلعة بالعيب الموجود بها، والعبرة في ذلك بما كان يفعله تاجر عادي يمارس بيع سلعة من النوع نفسه لو وجد في الظروف ذاتها.

---

992 Der arabische Originaltext ist abrufbar unter: http://www.masrlaw.info/p/blog-page_1642.html.

(4) Der Kläger kann die Haftungsklage direkt gegen den Hersteller oder gegen den Lieferanten oder gegen beide zusammen richten, ohne dass diese Gesamtschuldner sind. Wenn der Hauptsitz des Herstellers oder Lieferanten außerhalb Ägyptens liegt, ist die Klage vor dem ägyptischen Gericht zulässig, in welchem eine Filiale, Fabrik, Vertretung oder Büro des Beklagten liegt.

4- يجوز للمدعي توجيه دعوى المسئولية إلى المنتج أو إلى الموزع أو إليهما معاً دون تضامن بينهما، وإذا كان مركز أعمال المنتج أو الموزع موجودة بخارج مصر جازت مقاضاته أمام المحكمة المصرية التي يوجد له بدائرتها فرع أو مصنع أو وكالة أو مكتب.

(5) Das Recht, auf Haftung zu klagen verjährt drei Jahre nach dem Zeitpunkt, in dem der Geschädigte Kenntnis von Schaden und der dafür verantwortlichen Person hat. Das Klagerecht verjährt in jedem Fall 15 Jahre nach dem Tag der unerlaubten Handlung.

5- تتقادم دعوى المسئولية بمضي ثلاث سنوات من تاريخ علم المضرور بحدوث الضرر وبالشخص المسئول عنه وتسقط هذه الدعوى بانقضاء خمس عشرة سنة من يوم وقوع العمل غير المشروع.

(6) Jede Bedingung oder Erklärung, welche den Hersteller oder Lieferanten von der Haftung befreien soll oder die Verjährung begrenzen oder reduzieren soll, ist nichtig.

6- يقع باطلا كل شرط أو بيان يكون من شأنه إعفاء المنتج أو الموزع من المسئولية أو تحديدها أو تخفيض مدة تقادمها.

Anhang 4 - Das ägyptische Zivilgesetzbuch: Gesetz Nr. 131 / 1948

Art. 1

(1) Die gesetzlichen Bestimmungen finden auf alle Fragen Anwendung, die diese Bestimmungen ihrem Wortlaut oder ihrem Inhalt nach regeln.

مادة 1

(1) تسري النصوص التشريعية على جميع المسائل التي تتناولها لهذه النصوص في لفظها أو في فحواها.

(2) Wenn es keine anwendbare Rechtsvorschrift gibt, entscheidet der Richter in Übereinstimmung mit dem Gewohnheitsrecht ('urf), besteht dieses nicht, nach den Grundsätzen des islamischen Rechts (shari'a), besteht dieses nicht, nach den Grundsätzen des Naturrechts und der Gerechtigkeit.

(2) فإذا لم يوجد نص تشريعي يمكن تطبيقه ، حكم القاضي بمقتضى العرف ، فإذا لم يوجد ، فبمقتضى مبادئ الشريعة الإسلامية ، فإذا لم توجد ، فبمقتضى مبادئ القانون الطبيعي وقواعد العدالة.

…

…

Art. 5

Die Ausübung eines Rechts ist in folgenden Fällen nicht erlaubt:

(a) Wenn sie nichts anderes beabsichtigt, als einem anderen zu schaden.

مادة 5

يكون استعمال الحق غير مشروع في الأحوال الآتية:

(أ) إذا لم يقصد به سوي الإضرار بالغير.

(b) Wenn sie der Befriedigung eines Interesses dienen soll, das im Verhältnis zum Schaden, welcher einem anderen verursacht wird, von so untergeordneter Bedeutung ist, dass sie völlig unangemessen ist.

(ب) إذا كانت المصالح التي يرمي إلى تحقيقها قليلة الأهمية ، بحيث لا تتناسب البتة مع ما يصيب الغير من ضرر بسببها.

(c) Wenn das Interesse, welches erreicht werden soll, nicht erlaubt ist.

(جـ) إذا كانت المصالح التي يرمي إلى تحقيقها غير مشروعة.

…

…

Art. 19

(1) Auf vertragliche Schuldverhältnisse ist das Recht des Staates anzuwenden, indem die Parteien ihren gemeinsamen Wohnsitz haben, wenn ein solcher existiert. Bei Fehlen eines solchen, das Recht des Staates, in dem der Vertrag geschlossen wurde. Dies gilt nicht, wenn die Parteien etwas anderes vereinbart haben oder die Umstände etwas anderes ergeben.

مادة 19

(1) يسري على الالتزامات التعاقدية ، قانون الدولة التي يوجد فيها الموطن المشترك للمتعاقدين إذا اتحدا موطنا ، فان اختلفا موطنا سري قانون الدولة التي تم فيها العقد . هذا ما لم يتفق المتعاقدان أو يتبين من الظروف أن قانونا آخر هو الذي يراد تطبيقه.

…

…

Art. 21

(1) Für nicht vertragliche Schuldverhältnisse gilt das Recht des Staates, indem die Handlung begangen wurde, welche die Verpflichtung begründete.

مادة 21

(1) يسري على الالتزامات غير التعاقدية قانون البلد الذي وقع فيه الفعل المنشئ للالتزام.

(2) In Bezug auf Verpflichtungen, welche aus einer schädlichen Handlung hervorgehen, gelten die Bestimmungen des vorstehenden Absatzes nicht, wenn die Handlung im Ausland geschieht und in Ägypten rechtmäßig wäre, gleich ob sie im Ausland unrechtmäßig ist.

…

(2) على أنه فيما يتعلق بالالتزامات الناشئة عن الفعل الضار ، لا تسري أحكام الفقرة السابقة على الوقائع التي تحدث في الخارج وتكون مشروعة في مصر وأن كانت تعد غير مشروعة في البلد الذي وقعت فيه.

…

Art. 163

Jeder Fehler, welcher eine Verletzung eines anderen hervorruft, verpflichtet ihn (*den Schädiger*) zum Ersatz.

مادة 163

كل خطأ سبب ضررا للغير يلزم من ارتكبه بالتعويض.

Art. 164

(1) Jedermann mit Einsichtsfähigkeit ist verantwortlich für seine unerlaubten Handlungen.

…

مادة 164

(1) يكون الشخص مسئولا عن أعماله غير المشروعة متى صدرت منه وهو مميز.

…

Art. 165

Kann eine Person beweisen, dass der Schaden aus einem auswärtigen Ereignis herrührt, mit welchem sie nichts zu tun hat, wie z.B. plötzliche Unfälle, höhere Gewalt, ein Verschulden des Geschädigten oder Drittverschulden, ist sie nicht zum Ersatz des Schadens verpflichtet, es sei denn, es gibt darüber eine anderweitige Erklärung oder Vereinbarung.

…

مادة 165

إذا أثبت الشخص أن الضرر قد نشأ عن سبب أجنبي لا يد له فيه ، كحادث مفاجئ أو قوة قاهرة أو خطأ من المضرور أو خطأ من الغير ، كان غير ملزم بتعويض هذا الضرر ما لم يوجد نص أو اتفاق على غير ذلك.

…

Art. 169

Wenn mehrere Verantwortlich den Schaden verursacht haben, sind sie gesamtschuldnerisch und zu gleichen Teilen zum Schadensersatz verpflichtet, es sei denn, der Richter legt eine Entschädigung nach bestimmten Anteilen fest.

مادة 169

إذا تعدد المسئولون عن عمل ضار كانوا متضامنين في التزامهم بتعويض الضرر ، وتكون المسئولية فيما بينهم بالتساوي ، إلا إذا عين القاضي نصيب كل منهم في التعويض .

Art. 170
Der Richter bestimmt die Höhe des Schadens, welcher dem Geschädigten entstanden ist, gem. den Artt. 221, 222 und unter Berücksichtigung der Begleitumstände.
Kann der Richter zur Zeit der Urteilsfindung den endgültigen Schaden noch nicht bestimmen, kann er dem Geschädigten das Recht zusprechen, innerhalb einer bestimmten Zeit eine Neubewertung des Schadens zu fordern.
…

مادة 170
يقدر القاضي مدي التعويض عن الضرر الذي لحق المضرور طبقا لأحكام المادتين 221 ، 222 مراعيا في ذلك الظروف الملابسة ، فان لم يتيسر له وقت الحكم أن يعين مدي التعويض تعيينا نهائيا ، فله أن يحتفظ للمضرور بالحق في أن يطالب خلال مدة معينة بإعادة النظر في التقدير.
…

Art. 172
(1) Klagen aus unerlaubter Handlung verjähren mit Ablauf von drei Jahren ab dem Tag, an dem der Geschädigte von dem Schaden und der dafür verantwortlichen Person Kenntnis erlangt. In jedem Fall verjährt die Klage nach 15 Jahren ab dem Tag der unerlaubten Handlung.

مادة 172
(1) تسقط بالتقادم دعوى التعويض الناشئة ع العمل غير المشروع بانقضاء ثلاث سنوات من اليوم الذي علم فيه المضرور بحدوث الضرر وبالشخص المسئول عنه . وتسقط هذه الدعوى في كل حال ، بانقضاء خمس عشرة سنه من يوم وقع العمل غير المشروع.

(2) Stützt sich die Klage auf eine Straftat, und ist diese nach Ablauf der im vorherigen Absatz genannten Fristen noch nicht verjährt, verjährt die Klage auf Schadensersatz nicht vor der Strafklage.
…

(2) على أنه إذا كانت هذه الدعوى ناشئة عن جريمة ، وكانت الدعوى الجنائية لم تسقط بعد انقضاء المواعيد المذكورة في الفقرة السابقة ، فان دعوى التعويض لا تسقط إلا بسقوط الدعوى الجنائية.
…

Art. 178
Wer die Aufsicht über eine Sache, welche besondere Sorgfaltspflichten erfordert, oder eine Maschine ausübt, ist verantwortlich für den durch sie verursachten Schaden, soweit er nicht darlegen kann, dass der Schaden durch ein Ereignis verursacht wurde, welches außerhalb seiner Kontrolle lag; dies gilt soweit dem keine Rechtsvorschrift entgegensteht.
…

مادة 178
كل من تولي حراسة أشياء تتطلب حراستها عناية خاصة أو حراسة آلات ميكانيكية يكون مسئولا عما تحدثه هذه الأشياء من ضرر ، ما لم يثبت أن وقع الضرر كان بسبب أجنبي لا يد له فيه ، هذا مع عدم الإخلال بما يرد في ذلك من أحكام خاصة.
…

Art. 206
Die Verpflichtung zur Eigentumsübertragung enthält die Verpflichtung, die Sache zu übergeben und bis zur Übergabe zu verwahren.
…

مادة 206
الالتزام بنقل حق عيني يتضمن الالتزام بتسليم الشيء والمحافظة عليه حتى التسليم.
…

Art. 215

Soweit es dem Schuldner unmöglich ist seine Verpflichtung zur Nacherfüllung zu erfüllen, soll gegen ihn eine Gerichtsentscheidung ergehen, nach der er Schadensersatz wegen Nichterfüllung zu leisten hat, es sei denn er beweist, dass die Unmöglichkeit auf äußerer Einwirkung beruht, auf welche er keinen Einfluss hatte. Dieselbe Entscheidung soll ergehen, wenn der Schuldner im Verzug mit seiner Verpflichtung ist.

مادة 215

إذا استحال على المدين أن ينفذ الالتزام عينا حكم عليه بالتعويض لعدم الوفاء بالتزامه ، ما لم يثبت أن استحالة التنفيذ قد نشأت عن سبب أجنبي لا يد له فيه . ويكون الحكم كذلك إذا تأخر المدين في تنفيذ التزامه.

Art. 216

Der Richter kann die Höhe der Entschädigung herabsetzen oder keine Entschädigung zusprechen, wenn der Gläubiger durch sein Verschulden zur Verursachung oder Erhöhung des Schadens beigetragen hat.

مادة 216

يجوز للقاضي أن ينقضي مقدار التعويض أو ألا يحكم بتعويض ما إذا كان الدائن بخطئه قد اشترك في إحداث الضرر أو زاد فيه.

Art. 217

(1) Es kann vereinbart werden, dass der Schuldner die Folgen eines unvorhergesehenen Unfalls und höherer Gewalt zu tragen hat.

مادة 217

(1) يجوز الاتفاق على أن يتحمل المدين تبعة الحادث المفاجئ والقوة القاهرة.

(2) Zudem kann vereinbart werden, dass der Schuldner von der Haftung für die Nichterfüllung seiner vertraglichen Pflichten befreit ist, soweit sie nicht auf Vorsatz oder grober Fahrlässigkeit beruht. Der Schuldner haftet nicht für Vorsatz und grobe Fahrlässigkeit von Personen, welche er zur Erfüllung seiner Verbindlichkeiten einsetzt.

(2) وكذلك يجوز الاتفاق على إعفاء المدين من أية مسئولية تترتب على عدم تنفيذ التزامه التعاقدي إلا ما ينشأ عن غشه أو عن خطئه الجسيم ، ومع ذلك يجوز للمدين أن يشترط عدم مسئوليته عن الغش أو الخطأ الجسيم الذي يقع من أشخاص يستخدمهم في تنفيذ التزامه.

(3) Jede Vereinbarung, welche die Haftung für unerlaubte Handlungen ausschließt, ist nichtig.

(3) ويقع باطلا كل شرط يقضي بالإعفاء من المسئولية المترتبة على العمل غير المشروع.

Art. 218

Es besteht kein Anspruch auf Schadensersatz vor Mahnung des Schuldners, es sei denn es wurde anderes vereinbart.

…

مادة 218

لا يستحق التعويض إلا بعد أعذار المدين ، ما لم ينص على غير ذلك.

…

Art. 220

In folgenden Fällen ist eine Mahnung nicht erforderlich:

مادة 220

لا ضرورة لأعذار المدين في الحالات الآتية:

a. Wenn die Erfüllung der Verpflichtung unmöglich oder aufgrund eines Verhaltens des Schuldners unwirksam ist.

(أ) إذا أصبح تنفيذ الالتزام غير ممكن أو غير مجد بفعل المدين.

b. Wenn der Gegenstand der Verpflichtung Schadensersatz aus einer unerlaubten Handlung ist.

…

(ب) إذا كان محل الالتزام تعويضا ترتب على عمل غير مشروع.

…

Art. 221

(1) Soweit die Wiedergutmachung nicht im Vertrag geschätzt oder im Gesetz festgelegt ist, ist der Richter derjenige, der sie schätzt. Dabei sind der Verlust des Gläubigers und der Gewinn, der ihm entgangen ist, umfasst, sofern diese eine natürliche Folge der Nichterfüllung oder der nicht rechtzeitigen Erfüllung sind. Der Schaden ist dann natürliche Folge, wenn der Gläubiger ihn nicht mit angemessenem Aufwand hätte vermeiden können.

مادة 221

(1) إذا لم يكن التعويض مقدرا في العقد أو بنص في القانون ، فالقاضي هو الذي يقدره ، ويشمل التعويض ما لحق الدائن من خسارة وما فاته من كسب ، بشرط أن يكون هذا نتيجة طبيعية لعدم الوفاء بالالتزام أو للتأخر في الوفاء به ، ويعتبر الضرر نتيجة طبيعية إذا لم يكن في استطاعه الدائن أن يتوقا ببذل جهد معقول.

(2) Allerdings ist, wenn die Verpflichtung aus einem Vertrag herrührt und der Schuldner keinen Betrug oder schwerwiegenden Fehler begangen hat, dieser nur zum Ersatz des zum Zeitpunkt des Vertragsschlusses vorhersehbaren Schadens verpflichtet.

(2) ومع ذلك إذا كان الالتزام مصدره العقد ، فلا يلتزم لمدين الذي لم يرتكب غشا أو خطأ جسيما إلا بتعويض الضرر الذي كان يمكن توقعه عادة وقت التعاقد.

Art. 222

(1) Der Schadensersatz umfasst auch Ersatz für immaterielle (*moralische*) Schäden. Das Recht auf Ersatz eines immateriellen Schadens kann nicht auf Dritte übertragen werden, es sei denn dies ist so vereinbart worden oder der Gläubiger klagt darauf vor Gericht.

مادة 222

(1) يشمل التعويض الضرر الأدبي أيضا ، ولكن لا يجوز في هذه الحالة أن ينتقل إلى الغير إلا إذا تحدد بمقتضى اتفاق ، أو طالب الدائن به أمام القضاء.

(2) Allerdings soll das Urteil, außer für Ehepartner und Verwandte bis zum zweiten Grad, keine Entschädigungen für die Schmerzen, die als Folge des Todes des Verletzten erlitten werden, zusprechen.

(2) ومع ذلك لا يجوز الحكم بتعويض إلا للأزواج والأقارب إلى الدرجة الثانية عما يصيبهم من ألم من جراء موت المصاب.

223

Die Vertragsparteien können im Voraus die Höhe des Schadensersatzes festlegen, indem sie dies im Vertrag festhalten oder nachträglich vereinbaren, sofern sie dabei die Artt. 215 bis 220 beachten.

…

مادة 223

يجوز للمتعاقدين أن يحددا مقدما قيمة التعويض بالنص عليها في العقد أو في اتفاق لاحق ، ويراعي في هذه الحالة أحكام المواد من 215 إلى 220.

…

Art. 374

Verpflichtungen verjähren mit Ablauf von 15 Jahren mit Ausnahme der Fälle, welche im Gesetz gesondert geregelt sind und mit Ausnahme der folgenden Ausnahmen.

…

مادة 374

يتقادم الالتزام بانقضاء خمس عشرة سنة فيما عدا الحالات التي ورد عنها نص خاص في القانون وفيما عدا الاستثناءات التالية.

…

Art. 386

(1) Die Verjährung bewirkt das Erlöschen der Verpflichtung, dies gilt jedoch nicht für eine natürliche Pflicht des Schuldners.

…

مادة 386

(1) يترتب على التقادم انقضاء الالتزام ومع ذلك يتخلف في ذمة المدين التزام طبيعي.

…

Art. 443

Wird die ganze Kaufsache fällig, kann der Käufer von dem Käufer verlangen:

1. Den Wert der Kaufsache zur Zeit der (*Schadens-*)Ersatzforderung zuzüglich gesetzlicher Zinsen zu dieser Zeit.
2. Den Preis, welchen der Käufer an den an der Kaufsache Berechtigten zahlen muss.
3. Nützliche Aufwendungen, die der Käufer nicht von dem Berechtigten ersetzt verlangen kann, sowie Luxusausgaben, wenn der Verkäufer arglistig gehandelt hat.
4. Sämtliche Kosten der Gewährleistungsdurchsetzung und des Rechtsstreites, mit Ausnahme der Kosten, die der Käufer durch rechtzeitige Benachrichtigung i.S.d. Art. 440 vermeiden hätten können.
5. Und grundsätzlich, den Verlust und den entgangenen Gewinn, den der Käufer durch die Rechte anderer hat.

Dies alles gilt nicht, wenn der Käufer seinen Anspruch auf Anfechtung oder Aufhebung des Kaufes stützt.

مادة 443

إذا استحق كل المبيع كان المشتري أن يطلب من البائع.

قيمة المبيع وقت الاستحقاق مع الفوائد القانونية من ذلك الوقت.

قيمة الثمار التي الزم المشتري بردها لمن استحق المبيع.

المصروفات النافعة التي لا يستطيع المشتري ان يلزم بها المستحق وكذلك المصروفات الكمالية إذا كان البائع سيئ النية.

جميع مصروفات دعوى الضمان ودعوى الاستحقاق عدا ما كان المشتري يستطيع أن يتقيه منها لو أخطر البائع بالدعوى طبقا للمادة 440.

ويوجه عام ، تعويض المشتري عما لحقه من خسارة أو فاته من كسب بسبب استحقاق المبيع.

كل هذا ما لم يكن رجوع المشتري مبنيا على المطالبة بفسخ البيع أو إبطاله.

Art. 444

(1) Wenn Teile der Kaufsache mit Rechten anderer oder einer Dienstbarkeit belastet sind und der dadurch entstandene Verlust des Käufers so groß ist, dass er den Vertrag nicht geschlossen hätte, wenn er darum gewusst hätte, kann er von dem Verkäufer die in dem vorstehenden Artikel vorgesehenen Rechte verlangen, wenn er ihm die Kaufsache und den daraus gezogenen Nutzen zurückgibt.

مادة 444

(1) إذا استحق بعض المبيع أو وجد مثقلا بتكليف وكانت خسارة المشتري من ذلك قد بلغت قدر لو علمه لما أتم العقد ، كان له أن يطالب البائع بالمبالغ المبينة في المادة السابقة على أن يرد له المبيع وما أفاده منه.

(2) Will der Käufer die Kaufsache behalten oder ist der Verlust nicht so groß, wie in der vorstehenden Vorschrift beschrieben, kann er nur den Ersatz für den Schaden, den er durch die Rechtsbelastung erlitten hat verlangen.

(2) فإذا اختار المشتري استبقاء المبيع ، أو كانت الخسارة التي لحقته لم تبلغ القدر المبين ف الفقرة السابقة ، لم يكن له إلا أن يطالب بالتعويض عما أصابه من ضرر بسبب الاستحقاق.

…

…

Art. 447

(1) Der Verkäufer ist gegenüber dem Käufer zur Gewährleistung verpflichtet, wenn die Sache zum Zeitpunkt der Übergabe nicht die zugesicherten Eigenschaften besitzt oder der Sache beim Verkauf ein Defekt anhaftet, welcher ihren Wert mindert oder sie sich nicht für die im Vertrag vorausgesetzte, die gewöhnliche oder bezweckte Verwendung eignet. Der Verkäufer ist für den durch diesen Fehler verursachten Schaden verantwortlich, auch wenn er nicht von dessen Existenz wusste.

مادة 447

(1) يكون البائع ملزما بالضمان إذا لم يتوافر في المبيع وقت التسليم الصفات التي كفل للمشتري وجودها فيه ، أو إذا كان بالمبيع عيب ينقص من قيمته أو من نفعه بحسب الغاية المقصودة مستفادة مما هو مبين في العقد أو مما هو ظاهر من طبيعة الشيء ، أو الغرض الذي أعد له ، ويضمن البائع هذا العيب ولو لم يكن عالما بوجوده.

(2) Der Verkäufer hat Defekte, von denen der Käufer zum Zeitpunkt des Vertragsschlusses wusste oder welche er nach Kontrolle mit der Sorgfalt eines besonnenen Dritten hätte erkennen müssen, nicht zu verantworten. Dies gilt nicht, wenn der Verkäufer versichert hat, dass die Sache frei von Mängeln ist, oder er versucht hat, einen solchen Mangel zu verdecken.

(2) ومع ذلك لا يضمن البائع العيوب التي كان المشتري يعرفها وقت البيع ، أو كان يستطيع أن يتبينها بنفسه لو أنه فحص المبيع بعناية الرجل العادي ، إلا إذا أثبت المشتري أن البائع قد أكد له خلو المبيع من هذا العيب ، أو أثبت أن البائع قد تعمد إخفاء العيب غشا منه.

…

…

Art. 450
Informiert der Käufer den Verkäufer in einer angemessenen Frist über den Mangel, kann er Gewährleistung wie in Art. 444 vorgesehen verlangen.
…

مادة 450
إذا أخطر المشتري البائع بالعيب في الوقت الملائم كان له أن يرجع بالضمان على النحو المبين في المادة 444.
…

Art. 452
(1) Der Anspruch auf Gewährleistung verjährt mit Ablauf eines Jahres seit dem Zeitpunkt des Empfangs der Kaufsache, auch wenn der Käufer den Mangel erst danach entdeckt; es sei denn der Verkäufer verpflichtet sich zu einer längeren Gewährleistungsfrist.

مادة 452
(1) تسقط بالتقادم دعوى الضمان إذا انقضت سنة من وقت تسليم المبيع ولو لم يكشف المشتري العيب إلا بعد ذلك ما لم يقبل البائع أن يلتزم بالضمان لمدة أطول.

(2) Der Verkäufer kann sich nicht auf diese Frist berufen, wenn ihm gegenüber nachgewiesen werden kann, dass er den Mangel absichtlich verschwiegen hat, um zu betrügen.

(2) على أنه لا يجوز للبائع أن يتمسك بالنسبة لتمام التقادم إذا ثبت به تعمد إخفاء العيب غشا منه.

Art. 453
Die Vertragsparteien können durch gesonderte Vereinbarung die Gewährleistung erweitern, einschränken oder ausschließen.
Jede Bedingung, welche die Gewährleistung einschränkt oder ausschließt ist nichtig, wenn der Verkäufer beim Verkauf absichtlich den Mangel verschwiegen hat, um zu betrügen.

مادة 453
يجوز للمتعاقدين باتفاق خاص أن يزيدا في الضمان أو أن ينقصا منه أو أن يسقطا هذا الضمان ، على أن كل شرط يسقط الضمان أو ينقضه يقع باطلا إذا كان البائع قد تعمد إخفاء العيب في المبيع غشا منه.

www.ingramcontent.com/pod-product-compliance
Ingram Content Group UK Ltd.
Pitfield, Milton Keynes, MK11 3LW, UK
UKHW021911290926
8980IPUK00015B/1192

9 783631 641699